政治经济学新连线·学术研究系列

# 马克思主义经济学的定量分析

## （第一卷）

## 中国经验和数据

孟捷　荣兆梓　张衔 / 主编

社会科学文献出版社
SOCIAL SCIENCES ACADEMIC PRESS (CHINA)

本书的出版受到西南财经大学全国中国特色社会
主义政治经济学研究中心资助

# 政治经济学新连线丛书

# 出版说明

“政治经济学新连线丛书”现由中国政治经济学年会秘书处策划出版。丛书在秉持古典经济学和马克思以降的分析传统的同时，力图展现当代政治经济学研究与时俱进的品格与风貌。2014 年，丛书的第一批书目出版，赢得了学界的好评。2016 年以后，新书目持续推出，敬请垂注。

# 前　　言

本书收录了近年来国内学者，尤其是青年学者在马克思主义经济学定量分析上取得的代表性研究成果。这些研究涉及马克思主义经济学的诸多具体理论，如劳动价值论、剩余价值论、再生产理论、危机理论等，同时参照了来源广泛的中国数据和中国经济发展的经验。

将现代经济学定量研究方法运用于马克思主义经济学，在国际上已有很长的历史；相较而言，国内学者在此方面的工作起步较晚，也缺乏足够的经验。就马克思主义定量分析而言，我们可以区分出以下三种类型：第一类是对经济计量方法的运用，第二类和第三类则是运用马克思主义方法，分别对国民收入核算和投入产出表的数据加以处理，以便开展马克思主义经验分析。这三类定量分析之于马克思主义经济学的发展都具有重要的意义，它们是马克思所提倡的从抽象上升到具体的辩证方法的进一步落实和体现。

计量经济学方法在马克思主义经济学中的运用既有重要意义，也有局限性。早在20世纪中叶，享有广泛国际声誉的波兰经济学家卡莱茨基就曾基于马克思主义立场撰文，对计量经济学和历史唯物主义的异同开展了比较。根据他的见解，一方面，“计量经济学模型与历史唯物主义构成了两种不同的解释社会发展的方法……这两种方法似乎并不相互矛盾。毕竟马克思的再生产图式本质上就是简单的计量经济学模型。事实上，在自然资源、生产关系以及影响生产力发展的上层建筑不变的特殊情况下，由于经济变量之间不变关系的条件得到了满足，经济系统将会按照计量经济学模型所决定的路径发展。”

另一方面，卡莱茨基也指出了计量经济学和历史唯物主义方法的差异。他指出：“（计量经济学方法）基于经济计量变量之间在考察期以及这些变量和它们过去时期相互之间的函数关系，这些关系被假设为给定的并且不会改变。但是，只有在上述函数关系不变性的基本假设得以满足时，通过这种方式建立的动态过程才会与实际的社会发展相一致。”

“历史唯物主义在分析社会发展的过程时，认为生产力和生产关系（经济基础）塑造了所有其他的社会现象，例如政府、文化、科学和技术等（上层建筑）。这里存在反馈效应，上层建筑也会影响经济基础。”

“在更一般的情况下，这些函数关系会在系统另外三个领域的事件冲击下而发生改变，那么经济发展就是一个比计量经济学模型更加复杂的过程，因为它反映了社会所有方面的演变。”

“$f$（计量经济学假设的函数关系——引者注）不变的关键假设很难实现，因为它预先假设上面等式所决定的经济发展不会引起自然资源、上层建筑中的生产关系的变化，这种变化会反过来改变经济变量之间的关系$f$。特别地，剔除了经济发展和生产关系之间的相互作用，有利于突出计量经济学模型的机制特征。”

最后，卡莱茨基总结到：“尽管它（计量经济学方法——引者注）存在局限性，但这并不妨碍它成为一种有用的分析工具。然而，通过假定不存在生产关系来构造未来经济发展的计量经济学模型是完全不能接受的。”①

依据马克思主义经济学原理对国民收入核算数据做进一步加工和处理，也是马克思主义定量分析的重要方面。这样做的目的，是为了将国民收入核算数据与那些以价值为量纲的马克思经济学基本范畴联系起来，以期在现象中把握马克思主义经济学在较为抽象的理论中所揭示的

① 卡莱茨基：《计量经济学模型与历史唯物主义》，余超译，骆桢校，载《政治经济学报》第12卷，上海人民出版社，2018。

各种规律。在国内，老一辈经济学家如骆耕漠早在20世纪80年代就开始了这一工作。在国外，以纽约新学院大学的著名马克思主义经济学家谢克为代表的一批学者，从20世纪80～90年代开始从事了大量具体的研究工作。①

至于投入产出方法，它是20世纪30年代由美国经济学家里昂惕夫提出来的。在提出投入产出方法时，里昂惕夫在实践上参照了当时苏联计划经济的经验，在理论上则借鉴了魁奈经济表、马克思再生产图式以及瓦尔拉斯一般均衡理论。由于投入产出表的重要作用，现在全世界几乎所有的国家都在编制投入产出表。投入产出分析方法对马克思主义经济学的许多研究领域都具有重要的借鉴意义，例如价值决定、价值转形问题，经过开拓还可以应用于再生产研究等。将投入产出表与国民收入核算相结合，也是马克思主义定量分析的重要内容。

本书论文的作者几乎都是所谓政治经济学“青椒”，即高校政治经济学青年教师。也有个别作者是尚未取得博士学位的学生。他们的研究工作所呈现的风格和特点，在相当程度上反映了近年来国内政治经济学界在研究进路和方法上所实现的某种转变。这种转变是通过研究者的代际转换表现出来的。这种代际转换体现了新时代马克思主义经济学发展的内在需要，是马克思主义经济学创造性转化的组成部分。

由于本丛书前不久刚推出过《利润率的政治经济学》，为了避免内容上的重复，有关利润率定量研究的论文没有收入本书。

本书的出版受到西南财经大学全国中国特色社会主义政治经济学研究中心资助，谨致谢忱。

编者

2018年9月

---

① 骆耕漠：《马克思的生产劳动理论》，经济科学出版社，1990；Shaikh，A. M. and E. A. Tonak，*Measuring the Wealth of Nations*（Cambridge University Press，1994）。

# 目　录

# 检验劳动价值论：方法与证据*

李海明**

## 一　引言

自20世纪初期的劳动价值论大讨论以来，随着主流西方经济学理论不断流行，学术界很少再关注价值理论。原因固然在于其抽象性，也在于有关价值源泉一元或多元问题几经辩论，除了一堆似是而非的“新概念”或“新思想”外，没有得到任何比较公认的结论。这就导致目前国内对劳动价值论的态度，似乎有从一个极端滑向另一个极端的趋势。

然而，对价值理论的回避无法改变它作为经济学大厦基础的事实。在欧美学术界，对马克思经济理论的研究一直以来就以严谨的方式进行着，并且效果也不错。例如，从劳动价值论的支持率来看，它在欧美经济学界也只有很小的市场，但在经济学科以外的其他社会学科，有着普遍的支持和使用，近年来在大学生中也很流行。

除了纯粹学理上的探讨，马克思经济学研究者还从西方主流理论中学习到很多。① 用实证方法研究马克思经济学理论就是其中比较显著的

* 本文首发于《经济学动态》2017年第9期。

** 李海明，西南大学经济管理学院、西南大学经济研究中心，教授。

① 相反则令人叹息，西方主流经济学从马克思主义经济学那里学得的很少。

一个方面。事实上，这种方法，早在 150 年前的《资本论》中就有了。马克思用了大量的统计数据推断工人的经济状态和收入分配情况，例如联合王国的各种统计材料、英国议会各种委员会的材料、英国工厂巡视员的报告等，只是限于当时的统计手段不太发达。尽管如此，马克思也从中得到了丰富的信息用来支持自己的分析。

不过，对马克思经济学理论的经验检验是很困难的一件事，因为其中的概念过于抽象，而经济统计中提供的数据，所基于的概念，往往是市场运行层次的。二者很难直接一一对应，往往需要一些跳跃或技巧性变换。[①] 也正因此，这类研究中往往产生了大量对马克思经济学概念的重新定义，或混乱的理解，有的与马克思的经典界定相距甚远，甚至相互冲突。即便如此，自 20 世纪后半期以来，并不缺乏这种经验研究的种种尝试，尽管相对于浩如烟海的西方主流经济学文献来说，这些尝试显得寥若晨星。例如，对马克思概念体现的国民财富进行估计，对资本有机构成、剩余价值率、利润率变动趋势和经济危机进行经验研究。[②]

本文集中关注劳动价值论的经验研究。“劳动价值”是一个纯抽象的概念，通过“交换价值”“生产价格”“市场价格”等概念则在不同层次上把它同现实经济联系起来。经典的命题是，价格由价值决定，在一定范围内围绕价值上下波动，价值规律正是通过这种方式调节社会劳动的配置。这一命题似乎意味着生产商品的必要劳动同市场价格维持着一定的比例关系。它是一个经验上可以证伪的命题吗？我们用什么方法来观察到市场价格的重心——“价值”？它是如何一步步转形为我们可以大量观察到的市场价格的？转形之后劳动价值论还能成立吗？

本文接下来的内容安排如下。第二部分是对已有的研究文献进行评论性回顾，第三、第四部分是测度价值、价格及其偏差的理论模型与计

① 或许，这恰巧反映了从具体到抽象，再从抽象返回到具体的辩证思维，至少在研究上，难度很高。

② 参见 Mage（1963），Wolff（1979），Moseley（1986），Shaikh & Tonak（1994），高伟（2009）等。

量经济方法，第五部分是中国经济的实际表现及其与其他国家经济的比较，最后是结论。

## 二 文献回顾

相对价格与相对价值并不完全一致。李嘉图和马克思都注意到了这一点。不过，李嘉图只持有“93%的劳动价值论”，他认为少数情形下才会有不一致的现象（Stigler，1958）。马克思则在完全的劳动价值论基础上，通过价值-价格转形方式来解决这一问题。马克思认为，平均利润率和资本有机构成差异必然导致价值与价格在个别商品上不一致，但社会总体上二者是一致的。利润率平均化过程中，资本从低利润率部门向高利润率部门流动，最终导致长期所有行业获得平均利润率，商品以生产价格交换。结果，总剩余价值等于总利润。

对马克思转形理论的批评从1894年《资本论》第三卷出版就开始了。例如，庞巴维克认为，马克思转形理论存在两个问题：一是尽管产出价格已经转形，但投入价格没有转形；二是利润率仍然按价值而非价格计算。按照德国柏林大学教授冯·鲍特凯维茨（Von Bortkiewicz，1949）的解决办法，即使纠正庞巴维克提出的这两个问题，仍然无法使得马克思上述两个“总量一致”等式同时成立，更经常的是，其中往往只有一个等式能够成立。

上述命题通常被称为有关马克思转形问题的标准解释。它受到以斯蒂德曼（Steedman，1977）为代表的斯拉法主义者的批评。批评的主要内容是，不需要考虑价值为何许，只要给出投入、产出及生产所需社会必要劳动的技术和实际工资数据，就可以计算出平均利润率和生产价格，故而劳动价值论是多余的、不必要的。这实际上同更早时期萨缪尔森（Samuelson，1971）的见解大致相同。这种见解，构成斯拉法主义剩余分析方法的重要基础。

检验劳动价值论的有效性，就是马克思经济学研究者面对斯拉法主义批评做出的众多反应之一。[①] 这种反应，最早可以追溯到20世纪80年代，那时Shaikh（1984）的研究开创了一般的价值-价格偏离讨论方法，而转形问题只被当作其中的一个特例。不像斯蒂德曼等斯拉法主义者，Shaikh认为，区分价值与价格是有必要的，马克思事实上提出了一个很出色的问题，也做出了出色的解答。同样采用斯拉法主义的数理方法，Shaikh的经验研究使用意大利和美国的投入-产出表数据估计劳动价值，并用以研究价值与价格之间的相关关系，结果表明相对价格几乎完全取决于劳动价值，二者的相关程度高达90%以上。这就表明，价格同价值在数量上近似相等，即使有偏离，也很小。Wolff（1979）几乎同时，但只是在研究利润率下降规律时顺带提到了价格对价值的偏离，他分别用美国1947年、1958年、1963年和1967年生产价格对劳动价值做回归，拟合优度依次高达0.97、0.93、0.92和0.91，他的结论是相对价格接近相对价值。

显然，Shaikh和Wolff的结论呼应了李嘉图的洞察。前两位学者的研究都使用了斯拉法主义者阐释马克思经济学理论的一些概念，例如投入-产出表、总劳动时间公式，并就相对市场价格（或生产价格）与相对价值进行了简单的回归，以回归系数或拟合优度来衡量价格-价值的偏离情况。

Shaikh的方法得到了一批学者的追随。[②] 这些追随者的研究大致有两个方向：一是扩大所研究经济体的范围，从意大利、美国扩展到其他发达经济体，并包括了更为广泛的历史年度；二是讨论衡量价值-价格偏离的指标的不足，发展新的度量方法。

从第一个方向来看，具有代表性的，如Petrović（1987）研究前南斯拉夫经济，Ochoa（1989）研究美国工业经济，Cockshott等（1995）

① Basu（2015）给出了马克思主义经济学研究者对斯拉法主义者批评的五个回应。

② 如Cockshott & Cottrell（1997，1998，2003），Tsoulfidis & Maniatis（2002），Zachariah（2006），Tsoulfidis & Mariolis（2007），Tsoulfidis（2008）。

研究英国经济，结果基本上一致。市场价格对劳动价值的回归关系，拟合优度在 0.96 以上。生产价格对劳动价值的回归，拟合优度更高，这些结果同马克思《资本论》第三卷有关从价值到生产价格再到市场价格的论述相吻合。之后，Nakajima（2007）研究了 1951 ~ 2000 年日本 32 部门市场价格与自然价格的关系，结果表明，在所有部门都出现程度不同的差异情况，并不存在市场价格向自然价格的收敛，不过排除了农业之后，这种收敛出现了。只考虑范围比较窄的机器制造业，也出现了这种收敛现象。

从第二个方向来看，除了传统上的回归系数或拟合优度指标外，统计学上度量变量之间偏离情况的指标也得到大量应用，如平均绝对偏差、平均绝对加权偏差、均方根误差、归一化向量距离等传统指标；同时，无量纲的 d 距离、变量间的向量夹角及其正切值等新指标也得到发展。不过，这些指标对价值 - 价格偏离程度的度量并没有统一起来，各自从不同角度反映了偏离的程度，而没有采取相同的参照系。

总体看来，两个方向的研究绝大部分发现价格同价值之间的偏离甚小，二者之间的相关系数和拟合优度都高达 0.9 以上，市场价格大约 95% 的变动是以价值为基础的。这就进一步支持了劳动价值论。

学者们也对上述结果提供了一些理论支持。例如，Shaikh（1984）认为，马克思的交换过程具有二重性，既是资本主义市场价格的运动，同时也是调控这些市场价格的社会劳动时间的配置运动，由于资本家竞争趋于把利润率平均化，生产价格就成为令价格趋于价值的驱动力。Cockshott 等（1995）认为，市场价格对生产价格的偏离，只不过就市场价格根本上由劳动价值决定做了很细微的修改，并且由于它们的偏离很小，出于实用目的可以忽略这种修改。例如，尤其是讨论剩余价值率 $M/V$ 这种比例关系时，由于变量 $M$ 或 $V$ 都是诸多行业各种不同类型商品剩余价值或可变资本的加总，生产价格对价值的细微修正，在加总过程中会不断相互抵消。他们的结论是，使用国民收入统计中的价格数据来估计各种马克思价值比例变量并不会导致严重的偏差。Baeza（1997）对马克思劳动价值论的重新理解表明，马克思是把市场价格当作价值的测度指标，价格与价值的偏离则可视作市场调控生产的信号机制，要实现价格对社会劳动的调控，则价格必须同价值相接近。Guerrero（1998）表示，劳动价值是市场价格的最终决定者，直接价格（它与劳动价值成比例）是市场价格的主要决定者，生产价格则是实现这种决定的中介。生产价格更为接近市场价格。

本文以上述研究为基础，为直接价格（价值）和生产价格的测度提供了一个方法论的说明，并结合中国的数据进行了应用。由于现有文献经常以发达经济体为研究对象，而对像中国这样的发展中国家，尤其是转型国家的研究还很少，即使有，也只是对中国经济个别年份进行了研究，如 Zachariah（2006）、Mariolis 和 Tsoulfidis（2009）研究了 1997 年，Sánchez 和 Montibeler（2015）研究了 2002 年，荣兆梓、陈旸（2014）研究了 2007 年，而没有从一种转型历史的眼光来研究中国经济市场化程度不断加深过程中的价值 - 价格偏离现象，本文充分利用现有可以得到的不同年份的投入 - 产出表，对这种偏离进行了系统研究。

同时，在生产价格估计方面，西方学者的文献基本上否定马克思转形两个“总量一致”等式同时成立的可能，本文则根据张忠任（2004）的研究，以及荣兆梓、陈旸（2014）的马克思转形 A、B 体系的区分，在价值 - 价格偏离方面对两个体系进行了对比研究，考察并确认了马克思转形两个“总量一致”等式的经验吻合性。

## 三　测度价值与生产价格的基本理论模型

经典政治经济学理论经常因为劳动价值论而受到批评，抛开意识形态的原因不论，核心概念无法用现实世界检验也是争论的关键所在，例如价值和生产价格概念。这一问题不解决，按照实证经济学方法论，经典劳动价值论的“科学”性就不断受到质疑。

在马克思的原本界定中，价值是无差别的人类抽象劳动的凝结，其必然表现形式是交换价值。前一界定是形而上的（琼·罗宾逊，1982），后一论断则给出了计算价值量的方法。交换价值，是与价值成比例的价格，可以用商品中所包含的劳动时间来计量（马克思，2004a），这一劳动时间，称为社会必要劳动量，它包括两部分：一是直接用于生产商品的活劳动，二是在生产过程中所使用中间产品中体现的物化劳动。

因此，可以通过测度给定技术条件下，生产某一商品所需使用的、包含全部直接与间接劳动在内的全部劳动时间来衡量交换价值（或称直接价格），从而也就衡量了价值。进而，以此为基础，在马克思的“总量一致”等式约束下求解生产价格。

## （一）估计劳动价值的方法

通常利用价值型投入－产出表来估计劳动价值。下面是一个 $n$ 部门价值型投入－产出表。

**表 1　$n$ 部门价值型投入－产出简表**

单位：万元

<table>
<tr><td colspan="2" rowspan="2">产出<br>投入</td><td colspan="5">中间使用</td><td colspan="4">最终使用</td><td rowspan="2">总产出</td></tr>
<tr><td>部门 1</td><td>部门 2</td><td>…</td><td>部门 $n$</td><td>合计</td><td>消费</td><td>投资</td><td>净出口</td><td>合计</td></tr>
<tr><td rowspan="5">中间投入</td><td>部门 1</td><td>$X_{11}$</td><td>$X_{12}$</td><td>…</td><td>$X_{1n}$</td><td></td><td></td><td></td><td></td><td>$Y_1$</td><td>$X_1$</td></tr>
<tr><td>部门 2</td><td>$X_{21}$</td><td>$X_{22}$</td><td>…</td><td>$X_{2n}$</td><td></td><td></td><td></td><td></td><td>$Y_2$</td><td>$X_2$</td></tr>
<tr><td>…</td><td>…</td><td>…</td><td>…</td><td>…</td><td></td><td></td><td></td><td></td><td>…</td><td>…</td></tr>
<tr><td>部门 $n$</td><td>$X_{n1}$</td><td>$X_{n2}$</td><td>…</td><td>$X_{nn}$</td><td></td><td></td><td></td><td></td><td>$Y_n$</td><td>$X_n$</td></tr>
<tr><td>合计</td><td></td><td></td><td></td><td></td><td></td><td></td><td></td><td></td><td>$\Sigma Y_i$</td><td>$\Sigma X_i$</td></tr>
<tr><td rowspan="5">初始投入（增加值）</td><td>劳动者报酬</td><td>$V_1$</td><td>$V_2$</td><td>…</td><td>$V_n$</td><td></td><td colspan="5" rowspan="6"></td></tr>
<tr><td>生产税净额</td><td>$T_1$</td><td>$T_2$</td><td>…</td><td>$T_n$</td><td></td></tr>
<tr><td>固定资产折旧</td><td>$D_1$</td><td>$D_2$</td><td>…</td><td>$D_n$</td><td></td></tr>
<tr><td>企业盈余</td><td>$M_1$</td><td>$M_2$</td><td>…</td><td>$M_n$</td><td></td></tr>
<tr><td>合计</td><td></td><td></td><td></td><td></td><td>$\Sigma Y_i$</td></tr>
<tr><td colspan="2">总投入</td><td>$X_1$</td><td>$X_2$</td><td>…</td><td>$X_n$</td><td>$\Sigma X_i$</td></tr>
</table>

表中所有变量都以货币计量。其中，$X_i$代表各部门的投入（或产出），$V_i$，$T_i$，$D_i$，$M_i$分别代表劳动者报酬、生产税净额、固定资产折旧和企业盈余，$Y_i$和$\Sigma Y_i$分别是各部门和整个经济的最终产出，$\Sigma X_i$是包含中间产品与最终产品在内的总产出（等于总投入），$i=1$，2，…，$n$。

从投入－产出表的行看，有下面的数量关系：

$$X_{i1}+X_{i2}+\cdots+X_{in}+Y_i=X_i \tag{1}$$

$$X_1+X_2+\cdots+X_n=\Sigma X_i \tag{2}$$

定义直接消耗系数 $a_{ij}$为生产 1 元钱的部门 $j$ 产品所需要投入的部门 $i$ 产品以相同货币计量的价格，则直接消耗系数矩阵 $\boldsymbol{A}$ 记作：

$$\boldsymbol{A}_{n\times n}=(a_{ij})=\left(\frac{X_{ij}}{X_j}\right) \tag{3}$$

假设 $L_j^T$ 和 $L_j$ 分别是生产部门 $j$ 产品使用的总劳动时间和直接劳动时间，记生产 1 元钱该 $j$ 产品使用的总劳动时间为 $\lambda_j=\dfrac{L_j^T}{p_jx_j}$，直接劳动时间为 $l_j=\dfrac{L_j}{p_jx_j}$，其中 $p_jx_j$ 是 $j$ 产品的市场价值，$p_j$ 和 $x_j$ 分别是 $j$ 产品的价格和数量。则对于部门 $j$ 产品有：

$$\lambda_j=a_{1j}\lambda_1+a_{2j}\lambda_2+\cdots+a_{nj}\lambda_n+l_j \quad (j=1,2,\cdots,n) \tag{4}$$

记生产 1 元钱 $j$ 产品的总劳动时间系数行向量为：

$$\boldsymbol{\lambda}_{1\times n}=(\lambda_j)=\left(\frac{L_j^T}{X_j}\right) \tag{5}$$

记直接劳动时间系数行向量为：

$$\boldsymbol{l}_{1\times n}=(l_j)=\left(\frac{L_j}{X_j}\right) \tag{6}$$

则式（4）的矩阵表达为：

$$\boldsymbol{\lambda} = \boldsymbol{\lambda A} + \boldsymbol{l} \tag{7}$$

可以求得：

$$\boldsymbol{\lambda} = \boldsymbol{l}(\boldsymbol{E} - \boldsymbol{A})^{-1} \tag{8}$$

其中 $\boldsymbol{E}$ 为单位矩阵，$\boldsymbol{E}-\boldsymbol{A}$ 即为里昂惕夫矩阵。这两个矩阵很容易从投入－产出表中获得，如果 $\boldsymbol{l}$ 也给出的话，则可以求出 $\boldsymbol{\lambda}$。不过需要注意的是，等式（8）成立的前提是里昂惕夫矩阵的逆矩阵必须存在。

如果我们求出 $\lambda_j$，它代表每单位货币价值所耗费的总劳动时间，则对于 $j$ 部门产出 $X_j$ 的总货币价值来说，它按劳动时间计量的价值量为：

$$\Lambda_j = L_j^T = \lambda_j X_j \quad (j = 1, 2, \cdots, n) \tag{9}$$

这就是估计商品总劳动价值的方法。

## （二）估计直接价格的方法

记 $\boldsymbol{X}_{1\times n} = (X_j)_{1\times n}$ 为部门产出行向量。由于各部门产出在价值型投入－产出表里本身就是用货币计量，我们可以假设各部门产品的市场价格为1，这是说，一单位货币产出就值一单位货币，记这一 $n$ 维行向量为 $\boldsymbol{e}$。

由于代表单位产出劳动价值的 $\boldsymbol{\lambda}$ 用劳动时间表示，而 $\boldsymbol{e}$ 用货币表示，二者显然无法直接比较。按照 Shaikh（1984）的方法，需要对 $\boldsymbol{\lambda}$ 进行归一化，得到其货币表示形式，称为直接价格向量 $\boldsymbol{v}$，以便使得 $\boldsymbol{\lambda}$ 和 $\boldsymbol{e}$ 可以在量上相互比较。

定义社会平均意义上、单位劳动时间的货币价值为 $\mu$：

$$\mu = \frac{\boldsymbol{e}\,\boldsymbol{X}^{\mathrm{T}}}{\boldsymbol{\lambda}\,\boldsymbol{X}^{\mathrm{T}}} \tag{10}$$

从而，可以得到直接价格行向量：

$$\boldsymbol{v}_{1\times n} = (v_j)_{1\times n} = \mu\boldsymbol{\lambda} \tag{11}$$

可见，直接价格与劳动价值成比例，这一比例为单位劳动时间的货

币价值 $\boldsymbol{\mu}$。

进而，有：

$$\boldsymbol{v}\,\boldsymbol{X}^{\mathrm{T}} = \boldsymbol{e}\,\boldsymbol{X}^{\mathrm{T}} \tag{12}$$

这说明，以货币表示的价值总和等于市场价格总额。

## （三）估计生产价格的方法

按照马克思的标准定义，利润是全部预付资本的产物，生产价格被定义为[①]：

$$\boldsymbol{p} - (1+r)(\boldsymbol{pA} + w_p\boldsymbol{l}) \tag{13}$$

其中 $\boldsymbol{p}$ 为 $n$ 维生产价格行向量，$w_p$ 为货币工资率，$r$ 为平均利润率。

从前面已知的价值体系，求出未知的生产价格体系，这一过程就是著名的马克思转形过程。方程（13）的未知变量共有 $n+2$ 个（生产价格、货币工资率以及平均利润率），但只有 $n$ 个方程。求解的必要条件为还至少需要两个方程。对这两个方程的设定，就成为区分后世经济学家不同转形体系的关键。参照荣兆梓、陈旸（2014），转形体系可以分成 A 和 B 两个体系。

A 体系如下：

$$\begin{cases} \boldsymbol{p} = (1+r)(\boldsymbol{pA} + w_p\boldsymbol{l}) \\ w_p = \boldsymbol{p}\,\boldsymbol{b}^{\mathrm{T}} \\ \boldsymbol{p}\,\boldsymbol{X}^{\mathrm{T}} = \boldsymbol{v}\,\boldsymbol{X}^{\mathrm{T}} \end{cases} \tag{14}$$

B 体系如下：

$$\begin{cases} \boldsymbol{p} = (1+r)(\boldsymbol{pA} + w_p\boldsymbol{l}) \\ r(\boldsymbol{pA} + w_p\boldsymbol{l})\,\boldsymbol{X}^{\mathrm{T}} = s_\lambda(w_\lambda\boldsymbol{l}\,\boldsymbol{X}^{\mathrm{T}}) \\ \boldsymbol{p}\,\boldsymbol{X}^{\mathrm{T}} = \boldsymbol{v}\,\boldsymbol{X}^{\mathrm{T}} \end{cases} \tag{15}$$

---

① 这是马克思所做的工资预付假设。有的学者也使用过工资后付假设，则生产价格被定义为 $\boldsymbol{p} = w_p\boldsymbol{l} + (1+r)\,\boldsymbol{pA}$，参见 Tsoulfidis & Maniatis（2002），Zachariah（2006），Fröhlich（2013）。

两个体系第一个和第三个方程是相同的，差别在于第二个方程。A 体系通常给定实物工资向量从而货币工资率①。如 $\boldsymbol{b}$ 为给定的 $n$ 维商品行向量，代表实际工资率。B 体系则以张忠任的方法为基础，特点是在两个“总量一致”等式同时成立的条件下求解生产价格。$s_\lambda$ 和 $w_\lambda$ 分别是价值体系下的平均剩余价值率和平均工资率。B 体系第二个方程和第三个方程就是两个“总量一致”等式，第二个方程说明利润总量等于剩余价值总量，第三个方程说明生产价格总量等于价值总量。

根据方程（14），整理有：

$$\frac{1}{1+r}\boldsymbol{p}^{\mathrm{T}} = (\boldsymbol{A}+\boldsymbol{b}^{\mathrm{T}}\boldsymbol{l})^{\mathrm{T}}\boldsymbol{p}^{\mathrm{T}} \tag{16}$$

矩阵$(\boldsymbol{A}+\boldsymbol{b}^{\mathrm{T}}\boldsymbol{l})^{\mathrm{T}}$是对直接消耗系数矩阵 $\boldsymbol{A}$ 的扩展，它的每个元素都是单位产出所耗费的物化成本与工资成本之和。$(\boldsymbol{A}+\boldsymbol{b}^{\mathrm{T}}\boldsymbol{l})^{\mathrm{T}}$ 已知并且通常情况下为非负矩阵，方程（16）表明，根据佩龙－弗罗宾尼斯（Perron-Frobenius）定理，$1/(1+r)$ 和$\boldsymbol{p}^{\mathrm{T}}$ 实际上是矩阵$(\mathbf{A}+\mathbf{b}^{\mathrm{T}}\mathbf{l})^{\mathrm{T}}$的佩龙－弗罗宾尼斯特征根（它往往是一个最大特征根）及相应的正特征向量。这样，可以同时得到平均利润率和一个生产价格向量，然而，这一平均利润率无法保证马克思转形命题中“利润总量等于剩余价值总量”成立，但它确实是“不同生产部门的不同利润率的平均数”（马克思，2004b），因此，形成的也是生产价格。

在劳动价值体系下，可以使用一定方法计算出经济体系的平均利润率 $r$、价值体系下的剩余价值率 $s_\lambda$ 和实际工资率 $w_\lambda$（荣兆梓、陈旸，2014），进而利用方程（15）得到关于未知生产价格向量 $\boldsymbol{p}$ 和货币工资率 $w_p$ 的下述 $n+1$ 个方程而求解。

$$\begin{cases}\boldsymbol{p}[\boldsymbol{E}-(1+r)\boldsymbol{A}]-(1+r)w_p\boldsymbol{l}=0\\(\boldsymbol{p}\boldsymbol{A}+w_p\boldsymbol{l})\boldsymbol{X}^{\mathrm{T}}=\dfrac{s_\lambda}{r}(w_\lambda\boldsymbol{l}\boldsymbol{X}^{\mathrm{T}})\end{cases} \tag{17}$$

① 当然，也有给定利润率的，斯拉法及其一些追随者如此，这时得到的生产价格通常称为新李嘉图生产价格。它常常涉及联合生产问题。

不管是 A 体系还是 B 体系，前面求出的生产价格向量都只是一组相对价格的集合，而无法代表价格水平。[①] 求解得到的生产价格行向量，记为 $\boldsymbol{p}*$，还需要进行归一化处理。类似于方程（11）的原理，按照下面的方法，得到生产价格向量 $\boldsymbol{p}$：

$$\boldsymbol{p} = \frac{\boldsymbol{e}\,\boldsymbol{X}^{\mathrm{T}}}{\boldsymbol{p}*\,\boldsymbol{X}^{\mathrm{T}}}\boldsymbol{p}* \tag{18}$$

显然，两个体系都有：

$$\boldsymbol{e}\,\boldsymbol{X}^{\mathrm{T}} = \boldsymbol{p}\,\boldsymbol{X}^{\mathrm{T}} = \boldsymbol{v}\,\boldsymbol{X}^{\mathrm{T}} \tag{19}$$

即以货币计量的市场价格总额、生产价格总额、劳动价值总额都相等。但 A 体系无法保证利润总量等于剩余价值总量。

## 四　计量模型及价格 – 价值偏差衡量指标

### （一）价格对价值回归

在等式（9）两边同乘以单位劳动时间的货币价值为 $\boldsymbol{\mu}$，有：

$$\mu\Lambda_j = \mu\lambda_j X_j = v_j X_j \quad (j = 1,2,\cdots,n)$$

两边取对数并整理有：

$$\lg(X_j) = \lg(\mu\Lambda_j) - \lg(v_j) \tag{20}$$

其中 $X_j$ 是市场价格总额，$\mu\Lambda_j$ 是价值总额，它们都以货币计量。

可以把 $\lg(v_j)$ 视作一个干扰项，建立计量经济模型如下：

$$\lg(X_j) = \beta_0 + \beta_1 \lg(\mu\Lambda_j) + u_j \tag{21}$$

这就是价格总额对价值总额回归的计量经济基础。如果能检验出系数 $\beta_1$ 显著地为 1，那么市场价格对劳动价值的偏离就是非常小的。

① 结合 Excel 和 Matlab 可以但比较烦琐地解出马克思转形 A 或 B 体系。

## （二）测度价格－价值偏离的其他指标

就统计学而言，描述两组数据之间离散程度的指标很多。除了回归模型中的皮尔逊相关系数、回归系数显著性及拟合优度外，文献中应用了多种其他指标来衡量不同性质价格之间的偏离。在衡量对象上，要求使用相同劳动时间或货币单位计量，但不论使用价格总额或使用单位价格所得到的结果相当接近。

以价格向量 $\boldsymbol{p}=(p_j)$ 和价值向量 $\boldsymbol{\lambda}=(\lambda_j)$ 为例。Shaikh（1984）使用平均绝对偏差（Mean Absolute Deviation，MAD）和相关性（拟合优度 $R^2$）衡量价值－价格的偏离，不过他的研究更依赖于相关性分析。所谓平均绝对偏差（MAD），其实类似于标准差，是数据对中心趋势的偏离。例如，考虑价格－价值比例向量，则中心趋势就是1，则：

$$MAD=\frac{1}{n}\sum_j\left|\frac{p_j}{\lambda_j}-1\right| \tag{22}$$

Ochoa（1989）、Shaikh（1998）使用了平均绝对加权偏差（Mean Absolute Weighted Deviation，MAWD）作为度量偏离的指标：

$$MAWD=\frac{1}{n}\sum_j\left(\left|\frac{p_j}{\lambda_j}-1\right|\mu_j\right) \tag{23}$$

其中 $\mu_j$ 是权重，例如可以是部门 $j$ 产出在整个经济总产出中的比重。

Ochoa（1989）也使用归一化向量距离（Normalized Vector Distance，NVD）指标：

$$NVD=\frac{\sqrt{\sum_j(p_j-\lambda_j)^2}}{\sqrt{\sum_j p_j^2}} \tag{24}$$

上述指标都依赖于计价物的选择①，会受到归一化条件的影响，

① 计价物 $s$ 必定满足 $p_s=\lambda_s$，即作为计价物的商品，其价格和价值是一致的。

这种影响在理论上是严重的。因此，Steedman 和 Tomkins（1998）、Mariolis 和 Soklis（2011）建议使用独立于归一化条件的 d 距离（d-distance）指标：

$$d = 2 \cdot \sin\frac{\theta}{2} = \sqrt{2(1 - \cos\theta)} \tag{25}$$

其中 $\theta$ 是两组向量之间的夹角。这一夹角及 d 距离由无量纲的数字决定，因此不受计价物和计量单位选择的影响。向量间夹角的决定如下：

$$\theta = \arccos\frac{\sum_j p_j\lambda_j}{\sqrt{\sum_j p_j^2 \sum_j \lambda_j^2}} \tag{26}$$

不过，大量研究表明，d 距离指标同前面几个指标的差距并不是非常大，这主要是由价格同价值之间的偏离并不非常显著导致。

Fröhlich（2013）则使用夹角 $\theta$ 的正切值来衡量：

$$\tan\theta = \frac{\sigma_x}{\mu_x} \tag{27}$$

其中 $\sigma$，$\mu$ 分别是变量 $p_j/\lambda_j$的标准差和均值。

## 五　中国经济情形及相关研究对比

### （一）数据及指标说明

我们按照前面梳理的方法来检验中国经济体系价值、生产价格、市场价格之间的偏离情况。

基于劳动时间的价值指标，与基于货币符号的货币指标，在测度马克思各种变量的比值方面是相互兼容的（Cockshott et al.，1995）。例如，从流量看，剩余价值率、利润率和资本有机构成都是没有任何维度的变量。从存量看，利润率都具有相同的时间维度，剩余价值率和资本有机构成仍然是没有维度的变量。所以，可以把马克思变量（如不变资本、可变资本、剩余价值）的货币测度作为其价值测度的某种线性近似。因此，本文使用了 1987 ~ 2012 年能够得到的中国经济价值型投入 – 产出表数据。

关键是如何取得各相关指标的数据？我们知道，从各种国民收入核算和市场统计数据中得到的经常是各种经济变量的货币表现，或者说，价格数据是容易取得的，但价值数据就难了。通常来说，需要两类数据，一是里昂惕夫投入 – 产出表，二是有关产出中投入的直接劳动时间数据。

简单来说，就是根据式（8）从投入 – 产出表以及直接劳动时间的统计数据得到总劳动时间系数向量 $\boldsymbol{\lambda}$，进而根据式（9）计算商品价值。

相比于各国经济领域经常编制投入 – 产出表而言，直接劳动时间的统计数据如何获得又是一个难题。Shaikh（1984）直接使用了里昂惕夫（1982）《投入产出经济学》中提供的数据，Cockshott 等（1995）、Cockshott 和 Cottrell（1997）则使用工资单来替代直接劳动时间，Ochoa（1989）、Zachariah（2006）、Díaz 和 Osuna（2005 – 06）则使用了国民经济中的劳动时间统计数据，Trigg（2002）的方法更为微观，使用的是美国家庭支出统计数据。

本文使用投入 – 产出表中的劳动报酬，选择某一部门作为标准化部门，其他部门与之相比较，得到相对劳动报酬系数。通过标准化部门的就业人数和相对劳动报酬系数来估计所有部门的劳动时间绝对量，进而得到直接劳动系数向量 $\boldsymbol{l}$。

如何选择标准化部门？通常考虑建筑业或农业，因为这些行业的劳动更接近于简单劳动。不过，由于不同部门一年的就业人员数各不相同，是以建筑业还是以农业作为标准化部门，会影响劳动时间总量和单位劳动时间的货币价值，对各部门劳动时间的货币价值总额略有影响，但对偏离结果影响很小。本文采用了建筑业作为标准化部门。然而，1987 年要特殊，投入 - 产出表中，建筑业作为中间投入在各部门数据为零，兼之当时市场化程度较低，农业的作用很大，因此采用了农业作为标准化部门。

另一个容易遇到的数据难题是在估计转形 A 体系时，要选择实物工资向量 $\boldsymbol{b}$。本文用各部门家庭消费占总消费的比重乘以行业最低工资（基本上是农业）来估计 $\boldsymbol{b}$。其结果可能满足佩龙 - 弗罗宾尼斯定理，出现最大正特征根对应正特征向量的情形。当然，也可能出现正特征根对应负特征向量，这时生产价格并无经济意义，出现一种正甚至负剩余价值与负生产价格并存的现象（Mariolis & Soklis，2010）。这时，要么尝试选择合适的 $\boldsymbol{b}$ 使得最大特征根和相应特征向量都为正（例如，使用代表性的建筑行业平均工资来确定实际工资率），要么对负生产价格向量取绝对值，两种方法测算出的价格偏差十分接近。

最后一个问题是对投入 - 产出表中非生产性部门的剔除。学术界历来对马克思的生产性劳动概念存在争论，非生产性部门的界定从严到宽，并无统一的标准。在本文的相关研究文献方面，Shaikh 和 Tonak（1994）、Mohun（2006）认为，教育和科研都属于生产行业；Zachariah（2004，2006）扣除瑞典、日本及 OECD 的商业、金融、房地产、公共管理、国防及社会保障，但保留了教育与健康服务；Díaz 和 Osuna（2005 - 06）扣除西班牙的公共管理、教育与研究，健康服务，其他非销售服务，但对金融和房地产租赁进行了处理和保留[①]；Tsoulfidis 和 Mariolis（2007）扣除希腊的教育、金融、房地产和公共管理；Fröhlich（2013）扣除德国的金融、保险、房地产、商业服务、

① 西班牙的统计中，同金融有关的被分成两部分：银行，保险与信贷。Díaz 和 Osuna 认为，银行的服务活动联结着借贷双方，因此可以按一定权重比例分配到各个经济部门中。房地产租赁中则包含房东从自有住房提供服务中获得的虚拟租金，而这部分无法分离出来。

教育和包括其他公共或非商业服务在内的社会服务。Shaikh（1998）、Tsoulfidis 和 Rieu（2006）则认为，生产性与非生产性劳动的区分对生产价格的形成并无显著影响，并且，这种排除会使得估计变得困难。

笔者主要基于马克思经典的非生产性劳动界定，兼顾国内外学者的一些研究以便于比较，采用略为宽松的生产性劳动概念，扣除了金融、房地产、租赁、公共管理和社会组织几个部门，保留了有争议的教育，科研，批发零售，商业，文体娱乐，卫生、社会保障和社会福利，居民服务和其他服务业等部门，以及其他争议较少的生产性部门，如农业、采掘业、制造业，交通运输。重新整理投入－产出表之后，该表的行与列仍然保持一致，或者说，投入与产出是平衡的。

### （二）结果分析

表 2、表 3 和表 4 分别给出了本文对中国经济有关市场价格和直接价格（劳动价值）、生产价格和直接价格（劳动价值）以及市场价格和生产价格之间偏离的各种衡量指标的检验结果。出于比较方便，也给出了文献中的相关研究结果。其中 $\rho$ 代表皮尔逊相关系数，$\beta_1$ 代表回归系数，不做特别说明时，均指货币衡量的对数总量之间的关系。其他各种偏离指标则只针对单位商品的货币价格测算（其中 d 距离指标、夹角 $\theta$ 和 $\tan\theta$ 联系密切，可以相互推导，这里只选择报告 d 距离）。

表 2 给出了市场价格对劳动价值的偏离情况。可以发现，中国经济二者之间的相关系数（$\rho$）均在 90% 以上，市场价格对直接价格的回归系数（$\beta_1$）和拟合优度（$R^2$）均集中在 0.8～1.0，多数年份平均绝对偏差（MAD）在 20%～50%，平均绝对加权偏差（MAWD）在 1% 左右，归一化向量距离（NVD）和 d 距离为 0.2～0.4。

**表 2　各种研究中价格－价值偏离的不同指标计算结果：市场价格－直接价格（劳动价值）**[①]

| 文献来源 | 研究国家 | $\rho$ | $\beta_1$ | $R^2$ | MAD | MAWD | NVD | d |
|---|---|---|---|---|---|---|---|---|
| 本文 | 中国(1987) | 0.944 | 0.796 | 0.873 | 0.633 | 0.016 | 0.372 | 0.361 |
| | 中国(1990) | 0.967 | 0.842 | 0.928 | 0.432 | 0.012 | 0.324 | 0.312 |
| | 中国(1992) | 0.963 | 0.885 | 0.926 | 0.401 | 0.012 | 0.336 | 0.337 |
| | 中国(1995) | 0.978 | 0.982 | 0.960 | 0.217 | 0.007 | 0.237 | 0.238 |
| | 中国(1997) | 0.984 | 0.966 | 0.969 | 0.198 | 0.005 | 0.207 | 0.206 |
| | 中国(2000) | 0.981 | 0.982 | 0.965 | 0.193 | 0.005 | 0.218 | 0.220 |
| | 中国(2002) | 0.982 | 1.001 | 0.969 | 0.178 | 0.005 | 0.212 | 0.212 |
| | 中国(2005) | 0.964 | 0.986 | 0.941 | 0.276 | 0.008 | 0.318 | 0.316 |
| | 中国(2007) | 0.935 | 0.894 | 0.878 | 0.454 | 0.008 | 0.329 | 0.319 |
| | 中国(2010) | 0.975 | 0.991 | 0.966 | 0.215 | 0.006 | 0.281 | 0.271 |
| | 中国(2012) | 0.966 | 0.917 | 0.937 | 0.294 | 0.006 | 0.312 | 0.307 |
| Zachariah(2006) | 法国(1980～1995) | 0.966[②] | | | | 0.108 | | |
| | 中国(1997) | 0.965 | | | | 0.212 | | |
| Mariolis & Tsoulfidis (2009) | 中国(1997) | | | | 0.183 | 0.160 | | 0.196 |
| Sánchez & Montibeler (2015) | 中国(2002) | | 0.970 | 0.968 | 0.142 | 0.151 | 0.230 | 0.190 |
| 荣兆梓、陈旸(2014) | 中国(2007) | | | | 0.440 | 0.240 | 0.350 | |
| Shaikh(1984) | 意大利(1959,1967) | | 0.859 | 0.893 | | | | |
| Ochoa(1989) | 美国(1947～1972) | | | 0.974 | 0.122 | 0.125 | 0.137 | |
| Cockshott 等(1995) | 英国(1984) | | 1.024 | 0.955 | | | | |
| Petrović(1987) | 前南斯拉(1976,1978) | | 0.959 | 0.988 | | | | |
| Díaz & Osuna(2005－06) | 西班牙(1986～1994) | | 0.949 | 0.970 | | | | |
| Zachariah(2004) | 瑞典(1999) | 0.965 | | | | | | |
| Tsoulfidis & Maniatis (2007) | 希腊(1988～1997) | | | | 0.214 | | | 0.227 |
| Tsoulfidis(2008) | 日本(1970～1995) | | | | 0.178 | 0.203 | | 0.237 |
| Tsoulfidis & Paitaridis (2009) | 加拿大(1997) | | | | 0.133 | 0.149 | 0.175 | 0.180 |
| Fröhlich(2013) | 德国(2000,2004) | | | | | | | 0.162 |

注：①文献中有多个研究年度，通常给出的是各个年度的算术平均值；②原文使用直接相关系数（变量未取对数）。

本文的结果与其他学者对中国经济的研究大体上是一致的。就世界范围而言，各国经济在不同年份大多表现出市场价格与直接价格（劳动价值）的较高相关性（90%以上）和较小偏离（偏离程度在10%～20%），或者距离程度较近（在0.16～0.23）。

就生产价格对劳动价值的偏离而言，表3说明，无论A体系或B体系，中国经济二者之间的相关系数（$\rho$）高达97%以上，回归系数（$\beta_1$）和拟合优度（$R^2$）均集中在0.9～1.0，多数年份平均绝对偏差（MAD）在10%～20%，归一化向量距离（NVD）和d距离主要为0.1～0.3。

**表3　各种研究中价格－价值偏离的不同指标计算结果：生产价格－直接价格（劳动价值）①**

| 文献来源 | 研究国家 | | $\rho$ | $\beta_1$ | $R^2$ | MAD | MAWD | NVD | d |
|---|---|---|---|---|---|---|---|---|---|
| 本文 | 中国(1987) | A体系 | 0.997 | 0.990 | 0.994 | 0.120 | 0.004 | 0.118 | 0.115 |
| | | B体系 | 0.991 | 0.979 | 0.985 | 0.204 | 0.007 | 0.192 | 0.187 |
| | 中国(1990) | A体系 | 0.995 | 0.992 | 0.992 | 0.142 | 0.005 | 0.142 | 0.136 |
| | | B体系 | 0.992 | 0.988 | 0.989 | 0.180 | 0.007 | 0.176 | 0.169 |
| | 中国(1992) | A体系 | 0.969 | 0.945 | 0.965 | 0.350 | 0.012 | 0.341 | 0.339 |
| | | B体系 | 0.994 | 0.987 | 0.992 | 0.146 | 0.005 | 0.164 | 0.162 |
| | 中国(1995) | A体系 | 0.973 | 1.018 | 0.974 | 0.253 | 0.009 | 0.274 | 0.276 |
| | | B体系 | 0.992 | 1.014 | 0.991 | 0.133 | 0.005 | 0.155 | 0.155 |
| | 中国(1997) | A体系 | 0.980 | 0.989 | 0.980 | 0.207 | 0.007 | 0.254 | 0.256 |
| | | B体系 | 0.997 | 1.001 | 0.997 | 0.076 | 0.003 | 0.097 | 0.097 |
| | 中国(2000) | A体系 | 0.976 | 0.991 | 0.970 | 0.210 | 0.007 | 0.270 | 0.272 |
| | | B体系 | 0.996 | 1.001 | 0.995 | 0.083 | 0.003 | 0.107 | 0.107 |
| | 中国(2002) | A体系 | 0.977 | 1.030 | 0.979 | 0.216 | 0.007 | 0.274 | 0.273 |
| | | B体系 | 0.995 | 1.016 | 0.996 | 0.097 | 0.003 | 0.123 | 0.121 |
| | 中国(2005) | A体系 | 0.979 | 1.025 | 0.973 | 0.188 | 0.006 | 0.282 | 0.275 |
| | | B体系 | 0.992 | 1.019 | 0.990 | 0.115 | 0.004 | 0.174 | 0.168 |
| | 中国(2007) | A体系 | 0.984 | 1.036 | 0.983 | 0.192 | 0.006 | 0.298 | 0.275 |
| | | B体系 | 0.994 | 1.025 | 0.994 | 0.118 | 0.004 | 0.183 | 0.167 |
| | 中国(2010) | A体系 | 0.975 | 1.010 | 0.976 | 0.212 | 0.006 | 0.320 | 0.296 |
| | | B体系 | 0.994 | 1.008 | 0.995 | 0.108 | 0.003 | 0.160 | 0.147 |
| | 中国(2012) | A体系 | 0.986 | 1.021 | 0.987 | 0.180 | 0.005 | 0.251 | 0.243 |
| | | B体系 | 0.996 | 1.014 | 0.997 | 0.100 | 0.003 | 0.138 | 0.133 |

续表

| 文献来源 | 研究国家 | ρ | β | $R^2$ | MAD | MAWD | NVD | d |
|---|---|---|---|---|---|---|---|---|
| Zachariah(2006)② | 法国(1980～1995) | 0.963③ | | | | | | |
| | 中国(1997) | 0.986 | | | | | | |
| Mariolis & Tsoulfidis (2009) | 中国(1997) | | | | 0.112 | 0.109 | | 0.114 |
| Sánchez & Montibeler(2015) | 中国(2002) | | 1.040 | 0.986 | 0.120 | 0.091 | 0.087 | 0.154 |
| 荣兆梓、陈旸 (2014)④ | 中国(2007) | | | | 0.44 | 0.17 | 0.18 | |
| Ochoa(1989) | 美国(1947～1972) | | | 0.971 | 0.169 | 0.174 | 0.168 | |
| Petrović(1987) | 前南斯拉夫(1976,1978) | | | | | | | |
| Tsoulfidis & Maniatis (2007) | 希腊(1988～1997) | | | | 0.079 | | | 0.092 |
| Zachariah(2004)⑤ | 瑞典(1999) | 0.982 | | | | | | |
| Tsoulfidis(2008)⑥ | 日本(1970～1995) | | | | 0.108 | 0.139 | | 0.133 |
| Sánchez & Ferrandez (2010)⑦ | 西班牙(2000) | | 0.944 | 0.944 | 0.225 | 0.185 | 0.204 | 0.319 |
| Fröhlich(2013)⑧ | 德国(2000,2004) | | | | | | | 0.058 |

注：①没有特别指明，计算的指标都是 A 体系生产价格，并且是完全转形后的生产价格（文献中有时称为新李嘉图或斯拉法意义上的生产价格），这里西方学者把利润视作不变资本的产物；文献中有多个研究年度，通常给出的是各个年度的算术平均值。

②使用了后付工资假设，计算的是新李嘉图生产价格。

③原文使用直接相关系数（变量未取对数）。

④这里给出的是 B 体系生产价格。

⑤使用了后付工资假设，计算的是新李嘉图生产价格。

⑥原文研究年度包括 1970 年、1975 年、1980 年、1985 年、1990 年，这里笔者给出的是平均值。

⑦使用的是调整后的 $R^2$。

⑧使用了后付工资假设，计算的是新李嘉图生产价格。

表 4 报告了市场价格对生产价格的偏离情况。A 体系或 B 体系估计的中国经济二者之间的相关系数（$\rho$）经常高达 95%～98%，回归系数（$\beta_1$）和拟合优度（$R^2$）集中在 0.8～1.0，多数年份平均绝对偏差（MAD）为 20%～40%，归一化向量距离（NVD）和 d 距离主要为 0.15～0.25。①

① 这些结果同其他学者的研究也比较一致。不过，我们计算的平均绝对加权偏差（MAWD）明显要小于其他学者的结果，目前尚不清楚这究竟意味着什么。

**表 4　各种研究中价格 – 价值偏离的不同指标计算结果：市场价格 – 生产价格**①

| 文献来源 | 研究国家 | | $\rho$ | $\beta_1$ | $R^2$ | MAD | MAWD | NVD | d |
|---|---|---|---|---|---|---|---|---|---|
| 本文 | 中国(1987) | A 体系 | 0.955 | 0.815 | 0.897 | 0.482 | 0.012 | 0.317 | 0.303 |
| | | B 体系 | 0.959 | 0.828 | 0.904 | 0.399 | 0.010 | 0.285 | 0.276 |
| | 中国(1990) | A 体系 | 0.976 | 0.873 | 0.945 | 0.287 | 0.008 | 0.245 | 0.234 |
| | | B 体系 | 0.977 | 0.882 | 0.947 | 0.257 | 0.007 | 0.230 | 0.221 |
| | 中国(1992) | A 体系 | 0.975 | 0.952 | 0.956 | 0.206 | 0.006 | 0.217 | 0.213 |
| | | B 体系 | 0.974 | 0.909 | 0.945 | 0.266 | 0.008 | 0.242 | 0.241 |
| | 中国(1995) | A 体系 | 0.979 | 0.979 | 0.961 | 0.205 | 0.006 | 0.212 | 0.210 |
| | | B 体系 | 0.984 | 0.975 | 0.967 | 0.160 | 0.005 | 0.179 | 0.179 |
| | 中国(1997) | A 体系 | 0.981 | 0.925 | 0.962 | 0.211 | 0.005 | 0.212 | 0.212 |
| | | B 体系 | 0.987 | 0.951 | 0.972 | 0.159 | 0.003 | 0.172 | 0.169 |
| | 中国(2000) | A 体系 | 0.981 | 0.948 | 0.961 | 0.209 | 0.005 | 0.214 | 0.214 |
| | | B 体系 | 0.987 | 0.970 | 0.971 | 0.158 | 0.004 | 0.172 | 0.173 |
| | 中国(2002) | A 体系 | 0.980 | 0.929 | 0.960 | 0.219 | 0.005 | 0.223 | 0.224 |
| | | B 体系 | 0.987 | 0.964 | 0.973 | 0.156 | 0.004 | 0.168 | 0.169 |
| | 中国(2005) | A 体系 | 0.979 | 0.942 | 0.956 | 0.210 | 0.005 | 0.206 | 0.207 |
| | | B 体系 | 0.977 | 0.959 | 0.957 | 0.210 | 0.005 | 0.218 | 0.219 |
| | 中国(2007) | A 体系 | 0.954 | 0.844 | 0.907 | 0.409 | 0.006 | 0.244 | 0.246 |
| | | B 体系 | 0.950 | 0.866 | 0.900 | 0.409 | 0.006 | 0.245 | 0.319 |
| | 中国(2010) | A 体系 | 0.982 | 0.943 | 0.965 | 0.219 | 0.005 | 0.208 | 0.209 |
| | | B 体系 | 0.984 | 0.970 | 0.972 | 0.174 | 0.004 | 0.195 | 0.195 |
| | 中国(2012) | A 体系 | 0.971 | 0.894 | 0.941 | 0.286 | 0.006 | 0.241 | 0.242 |
| | | B 体系 | 0.972 | 0.905 | 0.945 | 0.262 | 0.005 | 0.248 | 0.249 |
| Zachariah(2006) | 法国(1980～1995) | | 0.961 | | | | 0.161 | | |
| | 中国(1997) | | 0.991 | | | | | | |
| Mariolis & Tsoulfidis (2009) | 中国(1997) | | | | | 0.170 | 0.112 | | 0.154 |
| Sánchez & Montibeler (2015) | 中国(2002) | | | 0.890 | 0.951 | 0.185 | 0.181 | 0.229 | 0.240 |
| 荣兆梓、陈旸(2014) | 中国(2007) | | | | | 0.140 | 0.180 | 0.260 | |
| Petrović(1987) | 前南斯拉夫(1976，1978) | | | | | | | | |
| Cockshott 等(1995) | 英国(1984) | | | | | | | | |
| Shaikh(1998) | 美国(1947～1972) | | | | | | 0.082 | | |

续表

| 文献来源 | 研究国家 | ρ | β | $R^2$ | MAD | MAWD | NVD | d |
|---|---|---|---|---|---|---|---|---|
| Tsoulfidis & Maniatis (2007) | 希腊(1988～1997) | | | | 0.207 | | | 0.234 |
| Tsoulfidis(2008) | 日本(1970～1995) | | | | 0.165 | 0.171 | | 0.219 |
| Tsoulfidis & Paitaridis (2009) | 加拿大(1997) | | | | 0.126 | 0.125 | 0.165 | 0.197 |
| Sánchez & Ferrandez (2010)② | 西班牙(2000) | | 0.969 | 0.957 | 0.188 | 0.189 | 0.206 | 0.228 |
| Fröhlich(2013) | 德国(2000,2004) | | | | | | | 0.204 |

注：①没有特别指明，计算的指标都是新李嘉图生产价格；文献中有多个研究年度，通常给出的是各年度算术平均值；②使用的是调整后的 $R^2$。

表3和表4也表明了A体系、B体系估计的生产价格与劳动价值或市场价格的偏离程度有所差异。两个体系的估计结果大体上接近，不过，绝大多数年份B体系呈现更高的相关性和回归系数值，以及更小的偏离程度和距离程度。因此，我们的结论是，如果转形B体系能够维持马克思劳动价值论的转形逻辑，并且具有同A体系相同甚至更高的经验拟合程度，则转形理论B体系优于A体系。

最后，我们进行一个横向比较和一个纵向比较。横向看，研究表明，比之于市场价格，中国经济的生产价格更为接近劳动价值，这一结果同 Mariolis 和 Tsoulfidis（2009）、Sánchez 和 Montibeler（2015）以及荣兆梓、陈旸（2014）是一致的。这一点，也证明了马克思价值向生产价格和市场价格转形理论的正确性。从纵向看，变量之间的相关性随着历史发展总体上在提高（中间有些反复，例如20世纪更比2000年后要高些），不太清楚的是，这是否同中国经济市场化程度提高和市场经济日益发达有关。但至少我们认为，中国经济在此的表现，可以从发展中国家和转型经济体的角度，说明马克思基本经济学原理揭示的经济规律如何在市场经济发展深化中不断生效。

## 六 结论

劳动价值论的抽象性经常受到一些学者的批评，以致马克思主义有关现象“本质”或“规律”的探讨被边缘化为形而上或哲学上的问题。不过，劳动价值论蕴含的某些命题，是可以通过实证方法而比较严格地加以检验的。例如，价值规律、马克思转形问题两个“总量一致”命题。经过多年的研究，马克思经济学理论研究者发展出了一套比较可靠的方法，对马克思有关概念在市场经济和货币概念层次进行测度，并对这些命题进行了检验。

本文讨论了这些方法的基本原理，在此基础上，使用中国经济1987～2012年共计11个价值型投入－产出表数据，研究了劳动价值（直接价格）与市场价格、生产价格的偏离情况，对这种偏离进行了回归分析与偏离指标测算，基本结果同国外学者有关美国、英国、日本、德国等发达经济体及其他学者对中国经济的检验结果相一致。

结果表明，至少90%（有时多达95%以上）的市场价格或生产价格的波动是以劳动价值为基础的。这就支持了马克思的价值规律命题。同时，本文发现，生产价格比市场价格更为接近劳动价值。

本文也对求解马克思转形问题的A体系、B体系进行了对比检验研究，发现B体系既满足马克思两个“总量一致”命题，也在经验检验上优胜A体系。这就说明，坚持马克思两个“总量一致”命题，完全可以实现马克思劳动价值论理论与实际的严密结合。马克思转形问题百年论争，至此可以有一个比较恰当的结论了。

当然，经验研究也存在不少问题需要进一步研究。例如，经验研究常常要依赖于某种形式的数理模型，而数理模型对马克思经济学的量化往往更多地关注于生产的物质内容，而较少能再现社会生产关系，这种缺乏有时可能导致严重的误导。笔者认为，不能完全忽视数理和计量工具在马克思经济理论研究中的应用，尤其是，大数据时代，浩大的总体数据会为马克思经济学揭示的规律提供迥异于传统的验证方法；同时，研究中也要恰当地以定性和逻辑分析为辅，如此，方能准确地把握马克思经济学自己的特点。

既然是经验研究，难免会出现例外和争论。这些问题在文献中也得到反映。例如，以 Freeman（1998）和 Kliman（2002，2004）为代表的分期单一体系（TSSI）提出的假性相关问题，他们认为劳动价值与市场价格的高相关性是由行业规模产生的偏差所致，一旦排除这种规模偏差则相关性就很低。[①] Mariolis 和 Soklis（2010），以及 Soklis（2015）使用希腊、法国、德国、芬兰及日本的供给 - 使用表研究了联合生产情形下，可加劳动价值与生产价格的关系，发现偏离程度在不同经济体有所不同，且还比较大。Vaona（2014，2015）使用面板数据加以研究，得到不支持劳动价值论的结果。此外，有关价值基础的选择，到底是以劳动还是以其他产品，也对结果有影响。最后，衡量偏离程度的指标可能也有问题。众多偏离指标容易使得研究人员无法确定最优选择，一旦指标结果冲突，问题更加严重。并且，我们只看到了一个 10% 或 20% 的偏离结果，到底多大程度上的偏离对于支持劳动价值论来才可以接受，是无法加以说明的。这些都是在检验劳动价值论这一问题上可以深入研究的地方。

## 参考文献


[1] 高伟：《中国国民收入和利润率的再估算》，中国人民大学出版社，2009。

[2] 卡尔・马克思：《资本论》第一卷，人民出版社，2004a，第 51 页。

[3] 卡尔・马克思：《资本论》第三卷，人民出版社，2004b，第 176 页。


① Zachariah（2006）认为 Kliman 的方法不正确。Díaz 和 Osuna（2005 - 06，2007）则认为试图排除这种偏差是无意义的，因为我们不能确切地知道测度的实物单位和市场价格。Tsoulfidis 和 Paitaridis（2009）表明这种偏差相当小，并不影响结果。

[4] 琼·罗宾逊：《现代经济学导论》，陈彪如译，商务印书馆，1982，第38页。

[5] 荣兆梓、陈旸：《转形问题B体系：模型与计算》，《经济研究》2014年第9期。

[6] 沃西里·里昂惕夫：《投入产出经济学》，商务印书馆，1982，附录6－3，第134～141页。

[7] 张忠任：《百年难题的破解》，人民出版社，2004。

[8] Baeza, A. V., "Prices for Regulating and Measuring Marxian Labour Values," *Research in Political Economy*, 16 (1997): 215－241.

[9] Basu, D., "A Selective Review of Recent Quantitative Empirical Research in Marxist Political Economy," UMass Economics Working Paper, 2015.

[10] Cockshott, W. P. & A. F. Cottrell, "Labour Time versus Alternative Value Base," *Cambridge Journal of Economics*, 27 (1997): 749－754.

[11] Cockshott, W. P. & A. F. Cottrell, "Does Marx Need to Transform?" in Bellofiore, R. (ed.), *Marxian Economics: A Reappraisal*, Vol. 2 (New York: Macmillan, 1998).

[12] Cockshott, W. P. & A. F. Cottrell, "A Note on the Organic Composition of Capital and Profit Rates," *Cambridge Journal of Economics*, 27 (2003): 749－754.

[13] Cockshott, W. P., A. F. Cottrell & G. Michaelson, "Testing Marx: Some New Results from UK Data," *Capital and Class*, 55 (1995): 103－129.

[14] Díaz, E. & R. Osuna, "Can We Trust in Cross-sectional Price-value Correlation Measures? —Some Evidence from the Case of Spain," *Journal of Post Keynes Economics*, 28 (2005－06): 345－363.

[15] Díaz, E. & R. Osuna, "Indeterminacy in Price-value Correlation Measures," *Empirical Economics*, 33 (2007): 389－399.

[16] Freeman, A., "The Transformation of Prices into Values: Comment on the Chapters by Simon Mohun and Anwar M. Shaikh," in Bellofiore, R. (ed.), *Marxian Economics: A Reappraisal*, vol. 2 (New York: Macmillan, 1998).

[17] Fröhlich, N., "Labour Values, Prices of Production and the Missing Equalisation Tendency of Profit Rates: Evidence from the German Economy," *Cambridge Journal of Economics*, 37 (2013): 1107－1126.

[18] Guerrero, D., "Input-Output and Dynamic Values: A Spanish Perspective," Paper Presented to the Fifth Annual Mini-Conference of the IWGVT, New York, Eastern Economic Association, 1998.

[19] Kliman, A. J., "The Law of Value and Laws of Statistics: Sectoral Values and Prices in the US Economy, 1977－97," *Cambridge Journal of Economics*, 26 (2002): 299－311.

[20] Kliman, A., "Spurious Value-price Correlations: Some Additional Evidence and Arguments," *Research in Political Economy*, 21 (2004): 223 – 239.

[21] Mage, S., The Law of the Falling Tendency of the Rate of Profit (Ph. D. Dissertation, Columbia University, 1963).

[22] Mariolis, T. & G. Soklis, "Additive Labour Values and Prices of Production: Evidence from the Supply and Use Tables of the French, German and Greek Economies," *Economic Issues*, 15 (2010): 87 – 107.

[23] Mariolis, T. & G. Soklis, "On Constructing Numeraire-free Measures of Price-value Deviation: A Note on the Steedman-Tomkins Distance," *Cambridge Journal of Economics*, 35 (2011): 613 – 618.

[24] Mariolis, T. & L. Tsoulfidis, "Decomposing the Changes in Production Prices into 'Capital-intensity' and 'Price' Effects: Theory and Evidence from the Chinese Economy," *Contributions to Political Economy*, 28 (2009): 1 – 22.

[25] Mohun, S., "Distributive Shares in the US Economy, 1964 – 2001," *Cambridge Journal of Economics*, 30 (2006): 347 – 370.

[26] Moseley, F., "Estimates of the Rate of Surplus-value in the Postwar United States Economy," *Review of Radical Political Economics*, 18 (1986): 168 – 189.

[27] Nakajima, A., "Does Market Price Converge towards Natural Price? — Input Output Analysis of Japan for 1951 – 2000," Paper Presented at the IIOA 16th Turkey Meeting at the Istanbul Technical University, and published on the website, 2007.

[28] Ochoa, E. M., "Values, Prices, and Wage-profit Curves in the US Economy," *Cambridge Journal of Economics*, 13 (1989): 413 – 429.

[29] Petrović, P., "The Deviation of Production Prices from Labour Values: Some Methodology and Empirical Evidence," *Cambridge Journal of Economics*, 11 (1987): 197 – 210.

[30] Samuelson, P. A., "Understanding the Marxian Notion of Exploitation: A Summary of the So-called Transformation Problem between Marxian Values and Competitive Prices," *Journal of Economic Literature*, 9 (1971): 399 – 431.

[31] Sánchez, C. & E. Montibeler, "The Labour Theory of Value and the Prices in China," *Economia e Sociedade*, 24 (2015): 329 – 354.

[32] Sánchez, C. & M. Ferrandez, "Labour Value, Production Prices and Market Prices from the Spanish Economy Data," *Investigation Economica*, 69 (2010): 87 – 118.

[33] Shaikh, A. M. & E. A. Tonak, *Measuring the Wealth of Nations: The Political Economy of National Accounts* (Cambridge, UK: Cambridge University Press,

1994).

[34] Shaikh, A., "The Transformation from Marx to Sraffa," in Freeman, A. and E. Mandel (eds.), *Ricardo, Marx, Sraffa* (London: Verso, 1984), pp. 43 - 84.

[35] Shaikh, A., "The Empirical Strength of the Labour Theory of Value," in Bellofiore, Ricardo (ed.), *Marxian Economics: A Reappraisal Essays on Volume III of Capital: Profits, Prices and Dynamics*, Volume 2 (New York: St. Martin's Press, 1998), pp. 225 - 251.

[36] Soklis, G., "Labour versus Alternative Value Bases in Actual Joint Production Systems," *Bulletin of Political Economy*, 9 (2015): 1 - 31.

[37] Steedman, I. & J. Tomkins, "On Measuring the Deviations of Prices from Values," *Cambridge Journal of Economics*, 22 (1998): 379 - 385.

[38] Steedman, I., *Marx after Sraffa* (London, UK: New Left Books, 1977).

[39] Stigler, G. J., "Ricardo and the 93% Labour Theory of Value," *American Economic Review*, 48 (1958): 357 - 367.

[40] Trigg, A. B., "Using Micro Data to Test the Divergence Between Prices and Labour Values," *International Review of Applied Economics*, 16 (2002): 169 - 186.

[41] Tsoulfidis, L. & D. M. Rieu, "Labor Values, Prices of Production, and Wage Profit Rate Frontiers of the Korean Economy," *Seoul Journal of Economics*, 19 (2006): 275 - 295.

[42] Tsoulfidis, L. & T. Maniatis, "Values, Prices of Production and Market Prices: Some More Evidence from the Greek Economy," *Cambridge Journal of Economics*, 26 (2002): 359 - 369.

[43] Tsoulfidis, L. & T. Mariolis, "Labour Values, Prices of Production and the Effects of Income Distribution: Evidence from the Greek Economy," *Economic Systems Research*, 19 (2007): 425 - 437.

[44] Tsoulfidis, L., "Price-value Deviations: Further Evidence from Input-Output Data of Japan," *International Review of Applied Economics*, 22 (2008): 707 - 724.

[45] Tsoulfidis, L. & D. Paitaridis, "On the Labor Theory of Value: Statistical Artifacts or Regularities?" *Research in Political Economy*, 25 (2009): 209 - 232.

[46] Vaona, A., "A Panel Data Approach to Price-value Correlations," *Empirical Economics*, 47 (2014): 21 - 34.

[47] Vaona, A., "Price-price Deviations are Highly Persistent," *Structural Change and Economic Dynamics*, 33 (2015): 86 - 95.

[48] Von Bortkiewicz, L. , "On the Correction of Marx's Fundamental Theoretical Construction in the Third Volume of Capital," in Marchionatti, Roberto (ed. ), *Karl Marx: Critical Responses*, Vol. 3 (London: Routledge, 1949), pp. 300 – 318.

[49] Wolff, E. N. , "The Rate of Surplus Value, the Organic Composition, and the General Rate of Profit in the US Economy, 1947 – 1967," *American Economic Review*, 69 (1979): 329 – 341.

[50] Zachariah, D. , "Labour Value and Equalisation of Profit Rates," *Indian Development Review*, 4 (2006): 1 – 21.

[51] Zachariah, D. , "Testing the Labor Theory of Value in Sweden," http://reality.gn.apc.org/econ/DZ_article1.pdf, 2004.

# 价值、生产价格的经验估计方法：应用与评价[*]

马梦挺[**]

## 一 引言

马克思主义经济学的研究者在尝试使用马克思主义经济学的范畴进行经验分析时，总是面临着一些特殊的障碍。总体而言，这些障碍来自两个方面。第一，马克思主义经济学的几个核心范畴，例如剩余价值率、资本有机构成、劳动力价值是以劳动价值定义的，而国民收入的基本核算单位却是信用货币体系下最终产品的货币价格。第二，今天流行的国民收入核算体系（SNA）直接的理论基础更接近新古典主义经济学①，而非马克思主义经济学，因此在一些概念上实际与马克思主义经济学有着一定的距离。正如美国的马克思主义经济学家安华·谢克（Anward Shaikh，1984）所言，马克思主义经济学需要构建自己的经验分析基础。

大约从20世纪80年代开始，国外马克思主义经济学家中间开始

* 感谢匿名审稿人的意见，文责自负。

** 马梦挺，中国人民大学经济学院，博士研究生。

① SNA体系也并不完全符合新古典主义理论，因此即便在新古典经济学学者中间，也存在很多对SNA核算体系进行拓展的修正。关于这方面的详细介绍，可参见Shaikh和Tonak（1994）。

流行一种基于投入产出表估计商品价值和生产价格的方法（Shaikh，1984；Ochoa，1989；Petrović，1987）。[①] 值得注意的是，这些学者并不局限于将之视为一种经验估计方法，还将其看作一种在经验上验证劳动价值论的方法。基于美国（Shaikh，1984，1998；Ochoa，1989）和南斯拉夫（Petrović，1987）的投入产出数据，这一方法的早期应用显示，在总体平均的意义上，商品价值、生产价格与市场价格并不会发生太大的偏离。在这些学者看来，这是劳动价值论成立的有力证据。随后，这一方法被运用到其他国家的投入产出数据，并得出了类似的结论。

最近，该方法也得到国内学者的重视。冯志轩（2016）将该方法推广到国际投入产出表，用以估算国际价值和国际生产价格，进而说明国际利润率平均化的特征。荣兆梓、陈旸（2014）则将该方法用于转形问题的讨论，说明B体系的转形方案可以保证“总量相等二命题”。以上研究只是将该方法作为一种价值和生产价格的经验估计方法来应用。另外，李海明（2017）则将该方法看作劳动价值论的经验检验方法，他认为从中国1987～2012年11个价值型投入产出表得到的经验结果可以支持马克思的价值规律命题。

对该方法的批评，目前主要集中在技术细节上。早期的研究通常使用二元回归的方法来测度价值、生产价格和市场价格两两之间回归的拟合优度或者皮尔逊相关系数。由此得到的价值、生产价格和市场价格两两之间的相关程度一般都在90%以上。这似乎印证了李嘉图的“93%的劳动价值论”。然而这一方法招致了一些学者的批评。Kliman（2002，2004）及Calleja和Osuna（2005，2007）都提出了伪回归的问题。他们认为之前的研究测度的实际上是各部门的总价值、总生产价格和总市场价格两两之间的相关性。其高相关性

① 根据Shaikh（1984）的介绍，早在1977年，两位意大利学者Graziella Marzi和Paolo Varri就利用意大利1959年和1967年的投入产出数据尝试了这一方法。

更多的是因为产量本身。该方法测度的所谓相关程度实际上受到量纲的影响。

后来的多数研究在很大程度上接受了这一批评，即不再使用总价值、总生产价格和总市场价格之间的皮尔逊相关系数和拟合优度说明其相关程度，转而使用各种度量向量距离的指标来测度价值和价格之间的偏离程度。Shaikh（2016）就最好地体现了这一变化。谢克在该书有关这一内容的章节中，对于截面数据，已经不再主要依赖回归分析和拟合优度的结果，而是使用了几种度量偏离程度的指标。这些偏离度量指标显示，直接价格（与价值成固定比例的价格）、生产价格和市场价格总体上的偏离程度不会超过20%。

在国内学者中，冯志轩（2016）实际上也提到过该方法可能存在的问题，其着眼点在于Ochoa在估算价值中所采用的一些技术细节。在冯志轩提出的批评中，与本文相关的主要是两点。第一，Ochoa在研究中并没有区分生产性部门和非生产性部门；第二，Ochoa用工资差异化约劳动复杂程度的差异，存在用价格解释价值的逻辑矛盾。但冯志轩并没有对此深入研究，而是通过剔除非生产性部门，以及转而使用国际投入产出表中以小时为单位的劳动投入数据规避了这两个问题。

本文在某种程度上可以视为对冯志轩提出的两个问题的深入，旨在从技术和理论两个角度阐明该方法的局限性和适用范围。本文利用中国2012年139部门投入产出数据对该方法进行了应用，结果发现该方法所测度的价值和价格之间总体偏离程度不大，只是反映成本与产出之间的关联性。这可以视为劳动价值论的一种经验表征，但很难将之看作对劳动价值论的直接证明。

本文之后的内容安排如下：第二节介绍该经验估计方法的一般原理；第三节展示该方法在中国2012年139部门投入产出表中的应用结果；第四节则利用第三节的经验估计结果分别从技术和理论两个层面讨论这一方法的局限性；第五节为结论。

## 二　价值、生产价格估计的一般原理

### （一）价值的估计

理论上，假定中间投入品的技术结构与产出品的技术结构一致，那么，商品的价值可以由一张实物投入产出表来得到，即

$$\boldsymbol{v} = \boldsymbol{l}^{*}(I - A)^{-1} \tag{1}$$

其中 $A$ 为直接消耗系数矩阵，$\boldsymbol{v}$ 为单位商品价值行向量，$\boldsymbol{l}$ 为经由复杂还原系数调整之后的单位直接劳动投入行向量。等式（1）表示商品价值等于商品直接劳动投入（活劳动）和间接劳动投入（死劳动）之和，可以由直接劳动投入行向量右乘一个列昂惕夫逆矩阵得到。

在应用层面，上述方法受到了投入产出表编制本身的限制。目前绝大多数国家编制的投入产出表为价值表，即投入产出表所记录的产业间联系均以货币为单位，同时其劳动投入的直接含义指的是每个部门付出的劳动报酬而非以小时计量的劳动时间。

尽管在理论上，只要我们知道每个部门的单位产品价格，就能够将价值型投入产出表转化为实物型投入产出表，但是这一工作存在两方面的困难。第一，投入产出表中有不少部门并不存在物质形态上的产品，难以确定进行计量的物量单位，于是所谓单位产品价格根本就无从谈起。第二，即便是那些有着物质形态产品的部门，其依然是一个大类，包含在形态和功能上存在差异的多种产品。要找到一种对部门内所有产品都适用的物量单位，并统计其价格，无论是在理论上，还是在具体的统计操作上，都有较大的难度。不过正如列昂惕夫所指出的，这种转化并不是必要的，由价值表得到的技术关系表达的同样是物量意义上的技术关系（Tsoulfidis and Paitaridis，2006）。例如，从价值型投入产出表得到的直接消耗系数 $a_{ij}$ 表示生产 1 美元 $j$ 部门产品需要直接投入 $a_{ij}$ 美

元的 $i$ 部门产品。1 美元产出总会对应着一定的物理单位。例如，1 吨铁的价格如果为 1000 美元，那么由价值表得到的消耗系数对应的产品物量单位就是 1/1000 吨。[①] 尽管我们无从知晓由价值表得到的直接消耗系数矩阵确切的物量单位，但我们至少可以确定它一定对应着一种实物意义上的联系。

然而，上述理解为具体的应用带来便利同时也导致一些额外的问题。例如，在利用价值型投入产出表估计价值和生产价格时，得到的价值和生产价格对应的实际上是 1 单位货币价格的产出。换句话说，在对价值型投入产出表的分析中，每个部门产品的市场价格都始终为 1，价格向量是一个全 1 向量。本文将在之后的内容中具体分析这一性质所带来的问题。

上述理解上的便利并不适用于对直接劳动投入时间的估计。研究目的本身决定了必须用物量单位来度量直接劳动投入。在目前的研究中，主要存在两种估算部门直接劳动投入时间的方法。

第一种方法由 Shaikh（1984，1998，2016）最初提出，也是目前最为流行的一种方法。Shaikh 假定部门间平均小时工资的差异反映了劳动强度和复杂程度的差别，即设复杂劳动还原系数 $h_i$ 为

$$h_i = \frac{w_i}{w} \tag{2}$$

其中，$w_i$ 表示部门 $i$ 的直接劳动投入的小时工资，$w$ 表示全社会的平均小时工资。不同性质的劳动在复杂程度上存在差别，同样时间的自然劳动投入可以代表不同的价值量。在经验上一般认为价值的单位是简单平均劳动，因此如果 $i$ 部门劳动的复杂劳动还原系数为 $h_i$，则其 $l_i^*$ 小时的自然劳动投入实际上包含多倍的简单平均劳动，即 $h_i l_i^*$。孟捷、冯金华（2017）在最近的一篇文章中对复杂劳动还原问题进行了

① 笔者这里要提醒读者注意，这一理解同时意味着从不同年份的投入产出表估计得到的结果对应着不同的物量单位。

专门的研究。在这个问题上，他们认为工资差异并不会反映劳动复杂程度的差别。不过根据 Shaikh 的假定，$i$ 部门单位商品的活劳动所创造的新价值为

$$l_i = h_i l_i^* = \frac{w_i}{w} l_i^* = \frac{W_i}{w} \tag{3}$$

其中 $l_i^*$ 表示 $i$ 部门单位商品中所直接投入的自然劳动时间，$W_i$ 表示 $i$ 部门单位商品生产中的劳动成本。等式（3）表明，一旦假定小时工资差异反映了劳动强度和复杂程度的差别，单位商品中活劳动创造的价值可以由劳动成本直接除以社会平均小时工资得到，进而有

$$\boldsymbol{v} = \boldsymbol{l}(I - A)^{-1} \tag{4}$$

$\boldsymbol{l}$ 为各部门活劳动创造的价值 $l_i$ 构成的行向量。

等式（3）虽然为估计直接劳动提供了一种极为便利的方法，但在理论上存在根本的局限。在马克思主义经济学的理解中，工资是劳动力价值的表现，而劳动在复杂程度和强度上的差别关乎的是劳动所创造的价值，两者并没有直接联系。此外，假定工资水平完全反映劳动复杂程度，即假定资本家为工人 1 小时活劳动所支付的货币工资在不同部门是相等的，某种程度上相当于假定不同部门的剩余价值率相同，这种假设也缺乏明确的根据。

Shaikh 这一估算直接劳动投入的方法在后续的应用中还有一些变形形式。例如，荣兆梓、陈旸（2014）通过将建筑行业选定为典型劳动部门，然后以建筑行业的就业人口为基础，经由投入产出表得到的直接劳动消耗系数换算得到其他部门的就业人数，以此作为直接劳动投入。这一方法与 Shaikh 的区别仅在于计算的量纲不同，本质上是一致的。

第二种估算直接劳动投入的方法是将各部门自然劳动投入时间（或就业人数）直接作为活劳动。这一方法在理论上的局限是显然的，因为它忽略了劳动在复杂程度和强度上的差别。Cockshott（2011）是这一方法主要的主张者。为这种方法辩护的一种理由是：尽管劳动确实存

在质的差别，但是任何产品的生产都投入了多种其他产品，而这些作为中间投入的产品的生产中也投入了多种产品。产品生产中投入产出的完全联系对不同复杂程度和强度的劳动起到了一种平均化的作用，这样一来劳动在质上的差别就不再那么重要。

至于估算各部门的自然劳动投入时间存在很多方法，可以由部门的劳动报酬除以部门的平均工资得到（Cockshott et al.，1995），也可以由微观上的家庭支出数据估算，而如瑞典等有些国家本身就有对自然劳动投入时间的统计。

## （二）生产价格的估计

对生产价格的估计涉及转形问题，不同学者基于不同的假定会有不同的解法。本文主要介绍基于斯拉法转形体系的方法。这一方法的特点是：第一，假设工资后付，即可变资本不包括在预付资本之中；第二，使用标准商品的净产出作为计价单位。根据是否考虑固定资本，该方法又可区分为流动资本模型和固定资本模型。本文并不涉及对转形问题的讨论，如果忽略不同方法背后对转形问题的不同理解，这些方法的数理结构是类似的，其区别并不影响本文的讨论。因此对于其他转形体系，我们只在本小节的末尾做简要说明。

对于 $n$ 部门的投入产出结构，其生产价格行向量可以表示为

$$\boldsymbol{p} = w\boldsymbol{l} + \boldsymbol{p}(A + D) + r\boldsymbol{p}AT + r\boldsymbol{p}KU \tag{5}$$

其中 $\boldsymbol{p}$ 表示生产价格行向量，$w$ 和 $r$ 分别表示平均工资率和平均利润率，$D$ 为资本折旧系数矩阵，$K$ 为固定资本占有系数矩阵，$U$ 为各部门产能利用率构成的对角矩阵，$T$ 为各部门流动资本周转次数构成的对角矩阵。[①] 从等式（5）可以看出，为什么 Shaikh 估计直接劳动投入的方法会流

① 如果不考虑固定资本、产能利用率以及周转次数，那么基本的投入产出结构为 $\boldsymbol{p} = w\boldsymbol{l} + \boldsymbol{p}A + r\boldsymbol{p}A$，完全形式依然可以表示为 $\boldsymbol{p} = w\boldsymbol{v} + r\boldsymbol{p}H$，不过此时 $\boldsymbol{v} = \boldsymbol{l}(I - A)^{-1}$，$H = A(I - A)^{-1}$，此时称为流动资本模型。

行，因为这一方法可以很好地与转形过程中要求统一工资率的假定结合起来。等式（5）的完全形式为

$$\boldsymbol{p} = w\boldsymbol{v} + r\boldsymbol{p}H \tag{6}$$

其中

$$H = (KU + AT)(I - A - D)^{-1}$$
$$\boldsymbol{v} = \boldsymbol{l}(I - A - D)^{-1}$$

等式（5）或等式（6）表示的联立方程组有 $n+2$ 个未知数（$n$ 个生产价格、$w$ 及 $r$）和 n 个独立方程，因此存在两个自由度。

紧接着定义标准商品 $\boldsymbol{X}_s$：

$$H\boldsymbol{X}_s = \frac{1}{R}\boldsymbol{X}_s \tag{7}$$

$\boldsymbol{X}_s$实际上是矩阵 $H$ 对应于主特征值 $1/R$ 的主特征向量，其中 $R$ 为等式（6）当工资率取零时的最大利润率，也是标准商品的净产出资本比。①进一步地，根据标准商品确定生产价格的量纲，即令

$$\boldsymbol{p}\boldsymbol{X}_s = \boldsymbol{v}\boldsymbol{X}_s \tag{8}$$

联立等式（6）、等式（7）、等式（8）可得利润工资曲线：

$$w = 1 - \frac{r}{R} \tag{9}$$

注意，此时的工资率 $w$ 含义发生了一定的变化，实际上指的是原体系的总劳动成本占标准商品净产出$\boldsymbol{p}\boldsymbol{X}_s - \boldsymbol{p}A\boldsymbol{X}_s$的比重。例如，当 $r = 0$ 时，有 $\boldsymbol{p}(0)\boldsymbol{X}_s = w\boldsymbol{v}\boldsymbol{X}_s = \boldsymbol{v}\boldsymbol{X}_s$，故 $w = 1$（Sraff，1960）。此时，由等式（6）可得生产价格向量 $\boldsymbol{p}(0) = \boldsymbol{v}$。可见，经过等式（8）对生产价格量纲的处理，生产价格便可以直接与价值进行比较，且价值向量正好等于利润率为零时的生产价格向量。在等式（6）、等式（9）的基础上，再外生给定一个利润率 $r$，即可得到生产价格向量 $\boldsymbol{p}$。

① 关于标准商品的讨论，参见（Sraff，1960：21－39）。

本文已经指出，根据不同的假定事实上可以有不同的估计生产价格的方法。例如，根据马克思的原意，工资是预付的，应该包含在预付资本当中，则等式（5）可改写为

$$\boldsymbol{p} = w\boldsymbol{l} + \boldsymbol{p}(A + D) + r(\boldsymbol{p}A + w\boldsymbol{l})T + r\boldsymbol{p}KU \tag{10}$$

其完全形式为

$$\boldsymbol{p} = w\boldsymbol{v} + rw\,\boldsymbol{v}^{*} + r\boldsymbol{p}H \tag{11}$$

其中

$$H = (KU + AT)(I - A - D)^{-1}$$
$$\boldsymbol{v} = \boldsymbol{l}(\mathrm{I} - \mathrm{A} - \mathrm{D})^{-1}$$
$$\boldsymbol{v}^{*} = \boldsymbol{v}[(I - A - D)^{-1}T(I - A - D)]$$

此时利润工资曲线为：

$$w = (1 - \frac{r}{R})\frac{1}{1 + r \cdot ts} \tag{12}$$

其中

$$ts = \frac{\boldsymbol{v}^{*}\boldsymbol{X}_s}{\boldsymbol{v}\boldsymbol{X}_s}$$

表示流动资本的社会平均周转次数。

另外，也可以不用标准商品的概念，由给定的实物工资向量来得到生产价格（Ochoa，1989）。为了保证两个“总量一致命题”的成立，荣兆梓和陈旸（2014）构造了转形的 B 体系。不过这些方法的数理结构基本类似，其区别并不影响本文的讨论，因此这里不再做过多的介绍。

## （三）价值、生产价格和市场价格偏离程度的计算

用以上方法得到价值、生产价格之后，就可以将之与各部门商品的市场价格进行比较，观察它们各自的偏离程度。早期的研究（Shaikh，1984，1998；Ochoa，1989；Petrović，1987）通常使用二元回归的方法

来测度价值、生产价格和市场价格两两之间回归的拟合优度或者皮尔逊相关系数。这里我们将看到之前提到的由价值型投入产出表估算价值、生产价格带来的问题。由于市场价格向量是全 1 向量，因此价值或生产价格与市场价格的皮尔逊相关系数实际上无法定义，直接二元回归的结果也必然表现为高度显著的常数项 1。为避免这一问题，早期研究转而对各部门总价值、总生产价格和总产值之间进行两两回归。但正如很多批评者（Kliman，2002a，2002b；Díaz and Osuna，2005，2007）所指出的，这样得到的皮尔逊相关系数或者拟合优度是虚假的，此时$p_i^m x_i$、$p_i x_i$、$v_i x_i$的高相关性来自产量本身，而且得到的皮尔逊相关系数或拟合优度会受到各部门产品量纲的影响。更合理的方式是以各种度量向量之间距离的指标来说明价值、生产价格和市场价格两两之间的偏离程度。

对于价值和市场价格的比较，首先需要将价值向量转换为直接价格向量 $\boldsymbol{d}$（与价值成固定比例的价格），以统一量纲。令

$$TMP = \sum_{i=1}^{n} p_i^m x_i$$

$$TV = \sum_{i=1}^{n} v_i x_i$$

其中$x_i$表示 $i$ 商品的产量，$p_i^m$表示商品 $i$ 的市场价格，$v_i$表示商品 $i$ 的价值，$TMP$ 表示社会总产品市场价格总额，即总产值，$TV$ 表示社会总产品的价值总额。

定义

$$\mu = \frac{TMP}{TV} = \frac{\Sigma_{i=1}^{n} p_i^m x_i}{\Sigma_{i=1}^{n} v_i x_i} \tag{13}$$

进一步可定义直接价格为

$$d_i = \mu v_i \tag{14}$$

设$q_i = p_i^m / d_i$，则常用的指标有以下两种。

偏离程度加权绝对均值（mean absolute weighted deviation）：

$$MAWD = \sum_{i=1}^{n} |q_i - 1|\omega_i$$

其中$\omega_i = \frac{p_i^m x_i}{\sum_{i=1}^{n} p_i^m x_i}$。

欧几里得距离（Euclidean distance）：

$$\delta_e = \sqrt{\sum_{i=1}^{n} \left(\frac{q_i}{\|q\|} - \frac{1}{\sqrt{n}}\right)^2} = \sqrt{2(1 - cos\theta)}$$

其中$\|q\| = \sqrt{\sum_{i=1}^{n} q_i^2}$。

在下文给出的研究结果中，笔者更倾向于用偏离程度加权绝对均值（MAWD）来度量偏离程度。这主要是因为欧几里得距离绝对值大小的含义并不清晰。

对于生产价格和市场价格的比较，也需要对生产价格做一定的调整。① 记$TP = \sum_{i=1}^{n} p_i x_i$，$\mu^* = TMP/TP$，则在计算生产价格和市场价格偏离程度时，$q_i$相应地变为$q_i = p_i^m / (\mu^* p_i)$。

## 三 基于2012年中国投入产出数据的经验估计结果

表 1 总结了几位学者分别对美国、英国、日本、瑞典、韩国和中国进行经验估计的结果。这些研究结果显示，估算的直接价格与市场价格、估算的生产价格与市场价格的偏离程度总体上在 20% 以内，并且生产价格并不明显地比价值更加接近市场价格。②

---

① 按照斯拉法的方法计算得到的生产价格实际上是和价值在一个量纲上的。

② Shaikh、Ocho 和 Cockshott 的研究结果显示，估计得到的价值实际上要比生产价格更加接近市场价格，但是从表 1 的结果看，实际上无法得出这个结论。

**表1　主要国家价值和市场价格、生产价格和市场价格偏离程度**

| 国家 | 年份 | 部门数量 | 价值与市场价格 | | 生产价格与市场价格 | | | |
|---|---|---|---|---|---|---|---|---|
| | | | MAWD | d | MAWD | | d | |
| | | | | | 流动资本 | 固定资本 | 流动资本 | 固定资本 |
| 美国 | 1947 | 65 | 0.163 | 0.263 | | 0.158 | | 0.297 |
| 美国 | 1958 | 65 | 0.142 | 0.176 | | 0.145 | | 0.168 |
| 美国 | 1963 | 65 | 0.172 | 0.179 | | 0.156 | | 0.171 |
| 美国 | 1967 | 65 | 0.161 | 0.166 | | 0.165 | | 0.185 |
| 美国 | 1972 | 65 | 0.145 | 0.157 | | 0.146 | | 0.161 |
| 美国 | 1998 | 65 | 0.145 | 0.147 | | 0.124 | | 0.212 |
| 平均值 | | | 0.155 | 0.181 | | 0.149 | | 0.199 |
| 英国 | 1968 | 31 | 0.076 | | 0.093 | | | |
| 英国 | 1979 | 31 | 0.078 | | 0.099 | | | |
| 英国 | 1984 | 31 | 0.128 | | 0.127 | | | |
| 英国 | 1990 | 31 | 0.183 | | 0.146 | | | |
| 英国 | 1998 | 37 | 0.121 | | 0.133 | | | |
| 平均值 | | | 0.117 | | 0.120 | | | |
| 日本 | 1970 | 32 | 0.145 | | 0.167 | | | |
| 日本 | 1975 | 32 | 0.125 | | 0.123 | | | |
| 日本 | 1980 | 32 | 0.138 | | 0.111 | | | |
| 日本 | 1985 | 32 | 0.152 | | 0.100 | | | |
| 日本 | 1990 | 32 | 0.116 | | 0.071 | | | |
| 日本 | 1995 | 37 | 0.113 | | 0.123 | | | |
| 日本 | 1995 | 85 | 0.131 | | | 0.098 | | 0.241 |
| 日本 | 2000 | 95 | 0.141 | | | 0.088 | | 0.230 |
| 平均值 | | | 0.133 | | 0.116 | 0.093 | | 0.236 |
| 瑞典 | 1995 | 48 | 0.200 | | | 0.103 | | 0.268 |
| 瑞典 | 2000 | 48 | 0.184 | | | 0.091 | | |
| 平均值 | | | 0.192 | | | 0.097 | | |
| 韩国 | 1995 | 36 | 0.171 | | | | | |
| 韩国 | 1995 | 27 | 0.131 | 0.179 | | 0.213 | | |
| 韩国 | 2000 | 27 | 0.143 | 0.164 | | 0.217 | | |
| 平均值 | | | 0.148 | 0.172 | | 0.215 | | |
| 中国 | 1997 | 40 | 0.160 | 0.340 | 0.110 | | | |
| 中国 | 2007 | 39 | 0.240 | | 0.170 | | | |
| 平均值 | | | 0.200 | | 0.140 | | | |

注：美国的全部数据来自 Shaikh（2016）；英国的全部数据、日本32部门和37部门数据、瑞典的全部数据、韩国1995年36部门数据来自 Zachariah（2006）；韩国1995年和2000年27部门数据来自 Tsoulfidis 和 Rieu（2006）；中国1997年的数据来自 Moriolis 和 Tsoulfidis（2015）；中国2007年的数据来自荣兆梓和陈旸（2014）。其中生产价格的计算除了荣兆梓和陈旸采用其B体系方法之外，都采用斯拉法的方法。

为了更好地把握这一经验估计方法的实质，本文利用 2012 年中国 139 部门的投入产出数据对该方法进行了应用。

本文采用前文介绍的 Shaikh 的方法估计各部门的直接劳动投入。在这种方法中，我们取社会平均小时工资为 14.6 元每小时。根据国家统计局数据，2012 年城镇单位就业人员的平均工资为 46769 元/年；根据《2012 年全国农民工监测调查报告》，农民工工资平均为 2290 元/月；根据《2015 年全国农民工监测调查报告》，外出农民工 2014 年平均每年外出 10 个月，每月工作时间 25.3 天，平均每天工作 8.8 小时。采用黄宗智（2009）的方法从 2012 年《中国统计年鉴》推算，城镇就业中非正规就业约占到 60%。以农民工代表非正规就业人员，以国家统计局统计的城镇就业单位就业人员代表正规就业人员，则社会平均年平均工资为 32447.6 元/年。[①] 最后，以农民工每年的平均劳动时间表示社会就业人员平均年劳动时间，得到社会平均小时工资 14.6 元每小时。这一估算当然有些粗糙，但实际上社会平均小时工资的绝对量并不影响对偏离系数的讨论，因此不必过于在意社会平均小时工资估算的精确性。

结果显示，由这种方法估计的直接价格和市场价格的总体偏离程度 $MAWD_{dm}=0.1410$[②]，生产价格与直接价格的总体偏离程度为 $MAWD_{dp}=$

① 根据 2012 年 139 部门投入产出表中的劳动报酬总量，以及 2012 年国家统计局公布的三次产业总就业人口估计的社会平均工资为 34435.5 元/年。可以看到，由投入产出表的劳动报酬总量除以总就业人口得到的社会平均工资，与正规就业和非正规就业加权平均得到的社会平均工资非常接近。这从侧面反映了用农民工代表非正规就业人员，以城镇单位就业人员代表正规就业人员，且前者占到总就业人口 60% 的估计是比较合理的。

② 在本文发表于《经济学动态》2018 年第 1 期的版本中，市场价格与直接价格的偏离程度 $MAWD_{dm}=0.1362$。当时的计算有些问题。两个数值的差异来自最后计算偏离程度时所选取的分母不同。按照本文提供的计算公式，$MAWD_{dm}=\sum_{i=1}^{n}|p_i{}^m/d_i-1|w_i=\sum_{i=1}^{n}|p_i{}^m/d_i-1|w_i$ 即以直接价格作为分母计算偏离程度。但由于各部门产品的市场价格为 1，似乎以市场价格作为分母计算偏离程度更简便。因此，在之前版本中，笔者实际是按照公式 $MAWD_{dm}=\sum_{i=1}^{n}|p_i{}^m/d_i-1|w_i$ 计算的。这一点在《经济学动态》版本的表 2 中实际有直接的体现。好在两者计算方式的经济学含义相同，数值差异也很小，完全不影响本文所有内容的讨论。当时笔者并没有在文中指出这一点，故在这个版本中做此说明。同样，在下文的数值例子中，笔者也相应做了调整。

0.0945，市场价格与生产价格总体偏离程度为$MAWD_{pm}=0.0928$，其中生产价格的估计采用斯拉法的流动资本模型。这一估算的结果与其他学者的估计结果相近，即直接价格、生产价格和市场价格两两之间总体上并没有很大的偏差。

不过，还原为劳动的“价值”只是在总体平均的意义上没有与市场价格发生很大的偏离，就个别部门而言，却并不一定如此。图 1 显示了各部门直接价格和市场价格的核密度，从中可见，大部分部门的直接价格和生产价格都在市场价格 20% 的偏离幅度内，但也有不少部门发生

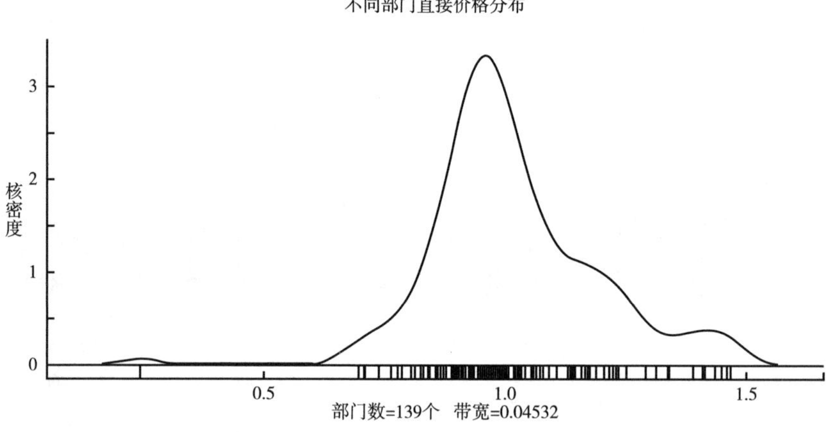


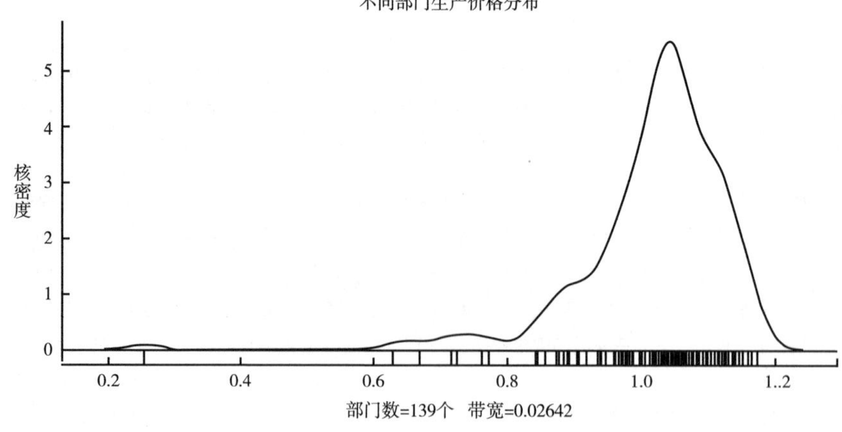


**图 1　直接价格、生产价格分布的核密度**

了较大的偏离。表 2 分别显示了直接价格与市场价格、生产价格和市场价格偏离程度最高的 15 个部门。① 就市场价格和直接价格而言，可以发现农业相关部门一般会有比较大的偏离。另外，无论是直接价格还是生产价格，“废弃资源和废旧材料回收加工品”的偏差都非常大，达到 75% 左右。

**表 2　2012 年中国 139 部门中市场价格分别与直接价格、生产价格偏离程度最大的 15 个部门**

| 市场价格与直接价格偏离程度最大的 15 个部门 | | | 市场价格与生产价格偏离程度最大的 15 个部门 | | |
|---|---|---|---|---|---|
| 部门名称 | 直接价格 | 偏离程度 | 部门名称 | 生产价格 | 偏离程度 |
| 废弃资源和废旧材料回收加工品 | 0.240 | 0.760 | 废弃资源和废旧材料回收加工品 | 0.252 | 0.748 |
| 林产品 | 1.467 | -0.467 | 货币金融和其他金融服务 | 0.629 | 0.371 |
| 渔产品 | 1.460 | -0.460 | 房地产 | 0.669 | 0.331 |
| 畜牧产品 | 1.449 | -0.449 | 电信和其他信息传输服务 | 0.717 | 0.284 |
| 农产品 | 1.436 | -0.436 | 批发和零售 | 0.725 | 0.275 |
| 社会工作 | 1.414 | -0.414 | 管道运输 | 0.762 | 0.238 |
| 教育 | 1.409 | -0.409 | 石油和天然气开采产品 | 0.772 | 0.228 |
| 农林牧渔服务 | 1.390 | -0.390 | 畜牧产品 | 1.173 | -0.173 |
| 公共管理和社会组织 | 1.340 | -0.340 | 铁路运输 | 1.165 | -0.165 |
| 铁路运输 | 1.337 | -0.337 | 屠宰及肉类加工品 | 1.164 | -0.164 |
| 社会保障 | 1.314 | -0.314 | 棉、化纤纺织及印染精加工品 | 1.159 | -0.159 |
| 货币金融和其他金融服务 | 0.697 | 0.303 | 燃气生产和供应 | 0.842 | 0.158 |
| 管道运输 | 0.708 | 0.293 | 资本市场服务 | 0.845 | 0.155 |
| 谷物磨制品 | 1.291 | -0.291 | 针织或钩针编织及其制品 | 1.152 | -0.152 |
| 电信和其他信息传输服务 | 0.709 | 0.291 | 纺织服装服饰 | 1.146 | -0.146 |

① 表 2 中市场价格与直接价格偏离程度与计算 $MAWD_{dm}$ 时的偏离程度有些许差异，具体参见上页注②。

## 四　局限性讨论

### （一）技术局限性

在经济理论的经验工作中，受限于数据的可获得性或者数据本身的结构，往往需要做出一些带有妥协性的假设。从局部来看，这些假设并不明显地违背背后的理论预设，可是一旦从总体上考察这些假设在经验工作中真正所起的作用，就容易背离该经验工作的初衷。

那么上述应用结果是否存在类似的问题呢？更重要的是，我们是否可以将上述结果视为对劳动价值论的证明呢？这是下文将要关注的内容。

本文已经指出，第一种估计直接劳动投入的方法，特殊之处在于其对复杂劳动还原系数的假定。让我们回到模型最初的假定$l_i = W_i/w$。这一假定意味着估算的活劳动创造的价值总是与劳动成本成比例，在完全联系的意义上，则意味着单位产出中的完全（integreted）劳动投入总是与完全的劳动成本成比例。这其实相当于用投入产出表中的劳动报酬向量代替劳动投入向量。

在完全联系的意义上，单位产出只是由完全劳动成本和完全利润两部分构成，于是任何部门的市场价格在完全联系的意义上都可以表示为

$$p_i^m = w v_i + \pi_i^T = w v_i(1 + \sigma_i) \tag{15}$$

其中$\pi_i^T$表示完全利润，$\sigma_i = \pi_i^T / w v_i$表示完全利润工资比。[①] 又由于$p_i^m = 1$，于是估算得到的产品直接价格$d_i$与该部门的完全利润工资比$\sigma_i$满足关系：

① 谢克称之为“the integrated profit/wage ratio”，本文仿照投入产出分析的术语，称之为完全利润工资比，以与直接利润工资比相区分。本文任何带有“完全”这一前缀的概念都是指这一含义。

$$d_i = \mu v_i = \frac{\mu p_i^m}{w(1+\sigma_i)} = \frac{\mu}{w(1+\sigma_i)} \tag{16}$$

根据等式（16）可知，每一部门产品的直接价格与该部门的完全利润工资比一一对应。于是，一旦假定工资差异完全反映劳动在复杂程度和强度上的差别，那么任何直接价格与市场价格（为1）的偏离都将反映在完全利润工资比的差异上。一旦放弃上述方法背后的理论预设，而只关注估算得到的直接价格在技术意义上的含义，那么不同部门产品直接价格与市场价格（为1）之比的差异只是指完全利润工资比在部门间分布的差异。

另外，完全利润工资比也可以理解为完全劳动成本在总产出中的占比，两者满足关系：

$$\frac{w v_i}{p_i^m} = \frac{w v_i}{w v_i + \pi_i^T} = \frac{1}{1+\frac{\pi_i^T}{w v_i}} = \frac{1}{1+\sigma_i} \tag{17}$$

结合等式（16）、等式（17）易知直接价格$d_i$与完全劳动成本满足关系：

$$\frac{w v_i}{p_i^m} = \frac{d_i w}{\mu} \tag{18}$$

本文已指出，第一种直接劳动投入的估计方法意味着将投入产出表中的以货币价格计量的劳动报酬向量与以时间计量的劳动投入向量等同。如果不再将这里的劳动投入理解为价值，而仅仅理解为劳动成本，那么所谓直接价格与市场价格总体上偏离程度不大的结论，实际上只是指完全利润工资比$\sigma_i$或者完全劳动成本在部门间呈现比较集中的分布。例如，根据2012年中国139部门的投入产出数据，2/3部门的完全利润工资比落在区间［0.5，1.0］内，超过一半部门的完全利润工资比落在区间［0.5，0.8］内。而从完全劳动成本的角度看，对应的经验事实是：对2/3的部门而言，完全劳动成本占其总产出的比例在50%和66.7%之间。

现在问题转化为如何理解完全劳动成本或者完全利润工资比在部门间呈现较为集中的分布这一事实。

对此的一种理解是，如果认可工资差异确实反映了劳动复杂程度和强度的差别，那么完全劳动成本或完全利润工资比的集中分布这一事实本身就是劳动价值论的反映。Farjoun 和 Machover（1983）曾经得到过类似的结论，他们对投入产出表的计算发现，产品价格与完全劳动成本之比（两人称之为“specific price”）大概满足均值为 2，标准差为 1/3 的正态分布。Cockshott（2009）利用英国数据对其进行了验证，发现尽管均值有些不同，但标准差为 1/3 及满足正态分布的结论是正确的。Farjoun 和 Machover、Cockshott 均认为这可以视为劳动价值论的一种证据。但本文的估计结果显示，产品价格与完全劳动成本之比并不服从正态分布（因为产品价格为 1，因此所谓的“specific price”不过是完全劳动成本的倒数），但在部门间确实呈现较为集中的分布。

对于上述结果，本文认为还有另一种解释。所谓完全劳动成本，指的是将所有中间投入都还原为劳动成本之后，所有间接劳动和直接劳动之和，实际上可以视为是对成本价格的某种度量。不同部门单位货币产出中的完全劳动成本相差不大这一点很可能是成本加成定价的结果。后凯恩斯主义学者曾指出，在今天的经济中，企业多实行成本加成定价，即在单位成本之上附加一个成本边际（cost margin）。① 至于供给与需求的缺口主要依靠存货或产能利用率的变化进行调整，而不是依靠市场价格调整（Lavoie，2013：111；2014：175－181）。Shaikh（2016：398－400）在其最新的著作 *Capitalism：Competition，Conflict，Crises* 中介绍上述估计价值、生产价格的经验方法时，也提到了上述事实。他引用了 Puty 的一项研究，发现在美国 1856～1969 年的几次经济周期中，各部门产品从波峰到波谷的产量调整（平均变化程度为 22.18%）的剧烈程

① 注意成本边际与边际成本是完全不同的两个概念。成本边际表示单位产品所包含的预期利润。

度要远远大于价格（平均变化程度为9.13%）。但Shaikh对此的解释并不是成本加成定价，而是认为正是由于短时间内产品价值不会发生太大变化，价格变化程度才不是那么剧烈。

笔者认为基于投入产出表估算得到的直接价格与市场价格偏离程度不大这一经验结果主要由成本加成定价所致。笔者主要基于三个理由。

第一，等式（16）、等式（17）和等式（18）表明，估算得到的直接价格与完全利润工资比、单位产出中的完全劳动成本占比一一对应。在一个厂商均采取成本加成定价的经济系统中，如果将所有中间成本进一步还原为劳动成本和利润，那么最终得到的完全利润工资比或者单位产出中的完全劳动成本占比就会呈现较为集中的分布。这里用一个数值例子来说明其中的原理。表3为一个五部门的价值型投入产出表，其中列项表示生产某种产品的投入结构。从表中设定的数值来看，各部门的利润率有着很大差异，直接导致不同部门增加值中的（直接）利润工资比有着很大的差异。但是一旦将所有的中间投入都如等式（15）那样还原为劳动成本和利润，那么由此得到的完全利润工资的部门间差异将大为缩小。进一步计算可知，单位产出中的完全劳动成本与价格总体上的偏离程度只有 *MAWD* =0.1547。其中的机制在于，投入产出表揭示了不同部门生产之间的投入产出联系，每一种产品的投入中都包含其他产品作为中间投入，而这些中间投入又可以还原为其他部门的劳动投入和利润，由此就形成一种平均化的作用。

**表3　完全利润工资比平均化的数值例子**

| | 部门1 | 部门2 | 部门3 | 部门4 | 部门5 |
|---|---|---|---|---|---|
| 部门1 | 100 | 150 | 50 | 200 | 150 |
| 部门2 | 50 | 200 | 400 | 300 | 50 |
| 部门3 | 400 | 100 | 50 | 200 | 500 |
| 部门4 | 300 | 50 | 200 | 50 | 200 |
| 部门5 | 250 | 300 | 100 | 100 | 250 |
| 劳动成本 | 200 | 100 | 150 | 250 | 50 |

续表

| | 部门 1 | 部门 2 | 部门 3 | 部门 4 | 部门 5 |
|---|---|---|---|---|---|
| 成本价格 | 1300 | 900 | 950 | 1100 | 1200 |
| 利润率 | 0.1 | 0.2 | 0.3 | 0.4 | 0.5 |
| 产出价格 | 1430 | 1080 | 1235 | 1540 | 1800 |
| 直接利润工资比 | 0.65 | 1.8 | 1.9 | 1.76 | 12 |
| 完全利润工资比 | 1.64 | 2.20 | 2.08 | 1.94 | 3.39 |

第二，在对上述经验估计方法的应用中，学者们对非生产性劳动的处理经常只是剔除若干部门。但是按照劳动价值论，非生产性部门尽管不创造价值，却参与剩余价值的分配。换句话说，非生产性部门的产值中包含价值，而将其简单地剔除，等于将非生产性部门产出中所分割来的价值也一并舍弃了。成本加成定价却没有这个问题，尽管非生产性部门的劳动不创造价值，但依然有成本，厂商依然是通过在成本之上附加一个成本边际来进行定价。因此，如果采取成本加成定价的预设，那么在估算偏离系数时就没有必要剔除非生产性部门。事实上，在对偏离系数的计算中，剔除非生产性部门与否的确不会对偏离系数产生显著的影响。

第三，对劳动价值的还原必须借助劳动成本进行，但是对成本的还原并不一定需要借助劳动成本。实际上，在投入产出表的结构中，“固定资本折旧”项几乎与“劳动报酬”项有着相同的位置，都被列在增加值项下。借助于列昂惕夫逆矩阵，我们可以将所有的中间成本都还原为“固定资本折旧”。利用中国 2012 年 139 部门投入产出数据，估计得到的完全固定资本折旧与市场价格总体的偏离系数只有 $MAWD=0.239$。这一结果表明，利用投入产出表得到的直接价格，最直接的含义只是对完全成本的一种度量。

### （二）成本加成定价与劳动价值论的关系

在后凯恩斯主义经济学的研究中，成本加成定价是经常被采用的一个假定。不过有必要指出的是，成本加成定价并不是严格意义上的价格理论。成本加成定价具有两种含义。第一，成本加成定价表示厂商在销售之前的一种定价策略。在厂商对产品定价时，其采取的原则往往是在单位平均成本之上追加一个成本边际（cost margin）。第二，成本加成定价也表示一种事后的产品价格构成。从事后看，单位产品的价格总是可以分成成本和利润两部分，这部分利润一般称作利润边际（profit margin），是价值实现之后的利润（Lavoie，2014：157）。从事前的意义上讲，成本加成定价只是一种定价理论，从事后的意义上讲，成本加成定价只是对现象的一种描述，在逻辑上不会与任何一种价格理论发生矛盾。

劳动价值论实际上蕴含着成本加成的思想，主要体现在两个方面。第一，在考虑转形时，等量资本获取等量利润，此时产出就等于成本价格与平均利润之和。这显然是成本加成定价的一种形式。并且应当注意，在等量资本获取等量利润的原则中，并不需要区分生产性部门和非生产性部门。例如，商业资本利润的绝大部分并不是来自本部门创造的剩余价值，而是以等量资本获取等量利润的原则从生产性部门转移的。第二，如果考虑垄断资本，则产出等于成本价格与垄断利润之和，这是成本加成定价的另一种形式。垄断资本与竞争性资本在成本加成中的区别只在于其利润不再遵循利润率平均化的原则。实际上，在早期，后凯恩斯主义诉诸成本加成定价的主要理由便是垄断，并且通常用加成率的大小来衡量垄断程度（Shaikh，2016：159－363）。

从这个角度来看，本文的经验估计结果在一定程度上也可以视作劳动价值论在经验上的一种表现。

另外，需要特别指出的是，尽管成本加成定价与任何一种价格理论在形式上都不会发生矛盾，但后凯恩斯主义学者历来强调自己与新古典主义的差异。例如，后凯恩斯主义的厂商理论强调，在工业品生产部门，产品生产的短期平均可变成本（劳动力、原材料和辅助材料成本）在到达全产能利用率之前一般是不变的。厂商一般都会保留一定程度的过剩产能。这就与新古典的边际分析产生了明显的区别。

### （三）理论局限性

上一小节的讨论可以视为对该经验估计方法技术局限性的说明，下面侧重说明其理论的局限性。

细究该经验估计方法背后的理论预设就不难发现，该方法在一定程度上具有新李嘉图主义的倾向。其方法论是从一套给定的技术结构来得到价值，进而得到生产价格。实际上有关这一经验估计方法的大部分文献讨论地更多的也是李嘉图和斯拉法，而非马克思。这意味着这一方法很难避免斯蒂德曼（1991）对劳动价值论的诘难：如果生产价格体系已经由技术体系给定，那么为何还需要去计算劳动价值呢？

孟捷（2004）曾经对斯蒂德曼的诘难提出过回应。在他看来，劳动价值论是把握资本主义再生产中不确定性的理论工具，而生产的标准技术条件与市场价值之间的关系，并不是斯蒂德曼所设想的那种单一、决定性的关系。换言之，上述经验估计方法中的技术条件并不可能完全脱离价值实现而在事前决定，相反，这一技术条件要受到供需矛盾的影响。关于标准技术条件和市场价值确定的这一动态性特征，马克思在《资本论》第3卷这样说道：

> 我们假定，所生产的商品的量是不变的，是已定的，只是这个在不同条件下生产的量的各个组成部分的比例发生了变化，因此，同样数量的商品的市场价值按不同的方法来调节。假定这个量就是通常的供给量，并且我们撇开所生产的商品的一部分会暂时退出市场的可能性不说。如果对这个总量的需求仍旧是通常的需求，这个商品就会按照它的市场价值出售，而不管这个市场价值是按以上研究过的三种情况中的哪一种情况来调节。这个商品量不仅满足了一种需要，而且满足了社会范围内的需要。与此相反，如果这个量小于或大于对它的需求，市场价格就会偏离市场价值。第一种偏离就是：如果这个量过小，市场价值就总是由最坏条件下生产的商品来

调节，如果这个量过大，市场价值就总是由最好条件下生产的商品来调节，因而市场价值就由两端中的一端来决定，尽管单纯就不同条件下生产的各个量的比例来看，必然会得到另外的结果。如果需求和生产量之间的差额更大，市场价格也就会偏离市场价值更远，或者更高于市场价值，或者更低于市场价值。

不过有一点需要指出，上述经验估计方法并不包含再生产均衡的假定。其基本价格方程，即方程组（6）中并没有任何关于再生产均衡的条件。但正如孟捷所指出的，问题是这一估计方法的技术条件从何而来呢？考察这一经验估计方法的具体操作就能发现，尽管这一方法的应用者们大多宣称价值是由给定的技术条件确定的，但是根据编制原则，投入产出表蕴含的技术关系实际上是由国民收入核算事后推算的。因此，由投入产出表得到的技术条件其实反映的是价值实现过程发生之后每个部门平均的生产条件，其所估计的价值，实际上是在实现过程对标准技术条件的选择机制发生之后，即标准技术条件得以确定之后对应的价值。① 背后实际的逻辑关系是从价格体系得到技术体系，进而得到价值和生产价格。可见，该方法在应用层面的逻辑关系与其理论预设的逻辑关系完全相反。这实际上也是本文在上一节所讨论的技术局限性的根源，正因为其技术条件以及直接劳动投入完全是从价格体系推导而来的，其最后得到的价值与市场价格之间的联系，往往体现的是成本和产出之间的联系。这种方法与劳动价值论之间的联系是间接的，而非直接的。作为一种价值和生产价格的估计方法，投入产出技术起到的是将直接联系转化为完全联系的作用，对价值、生产价格的估计总是需要以对直接劳动投入中创造价值的生产性劳动规模的估计为前提。

① 当然，由于投入产出表得到的总是一个部门投入产出加总的情况，因此这一技术条件只是事后确定的平均技术条件，因而忽略了部门内起调节作用的标准技术条件并不一定是平均的生产条件这一情况。

## 五　尾论

本文考察了一种基于投入产出估算价值和生产价格的方法，在已有的文献中，该方法还经常被视为一种劳动价值论的证明方法。本文的分析表明，由该方法估计得到的价值与市场价格之间的联系所直接反映的是成本与产出之间的联系，其偏离程度之所以很小，很可能是成本加成定价以及投入产出结构内在平均化作用的结果。因此，该方法的结果与劳动价值论的联系是间接的。

此外，尽管该方法的理论预设具有新李嘉图主义的倾向，但是其应用层面的逻辑关系是相反的，即它不是从给定的技术条件来得到价值和生产价格，进而与市场价格比较，而是从给定的价格体系来得到技术条件，进而得到价值和生产价格，是一种事后的推算。因此在操作层面该方法并不必然违背市场价值决定的动态性和不确定性特征。

最后，我们对劳动价值论和投入产出分析之间的联系再做一点探讨。在目前的政治经济学体系中，劳动价值论其实更像是整个逻辑体系的出发点，一种预设。从这种预设出发，我们可以对整个经济运动规律进行自洽的解释。至于这一预设本身，其实并不需要直接的证据。本文基于投入产出分析得到的经验结果并不与劳动价值论矛盾，相反是劳动价值论的一种经验表征。但这并不是对劳动价值论的直接证明。其实可以反过来思考这一问题。例如，如果最后得到经验结果是价值和市场价格发生了很大的偏离，我们是否就能认为劳动价值论不成立呢？笔者认为答案是否定的。假定商品按照价值出售只是马克思在《资本论》第1卷所采用的一个阶段性假定。随着分析越来越具体，诸如垄断、利润率平均化、虚拟资本等因素都会导致价格与价值的偏离。

事实上，国内已经有学者指出投入产出分析背后有着类似于劳动价值论的预设。例如夏明和张红霞（2013）在谈到列昂惕夫体系的投入要素有无替代性时，就指出：“列昂惕夫体系的替代性的有无问题不在于固定系数，而根本问题在于列昂惕夫体系假定劳动是唯一的初始投入要素。在经济是‘循环流’的观点下，所有产品的生产都相互需要，没有一种产品只作为投入存在，只有劳动，或者说初始投入是例外。”可见，在投入产出分析的理论框架中，劳动作为唯一的初始投入本身就具有特殊性。这一预设与劳动价值论是契合的。也正因如此，投入产出分析方法对于马克思主义经济学有着重要意义。

本文的讨论并不是对投入产出分析方法的否定，而是澄清这一方法与劳动价值论之间的联系。本文主要反对的是将基于投入产出分析得到的结果看作对劳动价值论的直接证明。本文的分析表明，这一观点无论是在技术上，还是在理论上都有着局限。笔者认为，指明这些局限，反而会有利于投入产出分析方法在马克思主义经济学领域的应用。

## 参考文献

[1] 冯志轩：《国际价值、国际生产价格和利润平均化：一个经验研究》，《世界经济》2016 年第 8 期。

[2] 黄宗智：《中国被忽视的非正规经济：现实与理论》，《开放时代》2009 年第 2 期。

[3] 李海明：《检验劳动价值论：方法与证据》，《经济学动态》2017 年第 9 期。

[4] 马克思：《资本论》第 1 卷法文版，人民出版社，1983。

[5] 马克思：《资本论》第 3 卷，人民出版社，2004，第 206 页。

[6] 孟捷：《劳动价值论与资本主义再生产中的不确定性》，《中国社会科学》2004 年第 3 期。

[7] 孟捷、冯金华：《复杂劳动还原与产品的价值决定：理论和数理的分析》，《经济研究》2017 年第 2 期。

[8] 荣兆梓、陈旸：《转形问题 B 体系：模型与计算》，《经济研究》2014 年第 9 期。

[9] 斯蒂德曼：《按照斯拉法思想研究马克思》，吴剑敏等译，商务印书馆，1991。

[10] 夏明、张红霞：《投入产出分析：理论、方法与数据》，中国人民大学出

版社，2013，第 93 页。

[11] Cockshott, P. , et al. , "Testing Marx: Some New Results from UK Data," *Capital & Class*, 19 (1995): 103 - 130.

[12] Cockshott, P. , et al. , *Classical Econophysics* (Routledge, 2009).

[13] Cockshott, P. , "Competing Theories: Wrong or Not Even Wrong?" *Vlaams Marxistisch Tijdschrift*, (2011): 97 - 103.

[14] Díaz, E. & R. Osuna, "Can We Trust in Cross-sectional Price-value Correlation Measures? —Some Evidence from the Case of Spain," *Journal of Post Keynesian Economics*, 28 (2005): 345 - 363.

[15] Díaz, E. & R. Osuna, "Indeterminacy in Price-value Correlation Measures," *Empirical Economics*, 33 (2007): 389 - 399.

[16] Farjoun, E & M. Machover, *Laws of Chaos: A Probabilistic Approach to Political Economy* (The Thetford Press Limited, 1983).

[17] Kliman, A. J. , "The Law of Value and Laws of Statistics: Sectoral Values and Prices in the US Economy, 1977 - 97," *Cambridge Journal of Economics*, 26 (2002a): 299 - 311.

[18] Kliman, A. J. , "Spurious Value-price Correlations: Some Additional Evidence and Arguments," in Zarembka, P. (ed.), *Neoliberalism in Crisis, Accumulation, and Rosa Luxemburg's Legacy* (*Research in Political Economy*, Volume 21) (Emerald Group Publishing Limited, 2002b).

[19] Lavoie, M. , *Sraffians, Other Post-Keynesians, and the Controversy over Centres of Gravitation* (Post-Print, 2013).

[20] Lavoie, M. , *Post-Keynesian Economics: New Foundation* (Post-Print, 2014).

[21] Mariolis, T. & L. Tsoulfidis, "Decomposing the Changes in Production Prices into 'Capital-Intensity' and 'Price' Effects: Theory and Evidence from the Chinese Economy," *Journal of Biochemistry*, 116 (2015): 1134 - 1138.

[22] Ochoa, E. , "Values, Prices, and Wage-profit Curves in the US Economy," *Cambridge Journal of Economics*, 13 (1989): 413 - 429.

[23] Petrović, P. , "The Deviation of Production Prices from Labour Values: Some Methodology and Empirical Evidence," *Cambridge Journal of Economics*, 11 (1987): 197 - 210.

[24] Shaikh, A. , "The Transformation from Marx to Sraffa," in Mandel, E. & E. Freeman (eds.), *Ricardo, Marx, Sraffa: The Langston Memorial Volume* (Unknown, 1984).

[25] Shaikh, A. & A. Tonak, *Measuring the Wealth of Nations* (Cambridge University Press, 1994).

[26] Shaikh, A. , "The Empirical Strength of the Labour Theory of Value," in

*Marxian Economics: A Reappraisal* (UK: Palgrave Macmillan, 1998).

[27] Shaikh, A., *Capitalism: Competition, Conflict, Crises* (Oxford University Press, 2016).

[28] Sraff, P., *Production of Commodities by Means of Commodities* (Cambridge University Press, 1960).

[29] Tsoulfidis, L. & D. Rieu, "Labor Values, Prices of Production and Wage-profit Rate Frontiers of the Korean Economy," *Seoul Journal of Economics*, 19 (2006).

[30] Zachariah, D., "Labour Value and Equalisation of Profit Rate: A Multi-country Study," *Indian Development Review*, 4 (2006): 1 - 20.

# 转形问题B体系：模型与计算*

荣兆梓　陈 旸**

将解决转形问题的理论思路做A体系与B体系的区分，是由日本学者藤森（Fujimori，1985）在20世纪80年代提出的。但他对体系的基本公式、约束条件，已知量与未知量的区分等多有模糊，因此对两个体系的评判与本文观点有很大出入。本文以下讨论就从这些理论分歧切入，最终通过对投入产出表实际数据的计算，来验证运用B体系解决转形问题的可行性与合理性。

## 一 什么是转形问题

所谓转形问题，核心是关于商品价值向商品生产价格转化过程中的数量关系问题。即在一个已知的、由生产技术条件和劳资分配格局决定的商品价值体系前提下，求解商品生产价格体系的问题。其数理模型可以分两步表达。

### （一）商品价值向量公式

根据商品价值等于商品生产社会必要劳动时间的规定，有①：

* 特别感谢匿名评审人的意见和建议，当然文责自负。

** 荣兆梓，安徽大学，教授；陈旸，安徽大学经济学院，讲师。

① 本文中使用粗体符号表示向量或矩阵，下同。

$$\boldsymbol{\lambda} = \boldsymbol{\lambda A} + \boldsymbol{L} \tag{1}$$

式中 $\boldsymbol{A}$（$n \times n$）是商品生产的物质消耗系数矩阵，$\boldsymbol{L}$（$1 \times n$）是活劳动消耗行向量，二者都是生产的技术结构外生给定的，它们取决于每一种商品生产的劳动生产率。$\boldsymbol{\lambda}$（$1 \times n$）是商品价值向量，是这个 $n$ 维方程的 $n$ 个未知数，通过求解方程组，可以求得商品价值向量：

$$\boldsymbol{\lambda} = \boldsymbol{L}(\boldsymbol{I} - \boldsymbol{A})^{-1}$$

不仅如此，转形问题的已知条件中还包括一个社会统一的工资率 $w_{\lambda}$（可变资本与活劳动投入量之间的比率）①，以及与此相应的剩余价值率 $S_{\lambda}$（剩余价值与可变资本之比）。二者之间有确定的数量关系：

$$w_{\lambda}(1 + S_{\lambda}) = 1$$

因此活劳动消耗向量可以写作：

$$\boldsymbol{L} = w_{\lambda}\boldsymbol{L} + S_{\lambda}w_{\lambda}\boldsymbol{L}$$

商品价值向量公式可以展开为：

$$\boldsymbol{\lambda} = \boldsymbol{\lambda A} + (w_{\lambda}\boldsymbol{L} + S_{\lambda}w_{\lambda}\boldsymbol{L}) \tag{2}$$

现在，式（2）中所有变量或者外生给定为已知，或者可以通过价值方程（1）计算求得。

所谓转形问题，就是在所有这些都为已知的条件下，求解具有平均利润率却保持社会统一工资率的生产价格向量 $\boldsymbol{P}$。

### （二）生产价格向量公式

按定义，生产价格有以下方程：

---

① 表面地看，理论模型的统一工资率与现实中具体劳动的工资差异有矛盾。但如果把工资差异理解为劳动强度和复杂程度的差异，即工资率更高的复杂劳动是倍加的简单劳动，那么，这个理论与现实的矛盾就可以消除。考虑到式（1）中的 $L$ 向量必须是同质的社会劳动，这样的理解是公式内在一致性的必然要求。

$$P = (1 + r)(PA + w_P L) \tag{3}$$

式（3）中有 $n+2$ 个未知数：$\boldsymbol{P}$（$1 \times n$）为生产价格向量，$r$ 是平均利润率，$w_P$ 则是生产价格体系下统一的工资率。显然，方程组还需要增加两个约束条件，才能确定一组唯一解。所谓转形问题的不同解法，关键在于对约束条件的不同理解。

## 二 A 体系与 B 体系的分野

百年来关于转形问题讨论中出现的诸多求解商品生产价格的方法，可以明确地区分为两大类型，这就是解决转形问题的 A 体系和 B 体系。[①]

### （一）A 体系

A 体系的基本方程可以正规表达如下：

$$\begin{cases} \boldsymbol{P} = (1 + r)(\boldsymbol{PA} + w_P \boldsymbol{L}) \\ w_P = \boldsymbol{Pf} \end{cases} \tag{4}$$

式中 $\boldsymbol{f}$（$n \times 1$）为实物工资向量，即单位劳动力需要的必要消费品实物构成向量（以工人消费品在总产品中所占份额表示）。显然，这个方程组有 $n+2$ 个未知数，但只有 $n+1$ 个方程，因此还有一个自由度，需要根据转形理论讨论的内容再增加一个约束方程以使方程组闭合，确定一组唯一解。人们根据马克思在《资本论》中关于转形理论的见解，选择 $\boldsymbol{Px} = \boldsymbol{\lambda x}$，即生产价格总量等于商品价值总量［$\boldsymbol{x}$（$n \times 1$）为商品产出向量］。或者：$r$（$\boldsymbol{PA} + w_P \boldsymbol{L}$）$\boldsymbol{x} = S_\lambda w_\lambda \boldsymbol{Lx}$，即利润总量等于剩余价值总量。但无论如何，这两个“总量相等命题”一般无法同时作为约

---

① 本文主要涉及单一产品生产下的静态转形模型，关于转形问题的动态模型可见 Morishima 和 Catephores（1978）、Shaikh（1977）、Kliman（2007）、丁堡骏（2005）、马艳和严金强（2010）等。

束条件放入方程组中。20 世纪 70 年代中之前，A 体系的这种以实物工资向量 $\boldsymbol{f}$ 为先决条件的转形问题解法几乎成为一种公认解法[①]。众所周知，这一公认解法“附带”的一个公认结论是，马克思在《资本论》中提出的“两个总量相等”命题，不可能同时成立。

### （二）B 体系

B 体系的基本方程组可以表达如下：

$$\begin{cases}\boldsymbol{P} = (1 + r)(\boldsymbol{PA} + w_P\boldsymbol{L}) \\ r(\boldsymbol{PA} + w_P\boldsymbol{L})\boldsymbol{x} = S_\lambda w_\lambda \boldsymbol{Lx}\end{cases} \tag{5}$$

这个方程组也只有 $n+1$ 个方程，因此有一个自由度，同样需要根据转形理论讨论的内容再增加一个约束条件方程，使方程组闭合从而有唯一一组确定的解。因为这一解题方案已经将总利润等于总剩余价值设定为方程组的约束条件之一，所以它可以通过添加商品总生产价格等于总价值的约束条件而求得一组唯一解，使马克思的“两个总量相等”命题同时成立。

$$\begin{cases}\boldsymbol{P} = (1 + r)(\boldsymbol{PA} + w_P\boldsymbol{L}) \\ r(\boldsymbol{PA} + w_P\boldsymbol{L})\boldsymbol{x} = S_\lambda w_\lambda \boldsymbol{Lx} \\ \boldsymbol{Px} = \boldsymbol{\lambda x}\end{cases} \tag{6}$$

本文把它称作 B－1。这个方程组由张忠任（2004）在 21 世纪初写出[②]，虽然他最初的写法不够简洁。方程组有 $n+2$ 个方程，$n+2$ 个未知数。它的两个约束条件严格等价于马克思的“两个总量相等”命题。由于它有一组符合经济学意义的解（郇中丹和张忠任，2009），表明马

① 主张 A 体系的研究者阵容豪华，包括塞顿（Seton，1957）、森岛通夫（Morishima，1973）、萨缪尔森（Samuelson，1971）、斯蒂德曼（Steedman，1977）、置盐信雄（Okishio，1972）和罗默（Roemer，2007）等。近年来活跃于转形问题研究的我国学者白暴力（2005）、余斌（2007）等仍然延续了 A 体系的路径。

② 藤森（1985）在批评“新解释”的理论观点时，曾经顺便指出，B 体系还存在其他变形，并写出了与式（6）基本相同的公式，可惜他认为这些转形问题的解决方案不符合马克思的劳动力商品价值决定理论，因而是不足取的。

克思的价值转形理论至少在形式逻辑上自洽，推翻了百年来转形问题的“公认”结论。

当然，B 体系的第二个约束方程也可以有其他选择，如转形前后的工资总量不变，也就是工资率不变（$w_P = w_\lambda$），因为转形前后的工资总量和利润（剩余价值）总量都不变，所以净产品价值总量也不会变［$\boldsymbol{py} = \boldsymbol{\lambda y}$，$\boldsymbol{y}$（$n \times 1$）为净产品向量］；又因为 $w_\lambda$ 是已知量，公式可简化为 $n+1$ 个未知数的方程组：

$$\begin{cases} \boldsymbol{P} = (1+r)(\boldsymbol{PA} + w\boldsymbol{L}) \\ \boldsymbol{Py} = \boldsymbol{\lambda y} \end{cases} \tag{7}$$

这个 B－2 方程组是 20 世纪 80 年代弗利（Foley，1982）和杜梅尼尔（Dumenil，1983）提出的，一般称作转形问题的“新解释”（Campbell，1997）。方程满足马克思关于利润总量等于剩余价值总量的命题，却不能满足商品生产价格总量等于价值总量的命题。

## 三　A 体系的根本错误

A 体系设定的约束条件是与马克思在《资本论》中关于转形理论的逻辑相违背的，其根本错误在于坚持一个外生给定的社会统一的实物工资向量。表面上看，$\boldsymbol{Pf} = w_P$ 只是生产价格方程组的一个约束方程，事实上，从 $\boldsymbol{f}$ 向量的定义可知，它必须事先就包含在商品价值方程的给定条件中，即在商品价值方程中有已知条件：$\boldsymbol{\lambda f} = w_\lambda$。这意味着价值方程中的工资率和剩余价值率都可以由这一已知条件间接地计算出来的，因此而处于派生地位。在 A 体系中，实物工资向量 $\boldsymbol{f}$ 具有与商品生产的技术结构同等的基础性地位。根据已知条件，人们不难计算出每种产品的净产出中用于工人消费的部分，以及与之对应的剩余产品部分，因此，在商品价值向生产价格的转形发生之前，净产品向量 $\boldsymbol{y}$ 中用于工人消费的实物量和剩余产品实物量都已经事先给定了。

很长时间，人们对转形理论讨论中事先给定实物工资向量所包含的逻辑矛盾与理论谬误没有丝毫察觉，这就导致整个讨论在既定路径内必然地走向 A 体系的“公认”结论。给定实物工资向量$\boldsymbol{f}$，A 体系否定马克思“总量相等二命题”的内在逻辑是明确的。但是，认定 $\boldsymbol{\lambda f} = w_\lambda$，进而 $\boldsymbol{Pf} = w_P$ 源自马克思的经济学逻辑，却是对马克思主义经济学的根本曲解。

马克思在进入资本范畴的讨论时，将商品生产的活劳动投入划分为劳动力商品价值与剩余价值两部分：$W = C + (V + M)$。用线性代数式表达 $n$ 种商品的价值构成，即：$\boldsymbol{\lambda} = \boldsymbol{\lambda A} + \boldsymbol{V} + \boldsymbol{M}$。式中 $\boldsymbol{V}$ 和 $\boldsymbol{M}$ 都是行向量，分别表示各商品价值量中包含的可变资本和剩余价值。二者的数量决定采用“剩余计算法”（减法）：计算首先确定劳动力商品价值，它由劳动力再生产所需物质资料的商品价值决定，对于每个特定行业的劳动力商品，都有一组本行业劳动者平均的消费品向量$\boldsymbol{f}_i$（或者称 $i$ 部门的“实物工资向量”，注意它与社会统一的 $\boldsymbol{f}$ 向量的区别）决定其价值，由此形成行业 $i$ 的剩余价值（行业的活劳动消耗减去相应的劳动力商品价值）：

$$m_i = l_i - v_i = l_i - \lambda \boldsymbol{f}_{\mathbf{i}} l_i = l_i(1 - w_i)$$

按照剩余计算法，各个行业的活劳动消耗与其劳动力商品价值之间没有统一的比例关系，甚至必然地存在着各不相同的比例关系，即，按照经典的劳动价值论，不同生产部门的剩余价值率 $S_i$ 一定是各不相同的。商品生产中所消耗的活劳动量与所使用的劳动力商品价值量没有关联性，劳动力商品价值量的大小取决于劳动力再生产需要，而不取决于劳动者所创造价值量的大小。二者唯一的数量关系是：在资本主义生产中任何行业活劳动创造的价值量必须大于本行业工人的劳动力价值，即 $l_i - v_i > 0$。

但是在进入转形理论讨论之前，马克思在《资本论》第 3 卷第 8 章，提出了剩余价值率相等的前提性假设。马克思对此的解释是：市场竞争首先会在劳动者之间形成平均工资率（工资与劳动创造的价值量成比例），这同时也就意味着相同的剩余价值率。这是利润率平均化的前提条件。[①] 转形问题的讨论应该在这一基础上展开。因此，以上商品价值向量的公式才进一步改写为公式（2）。式中 $w_\lambda$ 与 $S_\lambda$ 都是外生给定的标量，意味着社会生产函数具有统一的工资率和剩余价值率。单个产业部门的资本所有者与劳动者在劳动力市场的一对一关系（$v_i$ 与 $m_i$ 一对一的分割），转变为整个劳动力市场上两大阶级之间的价值分割关系。但是很明显，向量 $\boldsymbol{V} \neq w_\lambda \boldsymbol{L}$，向量 $\boldsymbol{M} \neq S_\lambda w_\lambda \boldsymbol{L}$。通过劳动力市场竞争出现的剩余价值率平均化改变了 $V$ 与 $\boldsymbol{M}$ 的数量关系，使之由减法关系转变为除法关系。这一点是每个试图理解马克思转形理论的学者都必须首先理解的。在马克思的理论体系中，由劳动力再生产消耗的消费资料价值决定的劳动力价值，对应着各部门不等的剩余价值率；而通过劳动力市场竞争形成的各部门剩余价值率相等趋势，则是对劳动力再生产耗费的消费资料价值量决定工资量的修正。

一般地说，劳动力商品价值直接由劳动力再生产所需要的消费资料（实物工资向量）价值决定的理论，与剩余价值率相等（同时也就是工资率相等）的假定是有逻辑矛盾的。因此在马克思的理论体系中，它们必须在两个不同的理论层次上使用，而不允许被直接运用到同一个数学公式中。这个道理与劳动价值论与平均利润率的悖论等价，它们的内在逻辑关联必须通过一个“转形”来实现。因此，在马克思主义的转形理论框架内，$\boldsymbol{\lambda f} = w_\lambda$ 是一个自相矛盾的公式，它把两个适用于不同理论层次的数量关系凑合到一个数理公式中：一边是工资由劳动者消费资料价值量决定，另一边则是全社会统一的工资率。这个公式与马克思主义经济学风马牛不相及。同样道理，公式 $\boldsymbol{Pf} = w_P$ 也根本背离了《资本论》的理论逻辑。但是，实物工资向量决定工资率（劳动力价值的货币表现）的前提条件，却有极大的迷惑性，百年来，多数转形理论

① 马克思：《资本论》第 3 卷，人民出版社，1975，第 159 页；另见同书 195 ~ 196 页。

的研究者以为它符合马克思原意而不假思索地接受。这应当是造成转形问题百年难题的重要原因（荣兆梓，2010）。

## 四　B 体系各分支的共同特征与主要差别

### （一）B 体系的共同特征

B 体系的基本公式［式（5）］，及其分支：B－1［式（6）］和 B－2［式（7）］具有两个共同特征：

特征之一：明确拒绝在转形公式中引进“实物工资向量”，从而保证了统一工资率（即剩余价值率相等）在转形公式中的逻辑合理性。

特征之二：坚持利润总量等于剩余价值总量的约束条件，以呼应马克思关于价值到生产价格的转形本质上是剩余价值在不同部门的资本之间重新分配的理论判断。

依据这两个基本特征，我们可以将 B 体系与解决转形问题的其他理论模型区分开来。依据这两个特征，我们有理由相信，B 体系是转形问题在马克思主义经济学理论路径上的成果。

### （二）B 体系主要分支间的区别

其一，除利润总量等于剩余价值总量外，各自选择另一个不同的“总量相等”作约束条件，导致其他一系列总量关系的区别。B－1 选择了生产价格总量与价值总量相等作为另一约束条件，它的成本总量（$C+V$）转形前后保持不变，但转形前后的不变资本总量不相等，工资总量也不相等；B－2选择了转形前后工资总量相等为另一约束条件，因此其转形前后的净产出价值总量也必然相等，但不变资本的价格总量不等于价值总量，从而其转形前后的成本总量不相等，商品价值总量与生产价格总量也不相等。这一差别导致实际计量中估计“货币价值”（MELT）等重要数据的方法不同。

其二，不同的约束条件导致转形前后剩余价值率或者利润率的不同变化。B－1保持了转形前后相等的平均利润率，但剩余价值率在转形前后会有所差别；B－2保持了转形前后相等的剩余价值率，但按生产价格计算的平均利润率不等于按商品价值计算的平均利润率。这一差别很容易被人忽视，并导致计算错误。

## 五　运用投入产出表数据的计算问题

实际数据的计算问题不同于理论模型问题。如前所述，理论模型的问题是已知商品价值体系，求解生产价格体系，但是在实际数据的计算中，我们从投入产出表中获得的市场价格向量既不是商品价值向量，也不同于生产价格向量（它没有平均的利润率）。张忠任（2007）曾经认为，要解决转形问题的实际计算问题，理论上先要解决转形模型的“逆运算”问题，这一判断显然基于实际数据是一个近似的生产价格体系的判断。实际情况并非如此。我们宁肯说，实际的市场价格向量更像是一个正在从商品价值体系向生产价格体系转形中的过渡物。计算既不能从价值向生产价格“顺运算”，也不能从生产价格向价值“逆运算”。但是我们可以从投入产出表中获得一个由社会劳动生产率决定的生产技术结构，以及劳动与资本两要素的分配结构。依据这些基础数据，正确运用理论模型，以劳动价值论为基础的经济学理论与统计数据的结合应该没有障碍。

实际计算的数学符号比理论模型讨论中要更为复杂。首先，理论模型只涉及两个价格（价值）向量，实际计算中却要面对第三个价格向量——市场价格向量，进而有相应的若干市场数据如利润、工资率等，当计算需要区分这些数据时，原有数学符号使用的下标 $\lambda$ 和 $p$ 就不够用了，需要用下标 $m$ 表示市场价格中的数据，如市场价格应表达为$\boldsymbol{p}_m$。其次，在理论模型讨论中可以不考虑数据的计量单位是时间单位还是货币单位，因为按照劳动价值论的理解，两种计量单位是可以相互换算的（Okishio，1982），如10个货币单位是1小时社会必要劳动时间的“一般价值尺度”，则 10 元 =1 小时。这就是“新解释”所说的“劳动时间的货币表示”（MELT）（Foley，1982；Lipietz，1982）。模型讨论中只要使用同一计量单位，则无论是时间还是货币，不影响讨论的结果。但是在实际数据的计算中分清数据的计量单位格外重要，有时直接影响到计算方法的真伪。所以在计算方法的讨论中，有时还需要使用一对上标 $T$ 和 $G$ 来区分时间和货币两种不同的计量单位，比如：价值、生产价格和市场价格向量以时间计量分别写为$\boldsymbol{\lambda}^T$、$\boldsymbol{P}^T$ 和$\boldsymbol{P}_m^T$，以货币计量则分别为$\boldsymbol{\lambda}^G$、$\boldsymbol{P}^G$ 和$\boldsymbol{P}_m^G$。

计算需要依据两个重要推论，解决两个关键问题。推论之一：转形理论中的商品价值方程与生产价格方程都假定部门间有统一的工资率，因此工资向量不过是活劳动消耗向量与一个数的乘积，这个数就是工资率。[①] 运用这一推论可以解决商品生产中活劳动消耗的计量这一关键问题。这适合于 B 体系各子系统，事实上它也适用于 A 体系。推论之二：如果一个总量数据在价值体系和生产价格体系中保持不变，那么它在转形过程中（当然也在市场价格体系中）保持不变。据此我们可以直接从市场价格的实际数据获取某些关键性的总量数据，以解决计算难题。

计算步骤要点如下。

## （一）计算商品价值向量

（1）根据投入产出表计算商品生产的物质消耗系数矩阵 $\boldsymbol{A}$。

（2）用商品产出向量 $\boldsymbol{x}$ 减去商品生产的物质消耗系数 $\boldsymbol{Ax}$，求得净产品向量 $\boldsymbol{y}$。

（3）根据各部门活劳动成本的相对量，确定活劳动消耗系数向量 $\boldsymbol{l}$（相对量）。

（4）选择“简单劳动部门”，以其具体劳动时间为社会必要的部门

① “因为假定剩余价值率和工作日不变，并且因为这个假定也包含着工资不变，所以，一定量的可变资本表示一定量的被推动的劳动力，因此也表示一定量的物化劳动。”“这样一来，可变资本在这里（在工资已定时总是这样）成了一定量的总资本所推动的劳动量的指数”。参见马克思（1975）。

活劳动时间，运用活劳动消耗系数向量换算其他部门的活劳动时间（成为同等强度和复杂程度的抽象劳动时间），进而形成活劳动消耗向量 $\boldsymbol{L}$（绝对量）。

（5）根据商品价值方程 $\boldsymbol{\lambda}=\boldsymbol{L}(\boldsymbol{I}-\boldsymbol{A})^{-1}$，计算商品价值向量 $\boldsymbol{\lambda}$（按劳动时间计量的商品价值量）。

用以上方法确定的数值 $\boldsymbol{A}$，$\boldsymbol{x}$，$\boldsymbol{y}$，$\boldsymbol{L}$ 以及 $\boldsymbol{\lambda}$，在 B 体系的各个子系统中是相同的，在下面的计算中都可视为已知量，其数值主要取决于商品生产的技术结构。

### （二）根据不同的约束条件计算剩余价值率，分别求解 B－1 与 B－2

#### 1. B－1 的解法

（1）利用总价值等于总生产价格［转形过程中商品总价值（价格）不变］的条件，以市场价格总量除以商品生产的全部劳动时间（商品总价值），求得以货币单位表示的劳动时间，或称劳动时间的货币表示（$\text{MELT}=\mu=\frac{\boldsymbol{P}_m^G\boldsymbol{x}}{\boldsymbol{\lambda x}}$）。请注意，这里分子用的是货币量，分母是时间量。

（2）依据利润总量等于剩余价值总量的条件，以现实经济中的利润总量除以以货币单位表示的劳动时间，求得剩余劳动时间总量（剩余价值总量）。

（3）将商品生产的活劳动时间总量减去剩余劳动时间，求得可变资本价值总量。

（4）现在我们已经有了价值体系中的可变资本与剩余价值，并且以相同的时间单位计量，因此可以求得价值体系下的剩余价值率和工资率：$S_\lambda$ 和 $w_\lambda$。

（5）用 B－1 方程组［式（6）］求解 $n+2$ 个未知数（$\boldsymbol{P}$，$r$，$w_P$）。注意，此时计量单位已经统一为时间量。

#### 2. B－2 的解法

根据转形前后剩余价值率不变的条件，直接以市场体系的利润总量除以工资总量求得剩余价值率 $S$，进而得到不变的工资率 $w = \frac{1}{1+S}$。然后根据 B－2 的方程组直接求解 $n+1$ 个未知数（$\boldsymbol{P}$ 和 $r$）。实际计算中 B－2 的生产价格体系可以写为：

$$\begin{cases} \boldsymbol{P} = w(1+r)\boldsymbol{L}[\boldsymbol{I} - (1+r)\boldsymbol{A}]^{-1} \\ \boldsymbol{Py} = \boldsymbol{\lambda y} \end{cases} \tag{8}$$

根据条件可得：

$$w(1+r)\boldsymbol{L}[\boldsymbol{I} - (1+r)\boldsymbol{A}]^{-1}\boldsymbol{y} = \mathrm{w}(1+\mathrm{S})\boldsymbol{\lambda y} \tag{9}$$

因此有：

$$S = \frac{(1+r)\boldsymbol{L}[\boldsymbol{I} - (1+r)\boldsymbol{A}]^{-1}\boldsymbol{y}}{\boldsymbol{\lambda y}} - 1 \tag{10}$$

上式除 $r$ 外的变量均为已知，因此是一个确定了 $r$ 的隐函数。解得 $r$ 后就可以确定 $\boldsymbol{P}$。可惜目前我们还没有找到求 $r$ 的解析解方法，在本文中还不能运用 B－2 来计算投入产出表数据。需要指出的是，主张用“新解释”的方法做实际运算的现有文献，其实都没有真正按此方法计算，而往往用市场价格体系的平均利润率替代生产价格体系的平均利润率①。从公式可知，二者其实并不相等。

### （三）生产劳动的界定问题

开始计算之前，还有一个必须解决的问题，那就是确定进入计算的部门范围。投入产出表的数据不仅包括产品生产部门、生产性服务部门和生活服务部门，而且包括商业部门和金融（房地产）部门，科教文卫和公共管理部门。转形公式所谓 $n$ 维空间是否包括所有这些部门？按照马克思的观点，只有生产劳动才创造价值和剩余价值。提供生活服务和生产性服务的部门是否创造价值存在争议，现在大家一般倾向于把生

① 例如 Mage（1963），Duménil 和 Lévy（2002），Tsoulfidis 和 Rieu（2006）。

产劳动的范围划宽一些，但多数人还是认为商业和金融不在生产劳动的范围之内。至于教育、卫生和公共管理则肯定不属于生产劳动范围，不创造价值和剩余价值。本文采取较宽的计算范围，只是将 42 个产业部门中的教育（39），卫生、社会保障和社会福利业（40），以及公共管理和社会组织（42）三个部门从生产部门中剔除。而保留了包括商业、金融和文化娱乐类在内的 39 个产业部门，理由不仅是因为剔除这三个部门争议最小，而且因为以下两个原因。（1）这样做便于计算。被保留的部门大体是营利性部门，参与平均利润的分配，影响生产价格的形成，从价值方程与生产价格方程有相同维度便于计量的目的看，保留所有营利性部门比较有利。（2）这样做也便于比较。之前已经有人按此范围做过转形问题的计量（Tsoulfidis & Maniatis，2002；Tsoulfidis，2008），使用相同的计算范围使得本文的研究结果有更大的可比性。当然不应该忘记，如此处理“生产劳动”范围，与马克思在《资本论》第 3 卷的分析有差异，保留了商业和金融类产业会低估马克思意义上的生产劳动者所创造的价值和剩余价值。

如此划定生产劳动的范围，在投入产出表中又该如何处理数据？我们认为，无论按什么标准界定生产劳动范围，剔除非生产劳动部门，总产出（总投入）量虽然会有所减少，但生产劳动部门的剩余价值量应该是增加的。按照马克思的原意，非生产劳动部门的“国民收入”都是生产劳动创造出来的，都应该包括在生产劳动部门所创造的价值和剩余价值之中。如果非生产劳动部门不在商品价值生产的范围之内，它们就应该按社会总价值的消费部门来处理，这些部门的物质消耗就是对消费资料的消费性消耗，而不是对生产资料的生产性消耗；对生产这些消费资料的生产劳动部门来说，它就是“净产品”。同时，非生产劳动部门的工资与利润是从生产劳动部门的剩余价值转移过来的，删除这些部门之后，这部分剩余价值重新回归生产劳动部门，使生产劳动部门的“增加值”和“剩余价值率”得到更加清晰完整地反映。生产劳动部门的“净产品”增量和剩余价值增量恰好相等，保持了投入产出表的平衡。

# 六 用 B 体系的理论模型对中国数据的计量

## （一）投入产出表中部门的分类

我们使用 2007 年中国投入产出表（42 部门），按照 Mariolis 和 Tsoulfidis（2009）的调整方法，将教育（39），卫生、社会保障和社会福利业（40），公共管理和社会组织（42）从生产性部门中剔除。调整后投入产出表中各生产部门的总剩余价值（总产出减劳动报酬）有所下降（见表 1），其剩余价值率由调整前的 142% 上升为调整后的 163%。

**表 1 调整前后主要数据比较**

单位：万元

| 项目 | 调整前投入产出表的总量数据 | 调整后投入产出表的总量数据 |
|---|---|---|
| 中间投入合计 | 5528151509 | 5309537354 |
| 劳动报酬 | 1100473000 | 942227430 |
| 资本所得(利润) | 1559965110 | 1536765009 |
| 总产出(总投入) | 8188589620 | 7788529793 |

## （二）活劳动时间的估计和劳动价值量的计算

在我们计算各部门产出的劳动价值量时，需要获得各部门活劳动投入时间的数据。但是在中国投入产出表中，并没有劳动时间的统计数，给出的仅仅是各部门的工资报酬数据。我们据此获取了生产部门的活劳动消耗系数向量，但它只表示各部门劳动投入折算为抽象社会劳动的数量比例（相对量）①，而不能表示劳动投入的绝对量（劳动时间量）。

① 关于劳动报酬差异（更高的工资）是否能代表劳动技能和强度差异，有一种观点认为工资水平差异反映的是劳动生产率的差异，而非技能、强度差异。而劳动生产率和该部门的机器化程度相关，因此工资水平反映的可能是该部门的机器化程度而非技能强度差异。我们计算了各部门使用的制造业产品和部门工资率之间的线性关系，发现 2007 年的 $r^2=0.00107$，可以认为这种相关性并不明显。

我们从国家统计局年度数据中获取2007年各产业部门工资与就业人数的数据，发现与投入产出表中的劳动报酬在统计口径上并不完全一致，但最终还是选择了人均工资水平较低、就业人数较多的建筑业作为典型劳动部门[①]，以其具体劳动作为代表性社会劳动，将劳动消耗系数向量的相对量转换为劳动时间的绝对量。选择一个产业部门的具体劳动作为代表性社会劳动，使得价值向量计算的结果更加形象化、更容易理解，但选择哪一个部门为典型部门、确定哪一组数字为活劳动消耗量，并不会影响计算结果的性质：商品交换的比例以商品生产的社会必要劳动时间为尺度。

设定建筑部门工人全部劳动报酬为1，其余生产部门的劳动投入量都按照与建筑部门劳动报酬的比例在活劳动消耗向量中确定相应的系数。2007年我国建筑业城镇就业人口[②]为1051万人，假定以此为标准确定活劳动消耗系数1所代表的劳动时间，则各生产部门的活劳动消耗时间就可以逐一地计算出来。2007年，我国生产性部门活劳动投入总量为13360万工作年。在得到经折算后的活劳动投入向量后，就可以利用公式（1）计算各部门的劳动价值量。

### （三）按照B－1计算剩余价值率和生产价格

#### 1. 剩余价值率的计算

用2007年全部产出的劳动价值量（时间），去除2007年国内生产总值（货币）就得到单位劳动时间的货币表示：

---

① 农业劳动的人均报酬比建筑业要低得多，大约只相当于建筑业人均报酬的60%。但这个部门的市场化程度不高，农业生产又以家庭经营为主要形式，因此不具有典型性。

② 这一建筑业城镇劳动人口数据与投入产出表中建筑业劳动报酬数据口径上的差异可能比想象的要小，按照国家统计局国民经济核算司编著的《中国2007年投入产出表编制方法》（中国统计出版社，2008），建筑业劳动报酬由资质内企业劳动报酬和资质外企业劳动报酬两部分组成。其中资质外企业数据是由资质内企业数据和经济普查资料推算的。翻阅经济普查资料，发现各地的资质外建筑企业地址几乎都在城镇及经济开发区，它们中绝大多数应该在城镇就业人口的统计范围之内。

$$\mu = \frac{7788529793}{40039.3961} \approx 194521.66(\text{万元}/\text{万工作年})$$

以市场价格体系的总利润（总剩余价值）除以单位劳动时间的货币表示，求得按时间计量的剩余价值总量（总剩余劳动时间）：

$$\begin{aligned} M^{T} &= \text{总利润} \div \text{单位劳动时间的货币表示} \\ &= 1536765009 \div 194521.66 = 7900.26(\text{万工作年}) \end{aligned}$$

以活劳动时间总量减去剩余劳动时间总量，有必要劳动时间总量，即可变资本价值量（按时间单位计量），用剩余价值总量除以可变资本总量（二者同为时间量），我们就得到了剩余价值率：

$$S_{\lambda} = \frac{M^{T}}{V^{T}} = \frac{7900.26}{13359.84 - 7900.26} = 144.7\%$$

**2. 平均利润率、生产价格和工资率的计算**

劳动时间计算的不变资本：

$$C^{T} = \boldsymbol{\lambda A x} = 26679.56(\text{万工作年})$$

所以平均利润率

$$r = \frac{M^{T}}{C^{T} + V^{T}} \approx 0.25$$

由于平均利润率已经在价值体系中确定，所以生产价格和工资率可以在线性方程组（6）中解得。市场价格、商品价值和生产价格三个体系的总量关系见表2。

初步的计算结果有两点值得注意：（1）运用 B－1 的方法不仅可以得到一组符合经济学意义的价值向量和一组同样符合经济学意义的生产价格向量，而且，同时满足了马克思提出的“总量相等二命题”。从表2可见，三个价格体系的总产出都是 7788529793 万元，三个体系的剩余价值（利润）总量都是 1536765009 万元。这应该是马克思“总量相等二命题”能够实现的一个例证。（2）运用 B－1 方法可以计算价值和生产价格体系下的剩余价值率，计算结果两个体系下的剩余价值率存在

**表 2　三个体系总量数据比较**

| 项目 | 市场价格体系下的数据 | 价值体系下的数据 | 生产价格体系下的数据 |
|---|---|---|---|
| 不变资本/中间投入（万元） | 5309537354 | 5189752040 | 5233278590 |
| 可变资本/工资(万元) | 942227430 | 1062012744 | 1018486194 |
| 成本(万元) | 6251764784 | 6251764784 | 6251764784 |
| 剩余价值/利润(万元) | 1536765009 | 1536765009 | 1536765009 |
| 新增价值(净产品价值)(万元) | 2478992439 | 2598777753 | 2555251230 |
| 总产出(万元) | 7788529793 | 7788529793 | 7788529793 |
| 平均利润率 | 0. 25 | 0. 25 | 0. 25 |
| 剩余价值率 | 1. 63 | 1. 45 | 1. 51 |

差距，尽管这是根据公式本身可以预料的结果，但仍然值得注意。

运用相同的方法，我们继续使用 1990 ~ 2005 年投入产出表计算了价值、市场价格和生产价格体系下的一些总量数据，计算结果见表 3。①从结果看，以上两点结论无一例外地成立。

**表 3　1990 ~ 2005 年总量数据**

| 年份 | 三个体系相等的产出总量(万元) | 三个体系相等的剩余价值(利润)总量(万元) | 相同的平均利润率 | 三个体系(价值/生产价格/市场价格)不同的剩余价值率 |
|---|---|---|---|---|
| 1990 | 390169728 | 84897067 | 0. 28 | 0. 92/0. 96/1. 1 |
| 1992 | 622279794 | 143849469 | 0. 30 | 1. 06/1. 21/1. 40 |
| 1995 | 1443669340 | 311636715 | 0. 28 | 1. 15/1. 22/1. 30 |
| 1997 | 1905586253 | 338427334 | 0. 22 | 0. 80/0. 84/0. 89 |
| 2000 | 2456098734 | 418910485 | 0. 21 | 0. 79/0. 88/0. 93 |
| 2002 | 2934289549 | 611383582 | 0. 26 | 1. 08/1. 12/1. 21 |
| 2005 | 5113792015 | 1053016710 | 0. 26 | 1. 32/1. 49/1. 59 |

① 由于历年投入产出表的部门分类不同，本文将 1990 年、1992 年、1995 年表中的“公用事业及居民服务业”“文教卫生科研事业”“行政机关”三个部门从生产性部门剔除，将 1997 年、2000 年表中的“卫生体育和社会福利业”“教育文化艺术及广播电影电视业”“行政机关及其他行业”剔除，将 2002 年、2005 年表中的“教育”“卫生、社会保障和社会福利业”“公共管理和社会组织”剔除。此外，1990 年的投入产出表在新增值中统计了“福利基金”，本文将其作为工资的一部分计入生产性工人的工资。

# 七　比较和结论

图 1 显示了 2007 年各部门在三种体系下的产值。[①] 对三个价值（价格）向量直观的观察可见，用三种体系衡量的产值非常接近。皮尔逊相关系数显示，劳动价值和市场价格之间的相关程度达到了 0.88，生产价格和市场价格之间的相关系数达到了 0.97。但也有一些部门显示出了异常。例如农林牧渔业的市场价格就比其劳动价值和生产价格低很多；而一些垄断程度比较高的行业例如石油、电力、燃气，市场价格就比劳动价值和生产价格高很多；另外一些通常被认为是非生产性的行业例如金融、商业、房地产业，它们的市场价格也要高出劳动价值和生产价格很多。造成这些差异的原因，应当是今后研究的另一个主题。

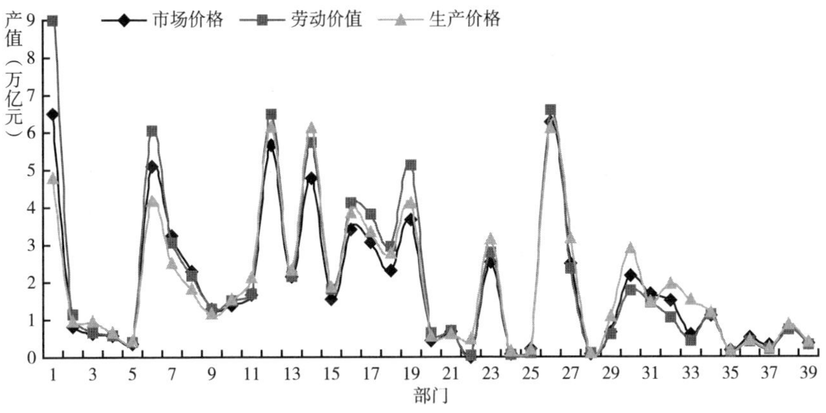


**图 1　三种价格（价值）对比（2007 年）**

为了进一步衡量商品价值、生产价格与实际市场价格之间的偏离程度，我们使用了以下几种统计量：平均绝对差（mean absolute deviation）、平均绝对加权差（mean absolute weighted deviation）、归一化向量距离

① 限于篇幅，此处未列示具体计算结果，有兴趣的读者可以向笔者索取。

（normalized vector distance）。其中 MAD 和 MAWD 都是两组值相对离差绝对值的平均值。衡量两个 $n$ 维向量偏离程度的另一种办法是将其归一化后视为 $n$ 维空间中的两个点，衡量其欧氏距离（Euclid distance）。在本文中归一化矩阵就是由各部门产出构成的对角矩阵，这样计算出来的距离称为归一化向量距离（NVD）①。MAD、MAWD 和 NVD 的值越大，表示度量的两种变量偏离程度越高。表 4 显示了各种文献计算的偏离度以及本文数据与其他文献之间的对比。

**表 4　不同计算结果偏离程度比较**

| 文献及数据来源 | $\lambda - p_m$ | | | $p - p_m$ | | | $p - \lambda$ | | |
|---|---|---|---|---|---|---|---|---|---|
| | MAD | MAWD | NVD | MAD | MAWD | NVD | MAD | MAWD | NVD |
| Mariolis 等(中国 1997) | 0.18 | 0.16 | 0.20 | 0.17 | 0.11 | 0.15 | 0.11 | 0.10 | 0.11 |
| Ochoa(美国 1957～1972) | 0.120 | 0.122 | 0.133 | 0.137 | 0.146 | 0.169 | 0.153 | 0.151 | 0.170 |
| Shaikh(美国 1947) | | 0.10 | | | 0.11 | | | | |
| Tsoulfidis(日本 1990) | 0.12 | 0.15 | 0.17 | 0.11 | 0.12 | 0.16 | 0.12 | 0.15 | 0.14 |
| Tsoulfidis 等(希腊 1970) | 0.23 | 0.22 | 0.25 | 0.14 | 0.15 | 0.20 | 0.19 | 0.18 | 0.23 |
| Chilcote(美国 1958～1987) | 0.19 | 0.17 | | 0.16 | 0.14 | | | | |
| Zachariah(德国 1978～1995) | | 0.12 | | | 0.17 | | | | |
| 本文(中国 2007) | 0.44 | 0.24 | 0.35 | 0.44 | 0.17 | 0.18 | 0.14 | 0.18 | 0.26 |

本文计算的劳动价值和生产价格之间的差异不大，二者之间的皮尔逊相关系数达到了 99% 以上，这与其他研究的结论是一致的。但是本文发现，至少 MAWD 和 NVD 统计量表明，生产价格偏离市场价格的程度明显低于劳动价值偏离市场价格的程度。而在其他研究中，这两种偏离程度是接近的。Mariolis 和 Tsoulfidis（2009）使用中国 1997 年 40 部门投入产出表，使用 A 体系的方法计算了劳动价值和生产价格，并和市场价格进行比较。他们的结论同样是，劳动价值和生产价格对市场价格的偏离程度均小于 20%，这与我们使用 2007 年的数据得到的计算结

① 由于本文计算的是用总产出衡量的商品价格，因此产量对角矩阵实际上就是单位矩阵。关于 MAD、MAWD 统计量的讨论见 Mariolis 和 Soklis（2010）。对 NVD 统计量的不同观点见 Steedman 和 Tomkins（1998）。

果存在较大差距[①]。现在还不清楚的是，本文的计算结果（市场数据与理论数据偏离较大）是否 B－1 方法计算结果的一般特征。这还需要有更多对不同数据来源的实证计量才能得出结论。

总的来说，建立在转形问题基础上的 B 体系计算框架及其实证研究应当向以下方向扩展。

（1）计算框架的动态化推广。在马克思主义经济学中，资本周转速度和固定资本量均直接影响预付总资本量，进而影响平均利润率和生产价格，但是本文并没有考虑这些因素。斯拉法（Sraffa，1963）曾经提出一种方法，将固定资本问题纳入联合生产的框架，把不同年龄的固定资本视为不同的产品，并使用联合生产方法计算固定资本的年金。置盐和中谷（Okishio and Nakatani，1975）、藤森（Fujimori，1992）、Li（2014）扩展了斯拉法的方法并运用于实际计算中。但是，以上这些研究均建立在给定的实物工资假设之上，并未跳出 A 体系的框架。我们需要进一步研究考虑动态因素的 B 体系。[②]

（2）利用更多国家、更长时间范围的数据。美国从 1939 年开始编制投入产出表，日本从 1951 年开始编制，这些发达国家所公布的数据涵盖更长的时间范围，有利于我们利用 B 体系研究资本主义经济趋势。此外，想要在 B 体系中解决包含固定资产的计算问题，需要折旧矩阵和投资矩阵数据。目前，除了 Lü（2007）估算的中国投资矩阵以外，尚未发现有可供使用的中国数据。而美国、日本等发达国家已经由官方公布这一数据，这对提高计算准确度是有帮助的。

① 除了使用的计算体系不一样以外，Mariolis 和 Tsoulfidis（2009）所使用的数据似乎也存在一定的问题。例如他们的计算中除了化学工业以外，还包含制药业和橡胶与塑料制品业；除了交通运输制造业以外，还包含船舶维修和制造业。而这在官方的 40 部门投入产出表中是不包含的。另外，他们的研究中将教育、卫生和社会服务等部门也视为参与生产价格的形成，这与本文的方法也不同。

② 考虑固定资本时，B－1 子体系面临着斯蒂德曼所谓的“负价值问题”，而 B－2 子体系的支持者认为，联合生产和固定资本问题在 B－2 计算框架中可以很好地得到解决。

## 参考文献


[1] 白暴力：《“价值转形问题”研究的三个学术基础》，《经济评论》2005年第4期。

[2] 丁堡骏：《马克思劳动价值理论与当代现实》，经济科学出版社，2005。

[3] 国家统计局国民经济核算司编著《中国2007年投入产出表编制方法》，中国统计出版社，2008。

[4] 罗默：《马克思主义经济理论的分析基础》，汪立鑫等译，上海人民出版社，2007。

[5] 马克思：《资本论》第3卷，人民出版社，1975，第162页。

[6] 马艳、严金强：《转形问题的理论分析及动态价值转形模型的探讨》，《马克思主义研究》2010年第9期。

[7] 荣兆梓：《马克思转形模型的技术结构与转形问题的症结》，《马克思主义研究》2010年第9期。

[8] 斯拉法：《用商品生产商品：经济理论批判绪论》，巫宝三译，商务印书馆，1963。

[9] 余斌：《从斯蒂德曼的非难看劳动价值理论及价值转形问题的计算》，《教学与研究》2007年第3期。

[10] 郇中丹、张忠任：《关于BSZ转形模型存在唯一正解的充要条件》，《海派经济学》2009年第5期。

[11] 张忠任：《百年难题的破解》，人民出版社，2004。

[12] 张忠任：《论从投入产出表估算各部门劳动价值量的可能性》，载吴启富、刘黎明编《2007年中日经济统计学国际会议论文集》，首都经济贸易大学出版社，2007。

[13] Campbell, A., “The Transformation Problem: A Simple Presentation of the ‘New Solution’,” *Review of Radical Political Economics*, 29 (1997): 59-69.

[14] Chilcote, E. B., Inter Industry Structure, Relative Prices, and Productivity: An Input-output Study of the US and OECD Countries (Ph. D. Dissertation, New School for Social Research, 1997).

[15] Duménil, G. & Lévy, D., “The Profit Rate: Where and How Much Did It Fall? Did It Recover? —USA 1948 - 2000,” *Review of Radical Political Economics*, 34 (2002): 437-461.

[16] Duménil, G., “Beyond the Transformation Riddle: A Labor Theory of Value,” *Science and Society*, 47 (1983): 427-450.

[17] Foley, D., “The Value of Money, the Value of Labor Power and the Marxian

Transformation Problem," *Review of Radical Political Economics*, 14 (1982): 37 –47.

[18] Fujimori, Y., "Wage-profit Curves in a von Neumann-Leontief Model: Theory and Computation of Japan's Economy 1970 – 1980," *Journal of Applied Input-Output Analysis*, 1 (1992): 43 –54.

[19] Fujimori, Y., "On a Recent Discussion of the Transformation Problem (Notes)," *Journal of Economics* (Josai University), 21 (1985): 443 –451.

[20] Kliman, A., *Reclaiming Marx's Capital: A Refutation of the Myth of Inconsistency* (New York: Lexington Books, 2007).

[21] Leontief, W., "Quantitative Input and Output Relations in the Economic System of the United States," *The Review of Economic Statistics*, 18 (1936): 105 –125.

[22] Li, Bangxi, "Fixed Capital and Wage-profit Curves a la von Neumann-Leontief: China's Economy 1987 –2000," *Research in Political Economy*, 29 (2014): 75 –93.

[23] Lipietz, A., "The So-called Transformation Problem Revisited," *Journal of Economic Theory*, 26 (1982): 59 –88.

[24] Lü, Z., Development and Application of the China Multi-area Multisectors Dynamic Model in Consideration of the Gap between Areas (in Japanese) (Ph. D. Dissertation, University of Tokyo, 2007).

[25] Mage, S. H., The Law of the Falling Tendency of the Rate of Profit: Its Place in the Marxian Theoretical System and Relevance to the U. S. Economy (Ph. D. Dissertation, Columbia University, 1963).

[26] Mariolis, T. & G. Soklis, "On Constructing Numeraire-free Measures of Price-value Deviation: A Note on the Steedman-Tomkins Distance," *Cambridge Journal of Economics*, 35 (2010): 613 –618.

[27] Mariolis, T., & L. Tsoulfidis, "Decomposing the Changes in Production Prices into 'Capital-intensity' and 'Price' Effects: Theory and Evidence from the Chinese Economy," *Contributions to Political Economy*, 28 (2009): 1 –22.

[28] Morishima, M. & F. Seton, "Aggregation in Leontief Matrices and the Labour Theory of Value," *Econometrica*, 29 (1961): 203 –220.

[29] Morishima, M., *Marx's Economics: A Dual Theory of Value and Growth* (London: Cambridge University Press, 1973).

[30] Morishima, M. & G. Catephores, *Value, Exploitation and Growth* (New York: McGraw-Hill, 1978).

[31] Ochoa, E., Labor Values and Prices of Production: An Inderindustry Study of

the U. S. Economy, 1947 - 1972 (Ph. D. Dissertation, New School for Social Research, 1984).

[32] Okishio, N. & T. Nakatani, "Profit and Surplus Labor—Considering the Existence of the Durable Equipments," *The Economic Studies Quarterly*, 26 (1975): 90-96.

[33] Okishio, N., "On Marx's Production Prices," *Keizaigaku Kenkyu*, 19 (1972): 38-63.

[34] Okishio, N., "Dimensional Analysis in Economics," 1982, in Flascher, P. (ed.), *Essays on Political Economy* (Frankfurt: Lang, 1993).

[35] Okishio, N. & T. Nakatani, "A Measurement of the Rate of Surplus Value," 1985, in Flascher, P. (ed.), *Eassys on the Political Economy* (Frankfurt: Lang, 1993).

[36] Samuelson, P. A., "Understanding the Marxian Notion of Exploitation: A Summary of the So-called Transformation Problem between Marxian Values and Competitive Prices," *Journal of Economic Literature*, 9 (1971): 399-431.

[37] Seton, F., "The Transformation Problem," *The Review of Economic Studies*, 24 (1957): 149-160.

[38] Shaikh, A., "Marx's Theory of Value and the Transformation Problem," in Schwartz, J. (ed.), *The Subtle Anatomy of Capitalism* (Santa Monica, Canada: Goodyear, 1977).

[39] Shaikh, A., "The Transformation from Marx to Sraffa," 1984, in Freeman, A. and E. Mandel (eds.), *Ricardo, Marx and Sraffa* (London: Verso, 1985).

[40] Steedman, I., *Marx after Sraffa* (London: New Left Books, 1977).

[41] Steedman, I. & J. Tomkins, "On Measuring the Deviation of Prices from Values," *Cambridge Journal of Economics*, 22 (1998): 379-385.

[42] Tsoulfidis, L. & T. Maniatis, "Values, Prices of Production and Market prices: Some More Evidence from the Greek Economy," *Cambridge Journal of Economics*, 26 (2002): 359-369.

[43] Tsoulidis, L., & D. M. Rieu, "Labor Values, Prices of Production, and Wage-profit Rate Frontiers of the Korean Economy," *Seoul Journal of Economics*, 19 (2006): 275-295.

[44] Tsoulfidis, L., "Price-value Deviations: Further Evidence from Input-Output Data of Japan," *International Review of Applied Economics*, 22 (2008): 707-724.

[45] Zachariah, D., "Labour Value and Equalisation of Profit Rates: A Multi-country Study", *Indian Development Review*, 4 (2006): 1-21.

# 国际价值、国际生产价格和利润率平均化：一个经验研究*

冯志轩**

## 一 引言

劳动价值论如何从一国范围内扩展到整个世界市场，对于这一理论的解释力而言是颇为重要的议题。马克思（2004a）在《资本论》中就曾经对此做过简要地论述。他认为一国之内生产某一商品的社会必要劳动将以个别劳动的面貌出现在世界市场上，在世界市场上经过再平均得到商品的国际价值。而恩格斯（2004）则进一步认为随着世界市场的形成和国际竞争的加剧，整个世界范围内的商品生产会发生利润率平均化，从而形成国际生产价格。跟随恩格斯的逻辑，Bauer（2000）和Grossman（1992）就分别提出，在国际生产价格形成的条件下，发达国家的技术水平和资本有机构成高于不发达国家，从而使得二者在国际交换中处于不平等的关系当中。发达国家的资本家将占有不发达国家的一部分剩余价值。但是，斯威齐（1997）在《资本主义发展论》中不认同这种观点，认为利润率平均化和生产价格的形成来自资本的

* 感谢中国人民大学经济学院张宇教授和美国加州大学洛杉矶分校罗伯特·布伦纳教授为本文提供的帮助；感谢匿名审稿人对本文提出的宝贵意见。文责自负。

** 冯志轩，南开大学经济学院，讲师。

自由流动。而在国家之间，这种流动面临诸多根本性的障碍。不过他并没有回到国际价值主导世界市场价格这种认识，而是基于对垄断资本主义的基本判断，认为垄断资本对内构建贸易壁垒，对外倾销。这种垄断资本的行为使得国际垄断价格才是决定世界市场价格动态的根本因素。

然而，国际价值理论的早期争论并非当时政治经济学中非常核心的内容，毕竟该理论本身还仅仅是价值理论在国际市场上的推广而已，这一理论与其他的重大问题的联系并没有被重视起来。尽管 Bauer 和 Grossman 的不平等交换理论试图将国际价值理论与资本主义世界发展的不平衡联系起来，但是关于外围国家经济落后的解释，在这一时期占主导地位的是与帝国主义论紧密联系的利润抽取理论，国际贸易对于落后国家的作用还不被视为关键因素。

这个争论随着伊曼纽尔（1988）的《不平等交换：对帝国主义贸易的研究》一书的出版而重新回到了人们的视野。伊曼纽尔的基本论点建立在国际生产价格存在的基础之上，认为资本主义世界已经存在广泛的资本流动。显然，资本有机构成和剩余价值率是影响生产价格对价值的偏离程度的两个主要因素，伊曼纽尔将资本有机构成带来的偏离称为“广义的不平等交换”，而将剩余价值率的差别带来的偏离称为“狭义的不平等交换”。他认为，由于资本可以在国家间自由流动而劳动力不可以，在不同国家之间，阶级力量对比、历史因素与社会因素的不同会导致工资的巨大差异，而这种差异在利润率平均化的过程中使得一些国家占有了另外一些国家的剩余价值，从而引起发展的不平衡。

伊曼纽尔的观点立刻引起了争论。这些争论很大部分是围绕伊曼纽尔关于国际生产价格的假定展开的。De Janvry 和 Kramer（1979）以及 Houston 与 Paus（1987）的文章均指出，如果资本能够在国际自由流动，那么资本会流向低工资的不发达国家。首先，这使得这些国家资本积累加快从而实现发展。其次，资本向不发达国家的流动也会促使不发达国家产业后备军耗竭，拉平国际的工资差距。然而这些理论上的后果并没有在现实中发生，因此反过来说，作为前提假设，资本国际自由流动和国际生产价格的形成也就是不存在的。

曼德尔（1983）则直接从实证的角度质疑了伊曼纽尔的观点。他指出，发达国家跨国公司在不发达国家的利润率要远远高于其在母国获得的利润率。这种利润率的差别正是国家间利润率差异的反映，因而国际利润率并未平均化，国际生产价格也无从谈起。

但是，对于这些批评，不平等交换理论的支持者也提出了自己的观点。Gibson（1980）针对资本流动会引起发展的看法，提出：资本国际流动和发达国家对不发达国家的长期投资是两回事，资本的流动是生产价格形成的条件而长期投资则不是。“资本或许可以流动，但是却没有流动”，因为国际生产价格是一组均衡价格，在这个价格下，资本没有动机进行国际的流动。而且现实中，国家之间不仅仅存在工资一种成本差异，其他的更为具体的成本差异也可以阻止资本利用不发达国家的低工资来获取超额的利润，而这些具体的因素并不能否定国际生产价格在理论上的正确性。

另外，对于利润率在国家之间存在差异这个问题，也有学者提出了相反的观点。Shaikh（1979，1980）[①] 认为，发达国家跨国公司在不发达国家获取的利润率可能远高于不发达国家的平均利润率，因而跨国公司利润率的国际差异并不能直接否定利润率平均化的可能。而 Gibson（1980）甚至认为，不发达国家的利润率是略低于发达国家的，利润率在事实上已经平均化了。

实际上，国际价值是否转形为国际生产价格这个问题不可能通过理论上的讨论得到结果，必须依赖实证的检验。但是仅仅依赖不同国家统计数据的简单比较显然不能得出可靠的结论。利润率是一个不断变动中的变量，静态的比较并不能说明什么。而且，生产价格的形成本质上是源于不同产业间的利润率平均化而不是不同地区之间的利润率平均化，

① 尽管他并不支持伊曼纽尔的理论。

用地区间的利润率差异来进行论证只能说是一种隔靴搔痒。

显然，最直观的实证方法是直接计算出国际价值和国际生产价格两个变量，对比哪一个对国际市场价格解释力最强。而随着实证方法的发展，这一设想逐渐成为可能。

在不平等交换争论持续的同一时期，Morishima（1973）利用产业间的投入产出关系将价值重新解读为可以实证和计量的单位，为价值和生产价格的实证开辟了道路。在 Morishima 的工作的基础上，Ochoa（1989）计量了美国的价值、生产价格等范畴。然而，得到的结论却令人吃惊：价值在解释行业间价格差异方面的表现至少和生产价格一样，甚至要优于生产价格。而后，Cockshott 和 Cottrell（1998）、Tsoulfidis 和 Manitias（2002）对其他国别的计量也都支持了这一结论。价值的解释力强于生产价格的结果看上去是对劳动价值论的重要支持，但实际上是对马克思的价值价格理论体系的挑战。马克思的价值价格理论是通过抽象不断上升到具体的过程来贴近和解释现实的。抽象的范畴并不能自证其合理性，其正确性只能通过逻辑的不断展开、新的具体的范畴的不断加入，现实被更好地解释、细节被更好地拟合这种方式来体现（马克思，2004a，2004b），否则就不能说这个抽象的起点是正确的。因此，如果相比于生产价格这个更为具体的范畴，价值这个抽象的范畴对现实解释力更强的话，那么劳动价值论不是在实证上获得确证，而是恰恰相反。如果这些结论真的成立，那么马克思的价值价格理论在一国范围内的解释力就是存疑的，更遑论推广到国际范围了。

实际上，尽管这些实证工作所开创的方法具有重大的意义，但是这些实证方法中有一些缺陷。这些缺陷部分是由于数据来源的限制，部分是由于对理论理解的问题。而这些关键细节处的缺陷导致结论的偏差。本文正是试图在弥补这些缺陷的基础上，利用如今更加丰富的数据资源，计算国际价值和国际生产价格，验证哪一个变量才是在世界市场上起决定性作用的力量。

因此，在下一个部分当中，我们将简要地回顾 Morishima、Ochoa 以及其他一些学者的工作，并讨论他们工作中可能存在的失误。在此基础上，第三部分当中我们将提出一个基于世界市场的价值和生产价格的计算方法，并对它们相对于市场价格的解释力进行验证。除了对价值与生产价格的直接验证，我们还将考察在产业间和地区间是否存在利润率平均化来佐证我们前面的结论。显然，如果利润率平均化的存在性和生产价格的解释力相一致，我们就能够更加确信我们的结论。为此，我们将在第四部分引入 Shaikh（2008）的调节资本的概念，并利用 Tsoulfidis 和 Tsaliki（2014）发展的调节资本均衡利润率的测量方法，来考察利润率平均化在国际是否真实存在。对行业间利润率差异和地区间利润率的分别考察，将能够为我们提供理论上的一些新观点。最后，第五部分是一个简短的结论。

## 二 Morishima-Ochoa 方法及其缺陷

在很长一个时期中，马克思的价值概念被认为是抽象的、不可计量的理论变量。而 Morishima（1973）的工作使这种观念被抛弃。根据他的解释，对于 $N$ 个部门而言，价值可以被表示为如下形式：

$$\begin{aligned} &a_{11}\lambda_1 + a_{12}\lambda_2 + \cdots + a_{1n}\lambda_n + l_1 = \lambda_1 \\ &a_{21}\lambda_1 + a_2\lambda_{22} + \cdots + a_{2n}\lambda_n + l_2 = \lambda_2 \\ &\cdots \\ &a_{n1}\lambda_1 + a_{n2}\lambda_2 + \cdots + a_{nn}\lambda_n + l_n = \lambda_n \end{aligned} \tag{1}$$

其中$\boldsymbol{\lambda}_i$是第 $i$ 个部门 1 单位产品的价值，这个价值既包含新增加的价值也包括转移的价值。$a_{ij}$是第 $i$ 个部门生产 1 单位产品所需要的第 $j$ 个部门的中间投入量，$l_i$是第 $i$ 个部门生产 1 单位产品所需要的直接劳动投入量。

或用矩阵表示：

$$\boldsymbol{A\lambda} + \boldsymbol{l} = \boldsymbol{\lambda} \tag{2}$$

这一对价值的表达方式看上去仅仅是对马克思价值定义在多部门投入产出关系下的一种重复，然而借助这种重复，我们可以很容易地将价值表示为：

$$\boldsymbol{\lambda} = (\boldsymbol{I} - \boldsymbol{A})^{-1}\boldsymbol{l} \tag{3}$$

也就是说，单位产品价值量可以简单地通过直接劳动投入系数向量和转置的里昂惕夫逆矩阵相乘得到。其直观的解释与投入产出分析中的其他很多方法是一致的：直接劳动投入反映了新增价值的量，而要计算总价值的量，需要将除直接劳动以外的所有劳动都包含进来，所以使用里昂惕夫逆矩阵进行了放大。从一般意义上而言，这些变量都可以在投入产出表中获得。

不过，这一形式仍是理论上的，要将这一想法用于实证还需要更多细节的处理。而 Ochoa（1989）在 Morishima 工作的基础上将实证付诸实施。在计算价值的方面，Ochoa 考虑了固定资本折旧的存在，将价值重新表述为：

$$\boldsymbol{\lambda} = (\boldsymbol{I} - \boldsymbol{A} - \boldsymbol{D})^{-1}\boldsymbol{l} \tag{4}$$

其中，$\boldsymbol{D}$ 为由$d_{ij}$组成的固定资本折旧矩阵，$d_{ij}$表示第 $i$ 部门每生产 1 单位产品所需要的第 $j$ 部门所生产的固定资本的折旧量。并且，Ochoa 认为不能简单地将不同部门的劳动投入视为等同的数量代入计算，因为抽象劳动仍然存在简单劳动和复杂劳动之分，所以他采取的策略是，假设部门间工资的差别反映了简单劳动和复杂劳动之间的换算关系。因而他利用不同部门之间单位劳动时间工资的相互比例，对各部门的劳动投入系数加以换算。

Ochoa（1989）还提出了生产价格的计算公式，他将生产价格表示为：

$$\boldsymbol{p} = \boldsymbol{p}(\boldsymbol{A} + \boldsymbol{D} + \boldsymbol{W} + \widehat{\boldsymbol{g}}) + \pi \boldsymbol{p}[\boldsymbol{K} + (\boldsymbol{A} + \boldsymbol{W})t] \tag{5}$$

其中 $\boldsymbol{p}$ 为生产价格向量，$\boldsymbol{W}$ 为由$w_{ij}$组成的工人消费向量，且$w_{ij} = e_i q_{ij}$，

其中$e_i$为第 $i$ 部门每单位产品中工资所占的比重，$q_{ij}$为第 $i$ 部门工人对第 $j$ 部门产品消费占其总消费的比重。从而$w_{ij}$就是第 $i$ 部门每单位产品所需消耗的第 $j$ 部门消费品的数量。$\boldsymbol{K}$ 为由$k_{ij}$组成的固定资本存量矩阵，$k_{ij}$表示第 $i$ 部门每生产 1 单位产品所需要的第 $j$ 部门所生产的固定资本总额。$t$ 是流动资本周转次数，$\widehat{\boldsymbol{g}}$是由$g_{ii}$组成的间接税对角矩阵，$g_{ii}$为第 $i$ 部门单位产出中间接税成本所占的比例。$\boldsymbol{\pi}$ 为平均化后的均衡利润率。另外，由于投入产出表中的 $\boldsymbol{A}$ 和 $\boldsymbol{W}$ 实际是一年内的总流量，已经包含了周转次数的信息，因此此处 $t=1$。

设$\boldsymbol{A}^{+}=\boldsymbol{A}+\boldsymbol{D}+\boldsymbol{W}+\widehat{\boldsymbol{g}}$，$\boldsymbol{K}^{+}=\boldsymbol{K}+(\boldsymbol{A}+\boldsymbol{W})t$，则生产价格表达式可以表示为：

$$\left(\frac{1}{\pi}\right)\boldsymbol{p}=\boldsymbol{p}\boldsymbol{K}^{+}(\boldsymbol{I}-\boldsymbol{A}^{+})^{-1} \tag{6}$$

因此问题简化为矩阵$\boldsymbol{K}^{+}(\boldsymbol{I}-\boldsymbol{A}^{+})^{-1}$的特征值问题，$\boldsymbol{p}$ 为这一矩阵的特征向量。同时根据 Perron-Frobenius 定理，当$\boldsymbol{K}^{+}(\boldsymbol{I}-\boldsymbol{A}^{+})^{-1}$为不可分解的非负矩阵时，最大特征值即最小正利润率对应唯一的、有经济意义的特征向量，因此生产价格在这个方法下有唯一解。

然而，上述算法中 $\boldsymbol{A}$、$\boldsymbol{W}$、$\boldsymbol{K}$、$\boldsymbol{D}$ 等矩阵均要求为实物型矩阵，而现实中的投入产出表数据均为价值型。不过根据 Marelli（1983）的证明，价值型投入产出表完全可以满足我们的要求，我们仅仅需要对估算方法进行以下调整：

$$\boldsymbol{\lambda}^{*}=(\boldsymbol{I}-\boldsymbol{A}^{*}-\boldsymbol{D}^{*})^{-1}\boldsymbol{l}^{*} \tag{7}$$

其中 $a_{ij}^{*}=a_{ij}(m_j/m_i)$，$d_{ij}^{*}=d_{ij}(m_j/m_i)$，$l_i^{*}=l_i/m_i$，$\lambda_i^{*}=\lambda_i/m_i$。其中$m_i$为第 $i$ 部门产品的市场价格。上式表明，尽管我们只知道带有市场价格的价值型投入产出表中的中间投入和资本折旧总量，即$a_{ij}m_j$和$d_{ij}m_j$，我们仍然可以通过将 $\boldsymbol{A}$、$\boldsymbol{D}$、$\boldsymbol{l}$ 和 $\boldsymbol{\lambda}$ 中的元素除以每个行业的总产出，来获得一个行业每单位货币所包含的价值$\lambda_i^{*}=\lambda_i/m_i$，而对于价值总量，只要再次将该产业的单位货币价值量乘以$m_i$即

可获得。① 同理也可以通过上述方法得到生产价格$p_i^* = p_i/m_i$（Webber & Foot，1984）。

另外，通过这种方式得到的$\lambda_i$单位是劳动时间，而$p_i$总量也不必然和$m_i$总量相同，因此需要对二者进行标准化。Ochoa 的方法是根据它们之间总量的比例对每个部门的价值和生产价格进行放缩：

$$\mu = \sum_i m_i / \sum_i \lambda_i , \nu = \sum_i m_i / \sum_i p_i$$
$$\lambda_i' = \mu \lambda_i , p_i' = \nu \lambda_i$$

$\lambda_i'$和$p_i'$即为标准化之后的价值和生产价格，它们总量与市场价格总量相同，可以直接进行比较。

以上就是 Morishima-Ochoa 方法的主要内容，从理论上来说，这一方法应该是正确的。那么 Ochoa 和后续的研究为什么会得出与理论相悖的结论呢？

实际上，在实证过程中，Ochoa 和多数的后续研究都存在这样几个问题。

首先，这些研究没有对生产性和非生产性劳动进行区分。在马克思主义经济学当中，并不是所有的经济活动都是价值的生产者，流通部门、金融部门和政府部门的活动都是剩余价值的分享者，而如果将这些

---

① Marelli（1983）对于这种方法给出了一个简单的证明。

当我们令$a_{ij}^* = a_{ij}(m_j/m_i)$，$d_{ij}^* = d_{ij}(m_j/m_i)$，$l_i^* = l_i/m_i$，$\lambda_i^* = \lambda_i/m_i$之后，投入产出关系可以表示为：$\boldsymbol{A}^* \boldsymbol{\lambda}^* + \boldsymbol{D}^* + \boldsymbol{l}^* = \boldsymbol{\lambda}^*$，对于其中任意的产业$i$，都有如下的关系成立：

$$\frac{\lambda_i}{m_i} = \sum_j \frac{\lambda_j}{m_j} \frac{a_{ij} m_j}{m_i} + \sum_j \frac{\lambda_j}{m_j} \frac{d_{ij} m_i}{m_j} + \frac{l_i}{m_i}$$

上式可以简化为：

$$\frac{\lambda_i}{m_i} = \sum_j \frac{a_{ij} \lambda_j}{m_i} + \sum_j \frac{d_{ij} \lambda_j}{m_i} + \frac{l_i}{m_i}$$

进一步化简得到：

$$\lambda_i = \sum_j a_{ij} \lambda_j + \sum_j d_{ij} \lambda_j + l_i$$

这与式（1）一致，也就是说$\boldsymbol{A}^* \boldsymbol{\lambda}^* + \boldsymbol{D}^* + \boldsymbol{l}^* = \boldsymbol{\lambda}^*$与$\boldsymbol{A\lambda} + \boldsymbol{D} + \boldsymbol{l} = \boldsymbol{\lambda}$表达的投入产出关系相同，因而，我们可以在不使用实物型投入产出表的前提下，利用价值表给出的投入产出关系对价值量进行测算。

部门计入核算范畴的话势必对价值和生产价格的计算产生一定影响。

其次，Ochoa 方法是基于一国范围内的，因而实际上是将一国范围内的社会必要劳动作为价值量的基础，生产价格的计算也是以国内的固定资本和流动资本数量为前提的。而实际上不论是不是外向型的经济体，所生产的产品都必然面临国际竞争，生产的产品也会使用到其他国家的产出作为中间投入，因而本国产品，尤其是可贸易品的市场价格并非根据本国的价值和生产价格来调节，而是根据国际价值和国际生产价格来调节（阿明，1990）。将一国视为一种封闭体系而进行的计算，结果必然会由于本国生产率和国际平均生产率的差别，以及本国资本有机构成、剩余价值率和国际平均的资本有机构成、剩余价值率之间的差别而产生偏差。

最后，也是最重要的一点，上文指出，在处理简单劳动和复杂劳动时，Ochoa 是利用工资差异将复杂劳动转化为简单劳动的。从理论上来说，正如 Foot 和 Webber（1983）以及 Webber（1987）批评的那样，这种计算方法的弊端在于，本来应该用于解释价格的价值反而依赖于其实是价格的工资。这不仅在逻辑上说不通，而且工资的波动会导致计算的不稳定性，以及不同时点劳动的不可比性。

不仅如此，从计算本身上来说，如果利用工资来化约复杂劳动，会使得劳动投入系数向量与劳动报酬向量非常接近。而这一做法的致命弱点可以通过下述简化的投入产出模型加以论述。

在投入产出模型当中，每一行业总市场价格实际上是可以通过如下方式表示：

$$\boldsymbol{Am} + \boldsymbol{b} + \boldsymbol{s} = \boldsymbol{m} \tag{8}$$

其中 $\boldsymbol{m}$ 为由$m_i$组成的市场价格向量，$m_i$表示第 $i$ 部门的市场价格总量；$\boldsymbol{b}$ 为由$b_i$组成的劳动报酬总量向量，$b_i$表示第 $i$ 部门的劳动报酬总量；$\boldsymbol{s}$ 为由$s_i$组成的利润总量向量，$s_i$表示第 $i$ 部门的利润总量。而如果 $\boldsymbol{b}$ 和 $\boldsymbol{s}$ 之间的关系稳定，我们可以将上式简化为：

$$\boldsymbol{Am} + \widehat{\boldsymbol{\theta}}\boldsymbol{b} = \boldsymbol{m} \tag{9}$$

其中$\widehat{\boldsymbol{\theta}}$是由$\theta_{ii}$组成对角矩阵，$\theta_{ii}$代表第 $i$ 部门中$b_i$和$s_i$的比例关系。

而前文所述，价值形态的投入产出关系可以表示为：

$$\boldsymbol{A\lambda} + \boldsymbol{l} = \boldsymbol{\lambda} \tag{10}$$

显然，如果以劳动报酬 $\boldsymbol{b}$ 替代 $\boldsymbol{l}$ 的话，不论真实情况如何，这一计算方法都会得出 $\boldsymbol{m}$ 和 $\boldsymbol{\lambda}$ 高度相关的结论。而相比之下，生产价格的计算则不存在类似的关系。因此 Ochoa 和他的后继者所得到的价值更好地解释了市场价格这一结论，并不一定是事实如此，而仅仅是计算方法带来的谬误。

## 三　改进的 Morishima-Ochoa 方法与国际价值和国际生产价格的测算

### （一）测量方法

在这个部分当中，我们将试图改进 Morishima-Ochoa 方法来解决上一部分所提到的三个错误。

首先，关于仅仅使用一国投入产出表进行计算的问题，客观地讲，这个问题多半来自数据的限制。毕竟在 Ochoa 的研究和早期的后续研究所处的 20 世纪 80 ~90 年代，能反映国际投入产出关系的仅仅是一国的非竞争性投入产出表而已。这类表格的进口和出口都是不区分国别的，不仅不可能被用于对国际价值和生产价格进行计算，而且连区分进口中包含不同国家的价值和生产价格也是不可能的。

不过现在，这个问题随着世界投入产出表数据库（WIOD）的建立而出现了解决的可能。WIOD 根据各国的投入产出表和国际贸易数据编制了统一口径的世界投入产出表，表格涵盖 40 个主要的经济体 35 个行业间的投入产出关系，同时也提供了统一口径的劳动投入小时数等补充数据（Dietzenbachera et al.，2013）。这就使得核算国际价值和国际生产价格成为可能。因此我们将基于 WIOD，把 Morishima-Ochoa 方法扩展到世界范围内，来实现我们的实证目标。

与在一国范围内的核算不同，在国际范围内，一国国内某一部门的社会必要劳动相对于国际价值而言变成了个别价值。因此，核算就由国别价值、国别生产价格两层变成了国别价值、国际价值和国际生产价格三层。

首先，关于国别价值，设有 $N$ 个国家 $n$ 个部门，我们有：

$$\left[\begin{pmatrix} \boldsymbol{A}^{11} & \boldsymbol{A}^{12} & \cdots & \boldsymbol{A}^{1N} \\ \boldsymbol{A}^{21} & \boldsymbol{A}^{22} & \cdots & \boldsymbol{A}^{2N} \\ \vdots & \vdots & \ddots & \vdots \\ \boldsymbol{A}^{N1} & \boldsymbol{A}^{N2} & \cdots & \boldsymbol{A}^{NN} \end{pmatrix} + \begin{pmatrix} \boldsymbol{D}^{11} & \boldsymbol{D}^{12} & \cdots & \boldsymbol{D}^{1N} \\ \boldsymbol{D}_{21} & \boldsymbol{D}_{22} & \cdots & \boldsymbol{D}^{2N} \\ \vdots & \vdots & \ddots & \vdots \\ \boldsymbol{D}^{N1} & \boldsymbol{D}^{N2} & \cdots & \boldsymbol{D}^{NN} \end{pmatrix}\right]\begin{pmatrix} \boldsymbol{\lambda}^{1} \\ \boldsymbol{\lambda}^{2} \\ \vdots \\ \boldsymbol{\lambda}^{N} \end{pmatrix} + \begin{pmatrix} \boldsymbol{l}^{1} \\ \boldsymbol{l}^{2} \\ \vdots \\ \boldsymbol{l}^{N} \end{pmatrix} = \begin{pmatrix} \boldsymbol{\lambda}^{1} \\ \boldsymbol{\lambda}^{1} \\ \vdots \\ \boldsymbol{\lambda}^{N} \end{pmatrix}$$

其中$\boldsymbol{A}^{xy}$是由$a_{ij}^{xy}$组成的、反映 $x$ 国生产过程对 $y$ 国投入品使用量的中间投入方阵。其中，$a_{ij}^{xy}$代表 $x$ 国第 $i$ 部门每单位产品对 $y$ 国第 $j$ 部门中间投入的需求。$\boldsymbol{D}^{xy}$是由$d_{ij}^{xy}$组成的、反映第 $x$ 国生产过程中所需第 $y$ 国生产的固定资本的折旧量的固定资本折旧方阵，其中$d_{ij}^{xy}$代表 $x$ 国第 $i$ 部门生产过程中所需每单位产品的对 $y$ 国第 $j$ 部门生产的固定资本的折旧量。$\boldsymbol{\lambda}^{x}$为由$\lambda_{i}^{x}$组成的第 $i$ 国的国别价值列向量，$\lambda_{i}^{x}$代表 $x$ 国第 $i$ 部门的每单位产品国别价值。$\boldsymbol{l}^{x}$为由$l_{i}^{x}$组成的第 $i$ 国的国别劳动投入列向量，$l_{i}^{x}$代表 $x$ 国第 $i$ 部门的每单位产品直接劳动投入量。

或写成更为紧凑的形式：

$$(\boldsymbol{A}^{C} + \boldsymbol{D}^{C})\boldsymbol{\lambda}^{C} + \boldsymbol{l}^{C} = \boldsymbol{\lambda}^{C} \tag{11}$$

我们用上标 $C$ 代表核算国别价值时的各种矩阵。由上式可以得到国别价值的表达式：

$$\boldsymbol{\lambda}^{C} = (\boldsymbol{I} - \boldsymbol{A}^{C} - \boldsymbol{D}^{C})^{-1}\boldsymbol{l}^{C} \tag{12}$$

根据 Marelli 的方法，我们将上述形式转化为可以由价值型投入产出表估计的形式：

$$\boldsymbol{\lambda}^{C*} = (\boldsymbol{I} - \boldsymbol{A}^{C*} - \boldsymbol{D}^{C*})^{-1}\boldsymbol{l}^{C*} \tag{13}$$

对于每个矩阵而言，其中的元素可以表示为$a_{ij}^{xy*} = a_{ij}^{xy}m_j^y/m_i^x$，$d_{ij}^{xy*} = d_{ij}^{xy}m_j^y/m_i^x$，$l_i^{x*} = l_i^x/m_i^x$，$\lambda_i^{x*} = \lambda_i^x/m_i^x$。

接下来，我们考虑如何对国际价值进行计算，国际价值应当是根据世界上生产这种产品的必要劳动时间来决定，而这是由世界整体而言平均的技术和平均水平的劳动强度来决定的。我们用上标 $I$ 表示国际平均的技术和劳动条件下的各种系数和结果，因此国际价值可以由下式表示：

$$
\begin{aligned}
&a_{11}^I\lambda_1^I + a_{12}^I\lambda_2^I + \cdots + a_{1n}^I\lambda_n^I + l_1^I = \lambda_1^I\\
&a_{21}^I\lambda_1^I + a_{22}^I\lambda_2^I + \cdots + a_{2n}^I\lambda_n^I + l_2^I = \lambda_2^I\\
&\cdots\\
&a_{n1}^I\lambda_1^I + a_{n2}^I\lambda_2^I + \cdots + a_{nn}^I\lambda_n^I + l_n^I = \lambda_n^I
\end{aligned}
$$

或

$$\boldsymbol{\lambda}^{I} = (\boldsymbol{I} - \boldsymbol{A}^{I} - \boldsymbol{D}^{I})^{-1}\boldsymbol{l}^{I} \tag{14}$$

那么，国际平均的技术和劳动条件下的系数该如何确定呢？显然，我们无从知晓实物形态的各类系数，但是我们仍然可以从价值型投入产出表出发来解决这个问题：我们假设：

$$a_{ij}^I m_i^I = \Sigma_x \Sigma_y a_{ij}^{xy} m_i^y, d_{ij}^I m_i^I = \Sigma_x \Sigma_y d_{ij}^{xy} m_i^y, l_i^I = \Sigma_x l_i^x$$

从而可以得到

$$a_{ij}^{I*} = a_{ij}^I m_j^I / m_i^I, d_{ij}^{I*} = d_{ij}^I m_j^I / m_i^I, l_i^{I*} = l_i^I / m_i^I, \lambda_i^{I*} = \lambda_i^I / m_i^I$$

以及国际价值的表达式：

$$\boldsymbol{\lambda}^{I*} = (\boldsymbol{I} - \boldsymbol{A}^{I*} - \boldsymbol{D}^{I*})^{-1}\boldsymbol{l}^{I} \tag{15}$$

即对于中间投入系数和固定资本折旧系数，我们将每个国家第 $i$ 行业使用的不同国家的第 $j$ 行业产出的总量加总起来，再将所有国家的这一使用量进一步加总，最后再除以本行业的世界总产出。对于劳动投入系数，则直接加总全世界的劳动投入小时数，并除以世界的总产出。

之所以采取这种方法来获得国际价值，在于它与投入产出表的编制逻辑和一国范围内的价值核算的逻辑是一脉相承的。一国范围内的投入产出表正是将不同地区的不同企业在不同技术下的中间投入、资本折旧和劳动投入加总起来得到的，并视之为对一国某一行业生产技术的近似表达。那么要想得到反映世界范围内生产技术的投入产出表，最直接的逻辑就是在世界范围内进行进一步的加总，并将其作为世界平均的生产技术的表达。

接下来是对国际生产价格的核算，我们核算生产价格的方式与Ochoa所提供的稍有不同，可以表达为如下形式：

$$(\boldsymbol{A}^I + \boldsymbol{D}^I + \boldsymbol{K}^I + \boldsymbol{W}^I)\boldsymbol{p} = \frac{1}{1+r}\boldsymbol{p} \tag{16}$$

同样，国际生产价格的计算在这里化为求在最大特征值（最小正利润率）下的特征向量问题。

之所以对Ochoa的公式进行更改主要有两个原因。一是WIOD没有提供间接税这一数据，将间接税单独区分出来这一细节就失去了意义。二是我们认为这一公式更为简洁，更符合马克思本人的原意和和转形问题的一般形式。同样，我们可以对其进行转化，得到可使用价值型投入产出表进行计算的形式。

在用上述方法得到世界分行业的国际价值总量和国际生产价格总量并进行标准化之后，我们按照各国每个行业的产出占这一行业世界总产出的比例，将这些总量分解为各个国家分行业的国际价值总量和国际生产价格总量。

这样，我们就构建了一整套从国别价值到国际价值，再到国际生产价格的核算体系。不过仍有一些细节有待处理。

首先，WIOD仅仅给出了不同行业间中间投入系数的相关数据，而对于固定资本折旧、固定资本存量和劳动者报酬都仅仅给出了某一行业所使用的总量，而没有给出其来源行业的信息。因此，我们需要将这些总量加以分解。对于 $\boldsymbol{D}$ 和 $\boldsymbol{K}$ 的分解，我们假设每一行业所使用的固定资本及其折旧的结构与其投资结构保持一致，因此对于$\boldsymbol{D}^{C}$和$K^{C}$，我们可以用如下方式得到：

$$d_{ij}^{xy}\ m_{i}^{x}\ =\ d_{i}^{x}\ m_{i}^{x}\ \boldsymbol{\eta}_{j}^{xy},k_{ij}^{xy}\ m_{i}^{x}\ =\ k_{i}^{x}\ m_{i}^{x}\ \boldsymbol{\eta}_{j}^{xy}$$

其中，$d_{i}^{x}$是 $x$ 国第 $i$ 部门总的固定资本折旧系数，即固定资本折旧总量比上总产出，$k_{i}^{x}$是 $x$ 国第 $i$ 部门总的固定资本存量系数，即固定资本存量比总产出，$\boldsymbol{\eta}_{j}^{xy}$是 $x$ 国投资中使用 $y$ 国第 $j$ 部门产出占总投资的比重。

类似地，对于$\boldsymbol{D}^{I}$和$\boldsymbol{K}^{I}$，我们有：

$$d_{ij}^{I}\ m_{i}^{I}\ =\ d_{i}^{I}\ m_{i}^{I}\ \boldsymbol{\eta}_{j}^{I},k_{ij}^{I}\ m_{i}^{I}\ =\ k_{i}^{I}\ m_{i}^{I}\ \boldsymbol{\eta}_{j}^{I}$$

而对于工资，我们假设某一部门工人的消费结构与全社会的消费结构保持一致，因此对于$\boldsymbol{W}^{C}$，我们有：

$$w_{ij}^{xy}\ m_{i}^{x}\ =\ w_{i}^{x}\ m_{i}^{x}\ \delta_{j}^{xy}$$

$w_{i}^{x}$是第 $i$ 部门劳动报酬占总产出的比重，$\delta_{j}^{xy}$是全社会消费中第 $j$ 部门消费占总消费的比重。

类似地，对于$\boldsymbol{W}^{I}$，我们有：

$$w_{ij}^{I}\ m_{i}^{I}\ =\ w_{i}^{I}\ m_{i}^{I}\ \boldsymbol{\eta}_{j}^{I}$$

除了对固定资本折旧、固定资本存量和劳动者报酬系数的计算以外，对中间投入矩阵 $\boldsymbol{A}$ 的计算也仍有一个问题。WIOD 包含 40 个国家和地区，尽管这几乎包含世界上主要的大经济体，但是显然，这些经济体都会使用除了它们之外的其他国家的中间投入，而 WIOD 将这些被使用的中间投入统一加总为其他国家提供的。对于计算国际价值和国际生产价格，这并不带来特别的复杂性，因为我们在加总的过程中已经计算了这些中间投入，得出的 40 国的中间投入总量并不存在偏差。而对于计算国别价值，这些中间投入来自不同的国家，因而具有不同的国别价值。但是我们并没有太好的办法来处理这一点，唯一可行的假设是认为这些中间投入的国别价值与生产国 $x$ 一致，从而将其加总到$\boldsymbol{A}^{xx}$。幸好在绝大多数情况下其他国家的中间投入仅仅占非常小的一部分，并不会对估算产生任何实质性的影响。

在将估算方法扩展到国际之后，我们接下来处理 Ochoa 方法中的第二个缺陷，对非生产性劳动的忽视。显然，在马克思主义经济学的逻辑当中，并不是所有经济活动部门都创造价值。在这里，我们采取较受认可的 Shaikh 和 Tonak（1997）提出的区分方法，即生产性部门应当以交换为目的生产一定的使用价值，在这个定义下，物质生产和非物质生产的区分并不重要，只要是私人劳动借助交换来将其社会化，我们都认为其是生产性劳动。那么，根据这个定义，流通部门、金融部门和政府部门都没有创造某种类型的使用价值。因此在 WIOD 的分类下，我们认为金融业、固定资产和设备租赁业、房地产业、零售业、批发业和公共服务部门是非生产性部门，将这些部门从核算中去掉。同时尽管采取雇佣形式的家庭服务业应当是生产性部门，但是由于绝大多数国家缺少这个行业的数据，因此为了保证数据的完整性，我们也从核算中剔除了这一行业（Timmer et al.，2015）。

一个技术上的细节有必要说明一下。对于价值核算而言，直接从投入产出表中剔除这些行业是正确且可行的，因为这些部门本质上是分享了其他生产性部门的剩余价值，因此它们与其他部门的投入产出关系也仅仅是因为这种剩余价值的分享而产生的，剔除这些行业之后中间投入系数、固定资本折旧和存量系数矩阵才是在真正意义上得到了计量。不过根据 Shaikh 和 Tonak（1997）的分析，批发业和零售业与其他行业不同。除这二者之外的非生产性行业实际上是通过二次分配得到收入和利润的，因此它们的收入已经被核算过一次了，去掉它们的总产出是正确且必需的；而对于这两个销售行业，它们是直接分享生产性部门的利润，因而，其产值应当被计入社会总产值当中，那么去掉这两个部门意味着社会总产值被低估。不过这个潜在的问题对我们的分析并没有影响，因为对于我们的分析而言，总产值的绝对量并没有意义，我们要测算价值和生产价格哪个对市场价格更具解释力，那么重要的就是不同部门所生产的价值总量的相互关系。我们只要正确核算了不同部门的价值总量，对社会总产值的低估就仅仅会影响标准化系数，并不会影响几个变量之间的关系本身。

而相比之下，在生产价格的核算上，剔除流通部门的影响复杂一些，因为尽管这些部门并不生产价值，但是事实上参与利润率的平均化，因而理论上应该将这些部门包含进来。但是，这样会带来几个难以克服的困难。首先，这将导致价值、生产价格和市场价格部门数量不一致，无法互相比较。其次，尽管这些部门的投入是被计算在成本当中，但是这些部门的大部分产出实际上是其他部门的利润，因而不能被视为其他部门的投入，这会使得核算过程中各个矩阵行列数不相等，从而无法计算。而实际上，去掉这两部门对其他部门生产价格计算的影响并不大。因此综合考虑，我们决定在计算生产价格的时候仍然将其排除在外。

最后，关于如何处理简单劳动和复杂劳动的问题，显然，通过工资或类似的与价格有关的结构来化约不同复杂度的劳动是行不通的。我们采取的方法是将各个部门的劳动都视作同质的劳动。这样做的原因在于以下三点。首先，简单劳动和复杂劳动的化约来自抽象的、纯粹的商品交换环境下的讨论，而在资本主义雇佣制度下，这种化约的客观环境已经不存在，因此理论上来说，这种化约在现实中不可能有变量能够对其有所反映，相应地其作用也就并不重要。其次，资本主义劳动过程是一个不断去技能化的过程，它使劳动更多地表现为简单劳动。因此在资本主义生产过程中简单劳动和复杂劳动的差别对价值核算的重要性远低于其在小商品生产社会或资本主义初期的重要性。最后，也是最为关键的原因是，我们目前使用的行业分类已经经过了相当程度上的加总，每个部门内部包含着不同复杂程度的劳动。并没有什么理由认为，这些大的行业分类当中，一些行业就比另外一些行业复杂劳动比例更高或者整体劳动复杂程度更高。①

## （二）测算结果及其讨论

在这一节的前半部分我们通过纠正 Ochoa 方法的一些问题，构建了从国别价值到国际生产价格的核算体系。在后半部分中，我们将展示我们的测算结果，并探讨世界市场上是国际价值还是国际生产价格占主导地位。

关于如何度量价值和生产价格对市场价格的解释程度，最直观的方法是计算它们和市场价格的相关系数，以及将它们分别对市场价格做回归后得到回归方程的$R^2$。前者是二者存在线性关系下相关程度的最直观度量，后者则在一元回归的情况下反映了一个变量对另一个变量的拟合，是改进版的相关系数。②这对于标准化后的国别价值、国际价值、国际生产价格和市场价格总量是可以的做到的。但是我们不仅仅希望考察这些总量之间的关系，也希望考察$\lambda_i^C/m_i$，$\lambda_i^I/m_i$，$p_i^I/m_i$相对于市场价格的解释力。但是显然，考察每单位货币价值和生产价格时，市场价格为$m_i/m_i=1$，因此没有波动，不适用相关系数和回归的测量方法。因此我们使用绝对离差（MAD）测量其解释力。

因此，我们将利用世界投入产出数据库（WIOD）的数据，使用扩展的 Morishima-Ochoa 方法，计算国别价值、国际价值和国际生产价格这三个变量，并计算它们关于市场价格的一元回归$R^2$、相关系数和绝对离差（MAD）。在这个过程中所需的矩阵运算和统计运算，全部由自由软件 R 完成。

表 1 至表 3 分别展示了 1995～2009 年 15 年分年份以及总的各个

① 不过 Webber（1987）证明在同一行业内尽管劳动复杂程度不同，但是目前使用的加总的方法仍然能正确反映这个部门所创造的价值。

② 也就是说，我们使用回归与因果关系无关，更多的是为了“拟合”。

变量相对于市场价格的回归方程$R^2$、相关系数和绝对离差。我们可以清晰地看到，从国别价值到国际价值再到国际生产价格，$R^2$和相关系数不断增大，而绝对离差不断缩小。说明国际生产价格对市场价格的解释力大于国际价值，而国际价值的解释力又大于国别价值。所有的这些测度，在不同年份中数值差别非常小，因此结果是非常稳健的。而且，更为重要的是，国际生产价格的$R^2$和相关系数在多数年份在0.9以上，说明国际生产价格非常有力地解释了国际市场价格。因此，我们可以初步认为，国际市场价格是由国际生产价格来调节的。

**表1　各变量对市场价格总量回归方程的$R^2$**

单位：%

| 变量 | 总体 | 1995年 | 1996年 | 1997年 | 1998年 | 1999年 | 2000年 | 2001年 |
|---|---|---|---|---|---|---|---|---|
| 国别价值 | 12.76 | 4.39 | 4.29 | 5.86 | 6.00 | 5.67 | 5.62 | 6.29 |
| 国际价值 | 56.71 | 59.13 | 39.46 | 57.38 | 57.38 | 57.32 | 56.24 | 56.34 |
| 国际生产价格 | 93.02 | 91.27 | 81.49 | 92.09 | 92.19 | 89.56 | 92.80 | 93.06 |
| 变量 | 2002年 | 2003年 | 2004年 | 2005年 | 2006年 | 2007年 | 2008年 | 2009年 |
| 国别价值 | 6.91 | 5.96 | 8.43 | 12.04 | 12.94 | 17.87 | 22.97 | 27.94 |
| 国际价值 | 56.70 | 39.57 | 56.74 | 56.31 | 56.46 | 57.77 | 59.31 | 62.83 |
| 国际生产价格 | 93.37 | 83.68 | 94.34 | 94.68 | 94.82 | 94.76 | 94.97 | 94.96 |

**表2　各变量与市场价格的相关系数**

| 变量 | 总体 | 1995年 | 1996年 | 1997年 | 1998年 | 1999年 | 2000年 | 2001年 |
|---|---|---|---|---|---|---|---|---|
| 国别价值 | 0.36 | 0.21 | 0.21 | 0.24 | 0.24 | 0.24 | 0.24 | 0.25 |
| 国际价值 | 0.75 | 0.77 | 0.63 | 0.76 | 0.76 | 0.76 | 0.75 | 0.75 |
| 国际生产价格 | 0.96 | 0.96 | 0.90 | 0.96 | 0.96 | 0.95 | 0.96 | 0.96 |
| 变量 | 2002年 | 2003年 | 2004年 | 2005年 | 2006年 | 2007年 | 2008年 | 2009年 |
| 国别价值 | 0.26 | 0.24 | 0.29 | 0.35 | 0.36 | 0.42 | 0.48 | 0.53 |
| 国际价值 | 0.75 | 0.63 | 0.75 | 0.75 | 0.75 | 0.76 | 0.77 | 0.79 |
| 国际生产价格 | 0.97 | 0.91 | 0.97 | 0.97 | 0.97 | 0.97 | 0.97 | 0.97 |

**表 3　各变量绝对离差**

| 变量 | 总体 | 1995 年 | 1996 年 | 1997 年 | 1998 年 | 1999 年 | 2000 年 | 2001 年 |
|---|---|---|---|---|---|---|---|---|
| 每美元国别价值 | 0.94 | 0.96 | 0.99 | 0.94 | 0.98 | 0.98 | 0.94 | 0.93 |
| 每美元国际价值 | 0.58 | 0.54 | 0.58 | 0.54 | 0.55 | 0.56 | 0.58 | 0.59 |
| 每美元国际生产价格 | 0.27 | 0.31 | 0.28 | 0.29 | 0.30 | 0.27 | 0.28 | 0.28 |
| 变量 | 2002 年 | 2003 年 | 2004 年 | 2005 年 | 2006 年 | 2007 年 | 2008 年 | 2009 年 |
| 每美元国别价值 | 0.94 | 1.00 | 0.97 | 0.94 | 0.91 | 0.89 | 0.88 | 0.86 |
| 每美元国际价值 | 0.59 | 0.63 | 0.60 | 0.61 | 0.60 | 0.58 | 0.56 | 0.54 |
| 每美元国际生产价格 | 0.28 | 0.26 | 0.26 | 0.26 | 0.26 | 0.25 | 0.24 | 0.25 |

同时，我们的结果并不支持前人的实证结论，这些结论认为价值在解释市场价格方面与生产价格类似甚至更优。显然，前人与理论不符的结论来自我们之前所提到的那些偏误。在修正了这些偏误之后，我们看到，从国别价值到国际生产价格，范畴越具体，对市场价格的解释力就越强，马克思的价值价格理论体系从价值到生产价格的理论演绎是正确的、经得起实证检验的。

## 四　利润率平均化和国际生产价格的形成

在上一节我们通过对国际价值和国际生产价格的测算初步验证了国际生产价格对市场价格的调节作用。在这一节我们将考察与国际生产价格的形成相关但有所区别的问题：世界市场上的利润率平均化。从理论上来说，生产价格的形成依赖于价值的转形和利润率的平均化。但是国际市场上生产价格更接近于市场价格这一条件并不能直接推出国际利润率存在平均化的结论。原因在于：在第二部分，我们得到的结果本质上是国际生产价格和国际市场价格足够接近。这种接近并不会自然地得出利润率在各行业间相等的结论。即使利润率在部门间存在系统性的偏差，只要利润在行业间的分配更接近按资本量分配而不是其他方式，也就是说只是存在利润率平均化的“趋势”，那么生产价格就可以更好地解释市场价格。而另一个导致我们不能就此下结论的原因在于，生产价格是将总利润量按照存量资本的大小在各个行业间进行分配，其背后的含义是这个行业的平均利润率和其他行业的平均利润率发生了平均化。而 Shaikh（2008）指出，利润率平均化是通过资本流动实现的，因此只有流动中的资本才会参与这个平均化过程，在任何一个行业内，都有大量沉淀的落后资本和技术居于优势的资本。前者由于种种原因，在很低的利润率的情况下也不愿意退出这个行业。而对于后者，如果技术上的垄断和优势无法被打破，这种资本就会获得正常生产条件下的资本无法获得的高利润率。那么显然，我们并不能认为所有的资本都参与了利润率平均化。进一步，Shaikh 认为，利润率平均化实际上发生在新增的、拥有“正常”的或“可获得”的技术的资本之间，并将这种资本称为“调节资本”。我们认为这一概念是非常合理的。但是，我们上述关于生产价格的核算仅仅是一种静态的方法，在这个方法下新增资本这个流量的概念是很难得到体现和计算的，因此按照存量资本分配利润就成了唯一的方法。这阻止了我们将生产价格进一步精细化为由“调节资本”决定的生产价格。因此，对于国际价值转形和利润率平均化而言，生产价格对市场价格的良好解释力仅仅能够给出一个“近似的指示”。

因此，要回应世界市场上是否存在利润率平均化，就必须诉诸对利润率本身动态变化的考察。对于利润率平均化过程动态的刻画，Tsoulfidis 和 Tsaliki（2014）发展了一种利用时间序列数据计算一个行业长期均衡利润率的方法。

其基本方法是构建一个关于利润率的 AR（1）过程：

$$r_t = a + b\, r_{t-1} + u_t \tag{17}$$

将上式展开，我们可以得到：

$$r_t = a(1 + b + b^2 + \cdots + b^{n-1}) + b^n\, r_{t-n} + u_t + b\, u_{t-1} + bu_{t-2} + \cdots + b^n\, u_{t-n}$$

显然，若$r_t$是平稳时间序列，且 $-1 < b < 1$，则 $a\ (1 + b + b^2 + \cdots + b^{n-1})$ 将收敛到 $a/\ (1-b)$，$b^n r_{t-n}$将收敛到 0，若$u_t$为方差为$\sigma^2$的白噪声，则$u_t + b\, u_{t-1} + bu_{t-2} + \cdots + b^n u_{t-n}$均值为 0，方差收敛至$\sigma^2/\ (1-b)$。

因此 $a/(1-b)$ 将代表利润率波动的均值，或长期均衡利润率。

而关于如何计算调节资本利润率，我们按照 Shaihk（2008）提出并被广泛使用的简单方法：$(r_t - r_{t-1})/I_{t-1}$，其中$I_{t-1}$是上一期的投资总量，$r_t$是当期的利润总量。另外，我们采用 Hampel Identifier 法过滤掉了极端的数值，从而保证我们分析的可靠性（Wilcox，2003）。

由于我们所适用的 WIOD 包含 40 个国家和地区 28 个行业 15 年的数据，所以无论我们对哪一个行业或者国家和地区的数据进行回归，使用的都不是时间序列数据而是面板数据，从而为了得到更准确的估计数据，我们采用动态面板所常用的差分 GMM 和系统 GMM 两种方法进行回归，以期相互佐证。全部的运算与上文相同，也使用自由软件 R 完成。

表 4 给出了 28 个行业的估算数据，其中 $a/(1-b)$（1）是将我们估计得到的 $a$ 和 $b$ 直接代入所得到的结果，而 $a/(1-b)$（2）则是将估计中不显著的 $a$ 或 $b$ 值替换为 0 得到的估计值。我们可以看到，我们的估计结果是相当稳健的，差分 GMM 与系统 GMM 的估计结果相当相近。而将不显著的估计值替换为 0 也没有对均衡利润率的估计产生任何实质性的影响。从均衡利润率的估计结果来看，多数行业的均衡利润率相当接近，因此我们有理由认为在行业之间存在利润率的平均化。而如果我们将各部门的均衡利润率重新从大到小进行排列，并绘制成图这种平均化就会表现得更为明显。

**表 4　分行业均衡利润率的估计结果**

| 行业 | 差分 GMM 估计 | | | | 系统 GMM 估计 | | | |
|---|---|---|---|---|---|---|---|---|
| | $a$ | $b$ | $a/(1-b)$ (1) | $a/(1-b)$ (2) | $a$ | $b$ | $a/(1-b)$ (1) | $a/(1-b)$ (2) |
| 农 | 0.02 | -0.03 | 0.02 | 0.00 | 0.02 | -0.01 | 0.02 | 0.00 |
| 采矿 | 0.14*** | -0.08* | 0.13 | 0.13 | 0.13*** | -0.05 | 0.12 | 0.13 |
| 食品和烟草加工 | 0.12*** | -0.06* | 0.12 | 0.12 | 0.12*** | -0.03 | 0.12 | 0.12 |
| 纺织 | 0.06** | -0.26*** | 0.05 | 0.05 | 0.05** | -0.11*** | 0.05 | 0.00 |

**续表**

| 行业 | 差分 GMM 估计 | | | | 系统 GMM 估计 | | | |
|---|---|---|---|---|---|---|---|---|
| | $a$ | $b$ | $a/(1-b)$ (1) | $a/(1-b)$ (2) | $a$ | $b$ | $a/(1-b)$ (1) | $a/(1-b)$ (2) |
| 皮毛和制鞋 | 0.07** | -0.49*** | 0.04 | 0.04 | 0.05 | -0.26*** | 0.04 | 0.00 |
| 木材和木制品 | 0.07*** | 0.10* | 0.08 | 0.08 | 0.07*** | 0.09** | 0.08 | 0.08 |
| 造纸印刷 | 0.09*** | -0.09** | 0.08 | 0.08 | 0.08*** | -0.04 | 0.08 | 0.08 |
| 石化 | 0.18*** | -0.56*** | 0.12 | 0.12 | 0.15** | -0.31*** | 0.11 | 0.11 |
| 化学 | 0.14*** | -0.10*** | 0.12 | 0.12 | 0.13*** | -0.08*** | 0.12 | 0.12 |
| 宝石和塑料 | 0.14*** | -0.23*** | 0.11 | 0.11 | 0.11*** | -0.08** | 0.10 | 0.10 |
| 非金属采矿 | 0.15*** | -0.20*** | 0.13 | 0.13 | 0.14*** | -0.12*** | 0.12 | 0.12 |
| 金属制造 | 0.15*** | -0.18*** | 0.13 | 0.13 | 0.13*** | -0.06 | 0.12 | 0.13 |
| 高技术及其制造 | 0.17*** | -0.10 | 0.16 | 0.17 | 0.17*** | -0.08 | 0.16 | 0.17 |
| 电和光学仪器 | 0.12*** | -0.02 | 0.12 | 0.12 | 0.12*** | 0.01 | 0.12 | 0.12 |
| 交通工具制造 | 0.17*** | -0.45*** | 0.12 | 0.12 | 0.15*** | -0.31*** | 0.12 | 0.12 |
| 制造业其他 | 0.17*** | -0.31*** | 0.13 | 0.13 | 0.13*** | -0.12*** | 0.12 | 0.12 |
| 电气供应 | 0.10*** | 0.02 | 0.11 | 0.10 | 0.10*** | 0.06* | 0.10 | 0.10 |
| 建筑 | 0.23*** | -0.25*** | 0.18 | 0.18 | 0.20*** | -0.14*** | 0.18 | 0.18 |
| 车辆维修 | 0.22*** | -0.40*** | 0.16 | 0.16 | 0.17*** | -0.18*** | 0.14 | 0.14 |
| 住宿餐饮 | 0.12*** | 0.01 | 0.12 | 0.12 | 0.12*** | 0.01 | 0.12 | 0.12 |
| 陆地交通 | 0.09*** | -0.08* | 0.08 | 0.08 | 0.08*** | -0.03 | 0.08 | 0.08 |
| 水上交通 | 0.21*** | -0.35*** | 0.15 | 0.15 | 0.16** | -0.16*** | 0.14 | 0.14 |
| 空中交通 | 0.08*** | -0.08*** | 0.08 | 0.08 | 0.08*** | -0.08*** | 0.08 | 0.08 |
| 交通工具支持 | 0.14*** | -0.11*** | 0.13 | 0.13 | 0.13*** | 0.04 | 0.13 | 0.13 |
| 邮电 | 0.16*** | -0.05 | 0.15 | 0.16 | 0.14*** | 0.01 | 0.15 | 0.14 |
| 教育 | 0.10*** | -0.29*** | 0.08 | 0.08 | 0.09*** | -0.18*** | 0.08 | 0.08 |
| 医疗 | 0.15*** | -0.15*** | 0.13 | 0.13 | 0.15*** | -0.11*** | 0.13 | 0.13 |
| 其他服务 | 0.15*** | -0.32*** | 0.12 | 0.12 | 0.13*** | -0.17*** | 0.11 | 0.11 |

图 1 和图 2 给出了按均衡利润率排列的两种估算方法的分行业均衡利润率，由于篇幅所限，我们仅仅给出了未替换不显著估计值的结果。从中可以清晰地看到，两个图中位于中间的半数以上的行业均衡利润率非常相近。尽管我们也可以看到相当多行业的均衡利润率和平均值有非常大的偏差，但是显然，利润率平均化并非要求所有行业的均衡利润率相同。上述行业中偏离均衡利润率的很多是不可以在国际进行贸易的行业，如建筑、车辆维修和教育等；还有一些是拥有垄断地位或垄断技术的，如邮电和高技术制造业；另有一些在许多国家是由并不遵循资本主义生产原则的生产者生产出来的，如农业。而相比之下，多数的制造业、采掘业都存在利润率平均化的趋势。仅有非常少数的制造业，如纺织和造纸，没有参与利润率平均化，这可能与长期的产能过剩有关，这里就不再展开了。

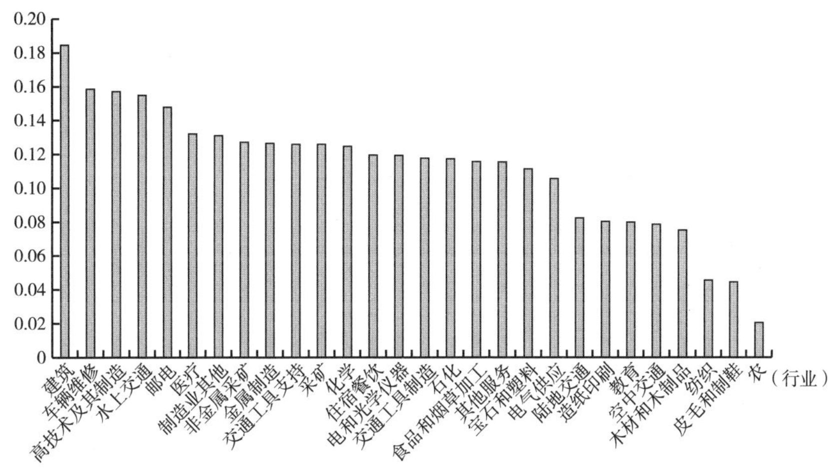


**图 1　分行业均衡利润率（差分 GMM）**

接下来我们讨论国家和地区之间的利润率平均化，表 5 给出了 40 个国家和地区的均衡利润率的结果。同样，结果是稳健的。然而，国家和地区之间的均衡利润率并没有平均化，这一点用图来表示可以看得更为清晰。

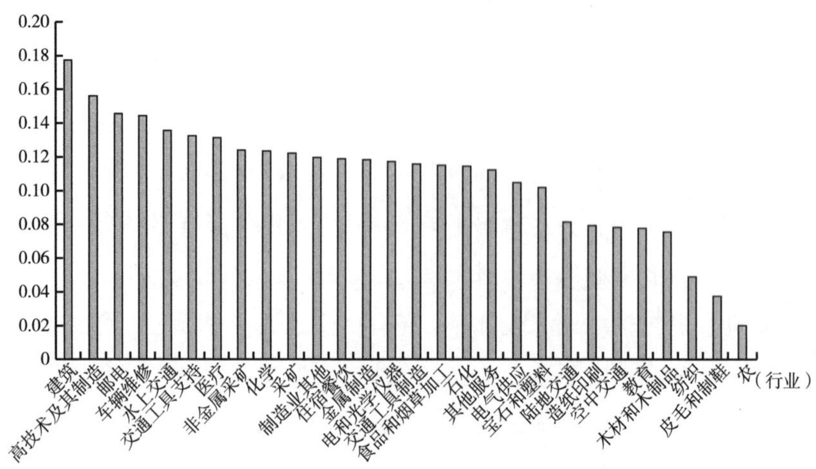


**图2　分行业均衡利润率（系统GMM）**

**表5　分国家和地区均衡利润率的估计结果**

| 国家和地区 | 差分GMM估计 | | | | 系统GMM估计 | | | |
|---|---|---|---|---|---|---|---|---|
| | $b$ | $a$ | $a/(1-b)$ (1) | $a/(1-b)$ (2) | $b$ | $a$ | $a/(1-b)$ (1) | $a/(1-b)$ (2) |
| 澳大利亚 | -0.14*** | 0.09*** | 0.08 | 0.08 | -0.07** | 0.08*** | 0.08 | 0.08 |
| 奥地利 | -0.17*** | 0.13*** | 0.11 | 0.11 | -0.07 | 0.12*** | 0.11 | 0.12 |
| 比利时 | -0.10** | 0.07*** | 0.06 | 0.06 | -0.07* | 0.06*** | 0.06 | 0.06 |
| 保加利亚 | -0.25*** | 0.29*** | 0.23 | 0.23 | -0.10*** | 0.23*** | 0.21 | 0.21 |
| 巴西 | -0.38*** | 0.12*** | 0.09 | 0.09 | -0.26*** | 0.12*** | 0.09 | 0.09 |
| 加拿大 | -0.11** | 0.13*** | 0.12 | 0.12 | 0.03 | 0.11*** | 0.11 | 0.11 |
| 中国大陆 | 0.14** | 0.22*** | 0.25 | 0.25 | 0.20*** | 0.20*** | 0.25 | 0.25 |
| 塞浦路斯 | -0.61*** | 0.06** | 0.03 | 0.03 | -0.34*** | 0.07* | 0.05 | 0.05 |
| 捷克 | -0.11** | 0.15*** | 0.13 | 0.13 | -0.04 | 0.14*** | 0.14 | 0.14 |
| 德国 | -0.33*** | 0.16*** | 0.12 | 0.12 | -0.17*** | 0.14*** | 0.12 | 0.12 |
| 丹麦 | -0.34*** | 0.04*** | 0.03 | 0.03 | -0.21*** | 0.04** | 0.03 | 0.03 |
| 西班牙 | -0.03 | 0.12*** | 0.12 | 0.12 | 0.04 | 0.11*** | 0.12 | 0.11 |
| 爱沙尼亚 | -0.16*** | 0.16*** | 0.13 | 0.13 | -0.09** | 0.14*** | 0.13 | 0.13 |
| 芬兰 | -0.31*** | 0.15*** | 0.12 | 0.12 | -0.16*** | 0.14*** | 0.12 | 0.12 |
| 法国 | -0.14*** | 0.13*** | 0.11 | 0.11 | -0.03 | 0.12*** | 0.11 | 0.12 |
| 英国 | -0.01 | 0.02 | 0.02 | 0.00 | -0.02 | 0.02 | 0.02 | 0.00 |

续表

| 国家和地区 | 差分 GMM 估计 | | | | 系统 GMM 估计 | | | |
|---|---|---|---|---|---|---|---|---|
| | $b$ | $a$ | $a/(1-b)$ (1) | $a/(1-b)$ (2) | $b$ | $a$ | $a/(1-b)$ (1) | $a/(1-b)$ (2) |
| 希腊 | -0.08*** | 0.11** | 0.10 | 0.10 | -0.08*** | 0.11** | 0.10 | 0.10 |
| 匈牙利 | -0.20*** | 0.17*** | 0.14 | 0.14 | -0.12*** | 0.15*** | 0.14 | 0.14 |
| 印度尼西亚 | -0.43*** | 0.31*** | 0.21 | 0.21 | -0.21*** | 0.20** | 0.17 | 0.17 |
| 印度 | 0.07 | 0.13*** | 0.14 | 0.13 | 0.05 | 0.13*** | 0.14 | 0.13 |
| 爱尔兰 | -0.31*** | 0.11*** | 0.08 | 0.08 | -0.18*** | 0.09** | 0.07 | 0.07 |
| 意大利 | -0.11*** | 0.05** | 0.05 | 0.05 | -0.07 | 0.05*** | 0.05 | 0.05 |
| 日本 | -0.15*** | 0.00 | 0.00 | 0.00 | -0.05 | 0.00 | 0.00 | 0.00 |
| 韩国 | -0.07 | 0.03 | 0.03 | 0.00 | -0.05 | 0.03 | 0.03 | 0.00 |
| 立陶宛 | -0.08 | 0.20*** | 0.19 | 0.20 | -0.05 | 0.19*** | 0.18 | 0.19 |
| 卢森堡 | -0.21*** | 0.07*** | 0.06 | 0.06 | -0.12*** | 0.06*** | 0.05 | 0.05 |
| 拉托维亚 | -0.10* | 0.11*** | 0.10 | 0.10 | -0.09** | 0.11*** | 0.10 | 0.10 |
| 墨西哥 | 0.22*** | 0.10*** | 0.13 | 0.13 | 0.14*** | 0.12*** | 0.14 | 0.14 |
| 马耳他 | -0.37*** | 0.11*** | 0.08 | 0.08 | -0.25*** | 0.10*** | 0.08 | 0.08 |
| 荷兰 | -0.36*** | 0.14*** | 0.11 | 0.11 | 0.18*** | 0.12*** | 0.15 | 0.15 |
| 波兰 | -0.12*** | 0.25*** | 0.22 | 0.22 | -0.07*** | 0.24*** | 0.22 | 0.22 |
| 葡萄牙 | -0.16*** | 0.06*** | 0.05 | 0.05 | -0.04 | 0.05** | 0.04 | 0.05 |
| 罗马尼亚 | -0.25*** | 0.22*** | 0.17 | 0.17 | -0.16*** | 0.19*** | 0.16 | 0.16 |
| 俄罗斯 | -0.43*** | 0.33*** | 0.23 | 0.23 | -0.21*** | 0.26*** | 0.21 | 0.21 |
| 斯洛伐克 | -0.25*** | 0.20*** | 0.16 | 0.16 | -0.17*** | 0.18*** | 0.16 | 0.16 |
| 斯洛文尼亚 | -0.45*** | 0.24*** | 0.16 | 0.16 | -0.18*** | 0.15** | 0.13 | 0.13 |
| 瑞典 | -0.09 | 0.12*** | 0.11 | 0.12 | -0.05 | 0.11*** | 0.11 | 0.11 |
| 土耳其 | -0.03 | 0.15*** | 0.15 | 0.15 | 0.03 | 0.14*** | 0.14 | 0.14 |
| 中国台湾 | -0.18*** | 0.03** | 0.03 | 0.03 | -0.12*** | 0.03** | 0.03 | 0.03 |
| 美国 | -0.03 | 0.07*** | 0.07 | 0.07 | -0.04 | 0.07*** | 0.07 | 0.07 |

我们可以看到与图 1 和图 2 显著不同的是，图 3 和图 4 没有中间的很长的平缓地带，而是呈现连续的下降趋势，这充分说明国家和地区之间远没有达成利润率的平均化。而且颇为有趣的是，发展中国家的利润率是系统性地高于发达国家的利润率的。

看上去国际上行业间利润率实现了平均化而国家和地区间没有是两

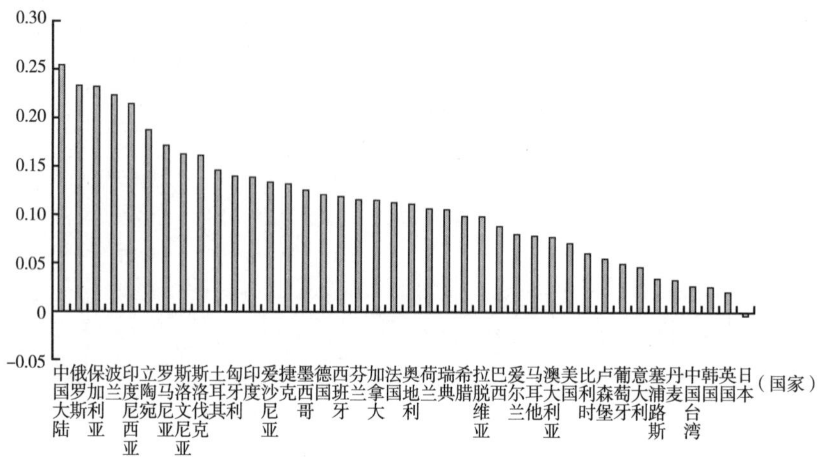


**图 3　分国家和地区均衡利润率（差分 GMM）**

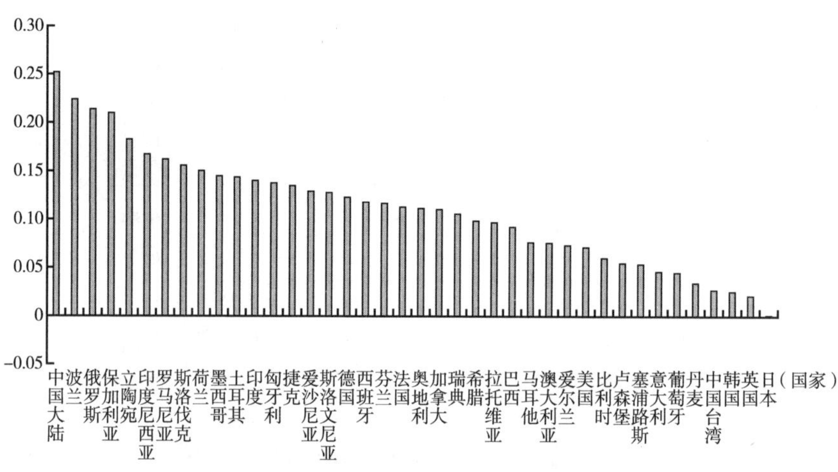


**图 4　分国家和地区均衡利润率（系统 GMM）**

个相互矛盾的结论。但实际上，这个矛盾不仅不存在，反而揭示了学界对国际利润率平均化的重要误解。实际上利润率平均化本身仅仅是一个与行业有关的概念，不同行业由于利润率的不同，会产生资本的进入和退出，从而实现供求的再平衡，最终达到利润率平均化而资本不再流动的情况。这个过程本身与地区之间并没有关系。一个简单的例子就可以说明这一点：设想有两个地区，A 地区生产任何一种商品的利润率都低于B地区，且地区之间资本不能自由流动，但是若一个行业利润率偏高，则两个地区的资本都会流向那个行业，最终两个地区的这个行业利润率都会降低，从而平均利润率也会降低，回归于平均利润率，而在整个过程中，地区之间的利润率差异始终没有变化。归根到底，利润率平均化平均地是每一个行业的“平均”利润率，而行业内部不同生产者的利润率则千差万别，这种差别可能恰恰是由国家和地区间利润率的差异造成的。尽管资本趋利的本性会使得低利润率的国家和地区的资本想方设法流向高利润率的国家和地区。但是，就我们现在的结果来看，国家和地区间这种资本流动看来还远未能造成利润率在国家和地区间的平均化。

或者更为概括地说，马克思价值价格体系的基本逻辑是个别价值加总为价值，价值是利润率平均化和生产价格形成的基础。这一点在世界市场上也仍然是成立的。国别价值是一种个别价值，要首先加总为国际价值，而国际价值则是国际范围内价值转形的基础。那么显然，作为国际生产价格基础的国际价值是基于一个产业或者产品的变量，而不是基于一个国家或地区的变量。在一国范围内，同一行业内生产者的利润率可以不同，在世界范围内，这一点并没有什么不一样。

## 五　结论

本文通过修正Morishima-Ochoa方法并将其推广到国际范围，计算了国别价值、国际价值和国际生产价格，并发现国际生产价格对国际市场价格更具有解释力。随后我们考察了国际资本流动和利润率平均化，发现国际范围的利润率平均化在行业间确实发生了，而在国家和地区之间没有。而我们对此的解释是，国际利润率的平均化和生产价格的形成本质上是一个行业间的概念，并不依赖于国家和地区之间资本的流动。

这个结论有一个重要的引申意义。国际生产价格与国际价值之争很大程度上是围绕是否存在“不平等交换”或存在何种形式的“不平等交换”而展开的。不平等交换理论认为在国际生产价格形成的前提下，生产价格对价值的偏离造成资本有机构成低、剩余价值率高的落后国家通过国际交换将价值转移到资本有机构成高、剩余价值率低的发达国家。而对这个理论的一个批评是，要想形成国际生产价格，必须通过利润率平均化和资本的流动，而资本的自由流动必然是由利润率低的发达国家流向利润率高的落后国家，这样利润率的平均化实际上意味着落后国家享受到了足够的投资和发展，因此国际生产价格在形成之前就会消解不平衡的发展而不是加重它。

但是我们的结论恰恰回应了这个批评：国际生产价格在资本流动没有完全消除国家和地区之间的利润率差距的时候就能够形成。因此国际生产价格带来的价值转移以及其对落后国家和地区所造成的妨碍是可能的，也是现实的。

## 参考文献

[1] 阿明：《不平等的发展——论外围资本主义的社会形态》，高銛译，商务印书馆，1990。

[2] 恩格斯：《〈资本论〉第三卷增补》，载马克思《资本论》第3卷，人民出版社，2004。

[3] 马克思：《资本论》（第1卷），人民出版社，2004a。

[4] 马克思：《资本论》（第3卷），人民出版社，2004b。

[5] 曼德尔：《晚期资本主义》，马清文译，黑龙江人民出版社，1983。

[6] 斯威齐：《资本主义发展论》，陈观烈、秦亚男译，商务印书馆，1997。

[7] 伊曼纽尔：《不平等交换：对帝国主义贸易的研究》，文贯中等译，中国对外经济贸易出版社，1988。

[8] Bauer, O., *The Question of Nationalities and Social Democracy* (Minneapolis: University of Minnesota Press, 2000).

[9] Cockshott, P. and A. Cottrell, "Does Marx Need to Transform," *Marxian*

*Economics*: *A Reappraisal*, 2 (1998): 70 - 85.

[10] De Janvry, A. and F. Kramer, "The Limits of Unequal Exchange," *Review of Radical Political Economics*, 11 (1979): 3 - 15.

[11] Dietzenbachera, E., B. Losa, R. Stehrerb, et al., "The Construction of World Input-output Tables in the WIOD Project," *Economic Systems Research*, 25 (2013): 71 - 98.

[12] Foot, H. and M. Webber, "Unequal Exchange and Uneven Development," *Environment and Planning D*: *Society and Space*, 1 (1983): 281 - 304.

[13] Gibson, B., "Unequal Exchange: Theoretical Issues and Empirical Findings," *Review of Radical Political Economics*, 12 (1980): 15 - 35.

[14] Grossmann, H., *The Law of Accumulation and Breakdown of the Capitalist System* (London: Pluto Press, 1992).

[15] Houston, D. and E. Paus, "The Theory of Unequal Exchange: An Indictment," *Review of Radical Political Economics*, 19 (1987): 90 - 97.

[16] Marelli, E., "Empirical Estimation of Intersectoral and Interregional Transfers of Surplus Value: The Case of Italy," *Journal of Regional Science*, 23 (1983): 49 - 70.

[17] Morishima, M., *Marx's Economics*: *A Dual Theory of Value and Growth* (Cambridge: Cambridge University Press, 1973).

[18] Ochoa, E., "Values, Prices, and Wage-profit Curves in the US Economy," *Cambridge Journal of Economics*, 13 (1989): 413 - 429.

[19] Shaikh, A., "Foreign Trade and the Law of Value: Part I," *Science & Society*, 42 (1979): 281 - 302.

[20] Shaikh, A., "Foreign Trade and the Law of Value: Part II," *Science & Society*, 44 (1980): 27 - 57.

[21] Shaikh, A., "Competition and Industrial Rates of Return," in *Issues in Economic Development and Globalisation*, *Festschrift in Honor of Ajit Singh* (Palgrave MacMillan, 2008), pp. 167 - 194.

[22] Shaikh, A. and A. Tonak, *Measuring the Wealth of Nations* (Cambridge Books, 1997).

[23] Timmer, M., E. Dietzenbachera, B. Los, et al., "An Illustrated User Guide to the World Input-Output Database: The Case of Global Automotive Production," *Review of International Economics*, 23 (2015): 575 - 605.

[24] Tsoulfidis, L. and T. Manitias, "Values, Prices of Production and Market Prices: Some More Evidence from the Greek Economy," *Cambridge Journal of Economics*, 26 (2002): 359 - 369.

[25] Tsoulfidis, L. and P. Tsaliki, "Unproductive Labour, Capital Accumulation and

Profitability Crisis in the Greek Economy," *International Review of Applied Economics*, 28 (2014): 562 – 585.

[26] Webber, M. and H. Foot, "The Measurement of Unequal Exchange," *Environment and Planning A*, 16 (1984): 927 – 947.

[27] Webber, M., "Quantitative Measurement of Some Marxist Categories," *Environment and Planning A*, 19 (1987): 1303 – 1321.

[28] Wilcox, R., *Applying Contemporary Statistical Techniques* (Houston: Gulf Professional Publishing, 2003).

# 绝对剩余价值与相对剩余价值的数量关系与估算*

骆 桢 李怡乐**

在《共产党宣言》中，马克思曾盛赞资本主义对人类社会生产力的推动作用，认为资产阶级在其不到一百年的统治过程中创造的生产力比过去一切时代创造的全部生产力还要多，还要大。① 资本主义对生产力的强有力推动源自其特殊的生产方式，这直接表现为资本要通过雇用一无所有的自由劳动力，完成剩余价值生产和持续不断的资本积累。这里暗含了在不具有人身依附关系的资本主义雇佣劳动关系基础上，经济发展倾向于获取相对剩余价值而非绝对剩余价值。也就是说，在资本主义制度之下，剩余首次系统性地通过提高劳动生产率来获得，使得产品价格下降且产出增长。②这也正是布伦纳在与弗兰克、沃勒斯坦等所谓新斯密马克思主义者的论战中③，将后发国家是否确立了自由的雇佣劳

---

* 感谢孟捷教授、谢富胜教授和张晨博士的建议。当然，文责自负。原始数据和具体处理过程备索。

** 骆桢，经济学博士，四川大学经济学院，副教授；李怡乐，经济学博士，西南财经大学经济学院，副教授。

① 《马克思恩格斯选集》，人民出版社，1972，第256页。

② Brenner, R., "The Origins of Capitalist development," *New Left Review*, 104 (1977).

③ 论战集中于 Brenner 的 "The Origins of Capitalist development" 一文。弗兰克、沃勒斯坦等人时常被称为"新斯密马克思主义者"，他们本身想要超越亚当·斯密所持贸易和分工带来经济发展的观点，在对全球资本主义体系的研究中提出了"欠发达国家的出现源于资本主义扩张下的国家分工"这一重要观点。然而，他们的研究没有考虑到阶级结构及其形成方式对特定地区资本主义如何发展的影响，最终观点还是停留在斯密那里仅集中描述贸易、投资和逐利对资本主义发展的影响。可参考乔万尼·阿里吉《亚当·斯密在北京：21世纪的谱系》，路爱国译，社会科学文献出版社，2009，第8~16页。

动关系作为其能否推动劳动生产率上升和相对剩余价值生产的基础。在布伦纳看来，当资本主义的阶级关系和所有权关系确立之后，资本家之间的竞争关系就会推动技术进步和劳动过程的重新塑造，使得相对剩余价值生产成为必然。

一般意义上讲，在一个资本主义生产方式发展的“理想型”当中，以技术进步和劳动生产率提高为基础的相对剩余价值生产占据主导是根本性的趋势。但是，从历史上看，这样一种趋势的确立并不是自然而然的。不仅如此，历史发展和资本主义形态的多样性更意味着纯粹逻辑的分析并不能取代具体的历史演进。

首先，在工作日长度不变的情况下，缩短必要劳动时间以相对地延长剩余劳动时间不仅可以通过工资品部门以及相关生产资料部门的劳动力生产率提高，从而降低全社会的劳动力价值来实现；还可以通过外力对劳动力价值的抑制来实现。比如人为缩减劳动力再生产的必需品，但是这一行为在长期将导致整个工人阶级劳动力的萎缩，是不可持续的。再或者有利于资本家整体的外生因素，如开放经济中进口消费品价值的下降；抑或国家对食品的税收政策以及住房制度变化，都可能抑制劳动力的价值。[①] 因此，剩余价值的生产不仅来自资本家之间竞争所推动的技术进步，还受到决定劳动力价值的各类历史因素作用的影响。

其次，不改变必要劳动时间，仅仅依靠工作日的绝对延长，或雇佣规模的扩大，这样一种绝对剩余价值的生产不仅在逻辑上无法被取消，而且在现实中将持续存在。各国在世界资本主义体系中的不平等地位，特定的阶级斗争格局和阶级结构，以及国家机器在阶级形成中的作用等，这些错综复杂的因素交织在一起，在很多情况下阻碍了从绝对剩余价值生产向相对剩余价值生产的转变，并使资本为了增加剩余价值的生产，在生产关系上转而依赖于形式隶属和各种混合隶属关系，甚至依赖

---

① 例如，历史上谷物法的废除帮助曼彻斯特的工业资本家们极有利地提高了相对剩余价值。可以参考 David Harvey 的 *A Companion to Marx's Capital*（London：Verso，2010）中第 164 ~ 168 页的解释，即有意识的阶级策略和国家干预如何影响劳动力的价值。

于与资本主义生产方式相结合的各种形态的非自由劳动。①

基于以上分析，本文认为，不同于经典的、理想化的资本主义发展模型，现实世界中以技术进步为基础的大规模相对剩余价值生产需要以一定的制度安排为前提。换言之，是特定的制度安排使得资本家从追求绝对剩余价值转变为追求相对剩余价值。

这一观点在历史发展的经验中得到了验证。支持大规模相对剩余价值生产的历史经验突出表现在资本主义国家在黄金年代的高速增长。曼德尔（1975〔1999〕）甚至称其为相对剩余价值生产的"大跃进"时期。而探究黄金年代出现的原因，需要同时将那些促进投资与创新的制度（曼德尔、新熊彼特派），与那些促进消费的制度（调节学派、SSA）综合起来，明确大规模相对剩余价值生产的历史契机到底是什么。② 与此不同的是，时至今日，我们依然可以在后发国家看到各类帮助延续形式隶属以及绝对剩余价值生产的因素。③

因此，在现实问题研究中就需要对一定时期内剩余价值量的变化做一分解，明确绝对和相对剩余价生产的比例，以明确那些支持两类剩余价值生产的制度因素所发挥作用的程度，从而进一步认识某一阶段资本积累的性质及其蕴含的矛盾。遗憾的是，既有研究大多只是集中于对剩余价值和

① 可参考 Das，Raju J.，"Reconceptualizing Capitalism：Forms of Subsumption of Labor，Class Struggle，and Uneven Development，" *Review of Radical Political Economics*，44（2011）；Brass，T.，"Unfree Labor as Primitive Accumulation?" *Capital & Class*，35（2011）。对此的综述性研究可参考孟捷、李怡乐、张衔《非自由劳工与现代资本主义劳动关系的多样性》，《贵州大学学报》2012 年第 6 期。

② 孟捷：《战后黄金年代是怎样形成的？——对两种马克思主义解释的批判性分析》，《马克思主义研究》2012 年第 5 期。

③ 例如，Chan 和 Siu 在中国珠三角地区的调研发现，极低的最低工资标准和计件制生产使得农民工必须通过大量的自愿加班，才可能完成对自身和家庭劳动力的再生产；Das 描述了印度农业资本主义生产如何通过非技术手段加强形式隶属和延续绝对剩余价值生产。见 Chan，A. and Siu K.，"Analyzing Exploitation the Mechanisms Underpinning Low Wages and Excessive Overtime in Chinese Export Factories，" *Critical Asian Studies*，42（2012）；Das，Raju J.，"Reconceptualizing Capitalism：Forms of Subsumption of Labor，Class Struggle，and Uneven Development，" *Review of Radical Political Economics*，44（2011）。

剩余价值率的估算（吉尔曼，1957；曼德尔，1975；姚廷纲，1981；莫斯里1985，1986；韦斯科普夫，1985；高峰，1991；张宇和赵峰，2007；赵峰等2012）①，却没有区分剩余价值的变化中两种剩余机制各自的部分。

本文基于剩余价值计算公式，试图通过求全微分的方法对两种剩余价值的变动进行分离，以说明两种剩余价值变动之间的数量联系，并利用中国数据进行估算。

## 一 两种剩余价值生产的分解

根据剩余价值的定义，我们容易写出如下公式：

$$S = NT - \alpha\beta NT \tag{1}$$

其中，$S$ 是剩余价值，$N$ 为工作人数，$T$ 为工作日长度，$\alpha$ 为单位消费品价值，$\beta$ 为实际工资率。

绝对剩余价值指的是在雇佣工人的必要劳动时间不变的条件下靠工作日的绝对延长而生产的剩余价值。在公式上可体现为：$T$ 延长，或者 $T$ 不变，$N$ 增加，以及劳动强度增加，同时 $\beta$ 不增加或者增加幅度不及劳动强度的提高②。但是劳动强度的变化在以上公式中体现不出来，当

① 相关文献可参考：Mandel, E., *Late Capitalism* (Thetford: The Thetford Press Limited, 1975); Moseley, F., "The Rate of Surplus Value in the Postwar U. S. Economy: A Critique of Weisskopf's Estimates," *Cambridge Journal of Economics*, 9 (1985); Weisskopf, T. E., "The Rate of Surplus Value in the Postwar U. S. Economy: A Response to Moseley's Critique," *Cambridge Journal of Economics*, 9 (1985)；高峰《马克思主义资本积累理论与现代资本主义》，南开大学出版社，1991；Zhang Yu and Zhao Feng, "The Rate of Surplus Value, the Composition of Capital, and the Rate of Profit in Chinese Manufacturing Industry: 1978 - 2004," *The Bulletin of Political Economy*, 1 (2007)；赵峰、姬旭辉、冯志轩《国民收入核算的政治经济学方法及其在中国的应用》，《马克思主义研究》2012 年第 8 期。

② 事实上，劳动强度对剩余价值的影响到底是应该归属于“相对剩余价值生产”还是“绝对剩余价值生产”，学术界还存在争议。参考洪远朋《由劳动强度提高生产的剩余价值是相对剩余价值》，《教学与研究》1980 年第 4 期；黎小波、陈秀山《由提高劳动强度而生产的剩余价值仅仅属于相对剩余价值吗？——与洪远朋同志商榷》，《教学与研究》1981 年第 1 期。本文并不就此问题进行专门探讨。

然我们可以在 $NT$ 前面增加一项劳动强度的系数，但是在后面的“经验数据估算”中，劳动强度的变化往往无法获得，因此我们这里的分析也暂不考虑。

相对剩余价值指的是在工作日长度不变的条件下，由于缩短必要劳动时间而相应地延长剩余劳动时间所生产的剩余价值。在公式中表现为：$\alpha$ 因为消费品生产的社会劳动生产率提高而降低。

为了分析剩余价值量变动中相对剩余价值和绝对剩余价值的比重和份额，我们对式（1）中各变量求全微分：

$$dS = (1 - \alpha\beta)TdN + (1 - \alpha\beta)NdT - NT\beta d\alpha - NT\alpha d\beta + o \tag{2}$$

如果不考虑式（2）末尾的高阶无穷小，可变形为：

$$dS = (1 - \alpha\beta)d(NT) - NTd(\alpha\beta) = (1 - \alpha\beta)d(NT) + NTd(1 - \alpha\beta) \tag{3}$$

考虑到产品总价值可以划分为 $C+V+S$，这其中 $V=\alpha\beta NT$，$S=NT-\alpha\beta NT$，于是有 $V+S=NT$，从而有：

$$\frac{S}{V+S} = \frac{(1 - \alpha\beta)NT}{NT} = 1 - \alpha\beta \tag{4}$$

由式（4）可知，$1-\alpha\beta$ 是剩余价值在总的“活劳动”中所占比重。

于是，根据式（3），剩余价值量的变化，可以分解为：活劳动中剩余价值所占比例 $1-\alpha\beta$ 不变，而活劳动的总量变化 $dNT$ 所引起的变化；加上活劳动 $NT$ 不变，活劳动中剩余价值所占比例变化 d（$1-\alpha\beta$）所引起的变化。

前一部分，即（$1-\alpha\beta$）d（$NT$），是雇佣劳动力总量 $N$ 和工作日长度 $T$ 的变化引起的，因此，根据定义这部分就“绝对剩余价值生产”；而后一部分，即 $NT$d（$1-\alpha\beta$），根据式（2），不仅包括单位消费品价值量 $\alpha$ 变化的影响，即“相对剩余价值生产”，还包括实际工资率 $\beta$ 变化的影响。由于实际工资率 $\beta$ 的变化在经验分析中不易获得，我们进一步分解，以获得更易估算的“相对剩余价值生产”的表达式。

由于单位消费品价值量 $\alpha$ 是单位消费品所包含的一般人类劳动，包括所消耗的生产资料中的劳动时间，从而令 $e^c$ 表示消费品的劳动生产率①，有 $e^c=1/\alpha$。从而根据前面的分析，令 $\gamma$ 为可变资本 $V$ 占活劳动的比重，则有以下关系式：

$$\gamma=\frac{V}{V+S}=\alpha\beta=\frac{\beta}{e^c} \tag{5}$$

对式（5）前后两端取对数后有：

$$\ln\gamma=\ln\beta-\ln e^c \tag{6}$$

对式（6）求全微分有：

$$\frac{\mathrm{d}\gamma}{\gamma}=\frac{\mathrm{d}\beta}{\beta}-\frac{\mathrm{d}e^c}{e^c} \tag{7}$$

由式（5）、式（7）可得：

$$\mathrm{d}(1-\alpha\beta)=-\mathrm{d}(\alpha\beta)=-\mathrm{d}\gamma=-\gamma\left(\frac{\mathrm{d}\beta}{\beta}-\frac{\mathrm{d}e^c}{e^c}\right)=\alpha\beta\left(\frac{\mathrm{d}e^c}{e^c}-\frac{\mathrm{d}\beta}{\beta}\right) \tag{8}$$

将式（8）代入式（3），则有：

$$\begin{aligned}\mathrm{d}S&=(1-\alpha\beta)\mathrm{d}(NT)+NT\alpha\beta\left(\frac{\mathrm{d}e^c}{e^c}-\frac{\mathrm{d}\beta}{\beta}\right)\\&=(1-\alpha\beta)\mathrm{d}(NT)+NT\alpha\beta\frac{\mathrm{d}e^c}{e^c}-NT\alpha\beta\frac{\mathrm{d}\beta}{\beta}\end{aligned} \tag{9}$$

根据前面的分析，式（9）中（$1-\alpha\beta$）d（$NT$）是“绝对剩余价值生产”部分，而 $NT\alpha\beta\frac{\mathrm{d}e^c}{e^c}$ 则是“相对剩余价值生产”的部分，其中 $\mathrm{d}e^c/e^c$ 表示劳动生产率的变化率，最后的 $-NT\alpha\beta\frac{\mathrm{d}\beta}{\beta}$ 则是实际工资变化对剩余价值量的影响，体现的是分配环节的力量对比。

式（9）便是剩余价值变动的最终分解式，我们可以看到剩余价值

① 这里的劳动生产率应该理解为包含生产消费品所耗费的生产资料的劳动生产率，而不是消费品直接生产的劳动生产率。

的变动可以分解为“绝对剩余价值生产”影响的部分，“相对剩余价值生产”影响的部分以及实际工资率变动的影响。以上分解剩余价值变动因素的思路可以用图 1 描述。

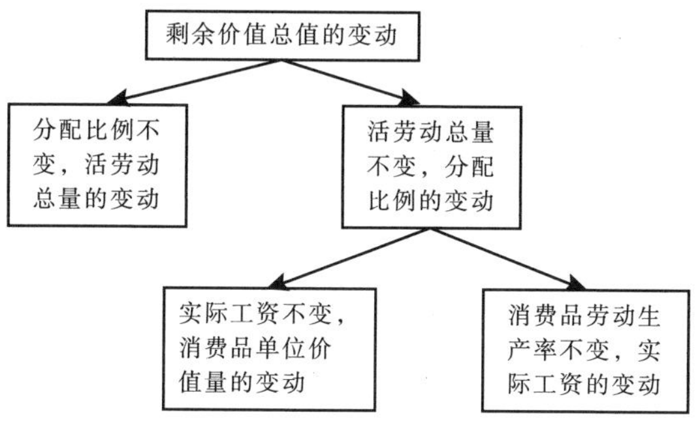


**图 1　剩余价值变动的分解**

为了更便于利用经验数据估算，我们将上述微分式（9）写成差分形式：

$$\Delta S \approx (1 - \alpha\beta)\Delta(NT) + NT\alpha\beta\frac{\Delta e^c}{e^c} - NT\alpha\beta\frac{\Delta\beta}{\beta} \tag{10}$$

## 二　相关理论变量所对应的经验数据及其处理方法

本部分将为上述理论分解式中的变量寻找现实统计量的对应，从而为下一部分的估算打下基础。

这些变量中，最基础的是对劳动量的衡量，我们采用“新解释学派”的思路①，用货币单位对劳动进行度量，将前一部分两种剩余价值生产方式的“理论分解”转化为用现实统计量表示的计算式。考虑到统计数据只能是已实现重新分配的剩余价值，包括利润率平均化和垄断

① Foley, D. K., “The Value of Money, the Value of Labor Power and the Marxian Transformation Problem,” *Review of Radical Political Economics*, 14 (1982).

利润等的重新分配等，而本文要考察的是“两种剩余价值生产”，因此，我们只能忽略生产性部门和非生产性部门的差别，以避免剩余价值的分配带来的偏差。①

## （一）对活劳动总量的度量

忽略生产性劳动和非生产性劳动的区别，我们以 GDP 作为全社会“增加值”或者说当年“活劳动”总额的度量，当然要经过以下处理。

名义 $GDP_t = Q_t \times P_t$，其中下标 $t$ 表示当期，$Q$ 为新产出的数量，$P$ 为价格总水平。通过通胀率平减，得到实际 GDP：

实际 $GDP_t = Q_t \times P_0$，其中 $P_0$ 代表期初价格水平。

但是 $Q_t$ 的变化除了“活劳动量”的变化外，还有“劳动生产率”的变化。令 $L$ 为活劳动总量，$e$ 为劳动生产率，于是有 $Q = L \times e$。等式两边同时取对数后求全微分，可得：

$$\frac{\mathrm{d}Q}{Q} = \frac{\mathrm{d}L}{L} + \frac{\mathrm{d}e}{e} \tag{11}$$

从而实际 GDP 的增长率等于“活劳动量”的增长率加上“劳动生产率”增长率。于是，要获得“活劳动量的货币表示”，还要除去“劳动生产率”的变化。以第一期为例，假设 0 期的“实际 GDP”为当期活劳动的货币表示，已知第一期的实际 GDP 增长率和劳动生产率增长率，则第一期的活劳动货币表示为：

$$L_1 = realGDP_0 \times (1 + g_1^{realGDP} - g_1^{e}) \tag{12}$$

其中 $realGDP_0$ 表示初期的实际 GDP，$g_1^{realGDP}$ 表示第一期的实际 GDP 增长率，$g_1^{e}$ 表示第一期的劳动生产率增长率。于是同理，第二期

① 也就是说，如果我们按照通常的做法只考虑“制造业”或者是“生产性部门”的剩余价值变动，并加以分解估算，则会忽略掉“非生产性部门”以及“垄断部门”所“占有”的“生产性部门”所生产的那一部分价值。从而，只估算“生产性部门”的两种剩余价值，不能代表“剩余价值生产”的真实情况，因为数据本身也是分配的结果。

的活劳动的货币表现为：

$$L_2 = L_1 \times (1 + g_2^{realGDP} - g_2^e) \tag{13}$$

由此可得，第 $t$ 期的活劳动的货币表现为：

$$L_t = L_{t-1} \times (1 + g_t^{realGDP} - g_t^e) \tag{14}$$

各期实际 GDP 及其增长率均易从现有统计数据中计算获得，劳动生产率则可通过工农业的劳动生产率加权平均获得，因为很难获得口径一致的从业人员数据，所以权重选为增加值所占比重。其中，农林牧渔业增加值和增加值指数来自《中国农村统计年鉴》，第一产业从业人数来自《中国统计年鉴》，用农业不变价增加值除以第一产业从业人数得到农业劳动生产率。而工业增加值来自《中国统计年鉴》；工业劳动生产率中，1992～2010 年数据来源于“中经网数据库”分行业工业数据的合计，1984～1991 年数据来自《中国工业统计年鉴》。2004 年劳动生产率数据缺失，我们用线性插值法补充，即前后两年的简单平均。

于是，我们可估算出各期的活劳动的货币表示（如表 1 所示）

**表 1　1984～2010 年中国活劳动的货币表示**

| 年份 | 实际 GDP(1978 年不变价,亿元) | 总体劳动生产率(元/人) | $g_t^{realGDP}$ | $g_t^e$ | $g_t^{realGDP} - g_t^e$ | $L_t$（亿元） |
|---|---|---|---|---|---|---|
| 1984 | 6196.78 | 6156.13 | 0.151760 | | | |
| 1985 | 7031.25 | 6544.76 | 0.134662 | 0.063127 | 0.071535 | 6640.06 |
| 1986 | 7653.26 | 6568.37 | 0.088464 | 0.003608 | 0.084856 | 7203.51 |
| 1987 | 8539.75 | 6734.49 | 0.115833 | 0.025291 | 0.090542 | 7855.73 |
| 1988 | 9503.09 | 6777.91 | 0.112806 | 0.006448 | 0.106358 | 8691.25 |
| 1989 | 9889.22 | 6042.26 | 0.040632 | -0.108540 | 0.149172 | 9987.75 |
| 1990 | 10268.87 | 6512.85 | 0.038390 | 0.077884 | -0.039494 | 9593.29 |
| 1991 | 11211.44 | 10438.23 | 0.091789 | 0.602712 | -0.510923 | 4691.86 |
| 1992 | 12808.03 | 12316.35 | 0.142407 | 0.179927 | -0.037520 | 4515.82 |
| 1993 | 14596.58 | 14529.66 | 0.139643 | 0.179705 | -0.040062 | 4334.91 |
| 1994 | 16505.92 | 4629.92 | 0.130807 | -0.681350 | 0.812157 | 7855.53 |

续表

| 年份 | 实际 GDP(1978 年不变价,亿元) | 总体劳动生产率(元/人) | $g_t^{realGDP}$ | $g_t^e$ | $g_t^{realGDP}-g_t^e$ | $L_t$（亿元） |
|---|---|---|---|---|---|---|
| 1995 | 18309.18 | 4264.97 | 0.109250 | -0.078820 | 0.188070 | 9332.92 |
| 1996 | 20141.66 | 4950.35 | 0.100085 | 0.160699 | -0.060614 | 8767.21 |
| 1997 | 22014.24 | 5785.75 | 0.092970 | 0.168756 | -0.075786 | 8102.78 |
| 1998 | 23738.69 | 7458.77 | 0.078333 | 0.289162 | -0.210829 | 6394.48 |
| 1999 | 25547.54 | 9149.54 | 0.076198 | 0.226683 | -0.150485 | 5432.21 |
| 2000 | 27701.53 | 11186.48 | 0.084313 | 0.222627 | -0.138314 | 4680.86 |
| 2001 | 30000.84 | 12986.00 | 0.083003 | 0.160866 | -0.077863 | 4316.39 |
| 2002 | 32725.54 | 15355.62 | 0.090821 | 0.182475 | -0.091654 | 3920.78 |
| 2003 | 36006.40 | 18742.97 | 0.100254 | 0.220593 | -0.120339 | 3448.95 |
| 2004 | 39637.66 | 21241.93 | 0.100850 | 0.133328 | -0.032478 | 3336.94 |
| 2005 | 44120.69 | 24578.07 | 0.113100 | 0.157055 | -0.043955 | 3190.26 |
| 2006 | 49713.66 | 28781.59 | 0.126765 | 0.171027 | -0.044262 | 3049.06 |
| 2007 | 56754.31 | 33616.53 | 0.141624 | 0.167987 | -0.026363 | 2968.67 |
| 2008 | 62222.40 | 31678.91 | 0.096347 | -0.057640 | 0.153987 | 3425.81 |
| 2009 | 67955.69 | 37095.30 | 0.092142 | 0.170978 | -0.078836 | 3155.73 |
| 2010 | 75049.63 | 37794.18 | 0.104391 | 0.01884 | 0.085551 | 3425.71 |

根据上述数据，由于劳动生产率指标增长较快，用货币表示的活劳动量在 1995 年后总体呈下降趋势。我们可用图 2 反应这一变化趋势。

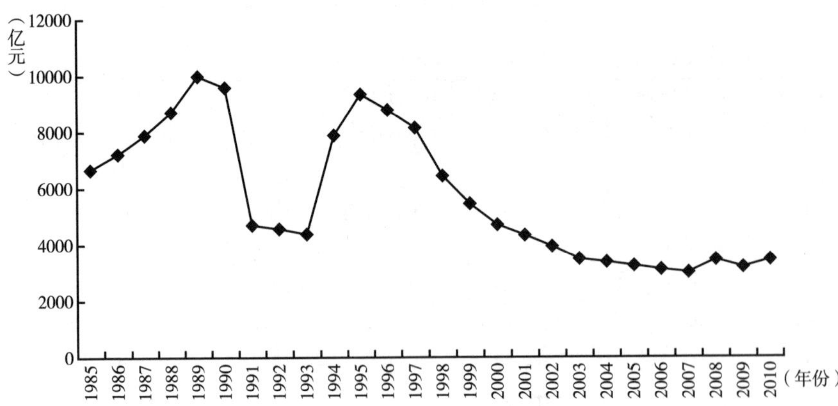


图 2　1985～2010 年中国活劳动量变化

### （二）活劳动中可变资本和剩余价值所占比重

令第 $t$ 期可变资本占活劳动的比重为 $p_t^v$，而该期剩余价值所占活劳动比重为 $p_t^s$。我们用《中国统计年鉴》中“收入法核算国内生产总值”中的“劳动者报酬”占名义 $GDP$ 的比重来表示 $V/(S+V)$。其中 2008 年没有数据，采用线性插值，即取前后两年的平均数。因为本文考察的是剩余价值的生产，不考虑剩余价值的分配，所以剩余价值为多少，是否加上税收都暂不进入本文的考察范围。根据现有数据，我们可以得到图 3。

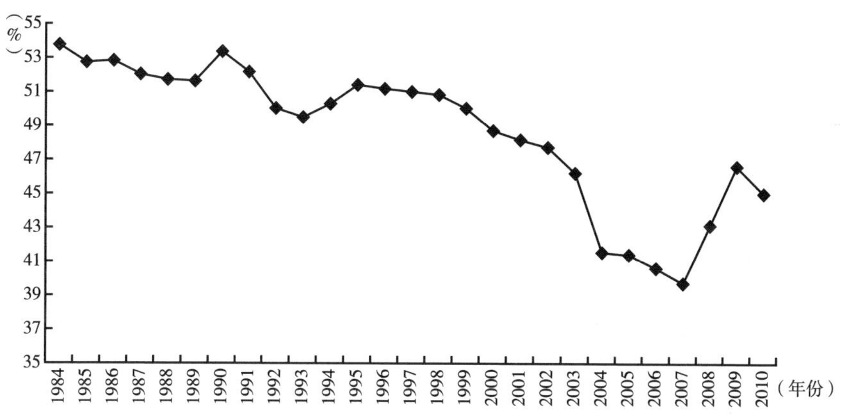


**图 3　1984～2010 年中国活劳动报酬占 GDP 的比重**

### （三）消费品劳动生产率

本文用一揽子消费品各自的劳动生产率变动率进行加权平均，权数可用可消费品增加值占总的消费品增加值的比重。事实上，理论分析部分已经说明，消费品的劳动生产率不仅包括消费品生产中耗费的直接劳动部分，而且包括消耗的原料中所包含的劳动部分，但是现实中很难对此进行估算，因此只能估算消费品直接劳动生产率。

利用分行业数据，我们对消费品行业的选择包括：农业（农林牧渔），农副食品加工业，食品制造，饮料制造，纺织业，服装鞋帽，家具制造，文教体育用品制造业，医药制造，燃气产供，水供应。

农业（农林牧渔）劳动生产率在前面已经估算过了。

工业各行业利用公布的“全员劳动生产率”经过“工业品出厂价格指数（以1978年为基期）”平减后得到“不变价劳动生产率”。其中，1984~1992年数据来自《中国工业统计年鉴》，1993~2010年数据来自《中国统计年鉴》。1984~2005年，全员劳动生产率采用《中国工业统计年鉴》和《中国统计年鉴》公布的相应数据。2006年起全员劳动生产率根据行业增加值除以从业人数自行计算，2008年之后的增加值根据国家统计局公布的当年各行业增加值增长速度计算。1984~1992年，该指标口径为按行业分组的工业经济主要指标，1993~1997年口径为独立核算企业，1998~2006年口径为国有及规模以上非国有，2007年起则为规模以上，根据中经网中的分类法上述三种分法可统一归为规模以上工业企业。

将以上行业劳动生产率加权平均得到消费品劳动生产率，增加值（现价）所占比重作为权重。其中2004年的数据缺乏，我们采用线性插值法补齐。最后，如图4所示，根据计算结果，可见消费品劳动生产率低于总体劳动生产率。

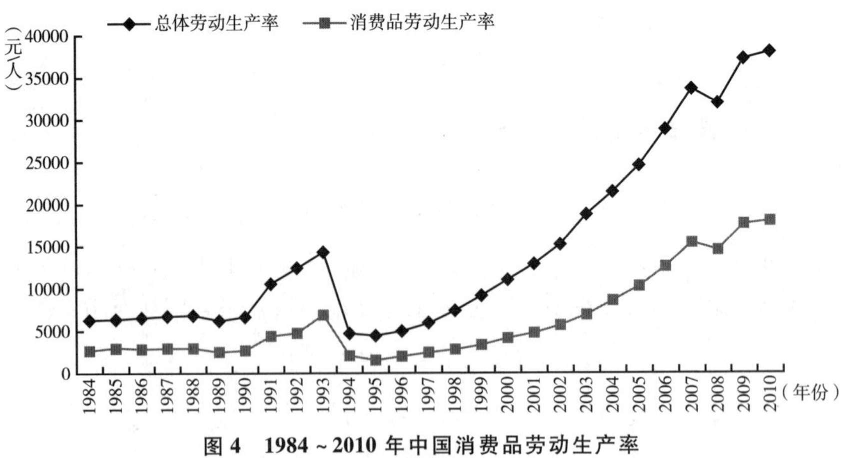


**图4　1984~2010年中国消费品劳动生产率**

## 三　估算结果与分析

计算得到上述指标之后，根据式（10），我们可到两种剩余价值的估算式如下。

（1）第 $t$ 期的剩余价值量变动中绝对剩余价值的部分（$1-\alpha\beta$）$\Delta$（$NT$），我们用上一部分计算的指标表示，就等于 $p_{t-1}^{s}\Delta L_t$，也就是 $p_{t-1}^{s}$（$L_t-L_{t-1}$）。代入数据，计算结果如表 2 所示。

**表 2　1986～2009 年中国剩余价值变动中的绝对剩余价值部分**

单位：亿元，%

| 年份 | $L_t$ | $L_t-L_{t-1}$ | $p_t^v$ | $p_t^s=1-p_t^v$ | $p_{t-1}^s(L_t-L_{t-1})$ |
|---|---|---|---|---|---|
| 1984 | | | 53.70 | 46.30 | |
| 1985 | 6640.06 | | 52.70 | 47.30 | |
| 1986 | 7203.51 | 563.45 | 52.80 | 47.20 | 266.51 |
| 1987 | 7855.73 | 652.22 | 52.00 | 48.00 | 307.85 |
| 1988 | 8691.25 | 835.52 | 51.70 | 48.30 | 401.05 |
| 1989 | 9987.75 | 1296.49 | 51.60 | 48.40 | 626.21 |
| 1990 | 9593.29 | -394.46 | 53.30 | 46.70 | -190.92 |
| 1991 | 4691.86 | -4901.43 | 52.10 | 47.90 | -2288.97 |
| 1992 | 4515.82 | -176.04 | 50.00 | 50.00 | -84.32 |
| 1993 | 4334.91 | -180.91 | 49.50 | 50.50 | -90.46 |
| 1994 | 7855.53 | 3520.62 | 50.30 | 49.70 | 1777.92 |
| 1995 | 9332.92 | 1477.39 | 51.40 | 48.60 | 734.26 |
| 1996 | 8767.21 | -565.71 | 51.20 | 48.80 | -274.93 |
| 1997 | 8102.78 | -664.43 | 51.00 | 49.00 | -324.24 |
| 1998 | 6394.48 | -1708.30 | 50.80 | 49.20 | -837.07 |
| 1999 | 5432.21 | -962.27 | 50.00 | 50.00 | -473.44 |
| 2000 | 4680.86 | -751.35 | 48.70 | 51.30 | -375.68 |
| 2001 | 4316.39 | -364.47 | 48.20 | 51.80 | -186.97 |
| 2002 | 3920.78 | -395.61 | 47.80 | 52.20 | -204.93 |
| 2003 | 3448.95 | -471.82 | 46.20 | 53.80 | -246.29 |
| 2004 | 3336.94 | -112.02 | 41.60 | 58.40 | -60.26 |
| 2005 | 3190.26 | -146.68 | 41.40 | 58.60 | -85.66 |
| 2006 | 3049.06 | -141.21 | 40.60 | 59.40 | -82.75 |

续表

| 年份 | $L_t$ | $L_t - L_{t-1}$ | $p_t^v$ | $p_t^s = 1 - p_t^v$ | $p_{t-1}^s(L_t - L_{t-1})$ |
|---|---|---|---|---|---|
| 2007 | 2968.67 | -80.38 | 39.70 | 60.30 | -47.75 |
| 2008 | 3425.81 | 457.14 | 43.15 | 56.85 | 275.65 |
| 2009 | 3155.73 | -270.08 | 46.60 | 53.40 | -153.54 |
| 2010 | 3425.71 | 269.98 | 45.01 | | |

（2）第 $t$ 期的剩余价值量变动中相对剩余价值的部分，即理论分解式中的 $NT\alpha\beta\frac{\Delta e^c}{e^c}$，用上一部分计算的指标表示就等于 $L_{t-1}p_{t-1}^v g_t^{ec}$，代入数据后计算结果如表 3 所示。

**表 3　1986～2010 年中国剩余价值变动中的相对剩余价值部分**

| 年份 | $L_t$（亿元） | $p_t^v$（%） | $e^c$（元/人） | $g_t^{ec}$ | $L_{t-1}p_{t-1}^v g_t^{ec}$（亿元） |
|---|---|---|---|---|---|
| 1984 | | 53.70 | 2737.50 | | |
| 1985 | 6640.06 | 52.70 | 2836.91 | 0.036316008 | |
| 1986 | 7203.51 | 52.80 | 2865.65 | 0.01012791 | 35.44 |
| 1987 | 7855.73 | 52.00 | 2952.50 | 0.030306964 | 115.27 |
| 1988 | 8691.25 | 51.70 | 2918.05 | -0.011665731 | -47.65 |
| 1989 | 9987.75 | 51.60 | 2592.38 | -0.111604972 | -501.48 |
| 1990 | 9593.29 | 53.30 | 2681.78 | 0.034486044 | 177.73 |
| 1991 | 4691.86 | 52.10 | 4237.57 | 0.580132695 | 2966.35 |
| 1992 | 4515.82 | 50.00 | 4712.49 | 0.112072406 | 273.96 |
| 1993 | 4334.91 | 49.50 | 6862.71 | 0.456281692 | 1030.24 |
| 1994 | 7855.53 | 50.30 | 2084.99 | -0.696186055 | -1493.86 |
| 1995 | 9332.92 | 51.40 | 1559.82 | -0.251880707 | -995.26 |
| 1996 | 8767.21 | 51.20 | 2040.62 | 0.308238328 | 1478.66 |
| 1997 | 8102.78 | 51.00 | 2409.85 | 0.18094153 | 812.21 |
| 1998 | 6394.48 | 50.80 | 2731.87 | 0.133627571 | 552.21 |
| 1999 | 5432.21 | 50.00 | 3381.32 | 0.237729554 | 772.24 |
| 2000 | 4680.86 | 48.70 | 4036.27 | 0.193698605 | 526.11 |
| 2001 | 4316.39 | 48.20 | 4612.74 | 0.142822422 | 325.57 |
| 2002 | 3920.78 | 47.80 | 5469.39 | 0.185713007 | 386.38 |
| 2003 | 3448.95 | 46.20 | 6802.19 | 0.24368325 | 456.69 |
| 2004 | 3336.94 | 41.60 | 8455.91 | 0.243117175 | 387.39 |
| 2005 | 3190.26 | 41.40 | 10109.64 | 0.195570484 | 271.48 |
| 2006 | 3049.06 | 40.60 | 12482.40 | 0.234702719 | 309.99 |
| 2007 | 2968.67 | 39.70 | 15216.84 | 0.219063642 | 271.18 |

续表

| 年份 | $L_t$（亿元） | $p_t^v$（%） | $e^c$（元/人） | $g_t^{ec}$ | $L_{t-1}p_{t-1}^v g_t^{ec}$（亿元） |
|---|---|---|---|---|---|
| 2008 | 3425.81 | 43.15 | 14482.67 | -0.048247205 | -56.86 |
| 2009 | 3155.73 | 46.60 | 17582.19 | 0.214015786 | 316.37 |
| 2010 | 3425.71 | 45.01 | 17791.14 | 0.011884185 | 17.48 |

（3）剩余价值量的变动及其分解。根据式（10），我们可以把剩余价值总量的变动，分为3部分：绝对剩余价值部分、相对剩余价值部分和劳资分配的影响。根据前面的计算结果，我们可以得到图5。

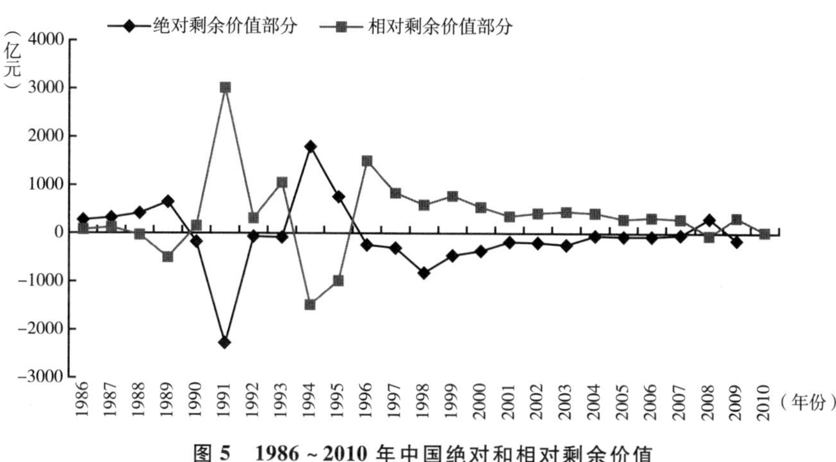


**图5　1986～2010年中国绝对和相对剩余价值**

在开篇的综述部分中，我们提出，本文的一个重要理论问题是：当前的资本积累体制是否为以相对剩余价值为主的生产提供了制度基础，抑或依然为绝对剩余价值的生产保留了空间？

从图5中我们可以看到，20世纪80年代末至90年代初曲线较为混乱。原因包括：某些年份的外部环境恶化；宏观经济出现较大波动，影响相关统计数据；市场机制尚未完全建立，国有企业改制尚未完成，隐性失业和指令性“技改项目”等因素极可能使得产出和劳动投入等数据产生人为扭曲，难以反映真实情况。

1995年之后的数据呈现较强规律性。1995年之后相对剩余价值的变动几乎持续大于零，这说明消费品及其相关生产资料的劳动生产率持续提高；绝对剩余价值变动则总体持续小于零，这表明总体劳动生产率不断提高，产出增长对活劳动投入的依赖在减小。上述结果的一个重要现实含义是：1995 年之后中国经济保持 10% 左右的高速增长是由相对剩余价值生产来保证的。这意味着市场化改革以来，在一个日渐成熟的社会主义市场经济体制当中，由企业竞争推动的技术进步对资本积累和经济持续增长的作用表现得更为突出，符合经验的预期。换言之，社会主义市场经济体制或许帮助中国资本积累基本确立了主要依靠技术进步的相对剩余价值生产的制度环境。

然而，需要我们进一步关注的是，图 5 显示相对剩余价值生产的增长正在逐渐减少，同时绝对剩余价值减少得越来越少，这不仅说明经济增长所依赖的技术进步速度正在减缓，无法释放出更多的活劳动，亦需要我们关注中国依然存留的那些生产绝对剩余价值的部门。我们需要警醒：上述研究的数据来源范围仅限于《中国统计年鉴》中提供的规模以上工业企业。它尚未包含大量非正规的、小规模企业的情况，而这类企业恰可能更便利地延长劳动时间，获取更多的绝对剩余价值。上述部门的行为难以在宏观的数据表现中被即时发掘出来，然而大量关于当代中国出口生产区的微观调查，却为绝对剩余价值生产的存在提供了证据①，这意味着那些延续绝对剩余价值生产的制度依然在农民工劳动力市场上广泛地存在，是中国资本积累长期难以脱离的“低路径”② 依赖的现实表现。

① 可参考刘林平、郑广怀、孙中伟《劳资矛盾的升级与转化——对潮州古巷事件与增城新塘事件的思考》，《中国社会科学》2011 年第 6 期（内部文稿）；黄岩《工厂外的赶工游戏——以珠三角地区的赶货生产为例》，《社会学研究》2012 年第 7 期；Chan, A. and Siu K., "Analyzing Exploitation the Mechanisms Underpinning Low Wages and Excessive Overtime in Chinese Export Factories," *Critical Asian Studies*, 42 (2012)。

② “低路径”一说引自 Gordon, David M., *Fat and Mean: The Corporate Squeeze of Working Americans and Myth of Managerial "Downsizing"* (New York: Martin Kessler Books, The Free Press, 1996), chapter 6。原书中作者将 20 世纪 70 年代中期到 90 年代中前期美国的劳动管理体制归结为“低路径”的，即通过压榨恐吓工人，降低劳动成本，以威胁和冲突去获取竞争优势，反之同一时期德国、日本的劳动管理体制可被称为“高路径”的，即依靠合作和对工人的高报酬取得经济增长与繁荣。

# 中国劳动力商品化程度的变动及其对劳动者报酬的影响*

李怡乐　孟　捷**

## 一　引言

改革开放以来，中国劳动力市场的形成以劳动力商品的重塑为基础，经历了与雇佣劳动关系和劳动力再生产有关的各类制度变迁。孟捷、李怡乐综合了马克思与波兰尼关于劳动力商品化问题的两种视角，将劳动力商品化的含义界定为“劳动力再生产对市场的依赖”，讨论了各种影响劳动力商品化和去商品化的制度因素，并分析了这些因素在中国经济改革实践中的变化。[①] 在此基础上，本文要做的核心工作是：检验劳动力商品化程度作为反映工人市场风险豁免权和议价能力的一种综合指标，其变动是否影响了中国劳动者报酬的变化。直观上我们可以观察到：20 世纪 90 年代中后期劳动力商品化程度的加速提升对应着同一时段劳动者报酬的剧烈下降；而 2007 年之后社会保护运动的推进抑制了劳动力商品化程度提升，同时 GDP 中的劳动报酬比例以及企业层面

* 本文得到了清华大学自主科研项目（项目编号：20121088007）的资助。感谢齐昊博士提供的有关 GDP 中劳动份额的数据以及对回归模型中变量选取的建议，同时感谢匿名评审专家的修改建议。

** 李怡乐，西南财经大学经济学院，副教授；孟捷，复旦大学经济学院，教授。

① 孟捷、李怡乐：《改革以来劳动力商品化和雇佣关系的发展——波兰尼和马克思的视角》，《开放时代》2013 年第 5 期。

的工资份额都出现了回升，这为本文的经验研究提供了现实支持。对此，本文将展开四方面工作：首先，通过简要的比较历史分析，阐述劳动力商品化程度作为反映资本积累体制中劳动－资本－政府三方关系的核心指标，与工人报酬变化的直观联系；其次，我们将讨论劳动力商品化程度的四类影响因素作用于劳动者报酬的机制；再次，基于可用的反映劳动力商品化程度变化的指标，运用主成分分析量化得出过去30多年间中国劳动力商品化程度变动的指数和变化趋势；最后，对劳动力商品化程度与GDP中的劳动份额，以及劳动力商品化程度与规模以上工业企业的工资份额变动做回归分析，验证其可能的因果关系。

## 二　劳动力商品化程度变化与资本积累体制的变迁

在波兰尼看来，劳动力市场的正常运行需要有劳动立法、工会组织限定并降低劳动力的商品化程度，在保护劳动力这种虚构商品的人的特质的前提下，使市场的功能得以发挥。波兰尼的观点勾勒出在资本主义生产方式的历史演进过程中，市场扩张如何塑造出劳动力商品，而社会保护运动又使得劳动力商品化程度被限制在特定的制度框架当中。换言之，一国劳动力商品化程度的变化反映了不同时期支持资本积累的各种制度因素变迁。这事实上与调节学派和积累的社会结构理论形成了呼应，一定时期与劳动力再生产和雇佣关系有关的制度安排是资本积累体制中的关键内容，而这些制度安排可以看作特定的阶级力量平衡关系的产物，直接影响了剩余价值的生产方式和收入分配格局①。随着积累体制的调整，劳动与资本的关系、国家与公民的协议被改变②，劳动力的商品化程度和分配格局也相应发生变化。

① Aglietta, M., *A Theory of Capitalist Regulation: The US Experience* (New Left Review Books, 1979).

② Bowles, S., D. Gordon, T. Weisskopf, *After the Waste Land* (Armonk, New York: M. E. Sharpe, 1990).

例如，战后黄金年代发达资本主义国家普遍给予了工人组织更强的议价能力，并建立了更为慷慨的福利供给体系，这显著地降低了市场对于工人就业和生存的控制能力，抑制了劳动力的商品化程度，同一时期工人也在新增的产出当中获得了相对较高的分配比例。[①] 而新自由主义时代，工会组织的力量被显著削弱，与劳动力再生产相关的各类公民社会权利被再度商品化，加剧了工人在市场上面临的风险，提升了劳动力的商品化程度，这一时期的收入分配状况也在向更加不利于劳工的方向转变。[②] 因而，劳动力商品化程度变动的背后对应着资本积累体制的转变，直接反映了特定时点上劳资间的相互力量对比和分配关系的变化。

伴随着农民工进城和城市单位就业体制的转变，中国的劳动力市场逐步形成，特别是自 20 世纪 90 年代中期以来经历了加速改革的时期。劳动力作为一种虚构商品，在新生的市场经济中被重新塑造出来；通过观察三阶段中劳动力商品化的程度变化，我们亦能窥见中国市场化改革的发展轨迹，以及其中支持中国资本积累的制度因素调整。

第一阶段，20 世纪 80 年代初到 90 年代前期，城市部门统分统配的就业制度有所松动，劳动合同制度被尝试性地推行。国家日渐放开了农民进城就业和居住的闸口，但是相关的政策限定依然十分严格。后文的分析将展示，这一时期劳动力商品化程度的平稳提升主要源自农村居民税费负担的加重，及其劳动力再生产对商品经济关系更强的依赖。值得注意的是，扩大的国内消费市场，也是同时期中国经济增长最为重要的源泉。[③] 在此期间，GDP 中的劳动份额呈现缓慢略有波动的下降趋势，工业企业的工资份额则处于无明显趋势的波动状态中。

第二阶段，20 世纪 90 年代中后期导致大约 5000 万人下岗或失业

---

① Glyn, A., et al., "The Rise and Fall of the Golden Age," 1990, in Marglin, S. and J. Schor (eds.), *The Golden Age of Capitalism* (Oxford: Clarendon Press, 1990): 46 - 50.

② Magdoff, F., John Bellamy Foster, "Class War and Labor's Declining Share," *Monthly Review*, 64 (2013).

③ 卢荻：《变革性经济增长：中国经济的结构与制度分析》，经济科学出版社，2001。

的城市就业体制改革可被视为一场“激进式”的劳动力市场改革，在就业关系迅速向灵活化和非正规化转变的同时，与劳动力再生产紧密相关的养老、医疗、教育等社会公共服务加速市场化，而相应的社会保障体系并未同步建立。这一时期市场力量在推动劳动力加速商品化的进程中占据了上风。① 与之相对应，中国的经济增长更加显著地依靠投资增长和低劳动成本拓展出的海外市场。1995～2007 年，GDP 中的劳动份额和工业企业的工资份额都呈现长期的剧烈下降。

第三阶段，2007～2008 年“劳动三法”颁布与实施，此后劳动合同的签订率有所上升，制度内、外的劳工抗议行为皆猛烈增加。与之相应的是同一时期养老、医疗等社会保险制度在城镇就业人口中的覆盖比例明显上升，特别是 2007 年起城镇医保制度首次将大量非正规就业或未就业的居民纳入其中，社保制度在农民工群体和农村社会中逐步推开。自 2009 年起，中央和地方财政新增了保障性住房支出，尝试抑制住房全面商品化的状况。由此，我们判断，相比较过去 20 多年的改革进程，2008 年前后中国进入一个由政府和民众共同推进的某种程度的劳动力去商品化的区间，可能对之前加速膨胀的市场力量形成一定程度的抑制。这也意味着，中国资本积累的劳资关系基础有机会由抑制劳工力量和收入增长的方式，转向去商品化改革增强劳工议价能力和用新增的产出更多奖励劳工的方式。中国经济增长的动力源泉开始被更多地期望于国内消费市场扩大。值得注意的是，2007 年之后，收入法 GDP 中的劳动份额扭转了过去 25 年总体下降的态势，呈现稳定上升趋势；与此同时，相比 1995～2007 年的剧烈下降，我们所能观察到的规模以上工业企业的工资份额自 2008 年之后亦出现反弹。

① 值得注意的是，同一时期城市低保制度的建立（1997 年），“科学发展观”“以人为本”等思想的提出（2003 年），取消农业税（2006 年）的改革意味着在此期间也存在国家政策层面限制市场力量的反向保护措施，只是笔者判断这一时期市场力量更占上风。

分阶段的观察向我们展示出：劳动力商品化程度的变化体现了资本积累体制中劳资力量的对比，和政府作为社会管理者的主动行为，也奠定了中国在不同时期经济增长的主动力源泉。与此同时，收入分配领域的宏观数据与我们上述关于劳动力商品化程度变化总趋势的判断是呼应的。我们接下来就将考察，劳动力商品化程度的变化作为中国资本积累体制中劳动－资本－政府三方关系集中体现的一个指标，作用于劳动报酬的各种可能机制。

## 三　劳动力商品化程度的指标选取及其影响劳动报酬的机制

劳动力商品化程度影响劳动报酬的机制可以体现在两个总的层次上。首先，劳动力的商品化程度变化反映了劳动力再生产对市场依赖程度的改变，那些推进劳动力商品化程度提升的因素将加剧劳动者对雇佣关系的依赖，削弱其规避市场风险的能力，从而抑制工人整体相对于资方的独立性，这将限制他们与资本谈判时的议价能力。其次，劳动力商品化程度变化也反映在一国的劳动法规安排和福利制度设计中，去商品化程度更强的法规和制度通过强制性的政策安排提供给劳动者的福利数额也更高，这直接改变了一国的收入分配格局中属于劳动者的比例。[①]

在2013年的研究[②]中，我们考虑了劳动力商品化程度的四类衡量指标，这四类指标描绘了中国市场化改革进程中劳动力商品化的发展，本文中我们进一步观察它们影响劳动报酬的机制。

---

① 根据《中国统计年鉴》（2013年）的解释，在我国分省份GDP收入法核算中，劳动者报酬“指劳动者因从事生产活动所获得的全部报酬。包括劳动者获得的各种形式的工资、奖金和津贴，既包括货币形式的，也包括实物形式的，还包括劳动者所享受的公费医疗和医药卫生费、上下班交通补贴、单位支付的社会保险费、住房公积金等。”

② 孟捷、李怡乐：《改革以来劳动力商品化和雇佣关系的发展——波兰尼和马克思的视角》，《开放时代》2013年第5期。

第一类指标是出卖劳动力的人口在全部劳动人口中的规模，这类指标总体上反映了市场上的交换关系和工资性收入在维持劳动力再生产方面的重要性。具体而言，我们进一步考察三类数据。第一，工资性收入占城、乡居民家庭收入的比重。第二，非公经济就业的增加，市场化的改革进程伴随着传统公有制单位体制在工人福利供给方面的功能弱化，非公经济就业增加的过程也是劳动力再生产模式市场化的重要表现。第三，农民工数量的增加。这一数值不仅反映了非农产业对农业剩余劳动人口的吸纳，亦受各类影响农民家庭再生产模式（农村家庭需要通过现金支付购买的各类消费品）和农业经营环境的制度因素（例如，税费支出、生产资料的成本投入等）的作用。

那么，上述因素影响劳动报酬的机制又如何呢？Piovani 对规模以上工业企业工资份额的研究同样考察了国有工业企业的就业比重变化，将其视为工资份额的影响因素中产业后备军指标的代理变量之一，验证了国有单位就业规模与工资份额间的正向关系。[①] 从中国改革的历史进程来看，20 世纪 90 年代中期伴随公有制部门改革，下岗和失业人员增多，一场意义深远的产业后备军再造运动正式展开。相比于非公经济，国有部门总体上为工人提供了更强的就业安全和劳动保护，这对于其他部门提高工人工资和日常福利供给水平是有溢出效应的；与此同时，如果将单位体制看作一种更慷慨的福利供给，在这种福利供给模式被打破，而普惠型的社会福利制度未建立时，国有部门就业比例的减少直接意味着劳动者所得分配份额的减少。

农民工劳动力的商品化与中国劳动份额下降之间亦存在十分显见的关系，其中包含两种机制的作用。第一种机制是主流经济学研究更多强调的农业劳动者转移直接带来的劳动份额下降。在对改革年代中国劳动

---

① Piovani, C., "Class Power and China's Productivity Miracle: Applying the Labor Extraction Model to China's Industrial Sector, 1980 - 2007," *Review of Radical Political Economics*, 46 (2014).

份额下降的代表性研究中，罗长远和张军①、Bai 和 Qian②、张车伟③等强调了产业结构变动（第一产业比重下降、第二和第三产业比重提升）对劳动份额下降的解释力。④ 因为农业中的劳动份额本身更高，产业结构转变的过程直接对应着总劳动份额的下降。与此同时，依照刘易斯二元经济模型的假设，农业部门的大量剩余劳动人口抑制了非农产业中工资水平的上升，工人的劳动报酬得以长期低于其边际产出，在刘易斯转折点到来之前，劳动份额势必经历下降的阶段⑤。第二种机制是政治经济学视角下半无产阶级化的农民工群体抑制工资上涨。大量的农村剩余劳动力和城乡户籍制度差异的结合为谋求快速积累的资本提供了可供低成本、灵活使用的农民工劳动力，其数量增长反映了被卷入全球资本积累进程的产业后备军数量的膨胀。近年来，对全球产业后备军规模的比较研究表明，由于缺乏社会福利供给和正规部门的就业机会，后发国家的低成本竞争优势并没有形成足够的现役军，而仅仅是相对过剩劳动力，这支庞大的产业后备军队伍成为调节工作日长度和抑制劳动力价值提高的关键机制。⑥ 从劳动力商品化的角度做解释，农民工所处的半无产阶级境况，通过劳动力再生产社会环境的差异既维持了农民工劳动力的低价，限制了其议价能力增长，又保证了他们对市场雇佣关系的依赖和对资本

① 罗长远、张军：《经济发展中的劳动收入占比：基于中国产业数据的实证研究》，《中国社会科学》2009 年第 4 期。

② Bai, Chong-En, Zhenjie Qian, "The Factor Income Distribution in China: 1978 – 2007," *China Economic Review*, 21 (2010).

③ 张车伟：《关于中国劳动报酬占 GDP 份额变动的研究》，《劳动经济评论》2011 年第 4 期。

④ 在张车伟的测算中，经济结构从农业向非农业转移 1%，总劳动份额下降 0.08 ~ 0.13 个百分点。罗长远、张军以 1996 年为基期，2003 年劳动份额下降的比例中有 64% 源于产业结构变动。在 Bai 和 Qian 的计算中，结构转型解释了 1995 ~ 2003 年劳动份额下降的 61.63%（GDP 数据中扣除了间接税）。

⑤ 李稻葵、刘霖林、王红领：《GDP 中劳动份额演变的 U 型规律》，《经济研究》2009 年第 1 期；龚刚、杨光：《论工资性收入占国民收入比例的演变》，《管理世界》2010 年第 5 期。

⑥ Neilson, D., T. Stubbs, "Relative Surplus Population and Uneven Development in the Neoliberal Era: Theory and Empirical Application," *Capital & Class*, 35 (2011).

的隶属。要理解半无产阶级工人在抑制劳动报酬方面起到的作用，我们可以设想：农民工的市民化进程意味着其劳动力再生产环境的改变，即他们需要获得城镇就业者的平均工资水平才能保证其家庭在城市中完成劳动力的再生产。根据笔者的测算，如果农民工工资上升到和城镇单位就业者同等的水平，假设其他因素不变，2001～2012 年收入法 GDP 中的企业营业盈余份额平均每年减少 4.93 个百分点。① 这可以看作半无产阶级化的工人队伍为抑制劳动成本上升和促进资本积累提供的直接“补贴”。

第二类指标是雇佣劳动合约的性质与稳定性，特别集中地表现在非正规就业比例和劳动合约覆盖率的增加。非正规经济扩张和稳定的劳动合约覆盖比例的下降作用于劳动报酬的机制可被概括为：首先，各种被劳动法规所确立的福利供给是与正规就业岗位和劳动合约紧密联系的，就业非正规性的提升意味着大量的劳动者不能获得工资之外的其他劳动补贴；其次，非正规部门的产业后备军队伍提供了抑制工资上升最有力的机制，同时将减缓正规部门的工资增长压力；最后，各种短时限的、不稳定的劳动合约直接制约了工人在工作场所中逐步积累起车间议价能力的机会。

就业灵活性的增强被认为是新自由主义时代抑制劳工力量和工人成本提升最有效的手段。就业灵活性的变化，直接解释了 1979～1994 年美国非农部门税前实际小时工资下降（下降了 9.8%）的 1/5。这还不包括非正规就业带来的福利损失，例如，庞大的派遣工队伍中只有 1/5 的工人可以得到雇主支付的医疗补助。② 20 世纪 90 年代后期，欧盟就业市场的改革意欲改善长期“困扰”欧盟国家在参与全球竞争时所遇到的劳动成本高、人员流动不畅的顽疾。然而其提升灵活性的措施尽管降低了失业率，却也制造了更多的“穷忙族”（working poor）。③ 在当

---

① 根据历年《中国统计年鉴》相关数据计算。

② 参考 Gordon, David M., *Fat and Mean: The Corporate Squeeze of Working Americans and Myth of Managerial "downsizing"* (New York: Martin Kessler Books, the Free Press, 1996), chapter 7-8, pp. 175-237.

③ 若·科特尼埃尔：《欧洲的就业灵活保障机制与劳动力的非正规化》，毛禹权译，《国外理论动态》2010 年第 1 期。

下全球化生产的技术范式和分工体系中，非正规经济的低成本恰是发展中国家维持竞争性和资本积累的有效手段，故而，黄宗智称其为“有计划的非正规性”①。在齐昊的研究中，隐性部门（从统计范围来看，等同于非正规部门）的就业扩张是影响中国分配格局的重要因素，对劳动者报酬下降有显著作用。②

中国的城镇非正规就业比例分别在20世纪90年代初和90年代中后期到2002年左右经历了两个迅速上升的时期，2010年城镇非正规就业比例达到了61.3%。在《中国统计年鉴》长期稳定记录的数据中，城镇劳动者的工资只涉及正规就业单位，私营、个体和未统计部分难以得到反映。仅从2008年以来所能观察到的城镇各行业私营企业工资水平来看，私企历年的人均工资水平低于正规就业单位的数额皆在11000元以上，扣除价格因素，这一差距依然呈上升趋势。故而，即使仅从正规和非正规就业的工资差异角度出发，我们也能发现就业非正规性的提升会直接导致劳动份额的减少。

第三类指标是工人的组织化程度，特别表现在工会组织和集体议价机制的覆盖范围。有组织的工人运动是增加工人集体谈判力量，为工人争取收入增长、工作稳定和福利提升的重要保证。尽管当前中国工会的组织模式很难真正承担起代表工人与资方谈判的职能，但是在一些经验分析中，现有工会组织在推进工人福利和收入增长方面的正面作用还是得到了实证结果的支持③。尽管在上述研究所选择的样本中，较难明确到底是利润更高、工资水平更高、劳动关系更为和谐的部门表现出对工会和集体谈判更高的宽容度，还是由工会的作用

---

① 黄宗智：《中国发展经验的理论与实用意义——非正规经济实践》，《开放时代》2010年第10期。

② 齐昊：《劳动者报酬比重下降的“非典型”事实：马克思主义的解读》，《当代经济研究》2011年第10期。

③ Yao Yang, Zhong Huaning, “Unions and Workers' Welfare in Chinese Firms,” *Journal of Labor Economics*, 31 (2013)；魏下海等：《工会是否改善劳动收入份额？——理论分析与来自中国民营企业的经验证据》，《经济研究》2013年第8期。

直接推动了劳资关系的改善，但是我们依然可以将中国城镇就业者中工会覆盖比例的提高，看作有劳动法律调节和监管的雇佣关系的扩大，显然这种扩大是劳动力去商品化的一种表现，进而工会参与率的提升，对劳动份额的提高可被预期是有正向效应的。

改革进程中，伴随公有制单位就业比重下降和非正规就业增加，1989～1999 年十年间我国城镇就业人员的工会参与率经历了长期下降的过程，之后在《中华人民共和国工会法》的强制规范下逐步开始恢复。2008 年《中华人民共和国劳动合同法》的正式实施为保护工人的“底线型”利益（例如，法律规定的劳动时间、劳动合同、工作环境等）创造了条件。相比《工会法》，2008 年的“劳动三法”对工人维权的作用更加直接和有力。然而，值得保持审慎乐观和长期关注的是，“劳动三法”同样是依靠行政力量限制雇主权力的制度安排，尚难以保证企业内的劳资力量平衡①。长期看来，只有通过切实向工会组织赋权，让集体议价机制得以运行，工会才有可能在长期中帮助工人获取“增长型”的利益（主要表现为实际工资水平的提升）。②

第四类指标是各类与劳动力再生产相关的公民社会权利的商品化程度，具体体现为养老、失业等社会保险制度的去商品化能力（体现在其覆盖范围、资格条件和替代水平等指标上），以及社会公共开支可以为个人教育、住房、医疗等劳动力再生产所需的关键消费资料埋单的部分。公民社会权利的去商品化是帮助工薪阶层劳动者通过非市场途径获得生存权利的重要机制；是降低工人失业成本，提高他们在市场外的生存能力，从而具备与资本谈判力量的核心制度安排。福利制度设计以及各类公共产品、公共权利的供给模式直接反映了政府政策影响下的劳资关系调节的环境基础。可以预期，不仅去商品化能力更强的社保制度可

① 常凯：《劳动关系的集体化转型与政府劳工政策的完善》，《中国社会科学》2013 年第 6 期。

② 蔡禾：《从“底线型”利益到“增长型”利益——农民工利益诉求的转变与劳资关系秩序》，《开放时代》2010 年第 9 期。

以增加分配格局中属于劳动者的比例，而且作为劳动者谈判能力重要基础的失业成本下降对于工资份额的提升是有帮助的。经验中，我们可以观察到中国劳动者收入份额下降迅速的时期，同时也是各类社会保险制度不完善，住房、医疗等消费品加速商品化的时期。

综合以上分析，劳动力商品化程度的四类影响因素不仅能改变初次分配格局中属于劳动者的部分，而且会通过工人议价能力的变化影响企业中工人所得的工资份额。考虑到上述各种具体指标的变化趋势并不统一，统计口径也各不相同，直接做回归分析还将遇到共线性问题的困扰，在进一步的实证分析中，我们将采用主成分分析的方法，对数据做降维处理，获取劳动力商品化程度变化的总趋势。

## 四　劳动力商品化程度变化的主成分分析

在上述提及的可反映劳动力商品化程度变化的各项指标中，由于起始和终止统计年份的不同，且统计口径频繁变换，我们较难汇集一个能够包含全部指标，且反映改革进程历史全景的数据集合。对此我们基于各指标意义、相互间的逻辑关系，以及数据在时间上的连贯性，选择以下八种代表性指标进行主成分分析，以找到劳动力商品化程度变化的总趋势：

A. 城市居民人均收入中工资性收入占比；

B. 国有单位就业人员占城镇单位就业人员的比重；

C. 工资收入占农村居民人均收入的比重；

D. 农民工的失业成本；

E. 税费支出占农村居民总支出的比例；

F. 城镇部门非正规就业比重；

G. 城镇就业者的工会参与率；

H. 医疗支出中个人需要用现金支付的部分。

其中 A、B 两项表示城镇劳动关系向市场化和契约化的转变；C、D、E 项是体现农民工劳动力商品化程度的核心指标；相对于几类社会保险的覆盖范围，H 项是我们所能获取的维持最长时间，且前后口径未发生变化的体现公民社会权利商品化程度的指标。尽管就公民社会权利这一大类而言，仅考察 H 这一项无法涵盖城镇居民教育、住房权利的迅速商品化，也难以体现 2007 年以来社保制度改进在去商品化中的突出作用，但是 B 项和 F 项可以在很大程度上反映社会保障覆盖比例的变化（社保制度与就业岗位的正规性紧密相关），且就既往历史来看个人现金医疗支出比例本身的变化趋势与社保制度的变化趋势较为一致。此外，A 项和 C 项也能反映城乡居民的其他收入来源，例如可反映城乡最低生活保障等制度是否能在一定程度上限制家庭中劳动力再生产所遭遇的市场风险。图 1 呈现了上述指标在 1981 ~ 2012 年的变化。

需要注意的是，在上述指标中，B 和 G 两项数值的增大是去商品化方向的，在使用软件对数据进行标准化之前，我们首先对这两项进行同方向的处理（可将其转变为非国有企业的就业比重和城镇就业者中未被工会覆盖的比例）。随后我们使用 SPSS 软件对上述数据进行主成分分析。

主成分方差贡献率（见表 1），只有前三个主成分特征值大于 1，第一主成分方差占所有主成分方差的 57%，前三个主成分的方差累计达到 96%，选择前三个主成分已足以描述劳动力商品化的发展状况。变量共同度（各变量中所含的原始信息可以被主成分代表的程度）大多在 95% 以上，KMO 检验值（0.600）和 Barlett 球形检验结果（Sig. 为 0.000）拒绝了各变量的独立性假设，主成分分析的适用性基本通过。

**表 1　劳动力商品化程度主成分方差贡献**

| 主成分 | 初始特征值 | | | 提取（主成分）的载荷平方和 | | |
|---|---|---|---|---|---|---|
| | 特征值 | 方差贡献率（%） | 累计方差贡献率（%） | 特征值 | 方差贡献率（%） | 累计方差贡献率（%） |
| 1 | 4.560 | 57.006 | 57.006 | 4.560 | 57.006 | 57.006 |
| 2 | 2.016 | 25.203 | 82.209 | 2.016 | 25.203 | 82.209 |
| 3 | 1.105 | 13.809 | 96.018 | 1.105 | 13.809 | 96.018 |

注：省略其他五个主成分。

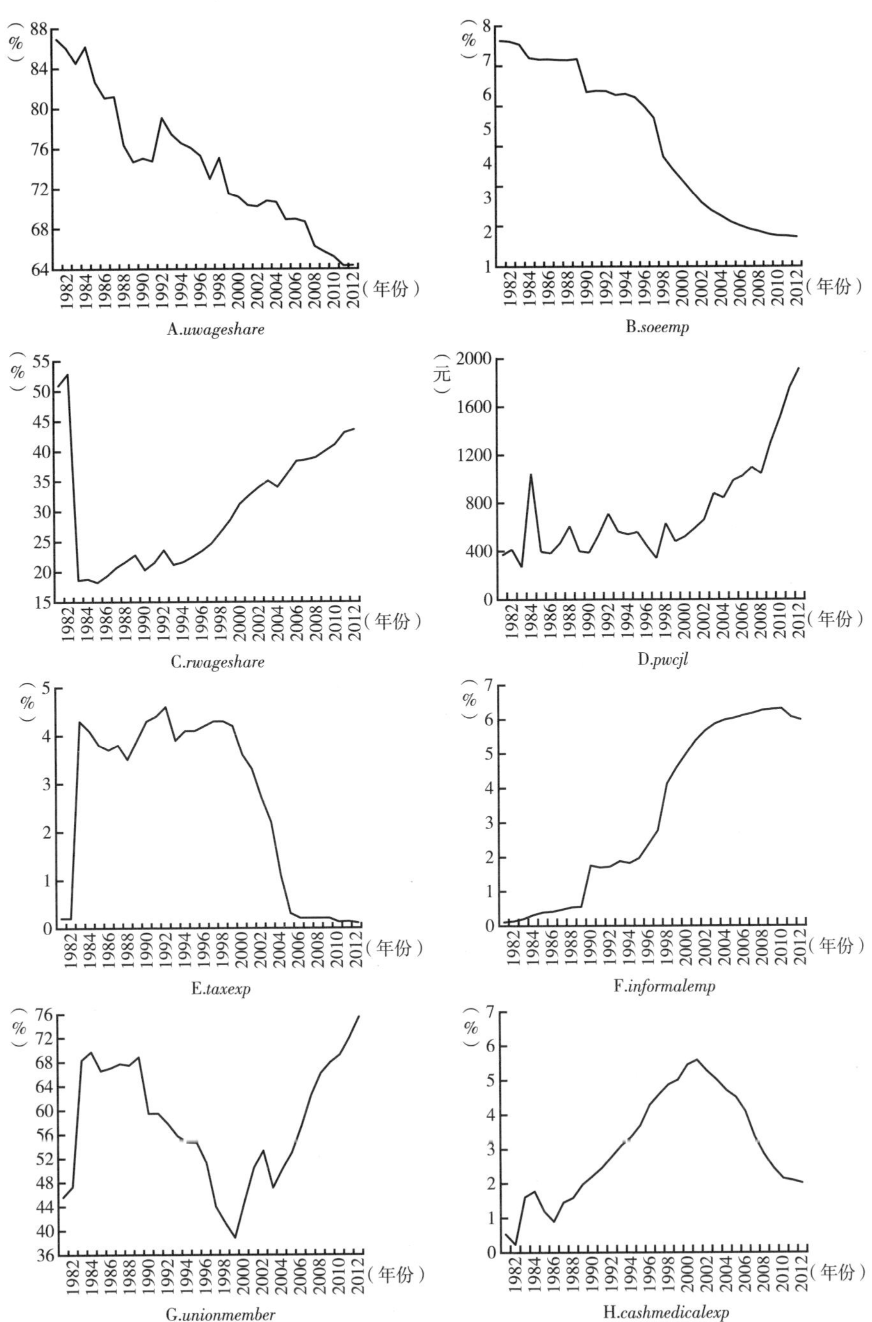


**图 1　劳动力商品化程度主成分分析所使用各指标趋势简况**

数据来源：各相关年份《中国统计年鉴》。

观察主成分的系数矩阵（见表2），我们发现：第一个主成分 $F_1$ 的表达式中 A、B、C、D、E 和 F 这几个反映工资性收入占比、雇佣关系稳定性和产业后备军状况的指标系数值更大，可以将其近似视为体现雇佣关系市场化程度的主成分；第二主成分 $F_2$ 中 G 和 H 的系数更大，可以将其近似视为体现工人组织化程度和社会保障状况的主成分；F3 的方差贡献率较小，主成分系数未呈现明显规律，故这个主成分没有实际解释意义，后文回归分析中，它只作为反映原数据信息的一个指标出现，不需要对因变量产生直接作用。①

**表 2　主成分系数矩阵**

| 指标 | 主成分 | | |
|---|---|---|---|
| | 1 | 2 | 3 |
| A. *uwageshare* | -0.891 | -0.168 | 0.320 |
| B. (*non*) *soeemp* | 0.971 | 0.174 | -0.125 |
| C. *rwageshare* | 0.701 | -0.265 | 0.645 |
| D. *pwcjl* | 0.815 | -0.419 | -0.238 |
| E. *taxexp* | -0.767 | 0.458 | -0.405 |
| F. *informalemp* | 0.957 | 0.250 | -0.091 |
| G. (*non*) *unionmember* | -0.049 | 0.802 | 0.573 |
| H. *cashmedicalexp* | 0.403 | 0.892 | -0.117 |

注：对 B 和 G 两项做了同方向处理。

在输出各主成分得分之后，我们可以根据公式（1）使用各主成分对应的方差贡献率计算劳动力商品化程度变化的综合指数，得到中国劳动力商品化程度的变化轨迹（见图2）。

$$F = 0.5937F_1 + 0.2625F_2 + 0.1436F_3 \tag{1}$$

从图2中我们可以观察到，2005年之前中国的劳动力商品化程度总体呈上升趋势发展。其中在1986~1990年和1994~2003年经历了两个最为迅速的上升时期。对照图1，我们可以大致发现：前者主要源自

① 统计学上，主成分分析并不要求各主成分都必须具有实际意义，此处只是近似的观察。

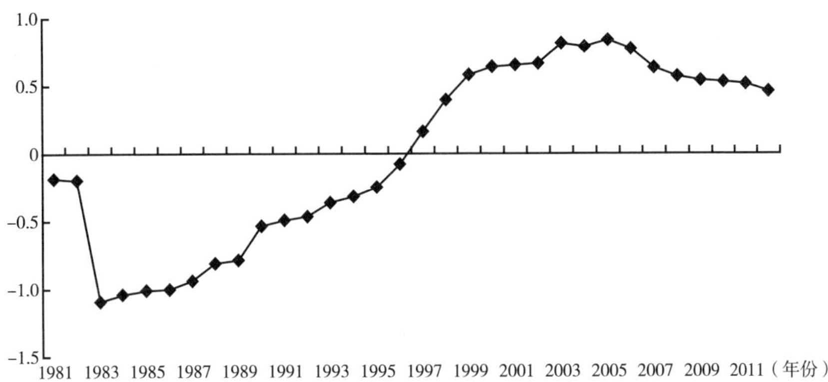


**图2　改革以来中国劳动力商品化程度的变化轨迹**

同一时段内个别年份突发的国有单位就业下降和非正规就业增加，以及农村居民税费开支和医疗现金支出比例在同期持续上涨的作用。而后一时期则是我们所考察的全部指标协同作用的结果，从2005年到2012年，劳动力商品化程度呈现缓步下降的趋势，其中2005～2007年较快的降速主要源自同期农村居民税费负担和现金医疗支出负担的快速下降，以及工会参与率的提升。值得注意的是，随后几年当中上述指标继续向去商品化的方向变化，且非正规就业比重增速减缓（甚至出现下降趋势），城市居民收入中工资占比进一步下降，这些因素在一定程度上抵消了农民工劳动力商品化程度持续提升的趋势，使得劳动力总的商品化程度从2008年至今趋于减小。

图2所反映的劳动力商品化程度变化的趋势与前文中我们所讨论的，分时段中国资本积累体制的变迁和其中双向运动的展开是基本一致的。那么，中国劳动力商品化程度的变动作为资本积累体制中全面反映劳－资－政三方关系变化的关键指标，是否可以对改革年代中国劳动者报酬情况的变化做出解释呢？在前文的理论部分，我们分析了商品化程度作为工人相对于资本的独立性，以及国家劳动法律与再分配制度安排的具体体现，可能对收入分配产生影响的各种机理。下文中，我们将具体检验，在中国改革实践中，劳动力商品化程度变化作用于劳动报酬的假设是否成立。

## 五　劳动力商品化程度与劳动报酬份额关系的实证分析

依照第三部分中劳动力商品化程度作用于劳动份额两类总机制的假设，我们分别检验劳动力商品化程度是否与收入法 GDP 中的劳动份额相关，以及劳动力商品化程度是否影响了规模以上工业企业中的工资份额比例。

### （一）劳动力商品化程度与 GDP 中的劳动份额。

收入法计算的全国各地区生产总值中，劳动者报酬不仅包括各类形式的工资和奖金，还包括劳动者享受的医疗、交通等补助，以及由用人单位支付的保险费用等。劳动力商品化程度既可能影响工人所获得的工资水平，又与各类福利和补贴水平相关，最终对劳动份额产生作用。1984～2007 年，除部分年份以外，我国 GDP 中的劳动份额总体处于下降区间，特别是 1995～2007 年经历了长期的快速下降，这一趋势在 2008 年之后发生了逆转，劳动份额出现了回升态势（见图 3）。

衡量劳动力商品化程度和 GDP 中劳动份额的关系，我们需加入先前的代表性研究里常用于解释中国劳动份额变化的一些指标作为控制变量，以确定商品化程度对收入分配状况的真实影响。其中包括以下四类。（1）资本产出比（$K/Y$），用于衡量资本深化之于劳动报酬的影响。我们使用历年资本存量数据与当年 GDP 的比值来确定。其中，资本存量 $K_t = K_{t-1}(1-\delta) + I_t$ 采用单豪杰的研究中以 1952 年为基期，利用不变折旧率计算出 1981～2006 年的资本存量①，并将数据更新至 2012 年。用资本存量比上当年实际 GDP，可以得到历年的资本产出比。（2）产业结构变化的影响，产业结构变动特别是农业中的劳动力转移时常被作

① 单豪杰：《中国资本存量 K 的再估算：1952～2006 年》，《数量经济技术经济研究》2008 年第 10 期。

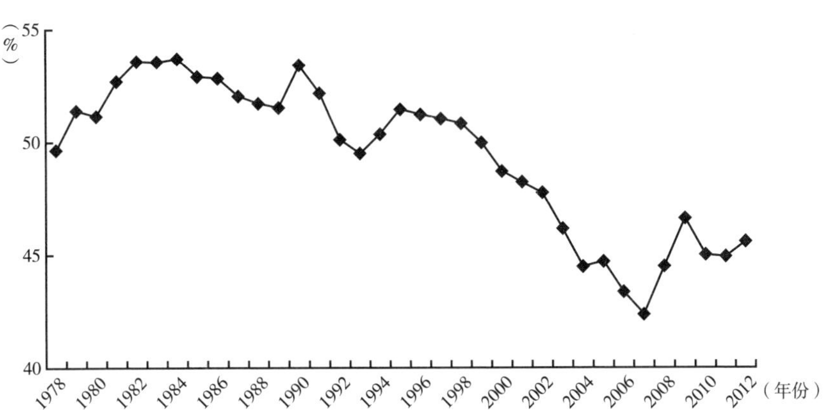


**图 3　收入法 GDP 中的劳动份额**

注：数据参照 Qi Hao, "The Labor Share Question in China," *Monthly Review*, 2014 (1)。其中，2004～2007 年数据经过调整，其间国家统计局将个体经营收入记为利润，而之前和之后这部分是作为劳动报酬处理，为保持口径一致，我们继续将个体经营收入划为劳动报酬，减轻口径突变给数据造成的影响。

为最重要的因素解释中国劳动份额的变化，然而这种解释忽略了政治经济学视角下，劳动力再生产制度安排的差异，以及塑造特定劳资关系的制度环境对劳动报酬的作用，仅将劳动力转移视为"自然"条件。本文仍将在分别控制第一和第二产业比重（*idu1*，*idu2*，第一和第二产业增加值占 GDP 的比重）的条件下，观察劳动力商品化程度之于劳动报酬的影响。(3) 全球化的经济关系，改革开放之后，跨国资本的进入极大地改变了中国劳动关系的实践，低劳动成本帮助中国制造迅速赢得了海外市场。全球化经济关系对中国劳动份额的影响得到了研究者的关注①。考虑到这一影响，本文也将控制 FDI 与 GDP 的相对比例（*FDI*），以及 GDP 中的净出口比重（*export*）。(4) 财政支出的影响②，我们使用历年财政支出与 GDP 的比重（*govexp*）来衡量，观察政府行为是否对劳动报酬的变

① 罗长远，张军：《劳动收入占比下降的经济学解释——基于中国省级面板数据的分析》，《管理世界》2009 年第 5 期。

② 方文全：《中国劳动份额决定因素的实证研究：结构调整抑或财政效应?》，《金融研究》2011 年第 2 期。

化产生作用。公式（2）给出了 GDP 中劳动报酬份额的回归模型。

$$Ls_t = c + \alpha Comdi_{it} + \beta X_{it} + \varepsilon_t \tag{2}$$

其中，*Comdi* 是商品化程度变量，包含 $F_1$、$F_2$ 和 $F_3$ 三个主成分；$X_t$ 是控制变量组，包含上述 *K/Y*，*idu*1、*idu*2，*FDI*、*export*，*govexp* 四类变量，*Ls*表示 GDP 中的劳动份额。为了避免时间序列模型可能存在的伪回归问题，我们首先利用 ADF 法对模型中涉及的各变量做单位根检验，结果发现所有变量都存在单位根，但是同时是一阶单整的 I（1），见表 3。接下来我们分别使用 E－G 法和 Johansen 检验确定方程的协整性。

**表 3　劳动力商品化程度与劳动份额回归方程中各变量一阶差分的 ADF 检验结果**

| | D(*Ls*) | D($F_1$) | D($F_2$) | D($F_3$) | D(*idu*2) | D(*idu*1) | D(*K/Y*) | D(*FDI*) | D(*export*) | D(*govexp*) |
|---|---|---|---|---|---|---|---|---|---|---|
| ADF t 值 | -5.01* | -6.36* | -3.93* | -4.92* | -4.06* | -5.354* | -4.58* | -3.79** | -4.81* | -3.26*** |
| t 值标准 | -3.68 | -3.68 | -3.68 | -3.68 | -3.68 | -3.69 | -3.71 | -3.57 | -4.30 | -3.21 |

*、**、*** 分别表示检验结果在 1%、5% 和 10% 的水平上显著，拒绝了一阶差分之后变量存在单位根的假设。

对式（2）做 OLS 估计①，得到残差项的估计值 $\varepsilon_t$，进而对其做 ADF 检验，残差项的 ADF 检验结果为 t 值 = -6.891365，尽管这一结果能直接在 0.01 的显著性水平上拒绝残差项的单位根假设，但是多变量协整检验的 ADF 临界值要求更为严苛（数值更小）。基于 MacKinnon 在 1991 年通过模拟试验得到的多变量协整检验的临界值（可以计算出当变量个数达到 6，样本容量为 32，在 0.05 显著性水平下的 ADF 临界值为 -5.6379）②，我们至少可以在 0.05 的显著性水平上验证残差项的稳定性，这初步说明了变量间的协整关系。更准确起见，我们使用 Johansen 检验确定上述多重 I（1）序列的协整关系，结果表明变量间含有 9 个协整方程（见表 4）。

① 在其他自变量不变的前提下，我们曾分别控制了第一产业、第二产业的比重，结果发现模型中各自变量的显著性变化并无实质差异。当控制工业化比重时残差项 E－G 检验的结果更接近协整，故而本文仅汇报控制工业化比重的结果。

② 李子奈、潘文卿：《计量经济学》第三版，高等教育出版社，2010，第 300、363 页。

**表 4 劳动力商品化程度与 GDP 中劳动份额回归模型的 Johansen 检验结果**

| 假设的协整方程个数 | 特征值 | 迹统计量 | 0.05 的显著性水平 | P 值** |
|---|---|---|---|---|
| 无* | 0.998455 | 582.6190 | 197.3709 | 0.0001 |
| 至多 1 个* | 0.982582 | 388.4309 | 159.5297 | 0.0000 |
| 至多 2 个* | 0.937099 | 266.9237 | 125.6154 | 0.0000 |
| 至多 3 个* | 0.848415 | 183.9378 | 95.75366 | 0.0000 |
| 至多 4 个* | 0.781615 | 127.3396 | 69.81889 | 0.0000 |
| 至多 5 个* | 0.692722 | 81.69474 | 47.85613 | 0.0000 |
| 至多 6 个* | 0.565961 | 46.29466 | 29.79707 | 0.0003 |
| 至多 7 个* | 0.429929 | 21.25607 | 15.49471 | 0.0060 |
| 至多 8 个* | 0.136310 | 4.396237 | 3.841466 | 0.0360 |

*、** 分别表示在 1%、5% 的水平上显著。

协整关系的存在验证了变量间具有相对稳定的长期关系①，考虑到标准化后的协整方程系数量纲和意义会发生较大变化，对解释变量间的实际经济关系意义不大，本文选择汇报模型（2）OLS 回归的结果，以说明自变量系统对因变量的作用方向和大小（见表 5）。

**表 5 劳动力商品化程度与劳动份额回归方程结果**

| | 商品化主成分 | | | 控制变量组 | | | | |
|---|---|---|---|---|---|---|---|---|
| | $F_1$ | $F_2$ | $F_3$ | *idu2* | *K/Y* | *FDI* | *export* | *govexp* |
| 系数<br>（t 值） | -0.0465<br>(-12.767)* | -0.0049<br>(-1.439) | 0.0015<br>(0.797) | 0.2218<br>(0.1409) | 0.0945<br>(3.894)* | 0.2116<br>(0.746) | 0.2473<br>(1.978) | 0.066<br>(0.501) |
| Adjusted $R^2$ = 0.924 　Prob(F-statistic) = 0.0000 　DW = 2.4539 | | | | | | | | |

* 表示在 1% 的水平上显著。

① 在协整关系存在的前提下，笔者同时使用误差修正模型观察了变量间的短期动态关系，误差修正系数表明该模型中存在劳动份额的自动调节机制，当自变量遇到冲击，劳动份额偏离均衡之后，劳动份额会较快调整到均衡水平。鉴于本模型样本中时间跨度本身有限（仅 32 年），区分长期变化和短期波动现实经济意义并不大，合理的误差修正系数仅作为长期协整关系的进一步佐证，此处不专门汇报误差修正模型的结果。同理，后文中我们也用误差修正模型考察了模型（3），误差修正系数亦支持变量间的长期稳定关系，出于同样原因，本文不再专门汇报。有意者可与笔者联系获取相关结果。

从表 5 中可以看出，只有商品化程度的第一个主成分和资本产出比对于解释劳动份额变化是显著的。在前文分析中，我们知道，$F_1$ 可以被看作体现雇佣关系市场化程度的主成分，这意味城乡居民对劳动力市场的依赖性增强，不稳定的就业关系扩张，产业后备军增加，会对劳动份额产生显著的负面的影响，这验证了我们对二者关系的假设。[①] 资本深化对劳动份额的正向影响与之前一些经验研究的结果[②]基本一致，原因可能在于中国的资本积累伴随着技术进步和人均劳动生产率的提升，而这对劳动份额产生了正向的作用。尤其值得注意的是，在劳动力商品化程度的显著作用下，曾经在一些经验研究中对劳动份额产生显著影响的因素，例如出口比重、工业化比重和政府支出的作用等不再显著。这验证了我们的假设：劳动力商品化程度所集中体现出的劳资关系相关的制度安排，对劳动份额有着决定性的影响。

### （二）劳动力商品化程度与规模以上工业企业的工资份额

劳动力商品化程度作为反映工人阶级市场力量变化的指标，是否会对企业间的劳资分配关系产生直接的影响呢？图 4 给出了规模以上工业企业工资份额（工资总额/增加值总额）的变化，同样，1995 ~ 2007 年工资份额总体呈现下降的趋势，特别是 1995 ~ 2000 年的下降速度非常快。而这期间正好是劳动力商品化程度提升最为迅速的时期。

从马克思主义经济学的角度出发，工人的保留工资和产业后备军储

---

① 本例中 $F_2$ 作为粗略代表工人组织化程度和公民社会权利商品化程度的主成分，其不显著可能是因为中国工会组织在提升劳动份额方面的作用不充分，且我们仅选择了医疗现金支出作为公民社会权利商品化的代表，相比而言，$F_1$ 中的工资性收入占比等因素更能体现是否有社会保障制度降低工人的商品化程度，故其作用也更明显。上述结果并不代表具备议价能力的工会和其他去商品化的福利供给对劳动份额的作用不显著。

② 罗长远、张军：《劳动收入占比下降的经济学解释——基于中国省级面板数据的分析》，《管理世界》2009 年第 5 期；白重恩、钱震杰、武康平：《中国工业部门要素分配份额决定因素研究》，《经济研究》2008 年第 8 期。

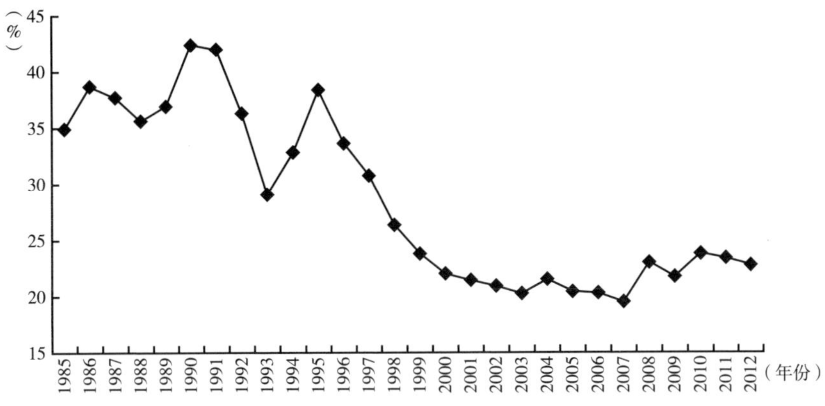


**图 4　规模以上工业企业工资份额**

注：规模以上工业企业增加值数据 1985 ~ 1992 年的来自《中国工业统计年鉴》，1992 ~ 2012 年的来自中经网数据库（2011 年起规模以上工业企业的统计范围由年主营业务收入 500 万元以上提升至 2000 万元以上，本文暂不考虑这一变化的影响）；工人工资总额采用历年城镇工业单位就业人员平均工资乘以规模以上工业企业就业人员数额；工业增加值和工资总额分别利用工业品出厂价格指数调整和城镇居民消费价格指数调整（以 2012 年为基期）。

备是影响工资份额最重要的两个因素。① 而本文中我们所选用的劳动力商品化程度指标能够综合地涵盖保留工资和产业后备军指标的意义，例如，城、乡居民所能获得的非工资收入越高，其失业成本越低，同时工人的组织化程度越高，社会保障制度的去商品化能力越强，他们要进入劳动力市场时的保留工资就越高；而国有部门的就业比例越小，非正规就业的比例越高，产业后备军的储备就越充足。

为此，我们对劳动力商品化程度与 1985 ~ 2012 年中国规模以上工业企业的工资份额（工人工资总额/增加值）做回归分析，同时加入两项控制变量：城镇单位就业人员与农民工工资的比例（*WR*）和资本产出比（*K/Y*）。前者没有在劳动力商品化程度指标中直接反映出来，如果我们用农民工工资指代非正规就业者的工资，则 *WR* 越大，意味着正

① Piovani, C., "Class Power and China's Productivity Miracle: Applying the Labor Extraction Model to China's Industrial Sector, 1980 - 2007," *Review of Radical Political Economics*, 46 (2014).

规部门的就业者一旦失业落入非正规就业部门，他们遭受的损失就越大，这将抑制正规部门就业者索要高工资的能力，同时也会增强非正规部门就业者对进入正规部门的渴望，增强产业后备军之间的竞争，并且使他们更易于接受正规部门给出的并不优厚的雇佣条件。我们预期这一指标会对工资份额产生负的影响。此外，我们使用总量层面的 *K/Y* 粗略控制资本深化是否对工资份额产生影响。于是有：

$$Wy_t = c + \alpha\, Comdi_{it} + \beta\, K/Y_t + \gamma WR_t + \varepsilon_t \tag{3}$$

已知 *Comdi* 中三个主成分和 *K/Y* 是 I（1）的，此处加入对 *Wy* 和 *WR* 的单位根检验，结果见表 6，它们同样是一阶单整的。对式（3）OLS 回归残差项 $\varepsilon_t$做 ADF 检验 t 值 = -4.6156，比照 MacKinnon 在 1991 年给定的多变量回归残差项检验临界值（-4.5195），可以在 0.1 的显著性水平上接受 $\varepsilon_t$为平稳的。进一步地，我们对这一组变量做 Johansen 检验，结果表明在 0.05 的显著性水平上存在 6 个协整关系（见表 7）。

**表 6　劳动力商品化程度与工资份额回归方程中各变量一阶差分的 ADF 检验结果**

| | D(*Wy*) | D(*WR*) |
|---|---|---|
| ADF 检验值 | -4.4258* | -6.709* |
| t 值标准(0.01 显著性水平) | -3.711 | -3.711 |

* 表示在 1% 的水平上显著。

**表 7　劳动力商品化程度与工资份额的 Johansen 检验结果**

| 假设的协整方程个数 | 特征值 | 迹统计量 | 0.05 的显著性水平 | P 值** |
|---|---|---|---|---|
| 无* | 0.896287 | 155.1988 | 95.75366 | 0.0000 |
| 至多 1 个* | 0.812479 | 96.27948 | 69.81889 | 0.0001 |
| 至多 2 个* | 0.551817 | 52.75902 | 47.85613 | 0.0161 |
| 至多 3 个* | 0.412056 | 31.89264 | 29.79707 | 0.0283 |
| 至多 4 个* | 0.370284 | 18.08341 | 15.49471 | 0.0199 |
| 至多 5 个* | 0.207870 | 6.058766 | 3.841466 | 0.0138 |

*、** 分别表示在 1%、5% 的水平上显著。

协整关系的存在支持了变量间的长期稳定关系，表 8 汇报了式（3）的 OLS 回归结果。尽管各自变量与因变量之间的作用方向与预期一致，但是只有 $F_1$ 是显著的，这意味着工资性收入在劳动力再生产中的作用越大，即工人的失业成本越高；不稳定的就业关系覆盖面越广，即产业后备军储备越多，我们所考察的规模以上工业企业中属于工人的工资份额就越小。这同样验证了关于劳动力商品化程度和工资份额间负相关性的假设。

**表 8　劳动力商品化程度与工资份额回归方程结果**

| | $F_1$ | $F_2$ | $F_3$ | $Ky$ | $WR$ |
|---|---|---|---|---|---|
| 系数<br>（t 值） | -0.065<br>(-3.636)* | -0.0149<br>(-1.146) | -0.041<br>(-1.26) | 0.122<br>(1.724) | -0.014<br>(-0.41) |
| Adjusted $R^2$ =0.876　　Prob(F-statistic) =0.0000　　DW =1.381 | | | | | |

* 表示在 1% 的水平上显著。

## 六　小结和政策建议

通过分析劳动力商品化程度的各个具体影响因素作用于劳动报酬的机制，本文尝试寻找劳动力商品化程度和劳动报酬这两个范畴之间的理论关系。进一步地，我们构造了中国劳动力商品化程度指数和它在中国改革开放进程中的发展轨迹。通过时间序列的回归分析，验证了劳动力商品化程度与劳动报酬之间显著的负向关系。这给予我们两点政策方面的启示。

首先，劳动力去商品化的制度设计，表现为更为稳定的就业合约关系、更为有行动力的工人组织、更为慷慨的社会福利制度，降低了劳动者在市场上面临的风险，提高了工人阶级的力量，这对于增加劳动报酬是有正向的作用。

其次，当前学界讨论改善收入分配、扩大内需市场，需要以改变相关的劳资制度安排为前提。参照调节学派和积累的社会结构理论的观点，劳动力的商品化程度集中表现了资本积累体制中劳动与资本的相互力量对比，去商品化的制度设计不仅是政府强制力作用下总分配格局的变化，而且将通过工人议价能力的提升，影响企业层面的劳资分配。这意味着，当我们期望中国普通劳动者在收入分配中获得更高的比例、经济增长方式更多由内需市场支持时，这一系列调整的发生应当以中国资本积累体制更多向劳工赋权为基础。这些权利集中表现为：保障工人的“团结权”，落实其依法组建工会的权利；维护工人的“谈判权”，使得工会组织能真正代表工人就劳动合约、工作环境和工资水平与企业进行有效谈判；促成“集体争议权”的制度化（例如，有法律保障和规范的罢工活动），为集体议价的效力提供保障。稳定的工资增长机制与实现市场化下的“劳工三权”是密切相关的。[①] 工人权利的落实，以及就业和社会保障制度中其他各类去商品化的政策设计，将有可能切实改变中国未来的收入分配格局和经济增长方式。

---

① 常凯：《劳动关系的集体化转型与政府劳工政策的完善》，《中国社会科学》2013 年第 6 期。

# 工人力量的变化与中国经济增长

## ——基于规模以上工业企业数据的分析[*]

李怡乐[**]

## 一 引言

劳动与资本关系是马克思主义经济学分析经济增长必须要关注的解释变量，劳动与资本力量的对比作用于给定技术条件下剩余价值生产的实际过程，并且决定了劳资间工资和利润的分配比例，进而影响剩余价值实现和资本积累的实际过程。因此，在一些当代西方马克思经济学研究者的视野中，特定的劳资关系制度安排，直接塑造了一定时期资本积累体制的运行模式，并由此引入了以劳资相对力量演变为基础关于经济增长的制度和实证研究。

在对改革开放以来中国经济增长实践的代表性研究中，资本深化和人口红利被视为支持增长最关键的要素投入条件，但是其中的作用机制基本上限定在新古典与刘易斯的结合，即充足的劳动力供给抑制了资本深化所可能导致的边际报酬递减，使得劳动生产率可以随着资本深化持续提升；以及人口抚养比的下降增加经济剩余，通过高储蓄加快资本积累。① 在要

* 本文受中央高校基本科研业务经费青年教师成长项目（JBK150143）的资助。

** 李怡乐，西南财经大学经济学院，副教授。

① 蔡昉：《理解中国经济发展的过去、现在和将来——基于一个贯通的增长理论框架》，《经济研究》2013 年第 11 期。

素投入之外，所谓全要素生产率的部分主要指由经济体制转型推升的资源配置效率，以及由技术进步与管理革新带动的微观生产效率。研究者普遍认为，随着人口红利趋于消失，由投资增长带动的资本劳动比的提升难以进一步推动劳动生产率水平，改善全要素生产率特别是微观生产效率将是提高劳动生产率的根本途径。①

需要注意的是，在大量以柯布－道格拉斯生产函数为基础的经济增长研究中，资本与劳动仅仅是作为要素条件被观察的，这就不涉及马克思主义经济学意义上，劳资间对抗与妥协关系的复杂性使得剩余价值生产过程本身存在高度的不确定性。在马克思那里，只有依托于足够规训的产业后备军队伍的构建，才能在资本有机构成上升的同时，保证劳动生产率更快地增长，从而获取剩余价值率乃至利润率水平的上升。从这个意义上讲，人口红利发生作用的机制等价于对资本积累有利的产业后备军条件，它不仅意指自然的劳动人口年龄结构，还包括制度和技术对劳动力供给条件的再创造，事实上反映了劳动与资本间的相对权力变化，是可以被资本积累的制度环境再创造的。不考虑中国改革进程中劳资间力量对比的变化之于劳动生产率的影响，仅将资本和劳动的投入视为自然的要素条件或成本优势，显然是不完备的。例如，在经验研究中，资本深化表现为过往中国劳动生产率提高最重要的解释变量②。但是，就规模以上工业部门的数据来看，资本技术构成与劳动生产率的变动并非完全同步，例如，在1985～1995年，中国规模以上工业企业的资本技术构成（K/L）的平均增长率为7.73%，而劳动生产率（Y/L）的平均增速仅为2.61%；在1996～2007年，同类部门K/L的平均增速上升至10.22%，Y/L的增速则达到了17.69%。这一转变多被视为市场化改革“红利”的释放，使得要素配置更为合

① 蔡昉：《中国经济如何转向全要素生产率驱动型》，《中国社会科学》2013年第1期。

② 卢荻：《重塑“中国模式”》，《政治经济学评论》2015年第1期。

理、企业间竞争关系增强并带动持续的技术进步等。[①] 但不应忽视的是，转折时点恰对应着中国改革过程中就业关系加速向市场化与灵活化转变，劳动与资本相对力量的变化可能增强了资本任意调配和裁减工人的能力，也保证了工人对资本意志的执行和对新技术与组织类型的无条件接受，从而带动人均产出的上升。

由于数据的局限性，中国宏观层面的劳动生产率多数是以增加值/就业人数的方法获得的，而非采用劳动时间的投入，这样就可能部分掩盖由超剥削或劳动强度提升所引致的劳动生产率增长。尽管学界对中国改革进程中劳动关系演变是否作用于经济增长一直有所关注，但是由于缺乏对劳资关系变化过程的直接和客观度量，也就难以明确刻画其对经济增长的直接作用，而这恰是本研究着力于突破的。

本文的具体研究分为三个部分。首先，基于马克思主义经济学的视角，我们分析从战后黄金年代到新自由主义时期，工人力量的变化如何对应于发达资本主义国家经济增长和资本积累体制变迁的典型特征，并梳理出工人力量作用于生产和分配进而影响经济增长的理论机制，同时说明考察上述历史经验和研究模型，对分析中国改革以来的经济增长实践与未来趋势的意义。其次，综合马克思主义社会学关于工人力量构成的研究，寻找能够代表中国工人力量的指标，勾勒出改革进程中工人力量变化的轨迹。最后，考察中国劳工力量变化与经济增长之间的关系，我们以这样的研究视角进入：对 GDP 增长做一项简单的分解，即为劳动生产率增长与就业人口增长之和。其中劳动生产率增长是 GDP 增长的主要原因，1978～2013 年中国 GDP 增长的 85% 可以归因于劳动生产率的增长，20 世纪 90 年代至今劳动生产率增长对经济增长的贡献更是达到 93% 左右。故而，从生产层面来讲，相对于劳动供给条件的作用，劳动生产率的进步是经济增长的主因。考察工人力量与经济增

① 张军、陈诗一、Gary H. Jefferson：《结构改革与中国工业增长》，《经济研究》2009 年第 7 期。

长间的关系，我们主要从生产面也就是工人力量变化是否影响劳动生产率的变化入手。与之呼应，从分配角度来看，工人议价能力可能作用于实际工资水平，如果快速增长的劳动生产率可与较慢增长的实际工资率相配合，就能带来工资份额的下降，推动利润率的提升和相对剩余价值的积累。我们探寻改革的不同阶段中利润率变化如何反映了劳资间相对力量的变化，进而尝试寻找中国经济可持续增长的源泉。

实证分析中，我们使用的是规模以上工业企业的数据，排除第一和第三产业是因为其中有大量不适用于劳资关系分析的就业类型，工业部门更能代表性地反映劳资间相对权力的变化；同时就劳动生产率变化的影响因素而言，即使考虑产业比重变动和要素在产业间的流动，产业内的纯生产率效益依然是劳动生产率变化的主要原因①。因此，集中关注工业部门劳资关系变化作用下的增长过程，对于分析改革过程中的中国经济增长有足够的代表性，并且更具可操作性。

## 二 工人力量与经济增长的关系——历史经验和理论机制

在激进政治经济学的劳动力市场研究模型中，劳资间的交易关系被称为“竞争性交换”②，交易对象和违约行为都无法被准确认定，交易的结果只能依赖于劳资双方的力量对比。资本想要使得劳动生产率/实际工资最大化，当劳工力量相对越弱时（工人的失业成本越大，保留工资越低，资本在生产过程中的控制力越强），资本就越容易实现高生产率和低工资率的组合，而这取决于适宜的劳动力供给条件和劳资关系

① 高帆：《中国劳动生产率的增长及其因素分解》，《经济理论与经济管理》2007 年第 4 期。

② Bowles, S. and H. Gintis, “The Revenge of Homo Economicus: Contested Exchange and the Revival of Political Economy,” *The Journal of Economic Perspective*, 7 (1993)；鲍尔斯等：《理解资本主义：竞争、统制与变革》，孟捷、赵准、徐华主译，中国人民大学出版社，2011。

制度安排。

二战后西方国家的劳动力市场重组和福特主义劳动过程加速扩散，在马克思主义经济学研究者看来，就是一场大规模的无产阶级化过程。其意义不仅在于为资本积累创造了更高的剩余价值率和利润率，而且在于提供了由增长的雇佣人员组成的规模更大的消费市场，加速了剩余价值实现，奠定了战后黄金年代快速经济增长的重要基础。[①]

在马克思主义经济学家之外，经济史学家金德尔伯格也将这一时期欧洲国家的经济增长归结为刘易斯模型在发达国家的表现，劳动力供给作为包容性变量（permissive factor），是支持高利润份额和高投资率的必备条件。当劳动力供给达到极限，无法满足经济体更多的需求时，工资势必会上涨，利润率、投资以及增长的表现无法再达到过去的高峰。[②]

除了劳动力供给的增长，一系列同样重要的关于劳资间权力划分的制度安排，促成了劳动生产率与实际工资比值的扩大和相对剩余价值的积累。就此，金德尔伯格也给出过有力的证据：20 世纪 50 年代，德国工会着力吸纳更多的会员入会，是要让新生的无产阶级服从工会的规矩，帮助资本稳定劳动力的供给；同时，工会规定了实际工资增长只与物价同步，保证慢于劳动生产率增长。[③] 在伊藤诚的叙述中，日本的情况与之相似，终身雇佣和年功序列制这类典型的日本式劳动管理模式，正是以工人运动被驯服，工会只要求保持实际工资一定比例的上升为前提的。这些制度在当时确保了资本权威不被挑战，相对剩余价值的持续增长可以维持。[④] 50 年代德国经济的高速增长阶段，劳动份额占国内总

---

① 孟捷：《战后黄金年代是怎样形成的？——对两种马克思主义解释的批判性分析》，《马克思主义研究》2012 年第 5 期。

② Kindleberger, C. P., *Europe's Postwar Growth: The Role of Labor Supply* (Harvard University Press, 1967), p. 4.

③ Kindleberger, C. P., *Europe's Postwar Growth: The Role of Labor Supply* (Harvard University Press, 1967), p. 165.

④ Itoh, M., *The World Economic Crisis and Japanese Capitalism* (London: Macmillan, 1990), pp. 145 - 148.

产出的比重（60.1%）甚至低于战前经济危机时期（61.9%）。[①]而在1955～1970年的日本，工人实际工资上升了2.29倍，劳动生产率则上升了3.99倍。[②] 美国的情况也并不例外，在二战后资本积累的社会结构中，尽管劳资间的协议规定了实际工资可以伴随劳动生产率的增长而增长，但是这种增长以工人放弃在车间的控制权为前提，并且绝不能妨碍相对剩余价值的增长。事实也的确如此，1950～1970年美国非农私人部门实际工资与劳动生产率的比例下降了12.5%。[③] 故而，曼德尔也将战后黄金年代冠名为相对剩余价值生产的大跃进时期。[④]

70年代起，发达国家普遍出现了劳动生产率增速下降和实际工资增速提高的现象，使利润率和经济增速有所下降。原因被主要归结为黄金年代劳动供给优势条件趋于消失，劳资间妥协使得劳工力量上升，工资上涨对利润造成威胁，却无视过去20多年的相对剩余价值积累和投资扩张事实上使得过度竞争和产能过剩一触即发。[⑤] 修复利润的措施被指向了削弱劳工力量等新自由主义的方案，结果使得劳动生产率和实际工资率差距进一步拉开。但是如何消化这一部分不断膨胀的剩余呢？在没有成规模的技术进步和生产性投资机会的前提下，我们看到了资本流向后发国家试图完成对利润的空间修复过程，却逐步堆积起全球市场上更为显著的产能过剩；资本积累金融化的兴起；以及四处游离的过剩资本去构造和炒作新的商品形式。为了缓解劳动者实际收入增长停滞和产能过剩，发达国家选择了降低利率增加消费信贷，和做大资产泡沫利用财富效应的做法，结果使得投资进一步过剩和市场风险提高。显然，新自由主义积累体制对70年代经济衰退的修复方案奠定了2008年的经济危机。

---

① Mandel, E., 1975, *Late Capitalism* (London: Verso, 1999), p. 169.

② Itoh, M., *The World Economic Crisis and Japanese Capitalism* (London: Macmillan, 1990), pp. 149 - 150.

③ Brenner, R., et al., "The Regulation Approach: Theory and History," *New Left Review*, 188 (1991): 94.

④ Mandel, E., 1975, *Late Capitalism* (London: Verso, 1999), p. 178.

⑤ Brenner R., *The Economics of Global Turbulence: The Advanced Capitalist Economies from Long Boom to Long Downturn*, 1945 - 2005 (London: Verso, 2006).

在上述资本积累体制变迁的历史进程背后，事实上隐含了工人力量变化对于资本获利而言难以调和的矛盾，我们可以从工人力量对劳动生产率和对利润率各自存在的正、反两方面作用去观察。

（1）工人力量与劳动生产率的正、反关系。

在劳动榨取模型[①]和劳动生产率的社会模型[②]中，劳工力量和劳动生产率成反比。韦斯科普夫等人发现，相比于主要考虑资本投入、技术进步的主流模型，加入了劳资关系因素的劳动生产率的社会模型对于20世纪60年代中后期至70年代美国劳动生产率的变化有更好的解释效果。黄金年代后期发达资本主义国家工人力量的逐步增长，导致资本在车间中的控制权威降低和劳动强度下降，这为劳动生产率的持续进步设置了障碍；失业成本降低、实际工资上升也威胁到了利润率和剩余价值的积累。然而，新自由主义积累体制瓦解工人力量重塑资本权威的做法，尽管帮助利润率得以一定的修复，却并没有为劳动生产率的持续增长提供动力。这就涉及工人力量与劳动生产率之间的正向关系。

在对“冲突性”与“合作性”劳动关系的比较历史研究中，Gorden 分析了20世纪80年代至90年代中期两类国家不同的经济增长路径。一类以美国为代表，被称为“冲突性”经济体，典型特征是通过抑制工人力量、降低劳动成本，以对工人的威胁去获取竞争优势；另一类以日、德为代表，被称为“合作性”经济体，以赋予工人一定权力，通过劳资间的信任与合作启动增长。在控制其他影响因素的作用后，前一类国家的劳动生产率增速显著地低于后一类国家。[③] Gorden 将原因归结为，当资本想要通过削弱劳工力量重塑资本权威时，却忽略了工人在劳动过程中的积极参与对生产率的正面作用。而促进工人积极参

① 鲍尔斯等：《理解资本主义：竞争、统制与变革》，孟捷、赵准、徐华主译，中国人民大学出版社，2011。

② Weisskopf. ,T. E. ,et al. ,“Hearts and Minds:A Social Model of U. S. Productivity Growth,” *Brookings Papers on Economic Activity*, 3 (1983); Bowles, S., et al., *After the Wasteland* (New York: M. E. Sharpe, 1991).

③ Gordon, D. M., *Fat and Mean* (New York: The Free Press, 1996).

与度的恰是那些推动工人力量提升的制度因素（包括工人对生产率增长成果的分享、稳定工作的保障和对劳动者个体权益的保护等）。研究者 Buchele 和 Christiansen 将 Gorden 的工作又推进一步，考察了 15 个发达国家的工人力量与其劳动生产率之间的关系，结果发现工人力量的有效制度保障（集体议价权、就业保护、社会保障）表现为合作性的劳动管理关系，会激励工人对技术和组织创新做出正的贡献，从而有助于劳动生产率的提高。①

由此，我们可以得出这样的推论：在技术范式稳定的条件下，工人力量的下降通过提升生产过程中资本的控制力、增强劳动强度，能提升单位劳动的净产出。然而，如果生产技术的改进以及进一步的产品创新，不是完全脱离于工人的操作经验，而要依托于工人经验的累积和反馈，那么一味抑制工人力量就是限制他们的合作行为，从而打消了由劳动者的积极参与推动生产率提升的可能性。这就使得在原有技术范式的创新潜能发挥殆尽的情况下，冲突性的劳资关系只会加剧经济体的停滞。

（2）工人力量与利润率的正、反关系。

工人力量作用于工资和利润的机制，包含这样三个层次。第一，阶级斗争影响实际工资水平。在马克思对劳动力价值决定的论述中，特定社会与历史条件下必需的生活资料范围与数量一定程度上是由工人阶级的斗争能力所决定的，这一观点在加拿大学者莱博维奇那里得到了更充分的阐述。② 并且在资本积累的实际过程中，劳动力不同于其他受一般供求规律支配价格的商品，其供给和需求本身就会受到劳资间长期斗争关系的影响。③ 两种机制共同发挥作用直接影响到了工人最终获得的实

① Buchele, R. and J. Christiansen, "Labor Relations and Productivity Growth in Advanced Capitalist Economies," *Review of Radical Political Economics*, 31 (1999).

② 迈克尔·莱博维奇：《超越〈资本论〉——马克思的工人阶级政治经济学》，崔秀红译，经济科学出版社，2007。

③ Harvey, David, *The Limits to Capital* (The University of Chicago Press, 1982), p. 51.

际工资水平。

第二，工人力量影响工资份额。当工人力量较弱时，劳动生产率可能通过劳动强度的增加而增长；与此同时，工人力量弱限制了阶级斗争要求实际工资上涨的空间，共同作用的结果是工资份额的下降。例如，李怡乐、孟捷对中国劳动力商品化程度与劳动份额关系的研究发现，由于劳动力商品化程度反映劳动力再生产对市场的依赖程度，奠定了工人与资本谈判的物质基础，工人不受市场支配的生存能力越强，就越可能索要到更高的工资，因此工人市场议价力下降的时期同时也是工资份额明显下降的时期。[①]

第三，工人力量对利润率的影响存在三种不同的机制。首先，直观上看，工人议价能力提高将直接增加总产出中的工资份额，相应地减少利润份额。在对 20 世纪 70 年代发达资本主义国家利润率下降的研究中，“利润挤压论”是一种代表性的观点，即认为在传统福特制生产方式促进劳动生产率提升的潜能趋于耗尽的同时，战后黄金年代工人阶级形成的较强的议价能力却使工资保持在相对高位，致使产出中的利润份额下降[②]，也就是说工人力量与利润率成反比。其次，尽管劳工力量提升可能直接使利润份额减少，但是考虑到剩余价值的实现问题，情况又会发生变化。如果工人议价能力提高，收入增加可以带动剩余价值迅速实现，从而使得产能利用率提高，而后者与利润率成正比，这就意味着工资份额的提高与利润率之间并非始终是相对立的，二者可能共同上升。但是，这一机制发挥作用，要求产能利用率本身对工人工资变化是灵敏的，如果产能由外部需求支撑，或者一段时期内过剩产能主要出现在非消费品行业，则工人工资与产能利用率之间不会有如此灵敏的关

① 李怡乐、孟捷：《中国劳动力商品化程度的变动及其对劳动者报酬的影响》，《经济学家》2014 年第 12 期。

② 参见 Brenner 对此类观点的综述，见 Brenner R.，*The Economics of Global Turbulence*：*The Advanced Capitalist Economies from Long Boom to Long Downturn*，1945 – 2005（London：verso，2006）。

系。最后，有时还存在这样一种情况：面对工人议价能力和涨薪诉求的提升，资本在没有更好的应对方法的前提下，故意闲置一部分产能来增强工人所面临的失业威胁，达到抑制实际工资上涨的目的，这时出现的结果是工人阶级被打压下来，然而利润率也没有得到恢复，即工人议价能力和资本利润率同时下跌。①

总之，工人力量与劳动生产率和利润率间矛盾性的作用机制反映了：资本主义难以长期处理好运用冲突性的劳动管理体制提升劳动强度获取更多剩余，和创建合作性的劳动管理体制推动劳动生产率可持续上升之间的矛盾；以及资本寄托于失业威胁以减少剩余价值生产过程之不确定性的诉求，和改善分配以加速剩余价值实现提升资本使用效率之间的矛盾。

那么，上述历史现象和理论模型对于分析改革开放以来中国经济增长的历程是否有借鉴意义呢？在战后黄金年代的经济增长历程中，有利的劳动力供给条件和制度化的劳资关系安排是重要的解释变量，而在中国市场化改革进程中人口红利的作用也得到了充分关注；当前我们对中国人口红利趋于消失，经济增速下滑的预期与 20 世纪 70 年代发达资本主义国家的经历有相似之处。回顾这段历史经验，对于我们理解过往中国经济增长的经验、未来趋势和避免改革误区都是有必要的。与此同时，尽管人口红利的作用引起了学界关注，但是多数研究只是在人口年龄结构的意义上去考察其作用，较少将工人力量变化视为一种可被资本积累制度再创造的人口红利，并分析其对经济增长的作用。已有研究中，学者 Piovani 基于劳动榨取模型，分析了中国市场化改革进程中，工人力量被削弱对劳动生产率的正向作用。她是将工资份额视为工人力量的代理变量，发现相比于资本深化的作用，工资份额对劳动生产率产

① 参见 Bowles、Gorden 和 Weisskopf 对 20 世纪 80 年代保守主义经济学之于美国经济影响的研究，见 Bowles，S.，D. M. Gordon，T. E. Weisskopf，“Business Ascendancy and Economic Impasse：A Structural Retrospective on Conservative Economics，1979 - 87，” *Journal of Economic Perspectives*，3（1989）。

生了更为显著的影响；而工资份额本身会受到各类劳动力市场制度的作用。[①] 这里，尽管 Piovani 关注到了工人力量之于劳动生产率的作用，但是这份研究更为直接处理的是劳资关系之于收入分配的作用。以下，我们就将对中国的工人力量本身到底是如何变化的做直接的解析。

## 三　中国工人力量的定义与衡量

上文所述激进政治经济学对劳工力量之于宏观经济影响的系列研究文献，大多是以工人的失业成本作为工人力量最主要的度量指标，观察其对劳动强度、劳动生产率和利润率水平的影响[②]。劳动力的失业成本是指失去工作给工人带来的收入损失。直观看来，失业成本受到工人的现行工资、失业金水平和预期寻找新工作所需要花费时间的共同影响。更全面的，总失业成本还应考虑工人新、旧工资间的差额以及与就业相关联的福利资格的获取。与失业成本相比，一般的失业率水平只是工作稀缺性的相对指标，未能考虑失业者的替代性收入来源（例如，家庭的其他收入、社会福利、信贷支持等），以及前、后两份工资水平的差异等[③]，而这些因素恰是工人相对资本的独立性、劳动力市场供求状况和产业后备军内部竞争性的重要表现。

然而，如果要依照鲍尔斯等人对失业成本的计算方法测度中国工人的失业成本，存在一些重要的微观调查数据的缺失。例如，寻找新工作所需要花费的时间和新、旧工资间的差异。我们仅能获知较长时间段内

---

① Piovani, C., "Class Power and China's Productivity Miracle: Applying the Labor Extraction Model to China's Industrial Sector, 1980 - 2007," *Review of Radical Political Economics*, 46 (2014).

② Weisskopf, T. E., et al., "Hearts and Minds: A Social Model of U. S. Productivity Growth," *Brookings Papers on Economic Activity*, 3 (1983); Bowles, S., David M. Gordon and Thomas E. Weisskopf, "Business Ascendancy and Economic Impasse: A Structural Retrospective on Conservative Economics, 1979 - 87," *Journal of Economic Perspectives*, 3 (1989).

③ Schor, J., S. Bowles, "Employment Rents and the Incidence of Strikes," *The Review of Economics and Statistics*, 69 (1987).

工人工资与非工资收入的差，将之作为失业成本的近似度量，无疑会降低这一指标完全替代工人力量的可信度。同时，对于中国而言，改革进程中劳动法规的设定和执行力度直接影响制度化的劳资间权利划分；社会福利制度在多大程度上为工人提供市场外的生存空间，限定了工人与资本“不合作”的能力范围；城乡分割的劳动力再生产环境支持了低成本、高灵活性的半无产阶级化农民工劳动力供给；公有制与非公有经济间的劳动关系存在巨大差异。这些因素共同对塑造工人的力量产生了更本质的影响，理应进入对中国工人力量变化的度量当中。因此，本文尝试构建一个能够更为全面地反映劳动力市场供求条件和相关制度演变的指标，以记录工人力量的长期变化。

能够对我们的研究提供支持的是，赖特①与西尔芙②等新马克思主义社会学研究者对工人各种类型的议价能力的讨论。我们可在他们的基础上寻找适用于中国经济现实的、影响工人议价能力的具体指标。

工人阶级的力量包含组织力量和结构力量两种类型。前者是由工人组织能动性发挥创造出的工资议价和争取其他与就业相关权益的能力。组织力量一般表现为工人组织和集体谈判制度的覆盖范围。就中国而言，我们可以选取工会组织的覆盖率为衡量指标。当前尽管中国工会组织在工资议价上的主动作用有限，但是工会组织覆盖率的变化至少反映了改革进程中受劳动法规约束的劳动关系的比例变化，工会组织可在一定程度上帮助工人抵御完全由资本控制的生产和分配过程。

结构力量意指工人在劳动力市场和生产过程中的特定位置赋予他们的与资本谈判的能力，具体包含两种类型。第一类是工人的市场议价力，反映劳动力市场上工人（及其技能）的稀缺性程度，以及劳动力再生产制度所提供给的工人可脱离劳动力市场生存的空间。中国改革进程中，

---

① Wright, E., "Working-Class Power, Capitalist-class Interests, and Class Compromise," *American Journal of sociology*, 105 (2000).

② Silver, B., *Forces of Labor: Workers' Movements and Globalization since 1870* (Cambridge: Cambridge University *Press*, 2003).

可被长期观测的市场议价力影响因素包括：（1）城市工人与农民工的失业成本，等于两类工人的平均工资水平与其他非工资性收入（经营净收入、财产性收入、社会保障收入）的差值，总体上反映了工资性收入在维持中国劳动力再生产当中的作用，失业成本越高意味着工人脱离资本生存的空间越狭小。（2）城镇单位就业工人工资与农民工工资的比例，也可被视为正规就业人员与非正规就业人员工资比的近似，体现了劳动力市场上的供给条件。这一比值越大意味着工人一旦落入次级劳动力市场的损失就越大。因此，高水平的这一比值不仅有助于提升正规部门中监督者的监督效率，而且会抑制正规部门就业者索要更高工资的能力。（3）城镇非正规就业的比重，反映产业后备军的储备状况，是影响员工易于被替换程度的指标，并且可以反映与就业相关的社会保障制度的覆盖比例。（4）养老、医疗等社会保障制度的去商品化程度，综合反映工人抵御市场风险的能力。第二类指标是车间议价力，反映基于技术和生产组织特征，工人合作行为对劳动过程平稳运行的作用，从而挑战完全由资本掌控的剩余价值生产过程的能力。较为理想的观测途径是考察一定时期主导的技术类型和公司组织结构，能否赋予工人运用自身所处的生产地位与资本进行谈判的能力。但是，由于缺乏宏观层面的理想指标，我们仅选择国有企业就业人员比重作为近似，这是因为一般意义上国有企业的劳动制度较多保留了社会主义合作性劳动管理体制的特征，工人终身就业的比例更高，这可能为工人预留了更多的空间与管理者就劳动过程的组织展开一定协商。表 1 给出了工人的各种类型的议价能力，我们选取的衡量指标及其在 1981 ~2012 年的变化趋势。

通过对上述指标做主成分分析，求得工人力量变化的总趋势。由于失业成本等指标与工人力量之间是反向的关系，为保持所有影响因素作用方向一致，实际计算中我们将其他可能与工人议价力正相关的指标全转化为负相关，最终求得工人议价力负指数（即指数上升，工人力量下降）。根据 KMO 检验值（0.591）和 Barlett 球形检验结果（Sig. 为 0.000），基本拒绝了变量间的独立性假设，可以使用主成分分析。各变量

**表 1　工人力量的构成与影响指标变化趋势（1981～2012 年）**

| 工人力量类型 | 组织力量（集体议价力） | 结构力量 | | | | | |
|---|---|---|---|---|---|---|---|
| | | 市场议价力 | | | | | 车间议价力 |
| 影响指标 | 工会组织覆盖范围 | 城市工人失业成本 | 农民工失业成本 | 非正规就业比重 | 城镇工人工资/农民工工资 | 医疗等制度商品化 | 国有单位就业比重 |
| 作用方向 | 提升 | 抑制 | 抑制 | 抑制 | 抑制 | 抑制 | 提升 |
| 变化趋势（1981～2012年） | | | | | | | |

数据来源：各指标数值根据《中国统计年鉴》《中国劳动统计年鉴》相关数据计算。

共同度至少在 85% 以上，表明原数据信息可以较好地由主成分来替代。表 2 显示可以提取到两个特征值大于 1 的主成分，这两个主成分的方差累计达到了 92.5%，根据其对应的方差贡献率和输出的主成分得分，我们计算得到 1981～2012 年中国工人总议价力指数值。图 1 即工人力量变化趋势图，指数越大工人的议价能力越低。

**表 2　工人力量主成分方差贡献**

| 主成分 | 初始特征值 | | | 提取(主成分)的载荷平方和 | | |
|---|---|---|---|---|---|---|
| | 特征值 | 方差贡献率(%) | 累计方差贡献率(%) | 特征值 | 方差贡献率(%) | 累计方差贡献率(%) |
| 1 | 4.533 | 64.764 | 64.764 | 4.533 | 64.764 | 64.764 |
| 2 | 1.943 | 27.752 | 92.516 | 1.943 | 27.752 | 92.516 |
| 3 | 0.245 | 3.505 | 96.021 | | | |
| 4 | 0.232 | 3.320 | 99.341 | | | |
| 5 | 0.036 | 0.511 | 99.852 | | | |
| 6 | 0.008 | 0.117 | 99.969 | | | |
| 7 | 0.002 | 0.031 | 100.000 | | | |

图 1 显示：工人力量下降显著的年份除 1989～1990 年外，还集中在 1993～2006 年的长时段当中，2007 年起工人力量的下降趋于停止，总体平稳状态下工人力量略有上升。这一变化与市场化进程中就业体制转变、农民工劳动力转移、劳动力再生产制度变化的总体趋势大体是一

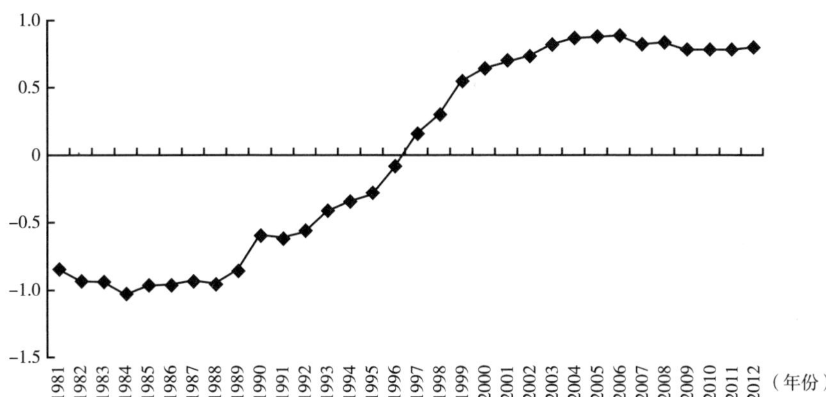


**图1　改革以来中国工人力量的变化趋势（指数越大工人力量越小）**

致的，事实上体现了劳动与资本相对权力关系的再造。

回顾表1中提及的部分指标，其变动展示了中国工人力量变化的内在逻辑。（1）20世纪80年代末到21世纪初是中国工会组织覆盖率下降的时期，改革中新兴的工人阶级尚难以利用集体组织和调动集体力量，与资本形成有效的对话或抗争；2008年以后新生代农民工工潮频发，显示工人阶级的集体行动能力事实上正在提升，尽管这种能力尚未得到法律的规范与保障。[①]（2）城镇工人与农民工的工资比例在1992～2008年经历长期上涨，2009年起开始下降。这一指标越大，则面向城镇工人的工作岗位（或者有较强稳定性和劳动法规约束的正规就业岗位）越稀缺，工人对这些岗位的竞争越激烈，资本借此可以对工人形成越强的控制力；而当农民工工资相对城镇工人工资的增速提升，即上述指标下降时，可供转移的农村剩余劳动人口减少，资本凭借充足的劳动力供给条件和劳动力再生产环境差异，所能获取的成本优势和控制力会有所减弱。（3）非正规就业比重（最快速的上涨集中在1994～2004年，2005～2010年平稳上升，随后下降），社会保障制度的去商品化等

① 李怡乐、罗远航：《工人议价力之构成的马克思主义经济学分析——2008年以来中国工人议价力变化初探》，《财经科学》2014年第5期。

指标都经历过大致相仿的时间趋势。总之，20 世纪 90 年代起加快的经济改革增强了企业市场活力，然而在与市场机制相适应的劳动法规和社保制度尚未出台的阶段，就业关系非正规化、工人失业成本剧增极大限度地抑制了市场议价能力。另外，这一阶段中国以世界工厂的身份步入全球分工体系，社会主义合作型的劳动管理实践被迅速淹没[①]，而跨国工厂中低端制造去技能化的劳动实践也在限制工人的车间议价力。

总之，20 世纪 90 年代以后推动资本积累快速进行的制度环境客观上制造了工人力量的相对下降，并与自然的劳动年龄人口条件一同形成了广义的人口红利。这一情境随 2008 年“劳工三法”的出台，农村剩余劳动力绝对数量减少、人口年龄结构变化，以及社会保障制度的改进而趋于转变。那么，回归到马克思主义经济学的基本观点，工人力量变化是否也标示了改革以来中国经济增长的典型特征呢?

## 四　工人力量与中国经济增长的经验关系

### （一）工人力量变化与劳动生产率的增长

图 2 给出了中国规模以上工业企业的劳动生产率变化，最稳定的长期增长发生在 1996 ~ 2007 年，2008 年受到全球经济局势的影响有所下降，2009 ~ 2010 年呈现回升但是增速低于过去。需要注意的是 2011 年起规模以上工业企业的标准调整，使得我们估算到的劳动生产率由于涉及企业规模的提升和就业人数的减少，相比过往样本实际变化可能被放大了，但总体而言 2008 ~ 2012 年劳动生产率平均增速[②]远低于过去十多年间的平均水平。

① 玛丽·加拉格尔：《全球化与中国劳工政治》，郁建兴、肖扬东译，浙江人民出版社，2010。

② 根据本文的计算结果，中国规模以上工业企业的劳动生产率（Y/L）平均增速 1998 ~ 2007 年为 18.1680%，而 2008 ~ 2012 年的为 7.0422%。后文还会展示其他时期该指标的具体数值。

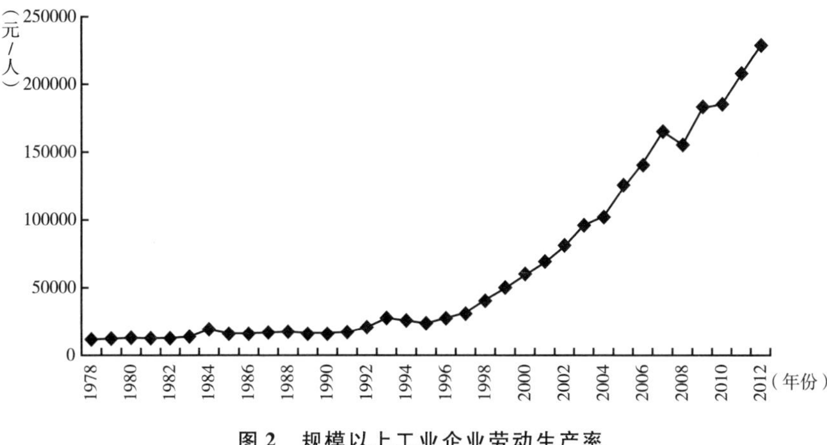


**图 2　规模以上工业企业劳动生产率**

注：实际劳动生产率 = 工业企业增加值/工业企业就业人员总数，并以工业品出厂价格指数折算为 2012 年不变价格；因数据可得性，其中 1978 ~ 1983 年为全部工业企业，1984 年之后为规模以上；增加值数据 1984 ~ 1992 年来自《中国工业经济统计年鉴》，1993 ~ 2007 年来自中经网数据库，2008 ~ 2012 年根据国家统计局公布的历年工业增加值累计增速计算；规模以上工业企业从业人数 1998 ~ 2012 年来自中经网数据库，之前数据来自相关年份《中国统计年鉴》和《中国工业统计年鉴》。

以劳动生产率的社会模型①为基础，我们引入工人力量变化，考察这一变量在 1981 ~ 2012 年是否对劳动生产率增长产生影响。模型（1）控制了传统生产率研究模型主要关注的资本密集度（*k*）和劳动者受教育水平（*edu*），同时加入工人力量变化（*powerloss*）和产能利用率水平（cu）。加入产能利用率水平是因为在经济相对萧条、总需求不足的情况下，可能会有生产工人与固定资本存量的闲置，这将使得实际产出低于潜在产出，有必要控制由宏观经济波动引起的劳动生产率变化。

$$\ln y = \alpha_0 + \alpha_1 \ln k + \alpha_2 \ln edu + \alpha_3 \ln cu + \alpha_4 powerloss + \varepsilon \quad (1)$$

其中，*y* 表示规模以上工业企业的实际劳动生产率，是历年实际增加值（名义值经工业品出厂价格折算）与就业人员数之比。资本密集度 *k* 表示规模以上工业企业资本存量与雇佣人数之比，资本存量数据参考单豪杰、师

① Weisskopf, T. E., et al., "Hearts and Minds: A Social Model of U. S. Productivity Growth," *Brookings Papers on Economic Activity*, 3 (1983).

博计算的以1978年为基期的存量和折旧率①，采用永续盘存法逐年推算出中国规模以上工业企业的资本存量，并以历年固定资产投资价格指数折算为2012年不变价格。教育水平 *edu* 以历年大专以上学历毕业人数来表示，粗略控制劳动者技能变化对劳动生产率增长的影响。产能利用率的计算参考袁捷敏的方法，将每年实际产出外推到最大产出规模，二者相比得到产能利用率水平②。除 *powerloss* 是以上文测算的指数表示工人力量下降外，其他各变量皆为对数形式。单位根检验显示模型中所涉及的各变量皆为一阶单整（见表3），式（1）OLS残参项t值为-4.922，在0.05的显著性水平下小于MacKinnon在1991年给出的多变量协整检验的临界值（-4.4765），说明变量间存在协整关系，且Johansen检验显示变量间有三组协整关系（见表4），格兰杰检验表明工人力量、人均资本、产能利用率变化是劳动生产率的格兰杰因（见表5）。我们可以用OLS回归观察出变量间的关系。

**表3 工人力量对劳动生产率回归方程中各变量一阶差分的ADF检验结果**

| | D(ln *y*) | D(ln *k*) | D(ln *cu*) | D(ln *edu*) | D(*powerloss*) |
|---|---|---|---|---|---|
| ADF t值 | -5.07* | -4.82* | -3.88* | -10.25* | -3.57** |
| t值标准 | -3.67 | -3.67 | -3.68 | -3.68 | -2.96 |

*、** 分别表示检验结果在1%和5%的水平上显著，拒绝了一阶差分之后变量存在单位根的假设。

① 单豪杰、师博：《中国工业部门的资本回报率：1978~2006》，《产业经济研究》2008年第6期。

② 测算方法参考《产能和产能利用率新测算方法及其应用研究》（袁捷敏，博士学位论文，东北财经大学，2013）。该方法假设工业部门增加值呈指数增长 $Y_t = a\,b^t$，则有 $\ln Y_t = \alpha + \beta t$，求得实际产出对时间的回归，因产能产出永远大于实际产出，通过在回归式常数项中加入最大残差项，将实际产出外推至最大产出边界，得到历年产能产出值，进而求得产能利用率。本计算方法比较简洁，假设了某一期产能利用率可达到100%，且计算结果数值根据样本区间变化有较大差异，故而具体数值并无实际参考意义；但同时该方法可以较好地完成对长时间段内产能利用率变化趋势的基本估算（而本研究只是控制产能利用率变化之于劳动生产率的作用），可以满足分析的要求，且该方法计算结果与中国经验现实比较接近，得出的结果与其他研究计算出的特定年份中的产能利用率变化趋势基本一致，例如：以2008年为分界点，2001~2007年产能利用率总体呈上升趋势，随后波动下滑。参见董敏杰、梁永梅、张其仔《中国产能利用率：行业比较、地区差距及影响因素》，《经济研究》2015年第1期。

**表 4　工人力量对劳动生产率回归模型的 Johansen 检验结果**

| 假设的协整方程个数 | 特征值 | 迹统计量 | 0.05 的显著性水平 | P 值** |
|---|---|---|---|---|
| 无* | 0.844065 | 135.3702 | 69.81889 | 0.0000 |
| 至多 1 个* | 0.715637 | 79.62084 | 47.85613 | 0.0000 |
| 至多 2 个* | 0.597950 | 41.89570 | 29.79707 | 0.0013 |
| 至多 3 个 | 0.384511 | 14.56037 | 15.49471 | 0.0688 |
| 至多 4 个 | 7.20E－06 | 0.000216 | 3.841466 | 0.9901 |

*、** 表示在 1%、5% 的水平上显著。

**表 5　工人力量对劳动生产率回归模型的格兰杰检验结果**

| 原假设 | 观测点 | F 值 | P 值 |
|---|---|---|---|
| ln*k* 不是 ln*y* 的格兰杰因 | 31 | 8.20016 | 0.0078 |
| ln*y* 不是 ln*k* 的格兰杰因 | | 1.22874 | 0.2771 |
| ln*cu* 不是 ln*y* 的格兰杰因 | 31 | 5.32976 | 0.0286 |
| ln*y* 不是 ln*cu* 的格兰杰因 | | 4.98351 | 0.0338 |
| ln*edu* 不是 ln*y* 的格兰杰因 | 31 | 0.23446 | 0.6320 |
| ln*y* 不是 ln*edu* 的格兰杰因 | | 20.4913 | 0.0001 |
| *powerloss* 不是 ln*y* 的格兰杰因 | 31 | 12.0167 | 0.0017 |
| ln*y* 不是 *powerloss* 的格兰杰因 | | 4.39920 | 0.0451 |

表 6 汇报了引入 AR（1）较好地消除了误差项一阶自相关之后的回归结果：在控制资本密集度、产能利用率和教育水平变化后，工人力量变化对劳动生产率的影响也是显著的。其中，资本密集度每上升 1%（1996～2007 年资本密集度年均增长率为 10%），劳动生产率上升 0.86%；工人力量每下降 0.1 个单位（1996～2007 年工人力量年均下降 0.1 个单位），劳动生产率上升 2.2%。这意味着在资本密集度变化所体现的技术变革发生作用的同时，20 世纪 90 年代中期以来工人力量的下降可能通过提升劳动强度，推进了劳动生产率的增长。

**表 6 工人力量对劳动生产率回归方程结果**

| | 常数项 | ln *k* | ln *cu* | ln *edu* | *powerloss* | AR(1) |
|---|---|---|---|---|---|---|
| 系数 | 2. 1446 | 0. 86 | 0. 98 | -0. 04 | 0. 22 | 0. 65 |
| (t 值) | (1. 95)* | (8. 19)* | (9. 09)* | (-0. 87) | (2. 02)* | 5. 71 |
| Adjusted $R^2$ = 0. 96 Prob(F-statistic) = 0. 0000 DW = 1. 8577 | | | | | | |
| 拉姆齐检验:Prob(F-statistic) = 0. 1967 不能拒绝原假设模型无设定误差 | | | | | | |

* 表示在 1% 的水平上显著。

## （二）工人力量变化与工资份额和利润率动态

如前文所述，工人力量与工资份额间的关系表现得更为直观，工人力量下降通过降低议价能力和提升劳动强度，使得实际工资下降而劳动生产率提升，进而导致工资份额降低和利润份额上升。图 3 给出了中国规模以上工业企业工资份额的变化，这一指标在 1996 ~ 2007 年呈现长期的稳定下降状态。

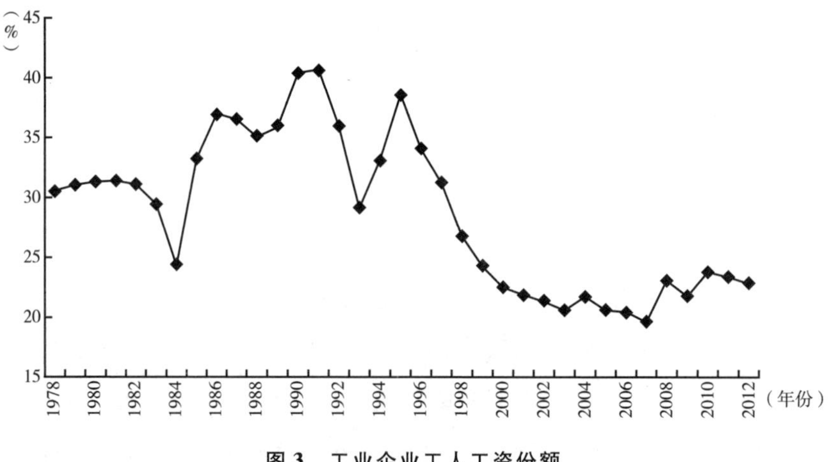


**图 3 工业企业工人工资份额**

注：工资份额 = 工资总额/增加值总额；工资总额 = 历年城镇工业行业就业人员加权平均工资（根据《中国劳动统计年鉴》数据计算）× 工业企业就业人数；工资总额与增加值总额分别以消费者价格指数和工业品出厂价格指数折算为 2012 年不变价格；样本范围 1978 ~ 1983 年为全部工业企业，之后为规模以上工业企业。

相比于工资份额，利润率指标的影响因素更为复杂，国内外市场的竞争环境和税收制度变革等都会显著地影响实际利润率。为了集中关注劳资关系之于利润率的作用，排除其他因素的影响，我们使用韦斯科普夫的利润率分解方法[①]，集中考察资本利润率与劳动生产率、实际工资、产能利用率、资本密集度几个指标间的关系，探究改革进程中劳资关系变化作用于利润率变化的可能途径，进而发掘当前阶段维系中国经济增长可能面临的矛盾。

公式（2）是韦斯科普夫的利润率公式，这里的利润率可以看作全部剩余价值与资本存量之比的扩展利润率，工资份额为利润份额的反面；对工资份额和潜在产出 - 资本比分子与分母同时除以就业人数 $L$，则 $w$ 表示实际工资，$y$ 表示劳动生产率，$CU$ 表示产能利用率，$\frac{Y^*}{L}$表示潜在劳动生产率，$\frac{K}{L}$表示资本密集度，下文计算中以上指标皆为去除价格因素后的实际值[②]。

$$r=\frac{R}{K}=\frac{R}{Y}\times\frac{Y}{K}=\left(1-\frac{W}{Y}\right)\times\frac{Y}{Y^*}\times\frac{Y^*}{K}=\left(1-\frac{w}{y}\right)\times CU\times\frac{Y^*/L}{K/L}\qquad(2)$$

我们对资本利润率公式求变化率，得到[③]：

$$\frac{\dot{r}}{r}\approx\frac{W}{R}\left(\frac{\dot{y}}{y}-\frac{\dot{w}}{w}\right)+\frac{\dot{Cu}}{Cu}+\left(\frac{\dot{Y^*}}{L}/\frac{Y^*}{L}-\frac{\dot{K}}{L}/\frac{K}{L}\right)\qquad(3)$$

推动利润率变化的因素包括：劳动生产率增长率与实际工资增长率的差额，也就是利润份额的变化；产能利用率的变化率；以及潜在劳动生产率变化与资本密集度变化率的差，即资本密集度上升能否推动劳动生产率更快地增长。根据图 4 中利润率变化的典型趋势，我们将改革进程划分为四个阶段，表 7 给出了各阶段利润率及其影响指标的增长率均

① Weisskopf, T. E. , “Marxian Crisis Theory and the Rate of Profit in the Post War U. S. Economy,” *CambridgeJournal of Economics*, 3 (1979).

② 实际工资、劳动生产率和资本存量分别根据消费者物价指数、工业品出厂价格指数、固定资本投资价格指数转换为不变价格。分析当中不再专门考虑不同商品类型价格变化差异对利润率的影响。

③ 谢富胜、李安、朱安东：《马克思主义危机理论和 1975 ~ 2008 年美国经济的利润率》，《中国社会科学》2010 年第 5 期。

值。需要说明的是，图 4 和表 6 汇报的资本利润率仅为企业净利润率（排除了税收和利息支出），数值上净利润率及其变化率不等于式（2）和式（3）中各变量直接计算得到的结果，但是不影响我们对变化趋势的考察和基本的研究目标。①

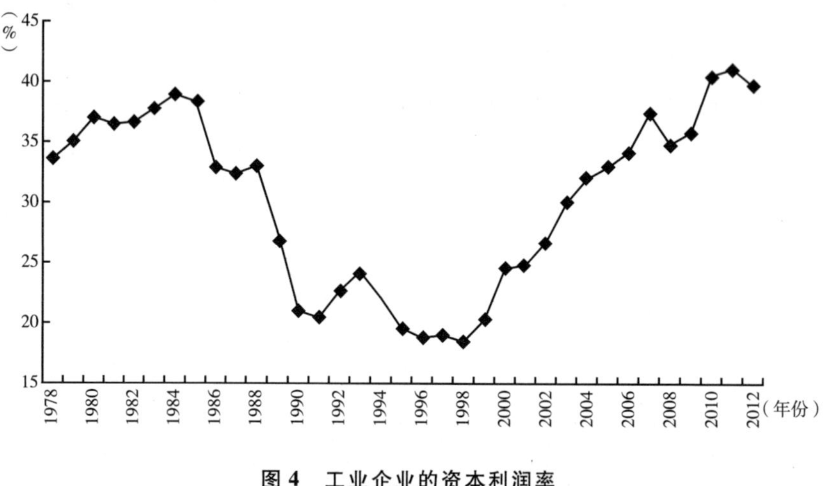


**图 4　工业企业的资本利润率**

注：净利润率 = 利润总量/资本存量，利润总量来自历年《中国工业经济统计年鉴》和《中国统计年鉴》，并根据工业品出厂价格指数折算为 2012 年不变价格。

表 7 关于工业企业的利润率变化阶段表现如下。

（1）利润率回升阶段（1978 ~ 1984 年）。改革之初劳动生产率的快速增长主要是在原有生产力基础上逐步释放了生产活力，此时与效益相挂钩的工资制度改革还未起步，使得劳动生产率增速大于工资增速，利润份额稳步上升。政府开始支持农村剩余劳动力就地转移，帮助乡镇企业低成本发展，城镇部门也开始尝试在集体、个体经济中增加就业渠

① 包含税收的利润率和不包含税收的利润率变化趋势几乎完全一致。工业企业利息支出数据仅在 2000 年之后才有稳定记录，在鲁保林的估算中，包含税收、利息和管理人员非劳动收入的扩展利润率与净利润率变化趋势也是基本一致的。此处，我们不关注非生产因素对净利润率的影响，不再专门区分。参见鲁保林《中国工业部门利润率动态：1981 ~ 2009》，《海派经济学》2014 年第 2 期。

**表 7　利润率各影响因素分阶段增长率平均值**

单位：%

| 指标 | 1978～1984 年 | 1985～1997 年 | 1998～2007 年 | 2008～2012 年 | 1978～2012 年 |
|---|---|---|---|---|---|
| $R$ | 4.3554 | -9.617 | 21.061 | 2.598 | 3.6682 |
| $R/Y$ | 1.233 | -0.088 | 13.763 | 8.143 | 5.4302 |
| $Y/L$ | 9.568 | 4.5603 | 18.168 | 7.0422 | 9.8113 |
| $W$ | 4.8735 | 5.907 | 12.7022 | 10.326 | 8.3298 |
| $K/L$ | 1.4925 | 8.236 | 10.065 | 9.5557 | 6.87 |
| $Y/K$ | 7.9187 | -2.846 | 7.5672 | -2.374 | 2.1857 |
| $CU$ | -1.256 | -3.678 | 7.1156 | -1.98 | 0.1737 |
| $Y^*/K$ | 8.2896 | 0.672 | 0.8791 | -0.349 | 2.1035 |
| $Y^*/L$ | 10.7076 | 8.474 | 11.1495 | 9.2033 | 9.7625 |

道。但总体而言，劳动力市场的改革尚未启动，各类影响工人力量变化的制度因素没有发生实质变化。

（2）利润率波动下降阶段（1985～1997 年）。除个别年份短暂回升之外，这一时段的利润率总体呈现下降趋势。1985～1991 年劳动生产率的平均增长率甚至为负，直到 1992 年之后恢复正增长，且从 1996 年起劳动生产率增速才有了全面提升。与此相对照，工资增长率依然保持平缓上升，使得这段时间利润份额平均增长率甚至为负，而工资份额基本保持在 30% 以上。这一时期与城市劳动力市场相关的制度变革总体而言是较为缓慢的，国有企业尚未全面削减单位制的福利供给，没有将减员增效作为主要的恢复效率和利润的举措；而农村劳动力流动政策也在放松和限制之间反复转换。大量的农村剩余劳动力和城市就业不足现象抑制了对劳动力更充分的使用，产能闲置的现象表现较为明显。总的来说，这一时期通过产业后备军队伍再造以推动劳动生产率上升和恢复利润率的机制尚未全面建立。同期资本密集度的提升未能对劳动生产率起到推进作用，反而通过产出－资本比的下降进一步抑制了利润率水平。

（3）利润率高速上涨阶段（1998～2007 年）。随着国有企业改革的深化，1998 年国企下岗人数达到历史最高峰，农民工进城务工的大潮也随之到来。与劳动力被更为合理、充分配置相对应的是，就业关系的市场化和灵活化迅速推行，工人力量变化对劳动生产率的作用机制得以出现。受 1997 年东南亚金融危机的影响，利润率增长在经历了 1998 年的短暂下降之后，呈现全面恢复的态势。由于劳动生产率飞速增长的带动，这一时期的实际工资增速也远高于过往，但是二者间呈现越来越大的缺口，工资份额从 1997 年的 31.2% 下降至 2007 年的 19.6%，这一情景与前文所述，战后德国与日本经济快速增长期的历史极为相似。劳动生产率增长和工资率增长之间扩大的差额即可以用于资本积累的大量相对剩余价值。资本密集度不断上升，同时带动了劳动生产率更迅速的增长，结果是产出－资本比保持较高的正增长率。随着中国加入 WTO，海外市场全面拓展，低单位劳动成本的中国制造优势发挥，2000～2007 年净出口对 GDP 增长的贡献率年平均在 10% 以上①，这使得产能利用率水平在此期间也表现出正增长。总之，上述阶段中利润率的各种影响指标都在向着对其有利的方向发展，形成了中国经济增长最有力的时期。

（4）利润率增速明显减缓阶段（2008～2012 年）。劳动生产率增长率低于过去十年的平均值，实际工资增长快于劳动生产率增长，工资份额明显回升。如第三节所示，随着劳动力供给数量优势减弱，劳动法规和社会保障体系优化，新生代工人权利意识增强，劳工力量停止下降甚至出现略微恢复趋势。这意味着凭借削弱劳工力量和超剥削获取劳动生产率快速增长的空间已被压缩，资本深化难以推动劳动生产率同步提升，产出－资本比下降。2008 年危机之后，受全球经济低迷的影响，净出口对 GDP 增长的年平均贡献率跌至 －6.2%②，这也使得中国工业企业中的产能过剩问题更为显现。

需要特别注意的是，比较第三和第四阶段，1998～2007 年的十年

① 根据《中国统计年鉴》相关数据计算。

② 根据《中国统计年鉴》相关数据计算。

中工资份额下降并未带来产能利用率平均变化率的下降，反倒是2008年之后随工资份额上升产能利用率呈负的变化（见图5），这看似反驳了工人收入改善可能加速剩余价值实现并使利润率提高的假设，似乎引向的都是反对增加劳动者收入的结论。然而，如上所述第三阶段产能利用率的增长很大程度上是以外需扩张作为支持的；对于2008年以来实际工资上涨和外需缩水背景下的产能利用率下降，不应将原因简单指向当前国内工资过高威胁企业的国际竞争能力，而是应该在全球性的生产过剩背景下，拓展国内消费的空间，并且寻找创新性的投资增长点。

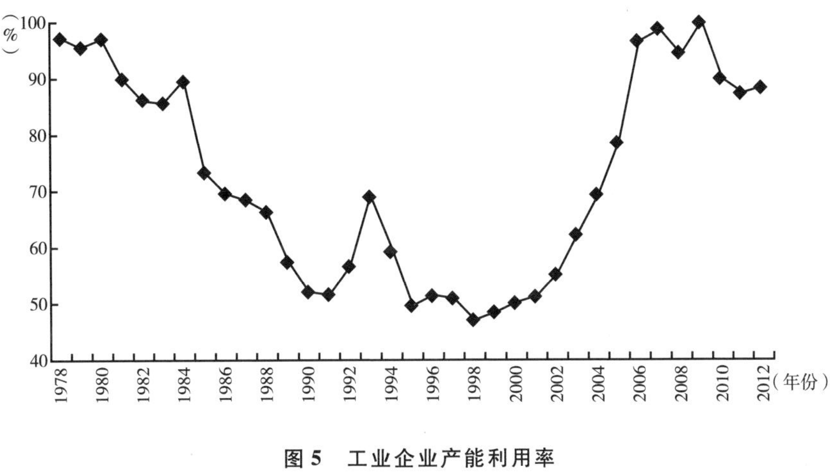


**图5　工业企业产能利用率**

综上，工业企业利润率变化的动态显示：利润份额是改革总过程和各阶段中利润率变化最重要的原因。不考虑市场竞争环境、税制改革和原材料价格变动等其他因素，过去近30年间，充足的劳动力供给和工人力量的相对弱化提升了资本在生产过程和分配过程中的主导权，在有更多新价值被创造出来的同时，属于劳动的部分相对降低，剩余价值率在提高。劳动生产率与工资率差距长期拉大所提供的膨胀的剩余，事实上也推动了我们更为“任性的”投资和资本积累，制造了快速的经济增长。但是最近几年出现了劳动生产率增速低于实际工资增速的情况，劳动供给条件的变化，新生代农民工议价能力的提高的确是导致这一现象的关键因素。2008 年前后伴随《中华人民共和国劳动合同法》的出台和其他一系列改善民生的社会政策的落实，中国经济与社会已然形成了对先前快速市场化改革的一次"反向运动"[①]，削弱了资本过去的超剥削能力。我们处在一个调整的时点上，通过收入分配的改善、劳动关系的和谐化，扩大内需市场，并促使劳动生产率提升打破超剥削走向更为可持续的增长。调整的过程的确可能对当前资本利润率形成一定威胁，并影响经济增长的速度。

那么，如何应对中国经济增速下降？回顾前文所述发达资本主义国家的历史经验，以及工人力量对劳动生产率和利润率各自存在的矛盾机制，这些都意味着简单重复新自由主义积累体制瓦解工人力量恢复利润的做法是不可取的，因为恢复利润率的资本积累体制并不等价于恢复经济增长，甚至对于长期增长动力而言是有破坏性的[②]。新自由主义积累体制秉持资本逻辑，尽管可以重新拉开劳动生产率和工资率的差距，但是与剩余价值率增长和利润率增长相伴随的经济增长停滞和金融化却成为资本主义的长期状态[③]。对于中国而言，抑制工人工资合理增长降低生产成本，并不能帮助我们重新拓宽外需市场和吸引更多外资，因为标准化产品的产能过剩是长期困扰全球资本积累体系的固有问题，反而可能进一步挤压中国的内需市场；一味通过消费信贷或资产膨胀刺激经济增长也将加剧金融市场上的风险，特别是误导资金流向。面对外需缩水、投资效率低，创新性投资增长点不足等影响增长的急迫问题，更为合理的做法是，在社会主义市场经济的框架内，鼓励实际工资水平提升

---

① 参见孟捷、李怡乐《改革以来劳动力商品化和雇佣关系的发展——波兰尼和马克思的视角》，《开放时代》2013 年第 5 期。

② 参见 Wolfson, M. H. and D. M. Kotz, "A Reconceptualization of Social Structure of Accumulation Theory," in McDonough, T., et al. (eds.), *Contemporary Capitalism and Its Crises: Social Structural of Accumulation Theory for the 21st Century* (Cambridge University Press, 2010).

③ 孟捷：《新自由主义积累体制的矛盾与 2008 年经济 - 金融危机》，《学术月刊》2012 年第 9 期。

减少日渐凸显的产能过剩，构建更为和谐的劳资关系，寻求劳动力生产率可以持续增长的源泉，使之真正来源于劳动者创造性的发挥。

## 五　结语

在马克思主义经济学的研究视野中，劳资间相对权力的变化塑造了资本积累体制和经济增长的典型特征，如何形成劳资间权力的适度划分以解决剩余价值生产和实现的矛盾始终是资本主义难以真正解决的问题，这在宏观指标上表现为工人力量对劳动生产率和利润率存在的复杂影响机制。市场化改革以来，中国工人的力量在各类制度因素的作用下不断变化。本研究分别考察了作为经济增长最重要动因的劳动生产率增长与工人力量之间的关系；以及利润率动态反映出的工人力量影响分配格局和中国经济增长的实践。在过往中国经济增长的路径中，劳动生产率的提升建立在工人权力被抑制的前提下，这也保证了劳动生产率相对于工资率更快的增长即利润份额的上升，在产品需求大量依靠海外市场支撑的时期，利润率可以保持稳定上升。但是随着劳动供需条件变化和社会保护运动出现，工人力量的增长抑制了过往劳动生产率增长所依托的“超剥削”路径，同时全球市场萎缩带来的产能利用率下降进一步抑制了利润率增长。在充分汲取历史经验和理解资本积累体制良性运转必要条件的基础上，笔者认为要促成新常态下中国经济可持续的健康增长，应当发挥出工人力量对劳动生产率和利润率的正面作用，以合作性的劳动关系促进生产创新，以合理的分配格局减少生产过剩，使得市场上不断形成新的有生命力的投资和消费增长点。

# 马克思两大部类再生产模型与中国经济的宏观结构：一个经验研究

赵 峰　赵翌辰　李帮喜*

宏观经济结构的调整和优化是实现国民经济稳步持续增长的重要保证。马克思的两大部类再生产模型科学地界定了宏观经济结构及其与资本有机构成、剩余价值率和利润率等重要变量之间的动态关系，是政治经济学分析宏观经济结构的重要工具之一。将其运用到经验研究中来是一个重要的理论问题和现实问题。从理论上看，它有助于我们正确理解宏观经济结构的客观变化规律，更深入地理解政治经济学的内在逻辑结构；从现实角度来看，有助于我们科学地认识宏观经济结构的演化路径，科学地把握宏观经济结构发展的客观趋势。为此，需要将马克思的两大部类再生产模型的理论具体化。而现实的难题是，当前的国民经济核算体系没有直接适用于两部类再生产理论的经验数据。因此，我们的工作将包含两个方面的内容：首先是探索一个从当前的核算数据到马克思政治经济学的理论范畴的方法，在理论和经验分析之间搭建坚实的桥梁；其次，在这个方法的基础上，利用既有的国民收入核算数据，按照马克思的两部类再生产理论计算出相应的经验数据，并分析中国宏观经

* 赵峰，中国人民大学经济学院，副教授；赵翌辰，中信国通企业管理有限公司；李帮喜，清华大学社会科学学院经济所，副教授。

济结构的特征、动态及其与一些重要的变量之间的经验关系。本文结构安排如下：第一部分构建从投入产出表到两大部类再生产模型的理论分析框架；第二部分和第三部分是以此为基础，计算与两大部类再生产模型相应的经验数据，并对中国2000年至2010年的宏观经济结构及其与一些关键的变量之间的关系进行经验分析；最后一部分是本文的结论和研究展望。

## 一　从投入产出表到两大部类再生产模型：理论基础

从理论上讲，投入产出表（国民平衡表）与马克思的两大部类再生产模型有非常近的理论关系。苏联经济学家涅姆钦诺夫阐明了再生产模型和国民平衡表之间的对应关系，为联系投入产出表和两大部类再生产模型提供了理论基础①；波兰经济学家兰格证明了从列昂惕夫的投入产出理论可以导出马克思社会总资本再生产模型，明确了投入产出方法和马克思两大部类再生产模型的对应关系②。这为我们的研究奠定了重要的理论基础。中国的马克思主义经济学家也按照马克思的两部类再生产理论研究了中国的宏观经济结构及其变化的问题，为我们的研究提供了丰富的可资借鉴的成果。刘国光根据重工业、轻工业、农业的产业特点③，王梦奎根据产品的主要用途④，利用我国宏观总量核算数据进行了经验研究。但是他们只是简单地按照统计上的产业来界定马克思的“部类”范畴，而没有按照马克思的方法，从“使用价值”的角度来定

① B. C. 涅姆钦诺夫：《经济数学方法和模型》，乌家培、张守一译，商务印书馆，1983。

② 兰格：《经济计量学导论》，袁镇岳、林克明译，中国社会科学出版社，1980，第136～142页。

③ 刘国光：《对我国国民经济发展速度和比例关系问题的探讨》，《中国社会科学》1980年第4期。

④ 王梦奎：《两大部类对比关系研究》，中国财政经济出版社，1983，第79～83页。

义生产资料和消费资料部类；同时，他们的研究也没有考虑固定资本的问题。因此其方法和结论均存在可以改进的地方。我们在本文中在藤森赖明的方法①基础上，构造了从投入产出表到两大部类宏观模型的映射关系，并以此为基础讨论了包含固定资本形成、开放部门的情形。

### （一）基本模型

假设封闭的经济体存在 $n$ 个行业，不存在联合生产的问题，没有固定资本。令 $x$、$C$、$\Delta k$、$\omega$ 和 $s$ 分别表示产出向量、消费向量、投入向量、工资向量和利润向量。

首先，定义投入系数矩阵 $A=(x_{ij}/x_j)$，可得投入产出表的基本代数形式：

$$x = Ax + C + \Delta k \tag{1}$$

马克思的两大部类再生产模型假设第Ⅰ部类生产生产资料，第Ⅱ部类生产消费资料，且产品的使用价值具有专用性。而投入产出表中的产品既可用于生产，又可直接用于消费。因此，要将 $n$ 个行业的投入产出表映射为两大部类再生产模型，需知道每个行业分别用于生产消费（资本品）和生活消费（消费品）的数量。我们可以假设每个行业都可衍生出两个子行业，一个只生产资本品，另一个只生产消费品，且它们拥有相同的生产技术。现在我们就能构建一个具有 $2n$ 个行业的投入产出模型。我们假设前 $n$ 个行业生产资本品，后 $n$ 个行业生产消费品，那么上述投入产出表行模型可变为：

$$\begin{pmatrix} x^K \\ x^C \end{pmatrix} = \begin{pmatrix} A & A \\ 0 & 0 \end{pmatrix}\begin{pmatrix} x^K \\ x^C \end{pmatrix} + \begin{pmatrix} \Delta k \\ C \end{pmatrix} = \begin{pmatrix} A(x^K + x^C) + \Delta k \\ C \end{pmatrix} \tag{2}$$

其中：$x^K$ 为资本品部门产出向量；$x^C$ 为消费品部门产出向量。

---

① Fujimori, Yoriaki, “Building 2 - sector Schemes from the Input-output Table: Computation of Japan's Economy 1960 - 1985,” *Josai University Bulletin*, 1 (1992).

此方程组为以使用价值为基础扩展获得的投入产出模型基本代数形式。同时，$x^K$ 和 $x^C$ 需要满足：$x^K = Ax^K + Ax^C + \Delta k$ 和 $x^C = C$。显然，有等式关系 $x^K = (I - A)^{-1}(AC + \Delta k)$ 和 $x^C = C$ 成立。那么初始的投入产出模型的基本代数形式（1）就能处理为：

$$x = (I - A)^{-1}(C + \Delta k) = (I - A)^{-1}(AC + \Delta k) + C$$

从而有：

$$x = x^K + x^C$$

$x$ 被分作了两部分，$x^K$ 为生产资料部类的产出，$x^C$ 为消费资料部类的产出。

其次，我们定义 $\lambda_i$ 为生产资料的生产率，表示第 $i$ 种商品用作生产资料的比率，即 $\lambda_i = \frac{x_i^k}{x_i^k + x_i^c}$。可以看出，行业 $i$ 每投入 1 单位，就有 $\lambda_i$ 单位产品进入资本品部门，同时有 $1 - \lambda_i$ 单位产品进入消费品部门。因此，每个行业的产出可以按对行业总产值划分比例分为两个部分，即行业总产值由投资需求引起的产出和消费需求引起的产出两部分构成。两大部类再生产模型的基本代数形式将通过以使用价值为基础扩展获得的 $2n$ 个行业投入产出模型得到。

令 $Y_i$ 表示为第 $i$ 部类的总产值、$k_i$ 表示第 $i$ 部类的资本总额、$w_i$ 和 $W_j$ 表示第 $i$ 个行业和第 $j$ 部类的工资、$s_i$ 和 $\Pi_j$ 表示第 $i$ 个行业的利润和第 $j$ 部类的利润；$K$ 和 $C$ 表示总投资量和总消费量；且有：$K = \sum_{i=1}^{n} \Delta k_i$ 和 $C = \sum_{i=1}^{n} c_i$。

通过引入每个行业生产资料的生产率（$\lambda_i$），我们可以计算当前两个部类的资本总额、工资总额、利润总额以及总产值（见表 1）。

**表 1　两大部类再生产模型关键总量**

| | 第 I 部类 | 第 II 部类 |
|---|---|---|
| 资本总额 | $k_{\mathrm{I}} = \sum_{i=1}^{n}\sum_{j=1}^{n} \lambda_j a_{ij} x_j$ | $k_{\mathrm{II}} = \sum_{i=1}^{n}\sum_{j=1}^{n} (1 - \lambda_j) a_{ij} x_j$ |
| 工资总额 | $W_{\mathrm{I}} = \sum_{i=1}^{n} \lambda_i w_i$ | $W_{\mathrm{II}} = \sum_{i=1}^{n} (1 - \lambda_i) w_i$ |

续表

| | 第 I 部类 | 第 II 部类 |
|---|---|---|
| 利润总额 | $\Pi_{\mathrm{I}}=\sum_{i=1}^{n}\lambda_i s_i$ | $\Pi_{\mathrm{II}}=\sum_{i=1}^{n}(1-\lambda_i)s_i$ |
| 总产值 | $Y_{\mathrm{I}}=\sum_{i=1}^{n}\lambda_i x_i$ | $Y_{\mathrm{II}}=\sum_{i=1}^{n}(1-\lambda_i)x_i$ |

最后，我们就可以得到一个经济体的两大部类再生产模型（如表 2 所示）。

**表 2　两大部类再生产模型**

| | Ⅰ　　Ⅱ | 最终需求 | 总计 |
|---|---|---|---|
| Ⅰ | $k_{\mathrm{I}}$　$k_{\mathrm{II}}$ | $K$ | $Y_{\mathrm{I}}$ |
| Ⅱ | | $C$ | $Y_{\mathrm{II}}$ |
| 工资 | $W_{\mathrm{I}}$　$W_{\mathrm{II}}$ | | |
| 利润 | $\Pi_{\mathrm{I}}$　$\Pi_{\mathrm{II}}$ | | |
| 总计 | $Y_{\mathrm{I}}$　$Y_{\mathrm{II}}$ | | |

根据表 2，可以构建两大部类再生产模型的基本代数形式，即：

$$\sum_{j=1}^{n}\lambda_j x_j=\sum_{i=1}^{n}\sum_{j=1}^{n}x_{ij}+\sum_{j=1}^{n}\Delta k_j \tag{3}$$

$$\sum_{j=1}^{n}(1-\lambda_j)x_j=\sum_{j=1}^{n}c_j \tag{4}$$

可以注意到，式（3）和式（4）对于生产资料的生产率 $\lambda_i$ 来说是等价的，故而资本产品生产率 $\lambda_i$ 的计算式由式（4）可得：

$$\lambda_i=1-\frac{c_i}{x_i} \tag{5}$$

由上式可以看出，$\lambda_i$ 仅受 $i$ 部门各要素的影响，与其他部门无关。

## （二）包含固定资本的两大部类再生产模型

如果考虑固定资本，则产生两个问题：一是 $k_i$ 将有所改变；二是固定资本投资量的统计问题。还需要注意的是，固定资本作为物质生产的一部分，也会出现折旧和更新的问题。

假设固定资产更新和折旧的矩阵数据是可用的，令 $r_{ij}$为行业 $j$ 中固定资本 $i$ 的更新量；$d_{ij}$为行业 $j$ 的固定资本 $i$ 折旧量；$\Delta F$ 为固定资本净投资向量；$\Delta K$ 为净投资总量向量。当经济处于均衡状态时，有 $r_{ij}=d_{ij}$。[①] 令 $k_i^{\dagger}$ 为考虑固定资本后第 $i$ 部类的资本总额；$D_i$ 为第 $i$ 部类的固定资本折旧量；$K^{\dagger}$ 为固定资本的净投资量。那么，对于固定资本折旧有：$D_{\mathrm{I}}=\sum_{i=1}^{n}\sum_{j=1}^{n}\lambda_j r_{ij}$，以及 $D_{\mathrm{II}}=\sum_{i=1}^{n}\sum_{j=1}^{n}(1-\lambda_j)\ r_{ij}$。

且对于考虑到固定资本后的资本总额有：$k_i^{\dagger}=k_i+D_i$，$i=\mathrm{I},\ \mathrm{II}$。由此，我们从模型的结构角度考虑。一方面，基于模型的投入角度，有：

$$Y_{\mathrm{I}} = k_{\mathrm{I}}^{\dagger} + W_{\mathrm{I}} + \Pi_{\mathrm{I}} \tag{6}$$

$$Y_{\mathrm{II}} = k_{\mathrm{II}}^{\dagger} + W_{\mathrm{II}} + \Pi_{\mathrm{II}} \tag{7}$$

由此，净投资总量由固定资本净投资量和净投入量两部分构成，即 $\Delta K=\Delta F+\Delta k$。另一方面，从产品配置的角度考虑，有：

$$Y_{\mathrm{I}} = k_{\mathrm{I}}^{\dagger} + k_{\mathrm{II}}^{\dagger} + K + K^{\dagger} \tag{8}$$

$$Y_{\mathrm{II}} = C \tag{9}$$

其中：$K^{\dagger}=\sum_{i=1}^{n}\Delta F_i$。

由此，我们可以获得一个有固定资本的两大部类再生产模型（如表3所示）。

可以看出，$\lambda_i$ 依旧是建立模型的关键，且由于从式（5）可看出 $\lambda_i$ 完全由消费决定，固定资本并未影响到 $\lambda_i$。

① 王梦奎：《两大部类对比关系研究》，中国财政经济出版社，1983。

表 3　包含固定资本的两大部类再生产模型

| | Ⅰ | Ⅱ | 最终需求 | 总　计 |
|---|---|---|---|---|
| Ⅰ | $k^{\dagger}_{\mathrm{I}}$ | $k^{\dagger}_{\mathrm{II}}$ | $K+K^{\dagger}$ | $Y_{\mathrm{I}}$ |
| Ⅱ | | | $C$ | $Y_{\mathrm{II}}$ |
| 工　资 | $W_{\mathrm{I}}$ | $W_{\mathrm{II}}$ | | |
| 利　润 | $\Pi_{\mathrm{I}}$ | $\Pi_{\mathrm{II}}$ | | |
| 总　计 | $Y_{\mathrm{I}}$ | $Y_{\mathrm{II}}$ | | |

### （三）开放经济下的两大部类再生产模型

若将国际贸易考虑进来，那么一个主要问题是总产出不再一定等于国内总需求。由于在上述构造两大部类再生产模型时仅仅考虑了国内投资需求和消费需求，而忽略了需求分配给进出口的那一部分，因此 $\lambda_i$ 的计算需要被修正。

首先，令 $A^{\dagger}$ 为扩大投入的系数矩阵；$E$、$M$ 和 $H$ 分别为出口向量、进口向量和国内需求向量；其中 $A^{\dagger}=(x_{ij}+r_{ij})/x_j$，投入产出行模型变为：

$$x=A^{\dagger}x+C+\Delta K+E-M$$

其次，每个行业的 $\lambda_i$ 的计算需要被修正为 $\lambda_i=1-\dfrac{C_i}{H_i}$，其中：$H_i=\sum_{j=1}^{n}x_{ij}+\Delta K_i+C_i$。假设存在进口产品表，则可以运用上述在价值型投入产出表中计算消费和资本投入的方式，计算进口货物按资本品或消费品的分配情况。我们用字母上的“～”符号表示为进口表的相关量。可得：

$$M_{\mathrm{I}}=\sum_{i=1}^{n}\left(\sum_{j=1}^{n}\tilde{x}_{ij}+\Delta\tilde{K}_i\right)$$
$$M_{\mathrm{II}}=\sum_{i=1}^{n}\tilde{C}_i$$

从模型结构的角度出发，我们要找到一组 $\lambda_i$、$E_{\mathrm{I}}$ 和 $E_{\mathrm{II}}$，使得：

$$\sum_{j=1}^{n} \lambda_j x_j = \sum_{i=1}^{n} \left( \sum_{j=1}^{n} x_{ij} + \Delta K_i \right) + E_{\mathrm{I}} - M_{\mathrm{I}} \tag{10}$$

$$\sum_{j=1}^{n} (1 - \lambda_j) x_j = \sum_{i=1}^{n} C_i + E_{\mathrm{II}} - M_{\mathrm{II}} \tag{11}$$

可以看出，用上述方式计算 $\lambda_i$ 和进口额，出口便为平衡式的差异项，即总产出减去所有的行元素为相关部类的出口量：$E_{\mathrm{I}} = Y_{\mathrm{I}} - k_{\mathrm{I}}^{\dagger} - k_{\mathrm{II}}^{\dagger} - K - K^{\dagger} - M_{\mathrm{I}}$ 以及 $E_{\mathrm{II}} = Y_{\mathrm{II}} - C - M_{\mathrm{II}}$。最后，我们得到了两大部类再生产模型的所有必要数据。表 4 中横向代数关系由下式给出：

$$Y_{\mathrm{I}} = k_{\mathrm{I}}^{\dagger} + k_{\mathrm{II}}^{\dagger} + K + K^{\dagger} + E_{\mathrm{I}} - M_{\mathrm{I}} \tag{12}$$

$$Y_{\mathrm{II}} = C + E_{\mathrm{II}} - M_{\mathrm{II}} \tag{13}$$

**表 4　开放经济下的两大部类再生产模型**

| | Ⅰ | Ⅱ | 最终需求 | 出　口 | 进　口 | 总　计 |
|---|---|---|---|---|---|---|
| Ⅰ | $k_{\mathrm{I}}^{\dagger}$ | $k_{\mathrm{II}}^{\dagger}$ | $K + K^{\dagger}$ | $E_{\mathrm{I}}$ | $-M_{\mathrm{I}}$ | $Y_{\mathrm{I}}$ |
| Ⅱ | | | $C$ | $E_{\mathrm{II}}$ | $-M_{\mathrm{II}}$ | $Y_{\mathrm{II}}$ |
| 工　资 | $W_{\mathrm{I}}$ | $W_{\mathrm{II}}$ | | | | |
| 利　润 | $\Pi_{\mathrm{I}}$ | $\Pi_{\mathrm{II}}$ | | | | |
| 总　计 | $Y_{\mathrm{I}}$ | $Y_{\mathrm{II}}$ | | | | |

## 二　数据说明和两大部类再生产模型的数量结构

我们在第一节探析了一个从投入产出表到马克思两大部类再生产模型的对应关系，并将这个关系拓展到包含固定资本和开放经济的情形。本节的任务就是在这个理论方法的基础上，利用既有的投入产出表数据，计算出两大部类再生产模型框架下的经验数据集合。

### （一）数据说明

本文的数据来自中国投入产出学会公布的 2000 年、2002 年、2005

年、2007 年和 2010 年全国 42 部门投入产出流量表（其中 2000 年为 18 个部门）。[①] 在进行数据处理时还存在两个问题：一是投入产出表是根据税后市场价格编制的；二是一些矩阵数据不能由上述五张投入产出表直接提供。因此，还需做一些补充说明。

（1）国民收入和分配问题：在两大部类再生产模型中，最终需求的主要组成部分是矢量数据，包括固定资本形成总额、存货增加、农村居民消费、城镇居民消费以及政府消费。除了出口，固定资本形成总额和存货增加被视为投资，而其他部分被视为消费。同时，投入产出表中所反映的投资部分，及固定资产折旧、劳动者报酬、生产税净额、营业盈余、增加值合计，也都是矢量数据。此外，劳动者报酬是税后净收入；利润由营业盈余和增加值合计构成。需要注意的是，生产税净额成比例地增加到利润中，以这样一种方式来改变利润，使利润与工资的和等于总国民净收入。

（2）固定资本形成的问题。由于折旧及固定资本形成总额只有矢量数据可用，因此用 $\boldsymbol{\lambda}_i$ 计算折旧到每个行业的固定资本额，从而得到两大部类固定资本更新总量。同时，存货增加量可作为当期投入的投资，使其包括到净投资中。因此，总净投资额由固定资本形成净额和存货增加量两部分构成。

（3）出口数据的问题。假设进口表中进口货物按权重分配到影响总需求的各因素中，由于用于最终消费的进口额单独算作第 II 部类，可用下式来估计：

$$M_{\mathrm{II}} = \sum_{i=1}^{n} \frac{C_i}{H_i} M_i \tag{14}$$

那么，余下的部分都算作第 I 部类的进口。

通过上述的处理，就能在理论模型和实际的投入产出表之间建立一个明确的映射关系。

---

① 相关年度的投入产出表数据也可参见国家统计局公布并出版的《投入产出表》中的数据。

## （二）基本数量结构

根据中国五个年份的投入产出表和上述方法，我们可以得到该期间的两大部类再生产模型的基本数量结构，如表 5 所示。

**表 5　2000～2010 年两大部类宏观结构**

单位：万亿元

| | 第Ⅰ部类 | 第Ⅱ部类 | 最终需求 | 出口 | 进口 | 总计 |
|---|---|---|---|---|---|---|
| 2000 年 | | | | | | |
| 第Ⅰ部类 | 14.2520 | 3.7291 | 1.7955 | 1.8655 | -1.7248 | 19.9174 |
| 第Ⅱ部类 | | | 5.6269 | 0.4544 | -0.2434 | 5.8379 |
| 工资 | 3.4141 | 1.5779 | | | | |
| 利润 | 2.2513 | 0.5308 | | | | |
| 折旧 | 1.1134 | 0.3471 | | | | |
| 总计 | 19.9174 | 5.8379 | | | | 25.7553 |
| 2002 年 | | | | | | |
| 第Ⅰ部类 | 16.5794 | 4.4518 | 2.6988 | 2.6092 | -2.4202 | 23.9190 |
| 第Ⅱ部类 | | | 7.2128 | 0.4852 | -0.2740 | 7.4240 |
| 工资 | 3.8935 | 2.0016 | | | | |
| 利润 | 3.4461 | 0.9706 | | | | |
| 折旧 | 1.3190 | 0.5550 | | | | |
| 总计 | 23.9190 | 7.4240 | | | | 31.3431 |
| 2005 年 | | | | | | |
| 第Ⅰ部类 | 32.1721 | 6.3956 | 5.2353 | 5.8283 | -5.6239 | 44.0074 |
| 第Ⅱ部类 | | | 9.7156 | 1.0212 | -0.4680 | 10.2688 |
| 工资 | 5.3801 | 2.4431 | | | | |
| 利润 | 6.4552 | 1.4300 | | | | |
| 折旧 | 2.0913 | 0.7021 | | | | |
| 总计 | 44.0074 | 10.2688 | | | | 54.2762 |
| 2007 年 | | | | | | |
| 第Ⅰ部类 | 49.9940 | 9.0131 | 7.4331 | 8.1168 | -7.0000 | 67.5570 |
| 第Ⅱ部类 | | | 13.2937 | 1.4373 | -0.4020 | 14.3289 |
| 工资 | 7.8314 | 3.1733 | | | | |
| 利润 | 9.7316 | 2.1425 | | | | |
| 折旧 | 2.7817 | 0.9439 | | | | |
| 总计 | 67.5570 | 14.3289 | | | | 81.8859 |

续表

| | 第Ⅰ部类 | 第Ⅱ部类 | 最终需求 | 出口 | 进口 | 总计 |
|---|---|---|---|---|---|---|
| 2010 年 | | | | | | |
| 第Ⅰ部类 | 78.0139 | 12.4149 | 13.9535 | 9.9569 | -9.4416 | 104.8976 |
| 第Ⅱ部类 | | | 19.8426 | 1.2342 | -0.7099 | 20.3669 |
| 工资 | 13.7810 | 5.3198 | | | | |
| 利润 | 13.1027 | 2.6321 | | | | |
| 折旧 | 4.0735 | 1.4557 | | | | |
| 总计 | 104.8976 | 20.3669 | | | | 125.2645 |

## 三　中国宏观经济结构的经验分析

宏观经济结构的调整和优化是实现国民经济的稳步持续增长的重要保证。在两大部类再生产模型中，宏观经济的结构性特征反映在生产资料部类与消费资料部类的相对比例关系、可变资本与剩余价值的相对比例关系以及总需求的结构上；同时政治经济学还认为这些比例关系及其变动决定于资本有机构成、剩余价值率和利润率等关键变量的动态。因此，本节将在上一节经验数据的基础上，对这些宏观比例关系及其与马克思经济学的重要比率的关系进行分析和讨论。

### （一）中国宏观经济的结构

我们首先来分析一下从 2000 年到 2010 年这一时期中国宏观经济总量及其结构的一些基本特征。

#### 1. 生产资料部类与消费资料部类的比例关系

从 2000 年到 2010 年，生产资料部类的生产总值从 19.9 万亿元增加到 104.9 万亿元（增长了 4.27 倍），消费资料部类的生产规模从 5.8 万亿元增长到 20.4 万亿元（增长了 2.51 倍），均有大幅度的扩张（见图 1）；从结构上来看，2000 年第Ⅰ部类产值是第Ⅱ部类产值的 3.4 倍，到2010年变成5.15倍，从部类结构上来看最终就表现为生产资料部门在国民经济总量中比重增加了。这表明这一时期经济处于一个快速而深刻的资本深化和工业化过程。

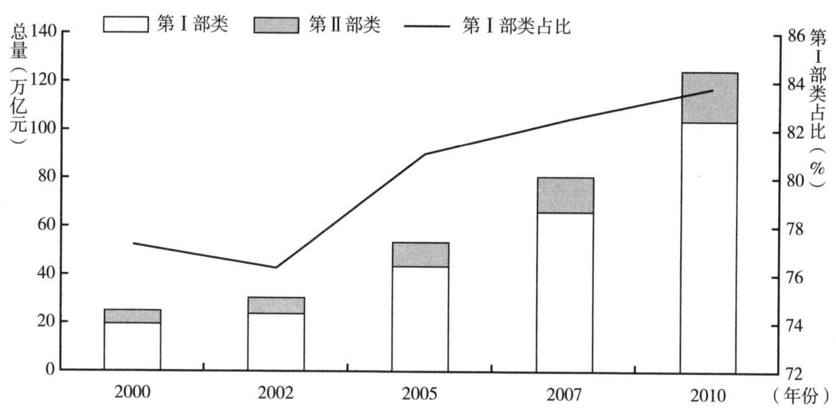


**图1　2000～2010年两大部类总量及其结构**

### 2. 利润和工资的比例关系

从2000年到2010年，中国的宏观分配状况及其结构也发生了重要的变化。工资总额从2000年的4.99万亿元增加到2010年的19.10万亿元（增长了2.83倍），而利润总额从2000年的2.78万亿元增加到2010年的15.75万亿元（增长了4.67倍），均有大幅度的增加（见图2）；从结构上来看，2000年，利润总额相当于工资总额的56%，到2010年变成82%，劳动收入占比经历了一个先下降后上升后下降的过程，反映了我国在2007年以后宏观收入调节政策发挥了积极的作用。

### 3. 总需求的结构

从2000年到2010年，中国宏观总需求的总量及其结构也有重要的变化和发展。投资、消费和净出口分别从2000年的1.80万亿元、5.63万亿元和0.35万亿元增加到2010年的13.95万亿元、19.84万亿元和1.04万亿元，分别增长了6.75倍、2.52倍和1.97倍（见图3）；投资、消费和

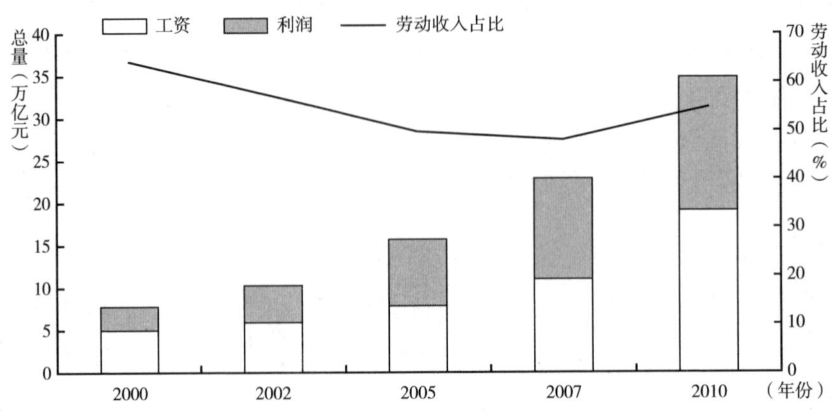


**图 2　2000～2010 年收入分配的总量及其结构**

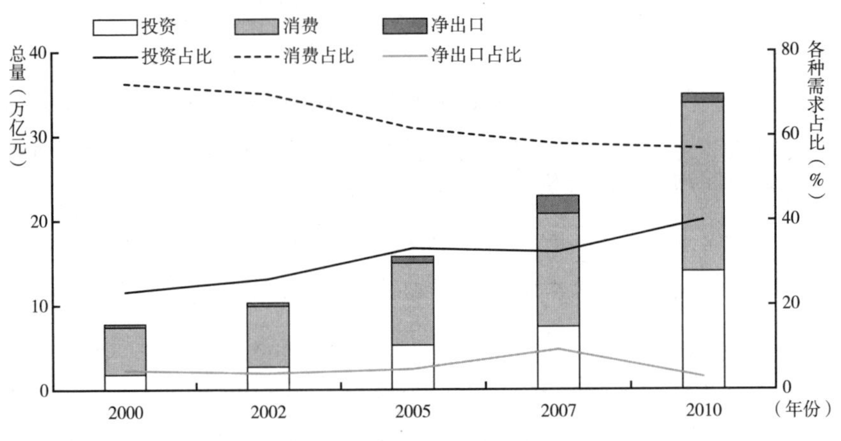


**图 3　2000～2010 年总需求的总量及其结构**

净出口在总需求中的比重从 2000 年的分别占 23%、72% 和 4%，发展成到 2010 年分别占 40%、57% 和 3%。在这十年期间拉动总需求的三驾马车均有较快的增长，其中投资的重要性无论是从总量还是从占比上来看都显著地提高了，投资成为这段时期拉动经济快速发展的最重要的因素；但是国内消费需求的总量增长和比重则相对地落后和降低了。

对外经济联系是现代宏观经济发展的一个重要方面。在改革开放过程中，净出口的结构及其变动具有重要的影响，其构成及其比例深刻地反映了我国宏观经济结构的变动。从进出口商品的种类的总量和结构上来看，生产资料和消费资料的净出口总额均保持了较好的发展态势，从2000年的0.14万亿元和0.21万亿元增长到2010年的0.52万亿元和0.52万亿元，分别增加了2.71倍和1.48倍（见图4），其宏观结构也基本保持了稳定。同时，从部类结构来看，这一期间，消费资料部门的出口总额和进口总额均大于生产资料部门，从另一个侧面反映了在宏观经济中第Ⅱ部类的相对重要地位，但这一情况在2007年以后发生了逆转。

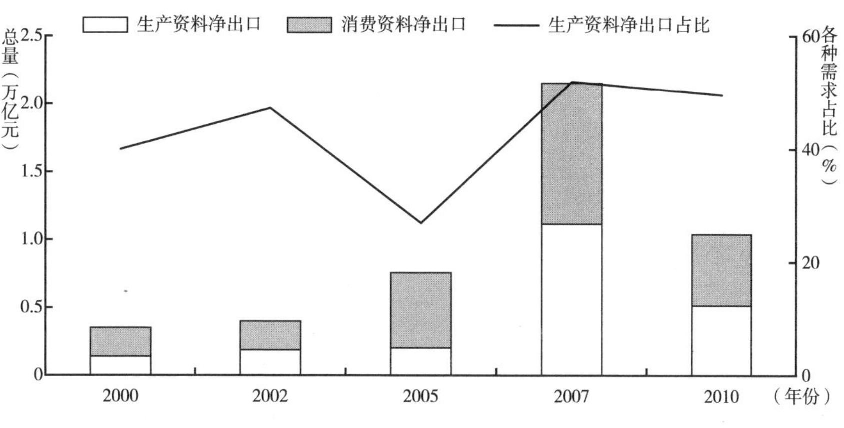


**图4　2000～2010年净出口的总量及其结构**

## （二）重要的比率及其变动趋势

在马克思主义政治经济学的理论体系中，资本有机构成、剩余价值率和利润率是决定和影响宏观经济动态的重要因素。① 下面将从经验上分析这些指标的经验近似值的特征及其变动趋势。

### 1. 资本－工资率

定义资本－工资率为 $\kappa_i = k_i^{\dagger}/W_i$，$i=\mathrm{I}, \mathrm{II}$，它是资本总额与工资总额的比值。如果忽略周转速度的影响或者假设这一时期资本周转速度不

① 我们在这里构建的指标虽与价值体系的各个指标有一定程度的差异，但在衡量动态趋势方面这些指标的计算仍然具有很大的意义。

变的话，那么资本－工资率的变动趋势就近似地与资本价值构成的变动趋势相同，能够反映生产过程中技术水平情况。

从图 5 中我们发现：（1）第Ⅰ部类的资本－工资率一直高于第Ⅱ部类的资本－工资率，这反映了生产资料生产部门的总体技术水平高于消费资料生产部门。（2）从变动趋势上看，第Ⅰ部类的资本－工资率在此期间呈现总体上升的特点，反映了该部门技术等条件在此期间快速改善的状况；而第Ⅱ部类的资本－工资率则基本呈现较为稳定的特点，反映了该部门技术条件变动较为稳定。

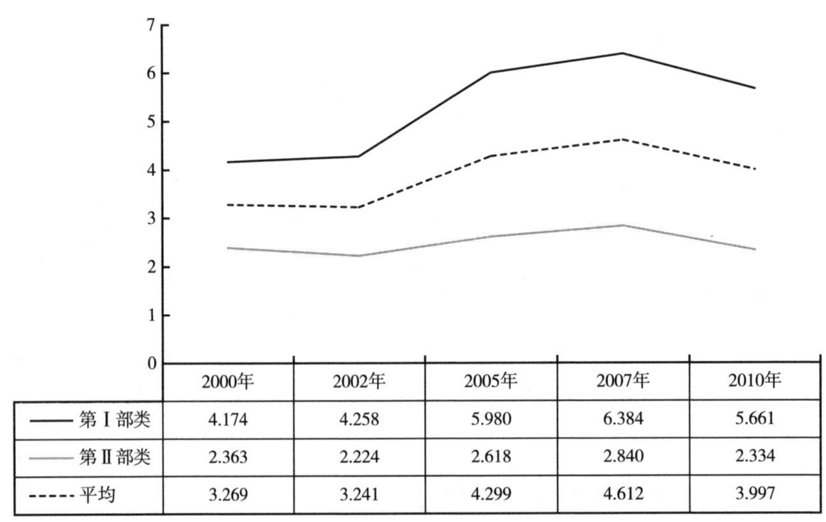


| | 2000年 | 2002年 | 2005年 | 2007年 | 2010年 |
|---|---|---|---|---|---|
| —— 第Ⅰ部类 | 4.174 | 4.258 | 5.980 | 6.384 | 5.661 |
| —— 第Ⅱ部类 | 2.363 | 2.224 | 2.618 | 2.840 | 2.334 |
| ----- 平均 | 3.269 | 3.241 | 4.299 | 4.612 | 3.997 |

**图 5　2000～2010 年的资本－工资率**

### 2. 利润－工资率

定义利润－工资率为 $\mu_i = \Pi_i / W_i$，$i = \mathrm{I}$，Ⅱ，它是利润总额与工资总额的比值。同样地，如果我们忽略资本周转因素，那么这里定义的利润－工资率就近似于政治经济学理论上所说的剩余价值率，表明了资本增殖的潜在能力。（1）从动态趋势上来看，两个部类以及社会平均的利润－工资率都呈现先上升而后下降的特点。（2）第Ⅰ部类的利润－工资率一直高于第Ⅱ部类的利润－工资率（见图 6）。在其他因素不变的情况下，这是引导资本不断投资于生产的重要动因。但是随着这个比例从 2007 年左右开始下降，原有的技术和体制下实现增殖的能力下降，凸显了中国经济进行结构性创新的紧迫性。

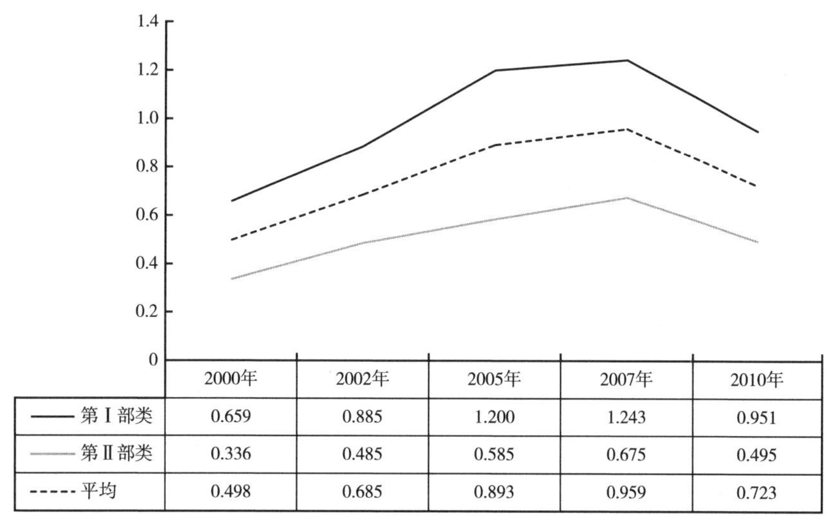


| | 2000年 | 2002年 | 2005年 | 2007年 | 2010年 |
|---|---|---|---|---|---|
| —— 第Ⅰ部类 | 0.659 | 0.885 | 1.200 | 1.243 | 0.951 |
| —— 第Ⅱ部类 | 0.336 | 0.485 | 0.585 | 0.675 | 0.495 |
| ----- 平均 | 0.498 | 0.685 | 0.893 | 0.959 | 0.723 |

**图 6　2000～2010 年的利润－工资率**

### 3. 利润率

定义利润率为 $\mu_i = \Pi_i/(k_i^{\dagger} + W)_i$，$i$ = Ⅰ，Ⅱ，它是利润总额与预付资本总额（包括不变资本 $k_i^{\dagger}$ 和可变资本 $W_i$）的比值。获取利润是发达商品经济生产的根本动力，利润率高低一方面衡量了资本获取利润的潜力，另一方面也反映了资本未来投资的能力。

从图 7 中我们发现：（1）2000 年以来，社会平均利润率总体呈现上升的趋势；第Ⅰ、第Ⅱ部类的利润率在 2007 年以前一直处于上升阶段，之后有一个显著的下降。其原因我们认为有两个方面：从外因上讲，2007 年爆发的国际金融和经济危机，使得外部需求突然下降，从而导致第Ⅰ、第Ⅱ部类的利润率下降；从内因上讲，利润率下降更深层次的是由资本构成上升和劳动力市场完善导致的利润－工资率下降综合引致的结果。（2）在国民经济中占重要地位的第Ⅰ部类的利润率在

2007 年之后的下降，一方面影响了企业投资的预期，另一方面也抑制了企业积累的能力，为了应对这种局面，单纯的总需求管理可能就不够用了，因此必须进行结构性的改革以恢复其利润率。

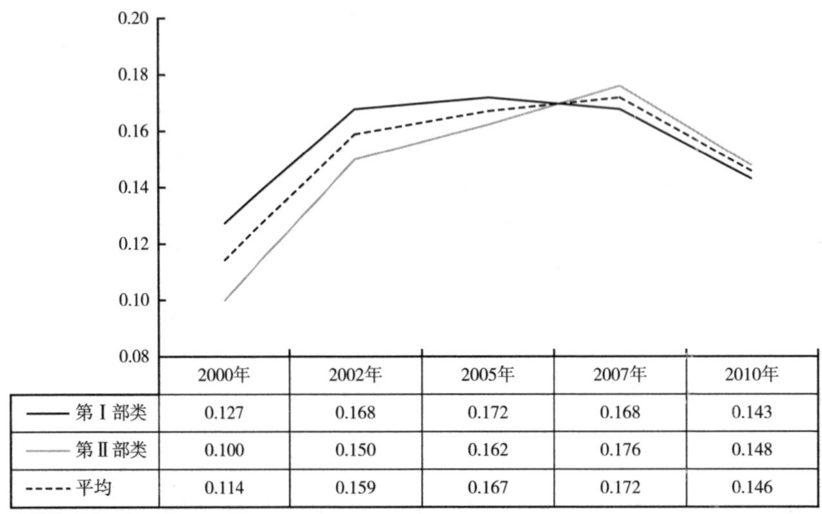


| | 2000年 | 2002年 | 2005年 | 2007年 | 2010年 |
|---|---|---|---|---|---|
| —— 第Ⅰ部类 | 0.127 | 0.168 | 0.172 | 0.168 | 0.143 |
| —— 第Ⅱ部类 | 0.100 | 0.150 | 0.162 | 0.176 | 0.148 |
| ----- 平均 | 0.114 | 0.159 | 0.167 | 0.172 | 0.146 |

**图 7　2000～2010 年的利润率**

**4. 部类比、积累－资本比和积累－利润比**

定义：（1）部类比 $\zeta = Y_{\mathrm{I}}/Y_{\mathrm{II}}$，是生产资料部门总产值与消费资料部门总产值的比；（2）积累－资本比 $\delta = (K + K^{\dagger}) / (k^{\dagger}_{\mathrm{I}} + k^{\dagger}_{\mathrm{II}})$，是投资总额与生产过程中所使用的不变资本总额的比值，如果我们假设在考察期间技术没有较大的变化，即固定资本与流动资本的系数变化很小的话，该系数近似地代表了全社会资本规模增长的速度；（3）积累－利润比 $\sigma = (K + K^{\dagger}) / (\Pi_{\mathrm{I}} + \Pi_{\mathrm{II}})$，是投资总额与利润总额的比值，代表了利润的社会储蓄－投资率。

从 2000 年到 2010 年，（1）除了 2000 年到 2002 年由于受到当时国企改革转型的影响而下降了以外，部类比持续上升（见图 8），从一个侧面反映了当时的宏观结构转型是较为成功的，保证了工业，尤其是生产资料部门的迅速发展；（2）全社会资本规模增长速度总体上持续提升，虽然受2007年金融危机影响有所下降，但是仍然维持在一个较高的水平；（3）资本规模增长速度的持续提升的一个重要影响因素就是积累－利润比在长期中呈现上升的趋势。

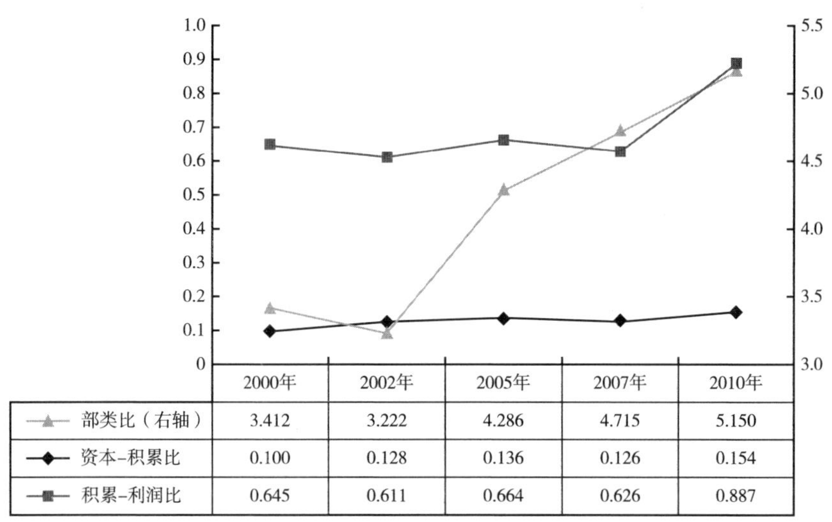


| | 2000年 | 2002年 | 2005年 | 2007年 | 2010年 |
|---|---|---|---|---|---|
| 部类比（右轴） | 3.412 | 3.222 | 4.286 | 4.715 | 5.150 |
| 资本-积累比 | 0.100 | 0.128 | 0.136 | 0.126 | 0.154 |
| 积累-利润比 | 0.645 | 0.611 | 0.664 | 0.626 | 0.887 |

**图8　2000～2010年的部类比、资本－积累比和积累－利润比**

结合本小节前三部分，我们可以发现，资本－工资率和部类比、利润－工资率以及利润率整体上都呈正相关关系；而资本－工资率、利润－工资率和利润率呈明显的反向变动关系。这与马克思主义经济学理论所预期的基本保持一致，说明其对现实经济具有很好的解释和预测能力，可以为宏观经济分析和管理提供坚实的理论基础。

**5. 两部类的相对增长率**

定义两部类各自的增长率是其总产值的增长率。由图9可知，总体来看：（1）在2000～2010年这一期间，两个部类的生产均经历了持续的高速增长；（2）除了开始的一段时间，第Ⅰ部类的增长速度一直高于第Ⅱ部类，这从一个侧面证明了列宁的“生产资料优先增长”理论在一定时期的正确性；（3）生产资料部门的增长过程波动性远高于消费资料部门，这说明在宏观总需求中居民消费的相对稳定性，而投资需求的相对不稳定性，因此也说明了在进行宏观总需求管理时，投资需求应该是管理重点；（4）从理论上来说，当宏观经济处于平衡增长路径时，两部类的增长率应该是相等的，而两部类增长率的差异说明当前中国宏观经济仍然处于非平衡的工业化过程中。

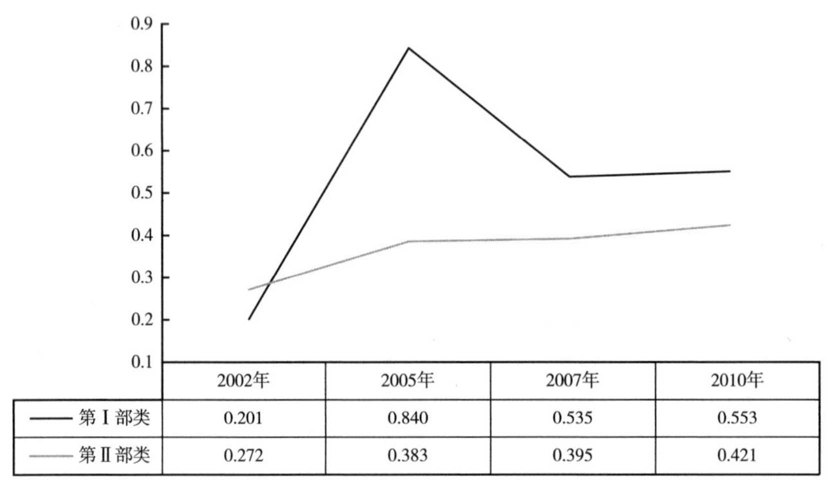


| | 2002年 | 2005年 | 2007年 | 2010年 |
|---|---|---|---|---|
| —— 第Ⅰ部类 | 0.201 | 0.840 | 0.535 | 0.553 |
| —— 第Ⅱ部类 | 0.272 | 0.383 | 0.395 | 0.421 |

**图 9　2002～2010 年两部类的增长率**

## 四　结论与研究展望

在本文中，我们构造了一个从投入产出表到两大部类宏观模型的映射关系，并以此为基础讨论了包含固定资本形成、开放部门的一般情形。以此方法为基础，我们利用中国 2000 年至 2010 年投入产出表对中国宏观经济和结构进行了初步的经验分析。本文中涉及的各项指标结果虽然只是一种近似计算，但这并不影响从这些理论指标的计算结果得出的结论。而通过分析和比较一些重要的总量、结构变量及其比率关系，我们发现经验数据及其趋势与马克思主义经济学理论所预期的基本保持一致，说明其对现实经济具有很好的解释和预测能力，可以为宏观经济分析和管理提供坚实的理论基础。两大部类再生产模型作为马克思经济学的核心之一，不论是从理论层面还是从经验层面都能有效地分析和阐释现实经济，特别是在收入分配问题、经济增长问题上，也能从政策上提供一个可靠的理论依据。本文的研究是利用现有的统计支撑数据对中国宏观经济进行理论和经验研究的例证。

本文的研究存在以下局限，它们也是笔者在进行马克思主义政治经济学经验研究的改进方向。（1）由于2000年中国投入产出表为18部门，其他年份的均为42部门，因此在数据处理上可能存在一定程度的偏差，给计算结果带来一定的影响。（2）由于篇幅的限制，文章的重点是探索将马克思的两大部类再生产模型具体化的经验方法，文章涉及的对生产资料部类和消费资料部类及其结构关系的经验分析，也旨在验证这种方法的有效性。对于从经验的角度研究马克思两大部类再生产模型视角下的宏观经济结构及其动态趋势还需要进一步深入，而其中的政策含义也需要更深入的讨论。（3）在马克思主义政治经济学的分析框架中，商业部门、金融部门均是非生产性部门，其本身不创造价值，但在价值实现、资本积累等方面（尤其是在当前金融化的背景下）对经济运行具有重要的影响。但是本文无论是方法讨论，还是经验讨论都没有包括这些部门，因此这也是我们今后研究的一个方向。

## 参考文献

[1] Fujimori, Yoriaki, "Building 2 - sector Schemes from the Input-output Table: Computation of Japan's Economy 1960 - 1985," *Josai University Bulletin*, 1 (1992)。

[2] B. C. 涅姆钦诺夫：《经济数学方法和模型》，乌家培、张守一译，商务印书馆，1983。

［3］兰格：《经济计量学导论》，袁镇岳、林克明译，中国社会科学出版社，1980。
［4］李帮喜：《线型经济理论与中国经济的大道路径》（日文），日本经济评论社，2015。
［5］刘国光：《对我国国民经济发展速度和比例关系问题的探讨》，《中国社会科学》1980 年第 4 期。
［6］王梦奎：《两大部类对比关系研究》，中国财政经济出版社，1983。

# 一个古典-马克思经济增长模型的中国经验*

李海明**

## 一 引言

粗略看来，目前的经济增长理论有两大传统：一是古典传统，来自斯密、李嘉图、马克思、凯恩斯的某些重要理论贡献，二是新古典传统，源于马歇尔、索洛的某些开创研究。后者往往被冠以“新古典”名义而成为现代经济增长理论研究的主流，特点在于使用虚构的总量生产函数和边际生产力理论，尽管遭受到了加总难题、逻辑悖论和反事实质疑①，但仍然盛极一时，甚至成为计量经济研究的时尚工具。

然而古典理论的生命力长久不衰，它所衍生的剩余传统、马克思主义理论、后凯恩斯主义理论、结构主义、演化主义与行为理论等非正统理论正在茁壮成长。其实，新古典理论也承袭了古典理论的部分内容。就古典理论的特点而言，对增长与分配的并重，是一个极好的传统，而

---

* 本文首发于《经济研究》2014 年第 11 期。

** 李海明，西南大学经济管理学院，教授。

① 这方面国内外有大量的文献。例如，20 世纪 50 ~ 60 年代经济思想史上发生的剑桥资本争论，表明总资本概念存在逻辑悖论；Phelps-Brown/Simon/Shaikh 批评认为，总量生产函数只是收入核算恒等式的一个近似，McCombie（2000）、Felipe 和 McCombie（2005）对此做了详细的研究。白暴力（2000）、白暴力和胡红安（2006）以及柳欣和曹静（2006）等也研究了总量生产函数和边际生产力理论存在的缺陷。

新古典理论，把分配丢掉了，它已经成为教科书典范的要素分配理论，所讲述的故事很动听，但并不严密，也同事实区别甚大。

最近十余年来，一种基于古典-马克思传统的经济增长分析框架已经得到极大发展与相当程度的应用（Duménil and Lévy，1995，2003；Foley and Marquetti，1997；Foley and Michl，1999，2004；Michl，1999，2002；Foley and Taylor，2006）。Foley 和 Michl（1999）形式化了马克思在《资本论》中提出的资本主义经济长期趋势，称之为马克思有偏技术进步和不变工资份额的古典增长模型，Duménil 和 Lévy（2003）则提出了实际工资和技术进步的理论，并称这种理论符合“马克思提出的历史轨迹”。他们认为，马克思提出了三种资本主义经济的长期趋势：劳动生产率的增长，资本价值构成的提高，利润率的下降（尽管利润总量会增长）。从长期来看，发达资本主义经济遵行马克思提出的历史轨迹。这些历史轨迹的部分模式的确与卡尔多给出的特征事实一致，其他如不变的产出-资本比，却是反事实的。

这一分析框架把技术变量与分配变量，同资本家的投资决策结合起来，用来确定产出与就业的演变路径。总体上来讲，其基本结论是：随着经济发展程度的提高，实际工资率提高，利润率的下降必然通过影响资本存量的积累而导致经济增长减速。

该框架反对新古典总量生产函数假设与边际生产力分析工具，而以新古典理论也能接受的增长-分配曲线为主要分析手段，这一曲线蕴含了凯恩斯国民收入和斯拉法工资-利润曲线的思想。其优势在于：一方面，从国民收入核算中可以获得大量流行的或较为可信的数据来对理论模型加以检验；另一方面，可以通过研究劳动生产率和资本生产率等生产率参数的变化，考察技术进步到底向着有利于哪种生产要素的方向变化。因此，增长与分配、短期与长期能很好地结合起来研究。

本文对前述有关古典-马克思传统的经济增长文献进行了研究与整理，给出了古典-马克思经济增长模型的一个简化的标准框架，并利用中国数据对模型有关结果进行了检验，讨论了模型的适用前提和基于中国现实经济情况的修正思路。接下来的安排是：第二部分给出一个简化的古典－马克思分析框架，第三部分根据这种框架，结合中国经济数据加以分析，第四部分讨论模型的局限性及其一些新的改进与发展，最后是结论。

## 二　一个简化的古典－马克思经济增长模型

我们考虑 Foley 和 Michl（1999）、Duménil 和 Lévy（2003）所提出模型的一个简化版本。假设经济体系只生产一种产品，总产出为 $X$，使用两种要素进行生产，即资本 $K$ 和劳动 $N$。资本所有者和劳动所有者获得的收入分别是利润 $Z$ 和工资 $W$。总产出要么用来消费，要么用来进行资本积累。记总消费为 $C$，总投资（积累）为 $I$。这些都是总量概念，其中资本、利润、工资、消费和投资均使用产出的相同实物单位来加以计量。

不考虑失业问题，假设劳动力与总人口一致。记人均意义上的变量为：

$$x = X/N, k = K/N, z = Z/N, w = W/N, c = C/N, i = I/N$$

其中，$w$ 是实际工资率，人均产出 $x$ 也代表劳动生产率，此外，记产出－资本比 $\rho = X/K$ 代表资本生产率，实际利润率 $r = Z/K$。

不考虑货币、政府与外贸，忽略折旧。

### （一）增长－分配图

我们知道，对于任何类型的经济体来说，社会总产出，从支出角度由消费支出与投资支出构成，从收入角度最初被分解为工资与利润。这意味着下面的会计恒等式始终是成立的：

$$X = C + I = W + Z \tag{1}$$

或者，用人均指标表示：

$$x = c + i = w + z \tag{2}$$

记总资本增长率为 $g_K = I/K = i/k$，并注意到 $z = rk$，由上面的公式可以得到关于增长和分配的两条不同性质的曲线：

$$c = x - i = x - kg_K = x(1 - g_K/\rho) \tag{3}$$

$$w = x - kr = x(1 - r/\rho) \tag{4}$$

方程（3）代表消费－增长率曲线，方程（4）代表实际工资率－利润率曲线。它们说明，给定劳动生产率和资本生产率，在社会消费与资本存量的积累速度之间、在实际工资率与实际利润率之间存在替代关系。图 1 中的同一条直线 $x\rho$，在消费－增长率空间（$c$，$g_K$）代表消费－增长率曲线，在实际工资－利润率空间（$w$，$r$）代表实际工资率－利润率曲线。

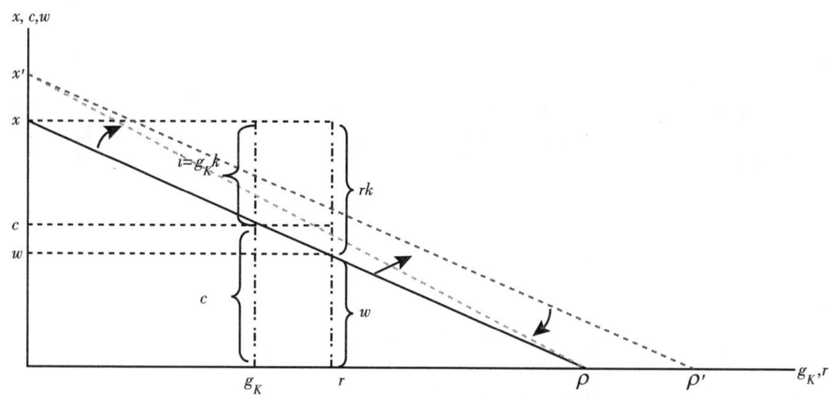


**图 1　增长－分配图**

图 1[①] 就是所谓的增长－分配图，它用来形象地描述总产出在消费与投资、工资与利润之间如何配置。

增长－分配图更多的是一种有关价值、分配与增长的剩余方法，而不是凯恩斯的国民收入核算方法，尽管同后者有很多的相似之处。作为

① 图 1 及下面的图 2 是以 Foley 和 Michl（1999）的图形为基础构造的。读者可以在该书中找到更为简单的图形。

增值的社会总产出实际上是新创造的财富，因而是一种剩余，剩余的分配，从总支出的产出账户可以分解为投资与消费，从总收入的收入账户则可以分解为利润与工资。

## （二）技术进步的方向

增长-分配图中，随着技术参数即劳动生产率 $x$ 和资本生产率 $\rho$ 的改变，曲线会发生转动或平移，从而可以体现技术进步的方向（见图1）。按照 Foley 和 Michl（1999）的界定，如果 $x$ 提高，称为劳动节约，如果 $\rho$ 提高，称为资本节约，反之称为劳动使用型或资本使用型技术进步。技术进步的程度可以用 $x$ 和 $\rho$ 的增长率来体现，分别表示为 $g_x$ 和 $g_\rho$。大致说来，技术进步可以分成下面的类型。

（1）劳动节约型技术进步[①]：$g_x>0$，$g_\rho=0$，资本生产率 $\rho$ 维持不变，劳动生产率 $x$ 提高。这种情况下，增长-分配曲线以横截距为支点，沿纵轴顺时针旋转。

（2）资本节约型技术进步：$g_x=0$，$g_\rho>0$，劳动生产率 $x$ 维持不变，资本生产率 $\rho$ 提高。这种情况下，增长-分配曲线以纵截距为支点，沿横轴反时针旋转。

（3）要素节约型技术进步：$g_x=g_\rho$，维持劳动生产率 $x$ 与资本生产率 $\rho$ 的增长率相等（劳动节约与资本节约相等）的技术进步，体现为增长-分配曲线的平移。

① 古典-马克思经济增长模型对技术进步类型的界定与主流理论的界定有一定的差异。主流理论有关技术进步的倾向是按照技术进步是否有利于要素在国民收入中的份额来区分的。如果技术进步能够维持这一份额不变，则是一种中性技术进步，例如哈罗德中性技术进步、索洛中性技术进步或希克斯中性技术进步，否则，为非中性技术进步，如果技术进步提高资本收入份额，则为劳动节约型技术进步，如果技术进步提高劳动收入份额，则为资本节约型技术进步。而古典-马克思经济增长模型对技术进步倾向的界定则没有对要素份额做进一步的假设，如下文，在正式的模型中，是对要素份额进行了假设的。在这些假设下，可能会得出与主流理论一致的技术进步类型。不过，这些差别更多的是古典-马克思经济增长模型抛弃了总量生产函数和边际生产力分析方法的结果。

现实经济中很难出现上述纯粹的技术进步，往往是其中一种或几种的结合。例如，我们定义马克思有偏技术进步：$g_x > 0$，$g_\rho < 0$。在经济发展史的多数时期，劳动生产率不断提高，而资本生产率滞后或降低，这类似于马克思有关资本积累和技术进步的描述，文献中常称之为马克思有偏技术进步（Marx-Biased Technical Change）。

### （三）固定工资份额的古典－马克思经济增长模型

记资本收入（利润）份额为 $\pi = Z/X$，劳动收入（工资）份额为 $1-\pi = W/X$。

古典－马克思经济增长模型的出发点是一个固定工资、无技术进步的基准模型。在固定工资假设下，$W = \bar{W}$，劳动力以给定的习俗工资无弹性地供给，这也是通常说的维持生存工资水平。在这一无技术进步的基准模型中，也存在经济增长，因为 $x = X/N$，$\rho = X/K$ 都保持不变，就意味着总产出、总资本和总人口以相同比率增长。

基准模型的缺陷是无法解释劳动生产率的提高和工资增长。固定工资假设不太合理，如果劳动生产率 $x = X/N$ 持续提高，则工资份额 $1-\pi = \bar{W}/X = \bar{w}/x$ 会趋于零。现实经济中工资份额尽管有相当大的波动，但并不趋于零，而是保持大略不变，所以更合理的假设是工资份额处于一个不变的习惯水平上。

对基准模型的修正，一是引入固定工资份额假设，二是引入技术进步。固定工资份额假设下，$1-\bar{\pi} = w/x$，表明人均产出与实际工资率以相同速度增长。引入技术进步后对模型结果的影响由技术进步的类型决定。考虑到经济史上很多时间都存在人均产出（劳动生产率）不断提高和资本生产率（产出－资本比）下降的情况，例如，美国 1820～1913 年、1973～1992 年，日本 1870～1950 年、1973～1992 年都是资本生产率下降的时期，因此引入马克思有偏技术进步是有现实根据的。这也是模型的“马克思特征”所在。①

在马克思有偏技术进步假设条件下，劳动生产率 $x$ 按外生速率 $g_x>0$ 提高，资本生产率 $\rho$ 按外生速率 $g_\rho<0$ 下降。则一个重要结论是，实际工资率 $w=(1-\bar{\pi})x$ 会随劳动生产率同比例上升，利润率 $r=\bar{\pi}\rho$ 会随资本生产率同比例而下降。

要看出利润率变动对经济总量变动的影响，这就要确定总资本的增长率 $g_K$，为此需要一个关于个体资本积累选择行为的剑桥方程。例如，Duménil 和 Lévy（2003）使用马克思的方法，假设资本所有者把 $s$ 比例的利润积累起来用作投资，即 $I=sZ$，从而 $g_K=sr$。Foley 和 Michl（1999）则求解下面的代表性主体跨期最优化问题：

$$\max \sum_{t=0}^{\infty} \beta^t ln C_t^C$$
$$\text{s. t. } C_t^C + K_{t+1} = (1+r)K_t, C_t^C \geqslant 0, K_{t+1} \geqslant 0, K(0) \text{ 给定}$$

其中，$C_t^C$ 为资本所有者在时刻 $t$ 的消费，$0<\beta<1$ 是外生给定的资本家贴现因子或储蓄倾向。均衡条件为：

$$C^C = (1-\beta)(1+r)K \tag{5}$$

$$g_K = \beta(1+r) - 1 \tag{6}$$

求解结果表明，资本所有者会消费期末财富的一个常数比例部分 $(1-\beta)$，其消费增长率为 $\beta(1+r)$。根据式（6），总资本存量的增长率会随利润率下降而递减。由于 $g_X=g_K+g_\rho$，$g_N=g_X-g_x$，随着劳动生产率提高和资本生产率下降，总产出增长率和总劳动增长率会以比总资本增长率更快的速度下降。

① 这一点也是古典－马克思增长模型与新古典主流增长模型的关键差别所在。主流模型为了匹配平衡增长路径上的卡尔多事实，必须令资本－产出比保持不变，因而只能引入哈罗德中性技术进步。对于本文的基准模型来说，固定工资（利润）份额加以纯粹的劳动节约型技术进步，其实就是一种哈罗德中性技术进步，给定外生的技术进步率，则会得到不变增长率和不变利润率的结果，这显然是不符合经济现实的。

但人均资本 $k=\bar{\pi}x/r$ 会提高。就人均消费 $c=c^c+w$ 来说，根据式（5），人均资本存量的增长会超过利润率的下降，资本所有者的人均消费 $c^c$ 将提高，加之实际工资率不断提高，人均消费水平也不断提高。

最终，利润率会下降到非常低，经济会停止增长。根据式（6）可知当资本存量增长率为零时，利润率下降到（$1-\beta$）/$\beta$。资本积累会终止。Duménil 和 Lévy（2003）称之为资本主义发展的马克思历史轨迹。Eltis（2000）表明，要产生马克思有偏技术进步，实际工资率提高是必要条件。只要产出增长率低于不变资本增长率而高于可变资本（工资）增长率，对于任何初始状态，利润率最终会下降。当资本积累为负时，资本家会消费掉所有的财富。不过，Foley 和 Michl（1999）认为，现实中这种情况不会发生，因为资本使用型技术进步不会无限持续下去，它会过渡到稳定的或上升的资本生产率时期。例如，美国 1913～1950 年、1950～1973 年资本生产率就有所提高。

### （四）古典－马克思经济增长模型的有效性

模型的有效性取决于可行性条件，可行性条件依赖于利润最大化企业的技术选择。我们用（$x$，$\rho$）代表一种生产技术。企业会接受新技术（$x'$，$\rho'$），如果给定现有实际工资率，新技术的预期利润率超过老技术的利润率。也就是说，新技术是可行的。如图 2 所示，对于两条实际工资率－利润率曲线，一项技术的有效边界就是 $DEF$，$E$ 为技术转折点，在 $E$ 点，两种不同技术有着相同的转折工资率 $w^*$ 和利润率 $r^*$。古典理论可以在一个广泛的实际工资率范围内选择新技术，只要实际工资率不低于转折工资率，即 $w \geq w^*$。如果 $w<w^*$，该新技术就是不可行的。

有趣的是，$w=w^*$，恰好是新古典模型的边际生产力理论发生作用的场合。新古典模型往往虚构一个如柯布－道格拉斯式的平滑生产函数，其技术有效边界 $HEJ$ 也是平滑的，这意味实际工资率的任何微小

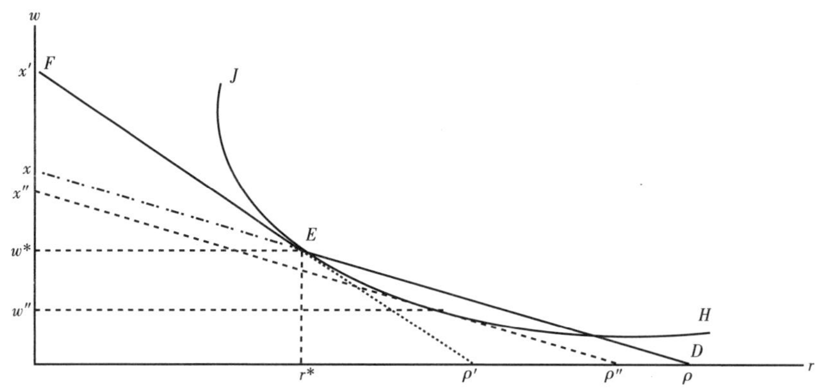


**图 2　古典－马克思经济增长模型的有效性**

变化都会导致不同的技术选择，因此经济总是处于技术有效边界的转折点 $E$ 上。例如，如果 $w=w^*$，能同 $HEJ$ 相切的技术（$x'$，$\rho'$）是企业选择结果，而 $w=w''$时，能同 $HEJ$ 相切的技术（$x''$，$\rho''$）是也是企业的利润最大化技术选择结果。因此新古典理论的技术有效边界 $HEJ$ 上任一点都是技术转折点，这时，边际生产力法则将生效，即实际工资率等于劳动的边际产品，利润率将等于资本的边际产品。

可见，根据实际工资率与转折工资率之间的比较，我们可以判断到底是古典－马克思模型有效还是新古典模型有效。问题是并不清楚转折工资率的高低。一个替代性条件是利用方程（4）所显示的利润率与工资率的关系：$r=(1-w/x)\rho$。在现有实际工资率 $w$ 下，新技术（$x'$，$\rho'$）的预期利润率为：$r^e=(1-w/x')\rho'$，则可行性条件为 $r^e\geq r$，注意到 $x'=(1+g_x)x$，$\rho'=(1+g_\rho)\rho$，$w=(1-\pi)x$。整理可得：

$$\pi\leqslant\frac{g_x(1+g_\rho)}{g_x-g_\rho}\equiv\omega \tag{7}$$

给定技术进步率 $g_x$和 $g_\rho$，我们就可以检验模型的有效性。

Foley 和 Michl（1999）、Michl（2002）证明，在固定工资份额的经济中，马克思有偏技术进步使得劳动和资本生产率的历史路径确切地呈现一条平滑的新古典柯布－道格拉斯生产函数形式，这样的函数是

“化石生产函数”（Fossil Production Function），它只是过去技术的化石记录，而非新古典生产函数宣称的那样可以体现当前技术形式。两种理论的差异还体现在对资本、劳动所体现的背后社会关系的研究，新古典理论的边际生产力法则通过供求均衡原理对称地制造了一种经济和谐论，结果是，要素都获得了体现其贡献的边际产品。

公式（7）表明，如果 $\pi < \omega$，古典 - 马克思理论有效，如果 $\pi = \omega$，新古典理论有效，如果 $\pi > \omega$，两种理论都无效。

Basu（2010）检验了这一可行性条件。对于 OECD 国家，拒绝新古典模型；对于美国宾夕法尼亚大学扩展世界表（Extended Penn World Tables，EPWT）上的所有国家，变化比较大，一部分满足新古典模型，一部分满足马克思有偏技术进步的古典模型，一部分甚至不满足可行性条件。这里可能有两个解释。一是不同国家有资本主义深度的差异。OECD 国家与其他国家在经济的结构和功能上有很大差异，前者是发达资本主义国家，后者中有许多国家还远未完成资本主义转型。这就削弱了两类模型比较的有效性。Basu 赞同第二种解释，即检验变量受到随机因素的作用。通过引入随机变量后，可行性条件的条件预期检验表明，整体上拒绝新古典理论。

## 三　中国经验与模型的解释力

尽管原始的古典 - 马克思模型以资本主义经济体系为基本环境，但考虑到改革开放以来，我国逐渐转向市场经济体制，基本的分配关系仍然发生在资本所有者与劳动者之间，这一模型还是有一定的适应能力。如上所述，模型从国民收入恒等式出发，建立增长 - 分配图，识别技术进步的方向，研究经济增长的前景，也蕴含了对应的政策药方。这里要研究的问题是，中国 1978 ~ 2012 年的数据是否能够揭示前面的古典 - 马克思经济增长模型中所呈现的基本趋势，如果可以，这一趋势有什么样的含义，如果不可以，模型需要做什么样的修正。

## （一）中国数据的基本状态

研究年限为1978～2012年。我们需要产出、资本、劳动的总量数据，其中产出与劳动数据来自历年《中国统计年鉴》中的支出法GDP和就业。资本数据要复杂得多，在年鉴中没有直接数据，但可以通过特定方法加以估计，也有诸多研究可以借鉴，例如李治国和唐国兴（2002）、张军和章元（2003）、郭庆旺和贾俊雪（2005）、单豪杰（2008）、徐杰等（2010）、许鲁光等（2010）、李宾（2011）。本文使用赵彦云（1999，第194页）的原值净值固定比例法。GDP和资本存量都采用1978年不变价格表示。此外，劳动或资本收入份额数据也无法直接从年鉴得到，要通过一定方法计算。本文直接采用了钱震杰（2008，第36页）、张车伟（2012）的研究结果。进而，利用劳动或资本收入份额，可以计算出相应的1978年不变价格的工资与利润总量，然后，可以得到实际工资率与利润率数据。

图3展示了劳动生产率$x$、资本生产率$\rho$、实际工资率$w$、实际利润率$r$、劳动收入份额（$1-\pi$）五个变量的时间变化趋势。

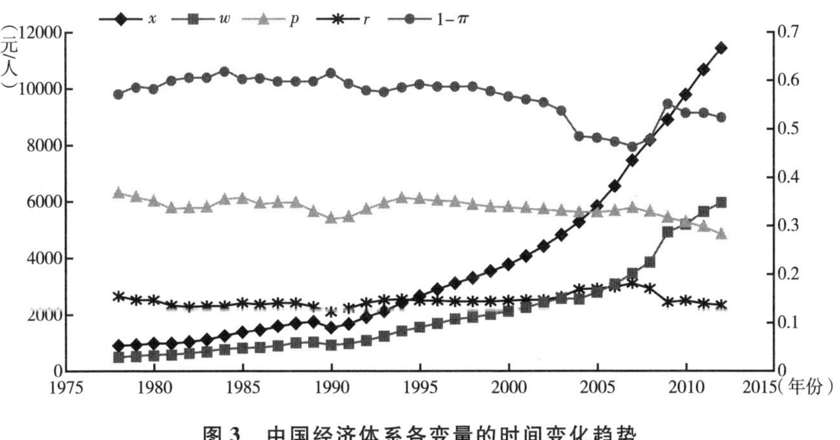


**图3　中国经济体系各变量的时间变化趋势**

可以看出，劳动生产率表现为稳定增长模式，尽管1990年出现过短暂下降，但1992年之后出现了更为快速的增长。产出－资本比$\rho$总体趋势是下降的，在 1994 年之前呈现周期性变动，之后逐渐下降。

劳动收入份额（$1-\pi$）整体上为下降趋势，1999 年之前平均份额为 0.59 左右（统计年鉴的这一数据既包含雇员收入，也包含自雇劳动收入），此后逐渐表现出明显的下降趋势。2007 年之后有所变化，原因在于统计局对数据的调整，因此这一上升趋势显得不可信。

从实际工资率 $w$ 来看，总体上是上升趋势。1990 年和 2004 年有短暂的下降，2005 年前比较平稳地增长，此后则有比较快速的增长。

从利润率来看，大致呈现波动式平稳，但有轻微下降。

## （二）古典 – 马克思经济增长模型与中国数据的匹配性

首先是增长 – 分配表问题。以方程（4）代表实际工资率 – 利润率曲线。我们做出 1978 ~ 2012 年实际工资率 – 利润率的散点图，图 4 表明，很难得到一条稳定的实际工资率 – 利润曲线，不过我们可以区分三个时期：20 世纪 80 年代，20 世纪 90 年代，21 世纪第一个十年后期 ~ 21 世纪 10 年代初期，它们大致呈现标准的负斜率趋势。而 21 世纪第一个十年前期，是一种正斜率趋势。要注意的是，方程（4）代表的是给定劳动生产率与资本生产率（从而不存在技术进步）下的实际工资率 – 利润率关系，与图 4 得到的关系并不完全是同一回事。

其次是中国经济发展过程服从马克思有偏技术进步吗？

要识别前面我们所界定的技术进步模式，需要计算劳动生产率与资本生产率的平均增长率数据。表 1 给出了这些数据。我们也根据资本生产率的变动区分了三个时期，其中 1991 ~ 2000 年出现了资本生产率的上升。按照 Mendoza Pichardo（2007）的技术进步识别标准[①]：如果 $g_x > 0.0040$，$-0.0040 < g_\rho < 0.0040$，技术进步为劳动节约型；如果 $g_x$，$g_\rho > 0.0040$，技术进步为要素节约型；如果 $g_x > 0.0040$，$g_\rho < -0.0040$，

① 这种区分标准同前文中的定义有所不同。这是因为经验研究中很难得到劳动生产率或资本生产率确切地为零值的情形，因此像 Mendoza Pichardo（2007）一样，这里稍显武断地用正负 0.4% 进行了修正。

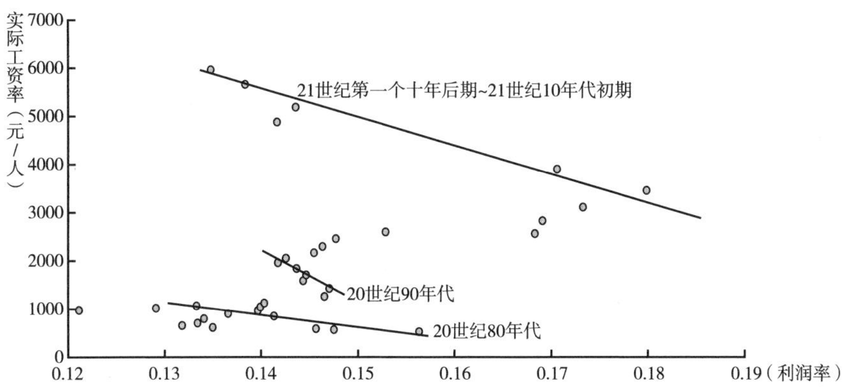


**图 4　中国经济的实际工资率－利润率曲线**

技术进步为马克思有偏技术进步；如果 $g_x$，$g_\rho<0.0040$，则处于危机期间。可以判断出，整个 1978～2012 年中国的技术进步呈现马克思有偏技术进步模式，即节约劳动、使用资本的技术进步。其中，整个 20 世纪 90 年代主要是一种要素节约型技术进步。

**表 1　中国经济体系不同时期的技术进步模式**

| | 绝对值 | | 平均增长率 | | | |
|---|---|---|---|---|---|---|
| | 1978 年 | 2012 年 | 1978～2012 年 | 1978～1990 年 | 1991～2000 年 | 2001～2012 年 |
| $x=X/N$ | 897.99 | 11388.31 | 0.0776 | 0.0476 | 0.0940 | 0.0979 |
| $\rho=X/K$ | 0.3650 | 0.2827 | －0.0075 | －0.0124 | 0.0067 | －0.0148 |
| $k=K/N=x/\rho$ | 2460.25 | 40279.96 | 0.0857 | 0.0608 | 0.0867 | 0.1144 |
| $1-\pi=W/X$ | 0.5715 | 0.5232 | －0.0026 | 0.0061 | －0.0048 | －0.0062 |
| $w=W/N$ | 513.20 | 5958.36 | 0.0748 | 0.0539 | 0.0887 | 0.0911 |
| $r=Z/K$ | 0.1564 | 0.1348 | －0.0044 | －0.0211 | 0.0134 | －0.0075 |
| $g_K=\Delta K/K$ | | | 0.1066 | 0.1039 | 0.0984 | 0.1197 |
| $g_X=\Delta X/X$ | | | 0.0983 | 0.0901 | 0.1057 | 0.1031 |
| 技术进步类型 | | | 马克思有偏 | 马克思有偏 | 要素节约型 | 马克思有偏 |

注：$x$、$k$ 和 $w$ 的绝对值单位为元/人。

由于产出－资本比 $\rho$ 依赖于对资本存量的测算。我们也计算了其他学者估计的资本存量对本文此处判断的影响。例如，李宾（2011）估计了 1952～2009 年的当年价固定资本形成总额，我们取其中 1978～2009 年的数据，使用统计年鉴上支出法的名义 GDP 数据，得到 $g_\rho = -0.0132$；徐杰等（2010）估计了 1986～2007 年、定基 1978 年的固定资本存量，使用统计年鉴上 1978 年计价的 GDP 数据，得到 $g_\rho = -0.0260$。这些结果都在 $g_\rho < -0.0040$ 的范围内，仍然符合本文马克思有偏技术技术进步模式判断的结论。

再次，中国市场经济的发展服从标准模型中的“马克思趋势”吗？

标准模型的主要结论是，如果劳动收入份额不变，技术进步采取马克思有偏模式，在人均收入不断提高、产出－资本比不断下降的同时，实际工资率会上升，利润率会降低，导致总资本增长率下降，总产出增长率和总劳动增长率也会下降，且速度更快。

从表 1 的数据可以看出，中国的实际工资增长率平均大约在 7.5%，近年来呈现加速趋势。从利润率 $r$ 来看，利润率表现出微弱的负增长率（－0.4%）。

表 1 也给出了各个时期的经济增长率。根据 $g_X = g_K + g_\rho$，马克思有偏技术进步会给出低于资本存量增长率的产出增长率，例如，1978～2012 年，资本存量的平均增长率为 10.66%，产出的平均增长率为 9.83%。要素节约型技术进步则刚好相反，例如，1991～2000 年，资本存量的平均增长率为 9.84%，产出的平均增长率为 10.57%。

古典－马克思经济增长模型给出的结论是利润率与经济增长率直接存在一定的关联。根据方程（6），$g_K = \beta(1+r) - 1$，资本存量增长率依赖于主观贴现因子 $\beta$（或财富储蓄比例）和利润率 $r$。跨期优化理论中，$\beta$ 依赖于实际利率 $R$。例如取中国人民银行确定的 1978～2012 年实际年利率的平均值 $R = 0.18\%$，则 $\beta = 1/(1+r) \approx 0.998$。根据 $g_X = g_K + g_\rho$，产出增长率则由资本存量增长率和资本生产率增长率给出。如果资本生产率增长率给定，由于主观贴现因子为外生参数，产出增长率最终取决于利润率。图 5 表明，产出增长率与利润率增长率具有非常相似的演化轨迹，它们具有正相关的关系：利润率增长率的提高伴随着产出增长率的提高，反之则反。它们都具有高度波动性，其标准差分别为0.027和0.069，可见利润率增长率有更高的波动。二者的相关系数为0.49。

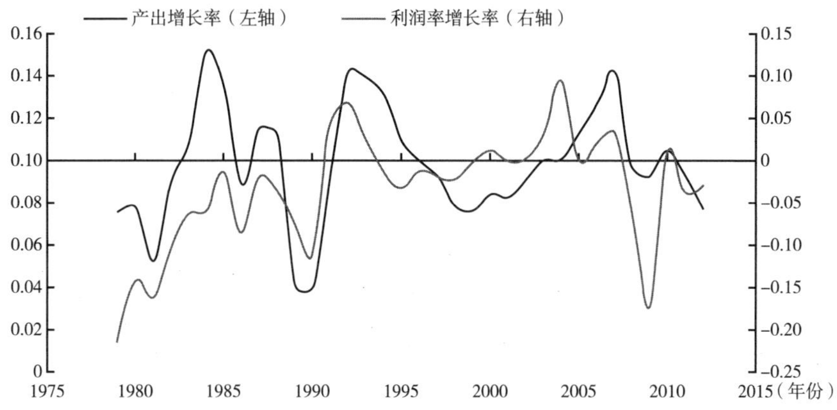


**图5　中国经济体系产出增长率与利润率增长率的演化轨迹**

最后，我们也可以检验模型的有效性。根据方程（7），使用1978～2012年平均利润份额和表1给出的劳动生产率与资本生产率的平均增长率数据，$g_x = 0.0776$，$g_\rho = -0.0075$，可以验证如下：

$$\pi = 0.4353 \leqslant \frac{g_x(1 + g_\rho)}{g_x - g_\rho} = \frac{0.0776(1 - 0.0075)}{0.0776 + 0.0075} = 0.9050 = \omega$$

这表明，模型的确有效。注意，这一结果并不依赖于标准模型的固定工资份额假设和马克思有偏技术进步，因为方程（7）的得出只需要社会产出的收支分解关系和技术选择逻辑即可。

## （三）标准模型的固定工资份额假设与模型的修正

标准模型有两个很关键的前提假设，一是固定工资份额，二是马克思有偏技术进步。我们简单忽略固定工资份额与劳动收入份额的区别。图1或表1表明，劳动收入份额呈现下降趋势（其增长率为－0.26%），相应地，资本收入份额整体上呈现提高趋势。如果在较长时期内，忽略劳动收入份额的这种波动，则理论上是可以采用固定工资份额假设的。

鉴于在我们研究的范围内，工资份额下降趋势较为明显，我们可以修改第一个假设，即假定工资份额（$1-\pi$）下降，同时假定马克思有偏技术进步的劳动生产率与资本生产率增长率分别为 $g_x>0$，$g_\rho<0$。由于利润率 $r=\pi\rho$，利润份额 $\pi$ 与资本生产率 $\rho$ 变化方向相反，即前者上升、后者下降，所以理论上难以判断利润率的变动趋势，这可能是中国数据中利润率下降趋势不明显的原因所在，或者，反过来说，劳动收入份额的下降抵消了一部分利润率下降趋势。修改后的模型中，利润率下降趋势出现的必要条件是资本收入份额的上升速度要小于产出－资本比的下降。

如果利润率下降趋势成立，未来中国经济增长会受制于这一约束条件，马克思趋势会表现得更明显。实体经济增长放缓，收入差距进一步变大，经济泡沫和经济危机的可能性变高。当然，如果维持目前较微弱的利润率下降趋势，这些问题可以得到缓解但无法根除。

## 四　模型的缺陷与发展

当然，该模型用来讨论中国经济问题还是存在很大的局限性。例如，固定劳动收入份额模型的前提并不完全满足。此外，模型主要适用于资本主义经济，它是古典的“两阶级”（资本家－工人）模型的延续，这方面虽然能够克服新古典理论同质经济人假设的严重缺陷，但用于社会主义市场经济分析还需要慎重。

但模型的基本分析工具，如收入核算、增长－分配曲线、技术进步分类，还是很有用的。例如，根据前面的分析我们可以假定利润率不变，给定马克思有偏技术进步，仍然可以讨论各种变量的演化。不过这是一个非常退化的模型。或者，可以令要素收入份额改变，讨论它与经济增长的关系。根据利润份额与经济增长率的变化方向，可以产生不同的结果。资本收入份额的增加如果使得经济增长率提高，称为“利润驱动型”增长，反之则为“工资驱动型”增长。这些是后凯恩斯主义宏观经济学中经常讨论的主题。

模型仍然未能克服有关剑桥资本争论中提出的技术再转折和资本加总难题，即可能实际工资率与劳动生产率、资本－劳动比之间并非一一对应关系。此外，在有关马克思原义上的资本、利润、工资概念同模型所理解的，及各种年鉴（或相关数据挖掘）上所提供的概念，有着相当大的出入。当然，这些缺陷，也几乎都是西方经济学各流派难以克服的障碍。

此外，模型局限于单一产品、封闭经济、外生技术进步、储蓄来源单一（仅限资本家身上）。这些缺陷可以通过各种扩展加以完善。例如，外生技术进步对经济增长的解释是有限的。如果考虑内生增长，劳动生产率与资本生产率会依赖于投资、教育、研发等因素。如何在一致的框架内引入这些内生增长因素，尚是有待研究的问题。不过，这一缺陷是有可能克服的。这方面的研究，总是同新增长理论、结构主义、后凯恩斯主义的一些研究方法紧密联系的。各种因素的结合，有时会产生一种周期性结果，从而能把增长、分配、周期性波动密切结合起来。这是相对于主流理论的优势所在。

因此，不少经济学家对古典－马克思理论充满信心。Foley 和 Taylor（2006）相信这一分析框架可以为正统经济学和非正统经济学之间的方法论讨论提供一个基准模型，用同样的核心思想把纷繁复杂的非正统理论统一起来。Mendoza Pichardo（2007）认为这一框架是解释实际经济的历史和当前乃至长期趋势，尤其是马克思提出的历史轨迹的有力方法。

以此为基础的实证研究也在逐渐增加。例如，Marquetti（2003）研究了技术进步的历史模式与区域模式，发现对于所选的六个发达国家和 1964～1990 年地区数据都存在明显的马克思有偏技术进步，当然也有例外。Marquetti（2004）分析了比利时新自由资本主义的绩效后果，发现在 20 世纪 80 年代新自由主义扩展到比利时后，后者接受了前者带来的迅速增长及相应的制度框架，但这也伴随着外部脆弱性增强，以及资源转移降低了投资率，限制了未来增长的可能。Mendoza Pichardo（2007）使用美国宾夕法尼亚大学世界表（Penn World Tables，PWT）1963～2003年的数据对阿根廷、比利时、智利、哥伦比亚和墨西哥五个主要拉美国家与美国的增长模式进行了对比考察，验证了古典－马克思模型的一些结果。Sasaki（2008）使用有效性条件研究了东亚、拉美、撒哈拉以南非洲及发达国家1950～1992年的情况，发现古典－马克思经济增长理论对新古典问题生产函数的批评在大多数情况下是成功的，不过，在拉美、撒哈拉以南非洲地区，劳动生产率下降，尚还存在一些未能澄清的疑问。

## 五　结论

可以说，现代经济学始终难以逃脱古典理论所限定的基本范围。对古典理论做出新解读，添加新的因子成为理论发展的一种显著方式。本文使用一个已经得到相当程度发展的古典－马克思分析框架的简化模型，研究了市场化改革以来中国数据的匹配状况。我们发现了在较长时期存在的节约劳动、使用资本的马克思有偏技术进步，其间经历了要素节约型技术进步后，又回归到了这种有偏技术进步的轨道上。这意味着大多数时候，经济会经历劳动生产率（人均收入）的提高和资本生产率（产出－资本比）的下降。

对发达资本主义国家和欠发达国家和地区的研究表明，广泛存在这种马克思有偏技术进步。也意味着一种遵循马克思历史轨迹的存在：劳动生产率的提高，资本生产率的下降，实际工资率的上升，利润份额的稳定不变，一般利润率的下降，最终资本存量与产出增长率的下降。

尽管模型的有效性条件对于中国数据也成立，从而否定了新古典总量生产函数和边际生产力理论，中国经济还是有其难以匹配模型的地方。劳动收入份额下降，一般利润率几乎没有减少，而近年来产出增长率却呈现下滑的趋势。尽管我们也提出了修改标准模型以匹配中国数据的思路，但这些差异背后的因素，恐怕在于社会主义市场经济的性质，难以完全使用古典－马克思经济增长模型来评价，需要进行更为深入的研究。

## 参考文献


[1] 白暴力：《关于边际生产力分配理论的分析》，《人文杂志》2000 年第 5 期。

[2] 白暴力、胡红安：《欧拉定律与边际生产力理论》，《北京师范大学学报》（社会科学版）2006 年第 1 期。

[3] 郭庆旺、贾俊雪：《中国全要素生产率的估算：1979～2004》，《经济研究》2005 年第 6 期。

[4] 李宾：《我国资本存量估算的比较分析》，《数量经济技术经济研究》2011 年第 12 期。

[5] 李治国、唐国兴：《中国平均资本成本的估算》，《统计研究》2002 年第 11 期。

[6] 柳欣、曹静：《微观生产函数与总量生产函数的矛盾——技术再转换》，《经济理论与经济管理》2006 年第 10 期。

[7] 钱震杰：《中国国民收入的要素分配份额研究》，博士学位论文，清华大学，2008。

[8] 单豪杰：《中国资本存量 K 的再估算：1952～2006 年》，《数量经济技术经济研究》2008 年第 10 期。

[9] 徐杰、段万春、杨建龙：《中国资本存量的重估》，《统计研究》2010 年第 12 期。

[10] 许鲁光、任泽平、林甦：《关于资本存量的推算方法与实证研究》，《西南师范大学学报》（自然科学版）2010 年第 2 期。

[11] 张车伟：《中国劳动报酬份额变动与总体工资水平估算及分析》，《经济学动态》2012 年第 9 期。

[12] 张军、章元：《对中国资本存量 K 的再估计》，《经济研究》2003 年第 7 期。

[13] 赵彦云：《宏观经济统计分析》，中国人民大学出版社，1999。

[14] Basu, M., "Marx-biased Technical Change and the Neoclassical View of Income Distribution," *Metroeconomica*, 61 (2010): 593－620.

[15] Duménil, G., and D. Lévy, "A Stochastic Model of Technical Change: An Application to the US Economy (1869 - 1989)," *Metroeconomica*, 46 (1995): 213 - 245.

[16] Duménil, G., and D. Lévy, "Technology and Distribution: Historical Trajectories à la Marx," *Journal of Economic Behavior & Organization*, 52 (2003): 201 - 234.

[17] Eltis, W., *The Classical Theory of Economic Growth* (New York: Palgrave, 2000).

[18] Felipe, Jesus, and J. S. L. McCombie, "How Sound are the Foundations of the Aggregate Production Function?" *Eastern Economic Journal*, 31 (2005): 467 - 88.

[19] Foley, D. K. and A. Marquetti, "Economic Growth from a Classical Perspective," in Texeira, J. (ed.), *Proceedings: International Colloquium on Money, Growth, Distribution and Structural Change: Contemporaneous Analysis* (Brasilia: Department of Economics, University of Brasilia, 1997).

[20] Foley, D. K. and L. Taylor, "A Heterodox Growth and Distribution Model," in Salvadori, N. (ed.), *Economic Growth and Distribution: On the Nature and Causes of the Wealth of Nations* (Cheltenham: Edward Elgar, 2006).

[21] Foley, D. K., and T. R. Michl, *Growth and Distribution* (Cambridge, MA: Harvard University Press, 1999).

[22] Foley, D. K., and T. R. Michl, "A Classical Alternative to the Neoclassical Growth Model," in Argyros, G., M. Forstater and G. Mongiovi (eds.), *Growth, Distribution and Effective Demand: Alternatives to Economic Orthodoxy, Essays in Honour of Edward J. Nell* (Armonk, NY: M. E. Sharpe, 2004).

[23] Marquetti, A., "Analyzing Historical and Regional Patterns of Technical Change from a Classical-marxian Perspective," *Journal of Economic Behavior and Organization*, 52 (2003): 191 - 202.

[24] Marquetti, A., "A Economia Brasileira no Capitalismo Neoliberal: Progresso técnico, Distribuição, Crescimento e Mudança Técnica," São Paulo, Universidade de São Paulo, Instituto de Pesquisas Econômicas, Programa de Seminários Acadêmicos, 5 Feira, PUC - RS, Seminário no. 3, 2004.

[25] McCombie, J. S. L., "The Solow Residual, Technical Change, and Aggregate Production Functions," *Journal of Post Keynesian Economics*, 23 (2000): 267 - 97.

[26] Mendoza Pichardo, G., "Economic Growth Models and Growth Tendencies in Major Latin American Countries and in the United States, 1963 - 2003," *Investigación Económica*, LXVI (2007): 59 - 87.

[27] Michl, T. R., "Biased Technical Change and the Aggregate Production Function," *International Review of Applied Economics*, 13 (1999): 193 - 206.

[28] Michl, T. R., "The Fossil Production Function in a Vintage Model," *Australian Economic Papers*, 41 (2002): 53 - 68.

[29] Sasaki, H., "Classical Biased Technical Change Approach and Its Relevance to Reality," *International Review of Applied Economics*, 22 (2008): 77 - 91.

# 生产资料部类优先增长：理论逻辑与经验证据*

徐春华**

在2008年的国际金融危机和经济危机的惨痛教训中，西方国家掀起了一股“重新发现”马克思的热潮（吴易风，2014a），人们开始重新认识《资本论》的价值和马克思的思想精髓（吴易风，2014b）。这一现象对于西方经济学长期以来肆意攻击及盲目批判马克思经济理论的固有偏见而言不啻当头一棒。事实上，就经济增长方面而言，马克思经过二十多年的科学拓荒而在经济思想上建立了第一个经济增长的两部门模型（吴易风，2007）。然而应该看到的是，虽然两部门模型具备利于建立计量模型的独特优势，但是如何用数学模型表达马克思关于科学技术在经济增长中的重要作用以及有机构成不断提高条件下的经济增长理论仍然是一个有待解决的问题（吴易风，2007）。

基于上述现实背景和理论难题，本文拟在马克思的两部门模型框架

---

* 本文发表于《经济学动态》2017年第2期，为广东外语外贸大学引进人才科研启动项目（299－X5216174）的阶段性成果。中国人民大学经济学院的吴易风教授、胡钧教授、吴汉洪教授、夏明教授、赵峰副教授以及国家行政学院经济学教研部的王健教授对本文提出了宝贵建议，两名审稿专家也提出了极具启发性的审稿意见，在此一并谢之。当然，文责自负。

** 徐春华，广东外语外贸大学国际服务经济研究院，讲师。

下探讨生产资料部类的资本有机构成提高与本部类优先增长的理论逻辑，并试图通过建立相应的计量模型对之进行实证检验，以期对“生产资料部类优先增长”这一规律有更为深入的认识并获得更切实际的政策启示。

## 一 理论

### （一）相关研究简要回顾

在实物形式的层面上，马克思把社会总产品划分为第Ⅰ部类（生产生产资料）和第Ⅱ部类（生产消费资料）。早在20世纪80年代前后，我国经济学界就曾对“生产资料部类优先增长”这一论题有集中而激烈的争论，争论的焦点主要包括：生产资料部类优先增长是不是扩大再生产的普遍规律，并且它是否适用于社会主义经济？应该怎样处理两大部类之间的平衡关系？

对于第一个问题，大致存在正反两种观点。反对者认为，这一规律并不存在（鲁济典，1979）或者不适用于社会主义（朱家桢，1979），甚至认为它不是社会扩大再生产的一个普遍规律（鲁从明，1980；王绍顺，1982）。相反地，支持者则认为生产资料生产优先增长规律是客观存在的并且没有过时（孙冶方，1979；张秀生，1980；余永定，1985；吴栋，1990），资本有机构成提高必然导致生产资料生产优先增长的原理是不能被否定的（蒋伟翔，1985），因为生产资料生产优先增长是由生产力发展的要求决定的从而是扩大再生产的客观要求或普遍规律（张平安，1980；马镔，1980），因而这一规律不仅存在于资本主义社会而且存在于社会主义社会（吴贤忠、陈伯庚，1980；刘思华，1981）。对于第二个问题，多数学者认为应该妥善处理好两大部类之间的比例关系，而不能片面地看待“生产资料生产优先增长”这一规律或者片面地将其作为安排国民经济计划的出发点（孟连，1979；程桂芳，1980）；同时，也有学者认为应该以大力发展第Ⅱ部类从而产生对生产资料的迫切需要为依据，发展第Ⅰ部类生产（刘恩钊，1980）。

尽管这场大讨论进一步深化了人们对这一规律的认识并取得不少积极的成果，但讨论本身仍未结束（刘循，1980），而且几乎都是在肯定生产资料生产优先增长原理的前提下进行的（江小涓，1999）。值得一提的是，生产资料生产优先增长中的“优先”一词应是一个相对于某一比较对象而言的，从而是一个相对的概念。那种把生产资料生产优先增长看作第Ⅰ部类完全脱离第Ⅱ部类限制的绝对式增长，从而认为终有一天第Ⅰ部类的“生产所占的比重达到99.9%”（王绍顺，1982）的观点显然是没有准确理解这一规律的。

事实上，两大部类增长速度及其比例历来是颇受学者关注的研究领域。譬如，已有学者对两大部类的比例变化（白暴力，2000）、产品价值构成的估算（张忠任，2004；陶为群、陶川，2010）、扩大再生产的动态最优模型（李海明、祝志勇，2012）、增长速度对比关系（朱殊洋，2009；裴小革，2013a）以及两大部类顺序的由来和演变（裴小革，2013b）等问题进行了有益探讨，并得出了不少有价值的结论。

此外，在资本有机构成的研究方面，有关学者不仅剖析了各国或相应行业中的资本有机构成及其变动情况（Moseley，1988；Reati，1986；Lianos，1992），还从资本有机构成的视角分析它对再就业的双重作用（肖延方，2001），探讨中小企业作用机理（周天勇、张弥，2002），试图建立一个研究利润率决定机制及其变动趋势的分析框架（朱奎，2008），考察利润率短期动态变化与长期动态变化（马艳，2009），论证利润率的变化与经济危机的暴发（谢富胜等，2010；Maniatis & Passas，2013），等等。

然而，资本有机构成的提高（特别是生产资料部类资本有机构成的提高）是如何影响到消费资料部类的增长率的？这一影响作用在经济发展水平不同的国家之间以及生产资料部类发展规模不同的国家之间存在怎样的差异？能否通过构造相关的计量模型来分析和检验之？对此，已有研究尚付阙如，而本文则致力于在一定程度上弥补这些不足。

### （二）生产资料部类资本有机构成的提高与本部类的优先增长：一个理论框架

“人类社会脱离动物野蛮阶段以后的一切发展……都是从一部分劳动可以……用于生产资料的生产的时候开始的。”① 生产资料的生产意味着人类社会开始逐渐摆脱为了满足自身生活需要而纯粹进行消费资料生产的落后阶段，为剩余产品或剩余价值的生产进而为人类社会进一步的发展提供了基本保障。这是一方面。另一方面，要促进消费资料的增长则必须进一步确保生产消费资料的生产资料有所增长，而从价值构成的层面来看这些生产资料都属于不变资本。从而，“不变资本的生产，从来不是为了不变资本本身而进行的，而只是因为那些生产个人消费品的生产部门需要更多的不变资本”②。由此易知，生产资料部类不仅存在优先增长的可能性与必要性，而且这种优先增长应是在确保两大部类比例关系的前提下进行的。

致使生产资料部类优先增长的根本动力在于反映着技术进步的资本有机构成的不断提高。在资本主义社会中，资本家为扩大再生产而进行的资本积累虽然最初仅表现为资本量的扩大，但其实现途径则是“通过资本构成不断发生质的变化，通过减少资本的可变组成部分来不断增加资本的不变组成部分”③，而资本构成的这一“质的变化”即技术的变革与进步，或者说，“生产过程可能扩大的比例不是任意规定的，而是技术上规定的”④。

在现实中，直接对技术进步进行度量无疑是较为困难的。对此，马

---

① 《马克思恩格斯选集》第3卷，人民出版社，2012，第574页。
② 《马克思恩格斯全集》第25卷，人民出版社，1974，第341页。
③ 马克思：《资本论》第1卷，人民出版社，2004，第725页。
④ 马克思：《资本论》第2卷，人民出版社，2004，第91页。

克思敏锐地发现了技术进步在生产中的最主要载体——物力资本和人力资本的比例结构，从而劳动过程中的技术变化即表现为“所使用的劳动的总额同不变资本相比发生相对变动”①，于是可以从资本有机构成的角度度量技术进步。在定义资本有机构成之前，马克思先论述了“技术构成”与“价值构成”两个概念，并认为技术构成“在不同的生产部门是极不相同的，甚至在同一个产业的不同部门，也往往是极不相同的”②。

在此基础上，马克思“把资本的构成理解为资本的能动组成部分和它的被动组成部分的比率，理解为可变资本和不变资本的比率”③，并将资本有机构成定义为“由资本技术构成决定并且反映这种技术构成的资本价值构成”④。由此易知，那种并不反映技术构成变化的价值构成是不属于资本有机构这一范畴的。伴随着资本有机构成的提高，积累起来的资本会有越来越大的部分投入原来的不变资本当中，此时“不变资本的增长必然比可变资本的增长快，对生产资料的需求也必然比对消费资料的需求增长得快。这样，在其他条件不变的情况下，生产资料的生产就会比消费资料的生产增长得更快些”⑤。或者说“增长最快的是制造生产资料的生产资料生产，其次是制造消费资料的生产资料生产，最慢的是消费资料生产”⑥。

基于上述分析，可以推导出两部门模型中伴随生产资料部门的资本有机构成提高而促使本部类的优先增长的一个理论分析框架，如图1所示。设第Ⅰ部类的资本有机构成为 $k_{\mathrm{I}} = C_{\mathrm{I}}/V_{\mathrm{I}}$，其中 $C_{\mathrm{I}}$ 为不变资本，$V_{\mathrm{I}}$ 为可变资本；记经济体中由第Ⅰ部类资本有机构成变动而产生因而具有相对剩余劳动性质并且经货币单位转换进而具有与可变资本相同属

① 马克思：《资本论》第3卷，人民出版社，2004，第187页。

② 马克思：《资本论》第3卷，人民出版社，2004，第162页。

③ 马克思：《资本论》第3卷，人民出版社，2004，第162页。

④ 马克思：《资本论》第3卷，人民出版社，2004，第163页。

⑤ 徐禾等：《政治经济学概论》，中国人民大学出版社，2011，第263~264页。

⑥ 《列宁全集》第1卷，人民出版社，1984，第66页。

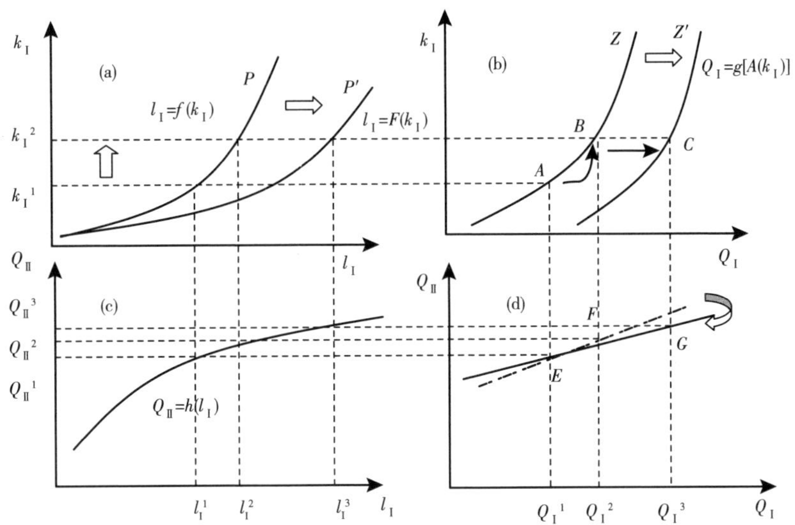


**图 1　生产资料部类的资本有机构成提高与本部类优先增长的理论分析框架**

性的劳动力为 $l_{I}$，本部类总劳动力在一定时期内固定为 $L_{I}$，故有 $L_{I}=l_{I}+V_{I}$。值得一提的是，$k_{I}$ 将通过“水平效应”和“增长效应”对 $l_{I}$ 的增减产生影响。在“水平效应”方面，假设不变资本 $C_{I}$ 保持不变①，由 $k_{I}=C_{I}/(L_{I}-l_{I})$ 可得，$l_{I}=L_{I}-C_{I}/k_{I}$，即从水平层面看 $l_{I}$ 的增加是与 $k_{I}$ 的提高正相关的②。这体现在图 1（a）中的 $P$ 曲线上。在“增长效应”方面，$k_{I}$ 的提高将改变原有的函数形式［例如由函数 $f(\cdot)$ 变为函数 $F(\cdot)$］，使得同一点（如 $k_{I}^{2}$）在新函数中所对应的导数值大于在原有函数中的数值，即当资本有机构成提高到某一新的数值（如 $k_{I}^{2}$）后，该数值对 $l_{I}$ 的边际增量也随着增加，故而 $P$ 曲线将转变成 P′曲线，如图 1（a）所示。

---

① 事实上，不变资本 $C$ 的变动可视为可变资本 $V$ 的反向变动，从而 $C$ 保持不变亦即表示不同时期内等量的不变资本所需要匹配的可变资本变动这一情况。

② 因为：$\partial k_{I}/\partial l_{I}=C_{I}/(L_{I}-l_{I})^{2}>0$，$\partial^{2}k_{I}/\partial l_{I}^{2}=2C_{I}/(L_{I}-l_{I})^{3}>0$，故图 1 中（a）图的曲线 $P$ 是凸的。

假设两大部类的生产函数均满足稻田条件（Inada Conditions），并且第Ⅱ部类的产出为从第Ⅰ部类中转移出来的剩余劳动力 $l_{\mathrm{I}}$ 的函数。随着第Ⅰ部类资本有机构成的逐步提高，一方面，由“水平效应”所产生的剩余劳动力在无流动障碍的情况下会进入第Ⅱ部类当中并促进其产出的增长——图1（c）中的 $Q_{\mathrm{II}}{}^{1}$ 上升到 $Q_{\mathrm{II}}{}^{2}$；与此同时，第Ⅰ部类资本有机构成的提高在客观上会提升类似于索罗经济增长理论中所定义的“资本劳动比”，使得该部类产出相比在原有技术水平下的产出有所增长——图1（b）中 $A$ 点的 $Q_{\mathrm{I}}{}^{1}$ 上升到 $B$ 点的 $Q_{\mathrm{I}}{}^{2}$，连接点 $E$（$Q_{\mathrm{I}}{}^{1}$，$Q_{\mathrm{II}}{}^{1}$）和点 $F$（$Q_{\mathrm{I}}{}^{2}$，$Q_{\mathrm{II}}{}^{2}$），进而在图1（d）中形成产出组合的曲线EF。另一方面，在“增长效应”的作用下，由于资本有机构成是由资本技术构成决定并且反映这种技术构成特征的，所以它的提高还会产生类似于索罗经济增长理论中所阐述的因技术进步而导致生产函数发生移动的效果。设第Ⅰ部类生产函数中的技术变量 $A$ 是本部类资本有机构成 $k_{\mathrm{I}}$ 的函数，即 $Q_{\mathrm{I}}=g\left[A\left(k_{\mathrm{I}}\right)\right]$，从而资本有机构成提高的“增长效应”将使得图1（b）中的曲线 $Z$ 移动到 $Z'$处，进而使得该部类的产出水平进一步提高，即从图1（b）中 $B$ 点的 $Q_{\mathrm{I}}{}^{2}$ 上升到 $C$ 点的 $Q_{\mathrm{I}}{}^{3}$。在此情况下，两大部类的产出组合点也由图1（d）中的 $F$ 点进一步移动到点 $G$（$Q_{\mathrm{I}}{}^{3}$，$Q_{\mathrm{II}}{}^{3}$），故而其产出组合曲线则由 $EF$ 旋转至 $EG$，使得整个经济体呈现第Ⅰ部类优先增长的特征。

总之，“生产资料生产的增长之所以必须占优先地位，不仅是因为这种生产应当保证自己的企业以及国民经济其他一切部门的企业所需要的装备，而且是因为没有这种生产就根本不可能实现扩大再生产”①。

## 二　模型

第Ⅰ部类资本有机构成是如何进入第Ⅱ部类增长率的函数中的？为

① 斯大林：《斯大林选集》下卷，人民出版社，1979，第589页。

了探讨这一问题同时出于便于分析而又不偏离马克思原有分析思路的考虑，我们首先假定以下条件得以满足：（1）经济体为不存在国际贸易的封闭类型；（2）工人不进行储蓄，而资本所有者的储蓄可顺利转换成投资；（3）规模报酬不变，从而上一期的追加额等于本期的增长额（吴易风，2007；唐国华、许成安，2011）。在此基础上，假设某一经济体中的第Ⅰ部类和第Ⅱ部类在 $t$ 时期的总产品价值量分别满足：

$$\text{I}: W_{\text{I}t} = C_{\text{I}t} + V_{\text{I}t} + M_{\text{I}t} \tag{1}$$

$$\text{II}: W_{\text{II}t} = C_{\text{II}t} + V_{\text{II}t} + M_{\text{II}t} \tag{2}$$

从而两大部类的资本有机构成满足 $k_{it} = C_{it}/V_{it}$，（$i$ = Ⅰ、Ⅱ，下同），两大部类的剩余价值率满足 $m_{it} = M_{it}/V_{it}$。若 $\Delta C_{it}$、$\Delta V_{it}$ 以及 $\Delta M_{it}$ 分别为 $t$ 时期第 $i$ 部类的不变资本、可变资本与剩余价值的追加额或产出增加额，从而两大部类为扩大再生产而形成的积累率 $s_{i(t+1)} = (\Delta C_{i(t+1)} + \Delta V_{i(t+1)})/M_{it}$，并满足 $0 < s_{it} < 1$，即用于下一期扩大再生产所追加的不变资本与可变资本必然是源自本期的剩余价值部分。

第Ⅰ部类在扩大再生产时有下述等式成立：

$$\Delta C_{\text{I}t+1} + \Delta V_{\text{I}t+1} = (k_{\text{I}t+1} + 1)\Delta V_{\text{I}t+1} = s_{\text{I}t+1} M_{\text{I}t} \tag{3}$$

亦即：

$$\Delta V_{\text{I}t+1} = s_{\text{I}t+1} M_{\text{I}t}/(k_{\text{I}t+1} + 1) \tag{4}$$

两大部类的扩大再生产要得以顺利进行，必须有以下条件成立：

$$V_{\text{I}t} + M_{\text{I}t} - \Delta C_{\text{I}t+1} = C_{\text{II}t} + \Delta C_{\text{II}t+1} \tag{5}$$

进而可得：

$$\Delta V_{\text{II}t+1} = \frac{1}{k_{\text{II}t+1}}[(1 + m_{\text{I}t})V_{\text{I}t} - k_{\text{I}t+1}\Delta V_{\text{I}t+1} - k_{\text{II}t}V_{\text{II}t}] \tag{6}$$

将式（4）代入式（6）可得：

$$\Delta V_{\text{II}t+1} = \frac{1}{k_{\text{II}t+1}}[(1 + m_{\text{I}t} - \frac{k_{\text{I}t+1}s_{\text{I}t+1}m_{\text{I}t}}{k_{\text{I}t+1} + 1})V_{\text{I}t} - k_{\text{II}t}V_{\text{II}t}] \tag{7}$$

基于前文的假设，第Ⅱ部类的经济增长率可表示为：

$$g_{\mathrm{II}\,t+1}=\frac{\Delta C_{\mathrm{II}\,t+1}+\Delta V_{\mathrm{II}\,t+1}+\Delta M_{\mathrm{II}\,t+1}}{C_{\mathrm{II}\,t}+V_{\mathrm{II}\,t}+M_{\mathrm{II}\,t}}=\frac{(k_{\mathrm{II}\,t+1}+1+m_{\mathrm{II}\,t+1})\Delta V_{\mathrm{II}\,t+1}}{(k_{\mathrm{II}\,t}+1+m_{\mathrm{II}\,t})V_{\mathrm{II}\,t}} \tag{8}$$

将式（7）代入式（8）可得：

$$\begin{aligned} g_{\mathrm{II}\,t+1}&=\frac{(k_{\mathrm{II}\,t+1}+1+m_{\mathrm{II}\,t+1})\left[\left(1+m_{\mathrm{I}\,t}-\frac{k_{\mathrm{I}\,t+1}s_{\mathrm{I}\,t+1}m_{\mathrm{I}\,t}}{k_{\mathrm{I}\,t+1}+1}\right)V_{\mathrm{I}\,t}-k_{\mathrm{II}\,t}V_{\mathrm{II}\,t}\right]}{k_{\mathrm{II}\,t+1}(k_{\mathrm{II}\,t}+1+m_{\mathrm{II}\,t})V_{\mathrm{II}\,t}} \\ &=\frac{(k_{\mathrm{II}\,t+1}+1+m_{\mathrm{II}\,t+1})}{(k_{\mathrm{II}\,t}+1+m_{\mathrm{II}\,t})k_{\mathrm{II}\,t+1}}\left\{\left[1+(1-s_{\mathrm{I}\,t+1})m_{\mathrm{I}\,t}+\frac{s_{\mathrm{I}\,t+1}m_{\mathrm{I}\,t}}{k_{\mathrm{I}\,t+1}+1}\right]q_t-k_{\mathrm{II}\,t}\right\} \end{aligned} \tag{9}$$

在式（9）中，$q_t$ 为第Ⅰ部类与第Ⅱ部类之间的可变资本之比。从式（9）中不难发现，第Ⅱ部类的增长率除了与自身的资本有机构成和剩余价值率等因素密切相关之外，还会受第Ⅰ部类的积累率、资本有机构成和剩余价值率等因素的影响。实际上，这也是在考虑两大部类之间的相互关联及其扩大再生产的比例条件后的必然反映。特别地，在式（9）中，第Ⅰ部类的资本有机构成 $k_{\mathrm{I}\,t+1}$ 与第Ⅱ部类的增长率之间呈现负向关系，这说明在其他情况不变的条件下，$k_{\mathrm{I}\,t+1}$ 的提高的确会在一定程度上抑制第Ⅱ部类的增长速度，进而使得第Ⅰ部类呈现优先增长的特征。式（9）的发现为本文计量回归方程的建立提供了参照基准。

## 三　方法

### （一）关于资本有机构成的推算

在对资本有机构成的具体计算方法上，当前研究莫衷一是。高峰（1983）和郑佩玉（1986）均认为应该采用固定资本价值预付额和不变流动资本价值年周转额之和与可变资本价值年周转额之比来估算它。然而，这种计算方法在实践上碰到的一个困难就是很难获得不变流动资本年价值年周转额的统计资料，从而只好用固定资本价值来代替不变资本价值作为推算依据（高峰，1983）。此外，乔晓楠（2005）认为不变资本是消耗掉的生产资料的价值，从而采用当年该产业部门的固定资产的折旧来进行估计。

鉴于前文分析并考虑到现实可操作性与数据的可获得性，我们参照已有学者的做法，将实际固定资本存量作为不变资本的替代指标（高峰，1983；乔晓楠，2005）。在生产部门的劳动者报酬无法获得的情况下，已有研究一般采用国民经济各部门的劳动者报酬亦即雇员报酬替代（赵峰等，2012；姬旭辉、邱海平，2015），由此我们借鉴Cockshott 和 Cottrell（2003）的做法，采用雇员报酬（Compensation of Employees）这一指标来衡量可变资本。同时出于数据可得性方面的考虑，我们把增加值减去劳动报酬后再减去剔除产品补贴以外的税额所剩的余额作为社会纯收入的测量指标。

### （二）关于两大部类价值构成的估算

马克思出于深入分析与把握经济规律的需要，从两大部类角度对经济部门进行了高度抽象的划分。然而在当今日益发展的现实经济世界中，每个行业的产品均可被划分为用于生产和用于消费这两大部分——尽管不同行业的划分比例各不相同。譬如，钢铁冶炼行业，尽管其产品中绝大部分可能作为生产资料（如钢板、钢筋等）被投入生产过程，但也有一部分将被用于消费（如制作家具、厨具等），由此使得在现实的多部门经济中每一部门产品都在不同程度上包含有生产资料与消费资料。鉴于此，有必要寻找一个较为合理的权重将各行业中的产品划分到两大部类当中去。对此，投入产出表能较为科学地推算现实经济中的两大部类，并且投入产出分析只有以马克思再生产理论为基础才能发挥出其应有的作用（钟契夫，1993，第 20 页）。

值得一提的是，在经济全球化日益深入的当今世界，各国产品的生产都在不同程度上会用到从其他国家进口的生产资料。事实上，马克思在探讨简单再生产时第Ⅰ部类中以商品形式存在的剩余价值（Ⅰm）与第Ⅱ部类中既有以货币形式存在［Ⅱc(1)］又有以商品形式存在［Ⅱc(2)］

的总不变资本在价值量上不相等这一情形时就明确指出，“如果Ⅱc(1)大于Ⅱc(2)，那么，为了使Ⅰm中的货币余额实现，那就要有外国商品输入。如果Ⅱc(1)小于Ⅱc(2)，那相反地就要把第Ⅱ部类的商品（消费资料）输出，以便Ⅱc的损耗部分在生产资料中实现。因此，在这两个场合，都必须有对外贸易”①。基于这一认识，为了尽可能准确地估算出各国两大部类的资本有机构成，我们在借鉴张忠任（2004）处理方法的基础上，把各国中间投入中的进口部分也考虑进来，从而采用非竞争型投入产出模型（见表1）进行测算（陈锡康、杨翠红，2011）。

**表1　开放经济条件下非竞争型投入产出简表**

| 投入＼产出 | | 中间产品 | 最终产品 | | | 总产出或进口 |
|---|---|---|---|---|---|---|
| | | 1,2,…,n | 消费 | 资本形成 | 出口 | |
| 国内产品中间投入 | 1<br>2<br>…<br>n | $c_{ij}^{d}$ | $F_i^{d}$ | $G_i^{d}$ | $ex_i^{d}$ | $w_i^{d}$ |
| 进口产品中间投入 | 1<br>2<br>…<br>n | $c_{ij}^{m}$ | $F_i^{m}$ | $G_i^{m}$ | $ex_i^{m}$ | $w_i^{m}$ |
| 增加值 | 劳动报酬 | $v_j$ | | | | |
| | 社会纯收入 | $m_j$ | | | | |
| 总投入 | | $w_j$ | | | | |

两大部类的价值构成通过以下方法推算（徐春华，2016）：

$$W_{\text{II}} = \sum_{i=1}^{n}(F_i^{d} + F_i^{m}),\quad W_{\text{I}} = \sum_{i=1}^{n}w_i - W_{\text{II}} \tag{10}$$

$$C_{\text{II}} = \sum_{j=1}^{n}\left\{\left[\frac{\sum_{i=1}^{n}(c_{ij}^{d} + c_{ij}^{m})}{w_j}\right] \times (F_j^{d} + F_j^{m})\right\} \tag{11}$$

① 马克思：《资本论》第2卷，人民出版社，2004，第523页。

$$V_{\mathrm{II}}=\sum_{j=1}^{n}\left[\left(\frac{v_j}{w_j}\right)\times\left(F_j^{\ d}+F_j^{\ m}\right)\right],M_{\mathrm{II}}=\sum_{j=1}^{n}\left[\left(\frac{m_j}{w_j}\right)\times\left(F_j^{\ d}+F_j^{\ m}\right)\right]\tag{12}$$

$$C_{\mathrm{I}}=\sum_{i=1}^{n}\sum_{j=1}^{n}\left(c_{ij}^{\ d}+c_{ij}^{\ m}\right)-C_{\mathrm{II}},V_{\mathrm{I}}=\sum_{j=1}^{n}v_j-V_{\mathrm{II}},M_{\mathrm{I}}=\sum_{j=1}^{n}m_j-M_{\mathrm{II}}\tag{13}$$

其中，式（10）表示将最终产品中用于消费的部分划归为第Ⅱ部类，将该经济体的总产值减去第Ⅱ部类产值后的部分划归为第Ⅰ部类（即包括固定资本形成和存货）。式（11）与式（12）表示，在第Ⅱ部类中，用生产第$j$种产品所有的中间投入在其总投入中的占比作为权重从第Ⅱ部类总产值中“剥离”出该部类的不变资本投入额，用生产第$j$种产品所支付的劳动报酬在总投入中的占比作为权重从第Ⅱ部类总产值中“剥离”出该部类的可变资本投入额，用生产第$j$种产品带来的社会纯收入在总投入中的占比作为权重从第Ⅱ部类总产值中“剥离”出该部类的剩余价值额。式（13）表示，用该经济体所使用的中间投入总额、劳动报酬总额以及社会纯收入总额分别减去第Ⅱ部类中的不变资本额、可变资本额及剩余价值额即为第Ⅰ部类产出中所对应的三大价值构成情况。在此基础上，便可以计算出两大部类各自的剩余价值率和资本有机构成等指标。

## 四　数据

### （一）数据的来源与处理

世界投入产出数据库（WIOD）公布了1995～2011年40个国家和地区各自的投入产出表（NIOT）以及1995～2009年主要国家的产出与就业的基本信息（SEA）。由于NIOT中缺乏雇员报酬的数据，故需要从SEA中给予补齐，由此本文的考察时期被限定为1995～2009年。同时，由于SEA中的所有数据均是以各个国家自身的货币计价的，而NIOT中的数据则统一以美元计价，故首先需要采用相应年份各国的汇率[①]将其雇员报酬换算成统一的美元计价额。此外，表 1 中的“消费”包括 NIOT 中的“居民最终消费支出”“为居民服务的非营利机构最终消费支出”以及“政府最终消费支出”三部分。

经计算，印度尼西亚的数据具有十分明显的异常值特征[②]，故本文将其剔除出考察范围，最终选取了其余 38 个国家作为研究样本[③]。由于大多数国家的家庭服务业（Private Households with Employed Persons）这一行业的相关数据均为零并且在少数非零国家中的这一数值也是相对要小得多，所以将所有国家的这一行业均给予剔除。

### （二）变量构造

在前文分析的基础上，将式（9）进行对数化。首先，考虑到第Ⅱ部类的增长率（$g\_W2$）有正有负，故而在对数化时对所有原有数据加上了 0.5，以消除负增长率无法对数化的影响，并将此变换后的第Ⅱ部类增长率（可视为“广义增长率”）记为 $lg\_W2pi$。其次，为了准确捕获第Ⅰ部类资本有机构成对第Ⅱ部类的增长率的影响，参照式（9）中的表达式特征，先对 $k_{\mathrm{I}t+1}$ 进行对数线性变换，并记为 $lOCC1$。结合式（9）易知，$lOCC1$ 对 $lg\_W2pi$ 应起到负向作用。

在控制变量方面，参照式（9）中的表达式，记 $g\_km2=\lg[(k_{\mathrm{II}t+1}+1+m_{\mathrm{II}t+1})/(k_{\mathrm{II}t}+1+m_{\mathrm{II}t})]$，用于捕获第Ⅱ部类资本有机构成与剩余价值率的综合增长率（广义增长率）对本部类增长率的影响；记 $lOCC2=\lg k_{\mathrm{II}t}$，用于捕获第Ⅱ部类资本有机构成的变动对本部类增长率的作用情况；同时，式（9）还表明，第Ⅰ部类的利润率以及第Ⅰ部类

① 数据来源：联合国数据中心。

② 如 2009 年该国第Ⅰ部类和第Ⅱ部类的资本有机构成分别为 3184.75 及 2229.97，这显然是严重悖于事实的。

③ 其中，发达国家包括澳大利亚、奥地利、比利时、加拿大、塞浦路斯、捷克、德国、丹麦、西班牙、爱沙尼亚、芬兰、法国、英国、希腊、爱尔兰、意大利、日本、韩国、拉脱维亚、马耳他、荷兰、葡萄牙、斯洛伐克、斯洛文尼亚、瑞典、美国等国家，非发达国家包括保加利亚、巴西、中国、匈牙利、印度、立陶宛、卢森堡、墨西哥、波兰、罗马尼亚、俄罗斯、土耳其等国家。

与第Ⅱ部类的可变资本之比 $q_t$ 都将影响到第Ⅱ部类的增长率，故而我们将这两项进行对数化后纳入控制变量中（分别记为 *lsurvrate*1 和 *lqt*）。此外，第Ⅱ部类的增长还必然受到自身积累率的影响，考虑到这一积累率无法获得或者难以准确估算的事实，同时假设并也有理由认为积累率与利润率之间存在正向的关系，故我们采用该部类的利润率作为其积累率替代指标，并对其进行对数化处理（*lprofrate*2）。经上述变换后，本文的样本时期为1996～2011年。各变量相应的统计信息由表2给出，由多重共线性检验结果可知，所有解释变量与控制变量的方差膨胀因子（VIF）都远小于10。

**表2　各变量的描述性统计**

| 变量 | 含义 | 样本数（个） | 均值 | 标准差 | 最小值 | 最大值 | VIF |
|---|---|---|---|---|---|---|---|
| *lg_W2pi* | 第Ⅱ部类广义增长率对数 | 532 | -0.2803 | 0.0562 | -1.0502 | 0.0061 | |
| *lOCC*1 | 第Ⅰ部类资本有机构成对数 | 532 | -1.0194 | 0.2970 | -1.7866 | -0.3947 | 2.92 |
| *g_km*2 | 第Ⅱ部类 *OOC* 与 *m* 的综合增长率 | 532 | 0.0033 | 0.0376 | -0.4533 | 0.4615 | 1.01 |
| *lOCC*2 | 第Ⅱ部类资本有机构成对数 | 532 | 0.1464 | 0.1202 | -0.1591 | 0.5697 | 2.65 |
| *lqt* | 两大部类可变资本比的对数 | 532 | 0.2729 | 0.2969 | -0.5938 | 0.9703 | 2.26 |
| *lsurvrate*1 | 第Ⅰ部类剩余价值率对数 | 532 | -0.0037 | 0.4179 | -1.3055 | 1.3211 | 6.47 |
| *lprofrate*2 | 第Ⅱ部类利润率对数 | 532 | -1.1055 | 0.3206 | -2.3359 | -0.2527 | 2.55 |

## 五　实证

基于前文的分析，本文设定：

$$
\begin{aligned}
lg\_W2pi_{it} = {} & \alpha_i + \lambda_t + \beta lOCC1_{it} + \delta lsurvrate1_{it} + \varphi lOCC2_{it} + \gamma g\_km2_{it} \\
& + \eta lqt_{it} + \kappa lprofrate2 + \mu_{it}
\end{aligned}
\tag{14}
$$

其中，下标 $i$ 和 $t$ 分别表示国家与时期（1996～2009年），$\alpha_i$ 为国家特定效应，$\lambda_t$ 为时间特定效应；其余被解释变量与解释变量的含义及其构造如前文所述，$\mu_{it}$ 为误差干扰项。

在估计方法上，动态面板广义矩估计法在同时克服内生性、异方差以及工具变量过度识别等方面具有较好的效果（Horioka & Wan，2006）。虽然系统 GMM 估计由于利用了更多的样本信息并且可以有效解决内生性问题从而要比差分 GMM 估计更有效（Arellano & Bover，1995；Blundell & Bond，1998），为了考察结论的稳健性，我们同时采用这两种方法对模型（14）进行估计，相关结果如表 3 所示。

**表 3 实证回归结果**

| 变量 | 被解释变量为 *lg_W2pi* | | | | | |
|---|---|---|---|---|---|---|
| | 差分 GMM | | | 系统 GMM | | |
| *lg_W2pi_L1* | -0.2239<br>(0.2225) | -0.2109<br>(0.1456) | -0.0609<br>(0.2037) | -0.1407 ***<br>(0.0493) | 0.0020<br>(0.0433) | -0.0281<br>(0.0362) |
| *lOCC1* | -0.2707 *<br>(0.1501) | -0.3207 **<br>(0.1404) | -0.3450 *<br>(0.1847) | -0.12283 *<br>(0.0722) | -0.1264 ***<br>(0.0248) | -0.0436 *<br>(0.0237) |
| *g_km2* | | 0.8707 ***<br>(0.1119) | 1.0305 ***<br>(0.0812) | | 1.4747 ***<br>(0.0289) | 1.0616 ***<br>(0.0680) |
| *lOCC2* | | -0.0064<br>(0.1330) | 0.2421 **<br>(0.1146) | | 0.2346 ***<br>(0.0289) | 0.0447 *<br>(0.0252) |
| *lqt* | | | -0.0813<br>(0.0887) | | | 0.0231 **<br>(0.0091) |
| *lsurvrate1* | | | -0.0571<br>(0.0784) | | | 0.0267 **<br>(0.0110) |
| *lprofrate2* | | | -0.0034<br>(0.0953) | | | -0.0106<br>(0.0090) |
| *_cons* | — | — | — | -0.3203 ***<br>(0.0337) | -0.2395 ***<br>(0.0180) | -0.2933 ***<br>(0.0190) |
| AR(1) | 0.275 | 0.253 | 0.286 | 0.000 | 0.000 | 0.000 |
| AR(2) | 0.892 | 0.058 | 0.059 | 0.958 | 0.013 | 0.000 |
| Hansen/Sargan Test | 0.153 | 0.113 | 0.126 | 0.113 | 0.175 | 0.106 |
| LLC Adj. t | -4.2941<br>[0.0000] | -9.9627<br>[0.0000] | -4.4898<br>[0.0000] | -5.6630<br>[0.0000] | -13.1920<br>[0.0000] | -15.0435<br>[0.0000] |
| Fisher-ADF $c^2$ Stat. | 202.6426<br>[0.0000] | 320.3146<br>[0.0000] | 168.1909<br>[0.0000] | 229.6628<br>[0.0000] | 360.3000<br>[0.0000] | 416.6550<br>[0.0000] |
| obs. | 456 | 456 | 456 | 494 | 494 | 494 |

注：（1）（）内为估计系数的标准误，[ ] 内为伴随概率；（2）*、**、*** 分别代表 10%、5%、1% 的显著性水平；（3）Hansen Test 或 Sargan Test 给出的是统计量对应的 p 值；（4）限于篇幅，没有报告出 LLC 检验与 Fisher-ADF 检验的具体检验形式。除特别说明外，表 4 和表 5 同。

从表 3 的回归结果不难看出，所有回归结果均一致表明，第 I 部类资本有机构成的提高的确能对第 II 部类的增长率产生显著的抑制作用。从加入所有变量的差分 GMM 估计结果来看，第 I 部类资本有机构成提高 1 个百分点，会使得第 II 部类的广义增长率下降 0. 345 个百分点，而这一系数在加入所有变量的系统 GMM 估计结果中则要小很多——约下降 0. 0436 个百分点。总之，所有回归结果均一致表明第 I 部类资本有机构成的提高会使得第 II 部类的增长速度下降，这与张小弦和林少宫（1986）的研究结论也是相一致的。

造成这一结果的传导途径可理解为：某一时期内社会可用于扩大再生产的生产要素大体上是固定不变的，而从资本有机构成提高的“水平效应”及“增长效应”来看，第I部类技术进步的加快（资本有机构成提高）会要求本部类投入并吸纳更多的物质生产要素，由此倾向于促使本部类更快地增长而相对地抑制了第II部类的增长速度，从而呈现“生产资料部类优先增长”的特征。事实上，如前所述，在社会生产力不断提高的过程中，消费资料的增长依赖于生产消费资料的生产资料增长，由此使得“社会的年劳动大部分用来生产新的不变资本（以生产资料形式存在的资本价值），以便补偿在生产消费资料上所花费的不变资本价值”①。

在其他解释变量方面，首先，$g\_km2$ 项的回归系数多数大于 1 并且在 1% 的显著性水平上显著，表明第 II 部类增长率的提高主要依赖于该部类资本有机构成与剩余价值率的综合增长；同时，第 II 部类资本有机构成的提高也能对自身的增长率产生显著作用。其次，系统 GMM 的估计结果显示，第 I 部类剩余价值率的增长以及 $lqt$ 的增长都能对第 II 部类的增长产生显著的促进作用，这与其在式（9）中的含义是相吻合的。最后，差分 GMM 与系统 GMM 的估计结果均一致表明第 II 部类利润率的提高未能对自身增长产生显著作用。

此外，在工具变量的联合有效性方面，Sargan 检验的 p 值表明不能

① 马克思：《资本论》第 2 卷，人民出版社，2004，第 489 页。

拒绝工具变量有效的零假设。在估计结果的有效性方面，Levin-Lin-Chu（LLC）同质单位根检验和 Fisher-ADF 异质单位根检验的检验结果均表明模型的残差项是平稳的。

## 六 延伸

### （一）考虑经济发展水平差异后的结果

生产力的不断发展不仅是人类社会进步的基本前提，而且会直接影响到各种经济规律（如价值规律、供求规律、竞争规律等）的出现与否及其作用效果的显著与否。生产资料部类优先增长规律发挥显著作用的条件（技术进步越发频繁）应是人类社会进入扩大再生产阶段后尤其是进入以追求剩余价值为根本动机的资本主义社会后，才逐渐具备的。特别地，生产资料部类的优先增长是以两大部类按比例地协调发展为前提的。由于各国的国情差异，在当今各国的社会化大生产都相对发达的全球化时代，这一规律在经济发展水平不同的国家中的作用力度和显著水平应是各不相同的。

为了考察这一点，我们依据前文对发达国家和非发达国家（除去发达国家后剩余国家的统称）的划分这一视角分别进行实证检验，以求在考虑样本异质性问题以后，分析这一规律在不同经济发展阶段中的作用情况，并以此考察前文回归结果的稳健性。表 4 给出了发达国家与非发达国家的实证回归结果。

**表 4 考虑经济发展水平后的实证结果**

| 变量 | 被解释变量为 *lg_W2pi* | | | |
|---|---|---|---|---|
| | 发达国家 | | 非发达国家 | |
| | 差分 GMM | 系统 GMM | 差分 GMM | 系统 GMM |
| *lg_W2pi_L1* | -0.3061*** | -0.0887** | 0.3377*** | 0.2831*** |
| | (0.0519) | (0.0314) | (0.0719) | (0.0923) |
| *lOCC1* | -0.1108 | -0.0080 | -0.4295** | -0.0879** |
| | (0.1451) | (0.0247) | (0.2127) | (0.0438) |

续表

| 变量 | 被解释变量为 *lg_W2pi* | | | |
|---|---|---|---|---|
| | 发达国家 | | 非发达国家 | |
| | 差分 GMM | 系统 GMM | 差分 GMM | 系统 GMM |
| *g_km2* | 0.8923***<br>(0.0573) | 0.9898***<br>(0.0413) | 0.0112<br>(0.4303) | 0.1699<br>(0.2211) |
| *lOCC2* | 0.2888<br>(0.2146) | 0.0176<br>(0.0330) | -0.4165<br>(0.4749) | 0.0166<br>(0.0589) |
| *lqt* | -0.1597**<br>(0.0711) | 0.0043<br>(0.0102) | 0.2018<br>(0.1716) | 0.1176***<br>(0.0398) |
| *lsurvrate1* | -0.5360<br>(0.3930) | 0.0854***<br>(0.0240) | 0.5082<br>(0.6661) | 0.0702<br>(0.0782) |
| *lprofrate2* | 0.5992<br>(0.4834) | -0.0659***<br>(0.0178) | -0.3730<br>(0.5795) | -0.0236<br>(0.0684) |
| *_cons* | — | -0.3412***<br>(0.0170) | — | -0.2174***<br>(0.0401) |
| AR(1) | 0.204 | 0.000 | 0.062 | 0.001 |
| AR(2) | 0.030 | 0.000 | 0.797 | 0.394 |
| Hansen/Sargan Test | 0.459 | 0.251 | 0.998 | 0.999 |
| LLC Adj. t | -8.5923<br>[0.0000] | -15.3639<br>[0.0000] | -6.7176<br>[0.0000] | -4.3898<br>[0.0000] |
| Fisher-ADF $c^2$ Stat. | 264.4944<br>[0.0000] | 367.8603<br>[0.0000] | 99.9822<br>[0.0000] | 131.5567<br>[0.0000] |
| obs. | 312 | 338 | 144 | 156 |

从表4中发达国家的回归结果可知，所有估计方法的实证结果在不同程度上一致表明，生产资料部类优先增长规律在发达国家中并未发生显著的作用，但这一规律在非发达国家中则显著地表现出来。这一差异化的实证结果表明，就当前38国而言，当一国的经济发展水平相对较低时，客观上要求其生产资料部类优先增长，从而为进一步的生产资料产品的生产以及消费资料产品的生产提供必要的生产资料，并以此为整个经济的快速发展提供必要保障。当经济发展水平处于较高层次时，对消费资料的消费需求将上升，从而这一规律也将变得不显著，以此促使第Ⅱ部类加快增长，进而确保两大部类按比例发展。此外，*g_ km2*的

回归系数在发达国家中高度显著而在非发达国家中则不然，表明在发达国家中第Ⅱ部类的资本有机构成与剩余价值率的综合增长也有助于其加快发展。

上述结论印证了马克思理论中一切以时间、地点和条件为转移的哲学观点。特定阶段的经济规律，只有在该社会或经济体具备一定的经济条件后才能存在并发生作用，而随着时间、地点和条件的不断变化，同一经济规律发生作用的程度及显著性也会发生变化。譬如，马克思和恩格斯在阐述商品生产规律时指出，“随着商品生产的扩展，特别是随着资本主义生产方式的出现，以前潜伏着的商品生产规律也就越来越公开、越来越有力地发挥作用了”①。

### （二）考虑第Ⅰ部类发展规模差异后的结果

在我国，人们习惯上把主要提供生产资料的工业称为重工业，故生产资料优先增长规律又被称为优先发展重工业的规律②，但是在现实中第Ⅰ部类与重工业之间并不能完全等同。鉴于此，我们以第Ⅰ部类总产值③在1995～2009年是否超过1万亿美元为判断标准，将超过这一数值的国家统一称为重工业化倾向明显的国家（简称“重工业化倾向国家”），其余为重工业化倾向不明显的国家（简称“非重工业化倾向国家”）。基于此并结合本文对两大部类价值构成的估算结果可得，重工业化倾向国家包括中国、德国、法国、英国、意大利、日本以及美国；同时，考虑到俄罗斯与澳大利亚两国的重工业地位以及两国数据均在2006年前后超过这一判断标准的事实，也把这两国纳入这一考察范围当中。图2给出了这9国第Ⅰ部类的总产值情况及其变动特征。

① 《马克思恩格斯选集》第3卷，人民出版社，2012，第660页。

② 李悦等：《产业经济学》，中国人民大学出版社，2008，第483页。

③ 值得注意的是，马克思所定义的社会总产值与GDP并不完全相同：前者包括中间产品和中间劳务投入的价值，然而后者则不包括这一部分，而是指一定时期内生产活动的最终成果或增加值。

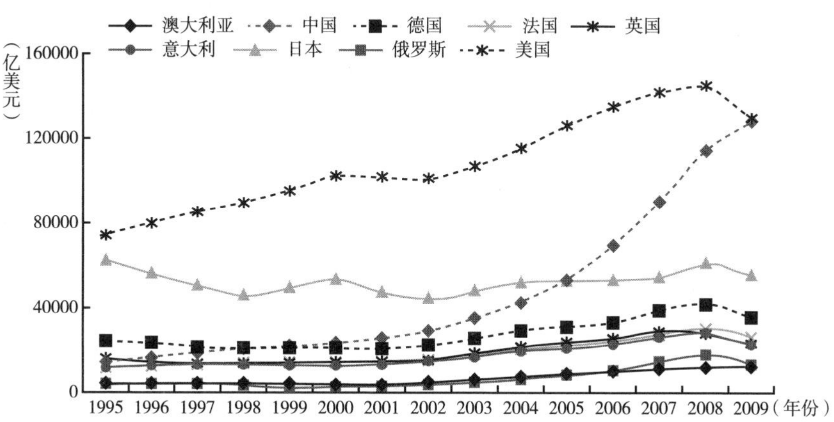


**图 2　9 国第 I 部类总产值及其变动情况**

从图 2 可知，中、美、日三国第 I 部类总产值的变动最为值得关注。大体说来，美国一直处于最高水平，且它的这一数值从 1995 年的 7.52 万亿美元波动上升到 2009 年的 12.82 万亿美元；中国的这一数值上涨最为迅猛——从 1995 年的 1.49 万亿美元陡然增至 2009 年的 12.81 万亿美元，仅次于美国；日本的这一数值从 1995 年的 6.34 万亿美元波动下降到 2009 年的 5.64 万亿美元。其余 6 国的数值相对而言则处于较为平稳的增长通道中，特别地，在 2008 年国际金融危机的冲击下，大多数国家 2009 年第 I 部类的总产值均有不同程度的回落。表 5 给出了考虑第 I 部类发展规模差异后的实证结果。

**表 5　考虑第 I 部类发展规模后的实证结果**

| 变量 | 被解释变量为 *lg_W2pi* | | | | | |
|---|---|---|---|---|---|---|
| | 重工业化倾向国家 | | 非重工业化倾向国家 | | 重工业化倾向的发达国家 | |
| | 差分 GMM | 系统 GMM | 差分 GMM | 系统 GMM | 差分 GMM | 系统 GMM |
| *lg_W2pi_L1* | -0.0154<br>(0.1579) | 0.0089<br>(0.0724) | 0.0537<br>(0.0832) | 0.1321**<br>(0.0634) | -0.2258***<br>(0.0611) | -0.0918<br>(0.0613) |
| *lOCC1* | -0.4870<br>(1.0985) | -0.4130**<br>(0.2059) | -0.3171***<br>(0.1016) | -0.0788***<br>(0.0292) | -0.1638<br>(0.2853) | -0.0596<br>(0.1808) |
| *g_km2* | 1.2003***<br>(0.1137) | 1.2420***<br>(0.1869) | -0.0584<br>(0.1415) | -0.1751<br>(0.1275) | 1.0090***<br>(0.0402) | 1.2573***<br>(0.0882) |

续表

| 变量 | 被解释变量为 lg_W2pi | | | | | |
|---|---|---|---|---|---|---|
| | 重工业化倾向国家 | | 非重工业化倾向国家 | | 重工业化倾向的发达国家 | |
| | 差分 GMM | 系统 GMM | 差分 GMM | 系统 GMM | 差分 GMM | 系统 GMM |
| *lOCC2* | 0.6124<br>(1.2031) | 0.1750<br>(0.7233) | 0.4282***<br>(0.1501) | -0.0222<br>(0.0299) | -0.2703<br>(0.3741) | -0.1721<br>(0.6841) |
| *lqt* | 0.9345<br>(0.9092) | 0.9557**<br>(0.3947) | -0.1068<br>(0.1037) | 0.0865***<br>(0.0217) | -0.7411<br>(0.7160) | -0.3041<br>(0.2182) |
| *lsurvrate*1 | -0.4261<br>(0.8497) | -0.3739<br>(0.4711) | -0.1652**<br>(0.0905) | 0.0879***<br>(0.0275) | -0.0123<br>(0.1370) | 0.1350<br>(0.3724) |
| *lprofrate*2 | 0.7822<br>(0.6482) | 0.7824<br>(0.4843) | 0.1022<br>(0.1159) | -0.0158<br>(0.0264) | 0.0002<br>(0.1920) | 0.1306<br>(0.2199) |
| *_cons* | — | 0.1124<br>(0.2140) | — | -0.2808***<br>(0.0246) | — | -0.1731<br>(0.1194) |
| *AR*(1) | 0.493 | 0.507 | 0.013 | 0.000 | 0.655 | 0.047 |
| *AR*(2) | 0.187 | 0.002 | 0.272 | 0.870 | 0.029 | 0.001 |
| Hansen/Sargan Test | 0.763 | 0.944 | 0.112 | 0.843 | 1.000 | 0.214 |
| LLCA dj. t | -5.9299<br>[0.0000] | -5.6783<br>[0.0000] | -7.6079<br>[0.0000] | -7.0403<br>[0.0000] | -15.1623<br>[0.0000] | -13.6507<br>[0.0000] |
| Fisher-ADF $c^2$ Stat. | 73.3036<br>[0.0000] | 79.6198<br>[0.0000] | 97.3268<br>[0.0009] | 169.7602<br>[0.0000] | 209.7457<br>[0.0000] | 175.2134<br>[0.0001] |
| obs. | 108 | 117 | 348 | 377 | 72 | 78 |

从表 5 中的实证结果可知，在非重工业化倾向国家中，生产资料部类优先增长规律能显著地发生作用，但这一规律在重工业化倾向国家中则不论是在显著性还是在稳健性方面都逊一筹，特别是在重工业化倾向的发达国家①中这一规律不再显著。这些差异一方面说明，当生产资料部类的规模相对较小时，本部类优先增长的客观要求就会显著表现出来；当生产资料部类的规模发展到较大的程度尤其是经济发展也处于较高水平时，客观上会要求消费资料部类按照更快的速度增长以确保两大部类之间的必要比例能得以满足，而这一要求在本文中的实现方式之一

① 包括德国、法国、英国、日本、澳大利亚以及美国等 6 国。

便是以 *lOCC*1 项的回归系数不显著的形式表现出来。对此，甚至有学者认为，在工业化发展到一定阶段后，两大部类生产增长速度会日益接近或平衡发展（刘思华，1981）。

另一方面，就系统 GMM 的回归结果而言，虽然 *lOCC*1 项的回归系数在非重工业化倾向国家中通过了 1% 的显著性检验而在重工业化倾向国家中只通过了 5% 的显著性检验，但是后者的数值明显要大于前者。这表明生产资料部类优先增长规律尽管在该部类的发展规模达到一定程度后显著性会逐渐衰减，然而这一规律的作用力度却依然是相对较强的，由此表明生产资料部类的增长具有自我强化的态势。

在其他解释变量方面，第Ⅱ部类资本有机构成与剩余价值的混合增长对本部类增长率的正向作用只在重工业化倾向国家以及重工业化倾向的发达国家中显著存在，而在非重工业化倾向国家中则不然。这说明，在生产资料的规模相对较小的阶段，第Ⅱ部类的增长动力是相对不足的。

## 七 小结

马克思经济学中的生产资料部类优先增长规律是当今社会化大生产中普遍存在的规律，它不仅有内在的理论逻辑，而且是经得住实证检验的。本文研究发现，第Ⅰ部类资本有机构成的提高无论是在理论逻辑方面还是在实证检验方面都能对第Ⅱ部类的增长率产生负向作用，但是，规律本身的存在性与其发挥作用的显著性这两方面是有差别的。一方面，在生产力水平较低的经济体以及非重工业化倾向国家中，这一规律不仅在理论上客观存在，而且其作用还能显著地表现出来，以此推进生产资料部类较快发展；然而在生产力水平较高的发达国家中，特别是在重工业化倾向的发达国家中，这一规律的作用则未能显著地识别出来。这说明当经济发展水平以及生产资料部类的规模达到一定程度后，客观上会要求消费资料部类按照更快的速度增长以确保两大部类之间的必要比例能得以满足。这些差异化的结果无疑是与一切以时间、地点和条件为转移的马克思主义哲学观相吻合的。本文的发现有明显的理论意义与政策启示。

第一，合理适当地确保与推动生产资料部类优先增长，从而在生产资料方面为本部类发展以及消费资料部类的增长提供必要保障，而非无视甚至人为地限制第Ⅰ部类必要的优先增长；同时，在当前信息化、智能化日益推进的浪潮中，还应该调整和优化生产资料部类的内部结构，加大对电子与信息技术、新材料及应用技术、先进制造技术等高新技术行业以及高端装备制造行业等具有明显生产资料属性和广阔前景的行业的支持力度。特别地，任何忽视或无视这一规律产生显著作用所需满足的必要条件，而认为只要在扩大再生产过程中这一规律就无论在何时何地都是显著存在的观点，也是乏善可陈的。

第二，利用发展混合所有制经济的契机，鼓励和引导非国有资本进入产能过剩较为严重的商业类国有企业，以此消化及整合过剩产能或淘汰落后产能，加快建立产业转型升级的长效、常态机制。尽管我国当前的生产力水平与发达国家仍然存在较大差距，然而相对于自身的生产力水平而言，我国生产资料部类的发展规模已经增长得过于迅猛，以至于产生了当今较为严重的产能过剩问题。对此，特别是在当前国企改革及发展混合所有制经济的背景下，针对电解铝、钢铁、水泥、平板玻璃等产能普遍过剩的行业，可通过鼓励非国有资本参股或向其推出符合产业政策、有利于转型升级的项目，在依据不同行业自身的特点而分业施策的同时，建立健全行业监测体系以及产能过剩状况的预警机制。譬如，对于水泥行业中的产能过剩矛盾，可通过优化水泥窑协同处置技术的方式延伸产业链，支持与鼓励非国有资本参与其中的渗滤液处理、生活垃圾预处理、自动化控制装备和其他配套装备研发等项目当中，以求在提高国企效率的同时盘活实体经济中的非国有资本，实现治理产能过剩、推进国企改革及优化产业结构这三者之间的良性互动。

第三，挖掘市场潜力，改善需求结构，增加居民收入，释放有效内需，以此拉动消费资料部类的快速发展。生产资料部类优先增长规律的存在及其作用的发挥在客观上是以两大部类按比例协调增长为前提的，好比流通过程中强调“均衡”一样，生产过程中则必须重视“比例”与结构问题，任何忽视或无视第Ⅱ部类发展而盲目追求第Ⅰ部类快速增长的做法都是不合理同时也是不可取的。就我国当前产能过剩而又内需不旺的现状而言，应努力开拓农村居民消费市场以及内陆市场，扩大我国居民对第Ⅱ部类产品的有效需求，从而强化第Ⅱ部类在消化第Ⅰ部类中过剩产能方面的积极作用，实现国民经济健康稳定而又保持合理比例地发展。

## 参考文献

[1] 白暴力：《两大部类比例变化的理论分析》，《经济评论》2000 年第 2 期。

[2] 陈锡康、杨翠红：《投入产出技术》，科学出版社，2011。

[3] 程桂芳：《不能片面地看待生产资料生产优先增长规律》，《财经研究》1980 年第 4 期。

[4] 高峰：《马克思的资本有机构成理论与现实》，《中国社会科学》1983 年第 2 期。

[5] 姬旭辉、邱海平：《中国经济剩余价值率的估算：1995 ~ 2009——兼论国民收入的初次分配》，《当代经济研究》2015 年第 6 期。

[6] 蒋伟翔：《不能否定资本有机构成提高必然导致生产资料生产优先增长的原理——与侯伦同志商榷》，《财经研究》1985 年第 5 期。

[7] 江小涓：《理论、实践、借鉴与中国经济学的发展——以产业结构理论研究为例》，《中国社会科学》1999 年第 6 期。

[8] 李海明、祝志勇：《扩大再生产的动态最优模型——马克思经济增长理论的一个解说》，《经济科学》2012 年第 6 期。

[9] 刘恩钊：《两大部类关系和生产资料生产优先增长》，《经济研究》1980 年第 2 期。

[10] 刘思华：《略论生产资料生产优先增长规律的理论与实践》，《经济研究》1981 年第 3 期。

[11] 刘循：《关于生产资料生产优先增长问题一年来的讨论情况》，《经济研究》1980 年第 12 期。

[12] 鲁从明：《两大部类生产增长速度是不断交替的过程》，《经济研究》

1980 年第 5 期。

[13] 鲁济典：《生产资料生产优先增长是一个客观规律吗》，《经济研究》1979 年第 11 期。

[14] 马镔：《技术进步条件下生产资料的优先增长不能否定——与鲁济典、朱家祯同志商榷》，《经济研究》1980 年第 3 期。

[15] 马艳：《马克思主义资本有机构成理论创新与实证分析》，《学术月刊》2009 年第 5 期。

[16] 孟连：《不能片面地把“生产资料生产优先增长”作为安排国民经济计划的出发点》，《经济研究》1979 年第 9 期。

[17] 裴小革：《马克思社会生产两大部类对比速度问题探析》，《学习与探索》2013a 年第 5 期。

[18] 裴小革：《马克思社会生产两大部类顺序的由来和演变》，《辽宁大学学报》（哲学社会科学版）2013b 年第 4 期。

[19] 乔晓楠：《产业部门间市场结构均衡状态的作用机制及实证分析——从马克思主义经济学的角度进行的考察》，《政治经济学评论》2005 年第 2 辑。

[20] 孙冶方：《社会主义经济理论问题》，人民出版社，1979。

[21] 唐国华、许成安：《马克思经济增长理论与中国经济发展方式的转变》，《当代经济研究》2011 年第 7 期。

[22] 陶为群、陶川：《两大部类产品价值构成的约束极大似然估计》，《西安财经学院学报》2010 年第 4 期。

[23] 王绍顺：《生产资料生产优先增长不是扩大再生产的普遍规律》，《经济科学》1982 年第 2 期。

[24] 肖延方：《论资本有机构成的提高对再就业的双重作用》，《经济评论》2001 年第 5 期。

[25] 徐春华：《危机后一般利润率下降规律的表现、国别差异和影响因素》，《世界经济》2016 年第 5 期。

[26] 谢富胜、李安、朱安东：《马克思主义危机理论和 1975 ~ 2008 年美国经济的利润率》，《中国社会科学》2010 年第 5 期。

[27] 吴栋：《生产资料优先增长规律及其数学论证》，《数量经济技术经济研究》1990 年第 6 期。

[28] 吴贤忠、陈伯庚：《生产资料生产优先增长的原理对社会主义经济不起作用吗——与朱家桢同志商榷》，《经济研究》1980 年第 7 期。

[29] 吴易风：《西方“重新发现”马克思述评》，《政治经济学评论》2014a 年第 2 期。

[30] 吴易风：《西方学者“重新发现”了马克思的哪些理论》，《红旗文稿》2014b 年第 9 期。

[31] 吴易风：《马克思的经济增长理论模型》，《经济研究》2007 年第 9 期。
[32] 余永定：《试论生产资料生产优先增长问题》，《改革与战略》1985 年第 4 期。
[33] 张平安：《两大部类生产增长速度终究还是生产资料生产的优先增长》，《经济研究》1980 年第 12 期。
[34] 张小弦、林少宫：《两大部类再生产数学模型研究》，《经济数学》1986 年第 3 期。
[35] 张秀生：《生产资料生产优先增长的规律没有过时——与朱家桢同志商榷》，《武汉大学学报》（哲学社会科学版）1980 年第 6 期。
[36] 张忠任：《马克思再生产公式的模型化与两大部类的最优比例问题》，《政治经济学评论》2004 年第 2 辑。
[37] 赵峰、姬旭辉、冯志轩：《国民收入核算的政治经济学方法及其在中国的应用》，《马克思主义研究》2012 年第 8 期。
[38] 郑佩玉：《论资本有机构成及其在战后的变动趋势》，《中山大学学报》1986 年第 2 期。
[39] 钟契夫：《投入产出分析》，中国财政经济出版社，1993。
[40] 周天勇、张弥：《经济运行与增长中的中小企业作用机理》，《经济研究》2002 年第 2 期。
[41] 朱家桢：《生产资料生产优先增长是适用于社会主义的经济规律吗?》，《经济研究》1979 年第 12 期。
[42] 朱奎：《利润率的决定机制及其变动趋势研究——基于劳动价值论的新解释》，《财经研究》2008 年第 7 期。
[43] 朱殊洋：《两大部类增长速度对比关系的探讨——对生产资料优先增长问题的考察》，《经济学（季刊）》2009 年第 2 期。
[44] Arellano, M. & O. Bover, "Another Look at the Instrumental Variable Estimation of Error-components Models," *Journal of Econometrics*, 68 (1995): 29 - 52.
[45] Blundell, R. & S. Bond, "Initial Conditions and Moment Restrictions in Dynamic Panel Data Models," *Journal of Econometrics*, 87 (1998): 115 - 143.
[46] Cockshott, W. P. & A. Cottrell, "A Note on the Organic Composition of Capital and Profit Rates," *Cambridge Journal of Economics*, 27 (2003): 749 - 754.
[47] Horioka, C. Y. &J. Wan, "The determinants of Household Saving in China: A Dynamic Panel Analysis of Provincial Data," NBER Working Papers, No. 12723, 2006.
[48] Lianos, T. P., "The Rate of Surplus Value, the Organic Composition of Capital

and the Rate of Profit in Greek Manufacturing," *Review of Radical Political Economics*, 24 (1992): 136 – 145.

[49] Maniatis, T. & C. Passas, "Profitability Capital Accumulation and Crisis in the Greek Economy 1958 – 2009: A Marxist Analysis," *Review of Political Economy*, 25 (2013): 624 – 649.

[50] Moseley, F., "The Rate of Surplus Value, the Organic Composition, and the General Rate of Profit in the U. S. Economy, 1947 – 67: A Critique and Update of Wolff's Estimates," *American Economic Review*, 78 (1988): 298 – 303.

[51] Reati, A., "The Rate of Profit and the Organic Composition of Capital in West German Industry from 1960 to 1981," *Review of Radical Political Economics*, 18 (1986): 56 – 86.

# 国民收入核算的政治经济学方法及其在中国的应用

赵 峰　姬旭辉　冯志轩*

## 一　引言

国民经济核算是按照一套既定概念方法对一个国民经济总体所进行的系统定量描述，它描述了一个经济体结构、形式和发展的系统情况，提供了判断国民经济的发展水平及其成败的客观基础。经济学的实证研究在很大程度上需要依赖国民经济核算体系所提供的材料，而能否经得起实证检验也正是一种经济理论是否具有生命力和说服力的重要条件。

正如科学哲学家亨普尔所指出的那样，所有科学研究的实证工作都会受到预先理论设定的影响①，经济学也不例外，因此国民经济核算体系的建立既然是希望对国民经济进行系统描述，也就不可避免地会受到体系建立者所支持的经济理论的影响。现代主流的国民经济核算体系国民账户体系（即SNA）是直接以凯恩斯主义宏观经济学的概念体系为

* 赵峰，中国人民大学经济学院，副教授；姬旭辉，中共中央党校马克思主义学院，讲师；冯志轩，南开大学经济学院，讲师。

① 亨普尔：《自然科学的哲学》，张华夏译，中国人民大学出版社，2006，第29页。

基础，以新古典主义经济学为方法论基础建构起来的。[①] 而马克思主义经济学的方法论指导、概念体系和整体分析框架与之存在根本的、重大的分歧，以西方经济学为基础的核算体系无法为政治经济学的实证研究提供准确的材料，也不利于加深我们对政治经济学理论的认识和推进其创新发展。主流的官方经济核算体系混淆了生产活动与社会消费，将诸如交易、金融、政府管理等消耗生产部门创造的新财富的活动都计入经济体的总产出，这样就严重地扭曲了对实际经济总量的核算。不仅马克思主义经济学对最基本的生产活动的理解同主流经济学不同，而且不变资本、可变资本、剩余价值等政治经济学的核心范畴在 SNA 下也没有直接对应的核算项目。

在存在诸多困难的条件下，国内外的许多马克思主义经济学家在不同的核算框架下对以劳动价值论为基础的古典经济学和政治经济学意义下的经济核算框架的构建和应用进行了有益的探索。弗里德曼（Freeman）[②]、科克肖特（Cockshott）等[③]在马克思主义经济学的框架内对英国的国民收入核算体系进行了整理并分析了英国的可变资本、剩余价值和利润率。曼德尔根据官方的统计资料，计算了美国制造业 20 世纪初到 60 年代的可变资本、剩余价值以及剩余价值率。[④] 沃尔夫（Wolff）在详细区分资本主义社会生产和非生产活动的基础上，根据投入产出表计算了二战后美国生产性部门和非生产性部门的产出、消费、

---

① 例如，将 GDP 的支出划分为消费、投资、净出口和政府购买实际上是凯恩斯主义宏观经济学的典型方法，而将国民收入分为固定资产折旧、工资收入、营业剩余和政府税收则以新古典主义三位一体公式为依托，将所有提供服务的部门包括政府的活动都视为生产性活动并将其活动的产出货币化后进行核算则是依据了新古典主义经济学和凯恩斯主义宏观经济学对生产活动问题的理解。

② Freeman, A., "Measuring the UK Economy," in Dorling, D. and S. Simpson (eds.), *Statistics and Society* (Edward Arnold, 1999): 361 - 369.

③ Cockshott, P., A. Cottrell, & G. Michaelson, "Testing Marx: Some New Results from UK Data," *Capital and Class*, 55 (1995): 103 - 129.

④ 厄尔奈斯特·曼德尔：《晚期资本主义》，马清文译，黑龙江人民出版社，1983，第 193～195 页。

积累和剩余等经济范畴。[①] 夏普（Sharpe）对沃尔夫的方法进行了扩展，并应用投入产出表分析了加拿大的经济结构[②]，谢克（Shaikh）和托纳克（Tonak）对政治经济学的国民收入核算方法进行了总结完善和进一步发展，从美国的投入产出表中映射出了马克思主义的国民经济账户[③]。克罗宁（Cronin）根据 Shaikh 的方法利用官方的国民收入核算数据得出了新西兰的古典经济核算账户。[④]

由于我国目前没有相应的政治经济学国民经济核算体系，当前政治经济学的研究主要集中在纯理论研究，很难进行经验研究。仅有的一些经验研究也都是采用新古典的国民收入核算体系的数据进行，张宇和赵峰在国内第一次就中国 1978～2004 年制造业的剩余价值率、资本有机构成和利润率进行了估计[⑤]，但由于其所用数据都来自 SNA，所以结论难免有所偏差。一些诋毁马克思主义理论的人也利用这种理论相对缺乏经验实证的困难来论证它的思想偏见和错误。因此，本文试图根据 Shaikh 提供的方法从中国已有的 SNA 出发，在其基础上进行选择、提取与修正，在投入产出表与马克思主义核算体系之间建立一个映射，以此来探索构建马克思主义经济学国民账户的方法，这将为马克思主义经济学的经验研究提供一个比较可行和可靠的途径。

本文的第二部分简要介绍马克思主义经济学对生产性活动与非生产

---

① Wolff, E. N., *Growth Accumulation and Unproductive Activity: An Analysis of the Postwar US Economy* (New York: Cambridge University Press, 1987), pp. 104－119。

② Sharpe, A., The Structure of the Canadian Economy, 1961－76: A Marxian Input-Output Analysis (Ph. D. dissertation, Economics Department, McGill University, Montreal, 1982), pp. 377－393.

③ Shaikh, A. M. and E. A. Tonak, *Measuring the Wealth of Nations: The Political Economy of National Accounts* (Cambridge: Cambridge University Press, 1994), pp. 217－219.

④ Cronin, B., "Productive and Unproductive Capital: A Mapping of the New Zealand System of National Accounts to Classical Economic Categories, 1972－95," *Review of Political Economy*, 13 (2001): 309－327.

⑤ Zhang Yu and Zhao Feng, "The Rate of Surplus Value, the Composition of Capital, and the Rate of Profit in Chinese Manufacturing Industry: 1978－2004," *The Bulletin of Political Economy*, 1 (2007): 17－42.

性活动的区分，从而明确了市场经济体制下生产活动的核算范围。并在马克思主义经济学国民经济核算方法的基础上，结合中国的实际情况具体分析了社会再生产各个部门的核算方法。第三部分以我国近几次投入产出核算为基础，整理计算出了我国 1987 年、1990 年、1992 年、1995 年、1997 年、2002 年、2007 年政治经济学国民收入账户的主要经济变量。最后是一个简短的结论和展望。

## 二　国民收入核算的政治经济学的方法论基础

### （一）经济活动的分类

在政治经济学的宏观分析视野中，社会再生产的基本活动有四大类：生产、分配、社会秩序的维持与再生产、个人消费。在这四大类活动中，只有第一类才是生产性活动，其他三类属于消费活动。值得注意的是，“分配”和“社会秩序的维持与再生产”活动虽然包含有人类劳动，但这些活动要么实现对使用价值的转移，要么消耗掉使用价值，其本身并不创造新的财富，属于非生产性活动，这两类活动同“个人消费”类似，属于“社会消费”。销售、广告、经营管理等活动以及公共事业部门所产生的费用是资本组织生产和流通过程所需要的“非生产性费用”，是使资本积累得以正常进行所必需的费用，其性质“是资本主义的费用，它们是资本所占取的剩余价值的一部分”①。

在第一类创造使用价值的生产活动中，仍需要区分其中对于资本来说是不是生产性的活动。对于资本主义生产方式来说，生产活动和非生产活动的区别在于是否能够生产剩余价值。生产活动根据其目的一般可以分为三类——为直接使用进行的生产（如家庭的生产和小农经济生产）、为销售并获取收入进行的生产（如小商品生产）、为销售并获取

① 曼纽尔·卡斯泰尔斯：《经济危机与美国社会》，晏山枥译，上海译文出版社，1981 年，第 54 页。

利润进行的生产（如资本主义的商品生产），只有最后一种活动是资本主义雇佣活动，是劳动力与资本进行交换之后的活动，它不仅生产使用价值与价值，还生产出来剩余价值，只有它对于资本来说是生产性的。

### （二）政治经济学国民收入核算与投入产出表

在明确了市场经济体制下生产活动的核算范围之后，我们来具体介绍如何利用投入产出表建立马克思主义国民收入核算账户。传统的生产账户有两种基本形式：国民收入和生产账户（NIPA）和投入产出账户。由于国民收入和生产账户旨在考察产品的最终使用，它只注重划分为消费、投资、政府购买、净出口等的净产品，而投入产出账户包括不同行业的产品投入，它不仅可以得到国民收入和生产账户中主要的总量，而且可以说明中间投入的构成和经济中各行各业之间的相互依存关系。所以我们选用投入产出账户作为构建马克思主义经济学国民账户的基础和出发点。

马克思主义的劳动价值核算法的变量主要有不变资本（*C*）、可变资本（*V*）、剩余价值（*S*）①；与其相应的投入产出表所核算的对象为中间投入（*M*）、工资（*W*）、利润（*P*）。投入产出表的总产出（*GO*）、最终使用（*TFU*）、总投入（*TI*）② 分别对应马克思主义核算的总产品（*TP*）、最终产品（*FP*）、总价值（*TV*）。这些变量之间的联系和对应关系如表 1 所示。

根据投入产出表编制的惯例，上半部分的行向上的各个栏目记录了各个部门产品的使用去向，左半部分的列向上的各个栏目记录了各个部门生产过程的投入结构，除了中间投入外还有生产过程中所需的各类生产要素及其获得的报酬，投入产出表的四个象限划分如表 2 所示。

---

① 这里我们假设单位劳动价值等于单位货币价格，暂不考虑价值与价格的偏离情况。

② 投入产出表中这些变量的字母代号取自国家统计局国民经济核算司编著的《中国投入产出表（2007 年）》的附录三“部门分类、增加值和最终使用项指标中英文对照”，总产出 GO 为 Gross Output、最终使用 TFU 为 Total Final Use、总投入 TI 为 Total Inputs。

表 1　变量关系对应

| 政治经济学国民经济核算 | 投入产出表 |
| --- | --- |
| $TV = C + V + S$ | $TI = M + W + P$ |
| $VA = V + S$ | $VA = W + P$ |
| $TP = U + FP$ | $GO = M + TFU$ |
| $FP = NP + SP$ | $TFU = CON + I$ |

注：其中 $U$ 为马克思主义经济核算生产投入的劳动价值，$NP$ 为必要产品，$SP$ 为剩余产品，$NP$、$SP$、$U$ 分别是其相应的货币形式；$CON$ 为消费，$I$ 为投资，也即投入产出表中的“资本形成总额”。

表 2　投入产出表的四个象限

| | |
| --- | --- |
| 第Ⅰ象限<br>中间投入/中间使用流量 | 第Ⅱ象限<br>最终使用流量 |
| 第Ⅲ象限<br>投入（收入形成）流量 | 第Ⅳ象限 |

为了能够更方便地从投入产出表导出马克思主义经济核算，我们从“使用方”和“收入方”两个方面建立投入产出表与马克思主义经济核算的映射，分别对应投入产出表的行向和列向栏目。我们把投入产出表中各类经济部门概括性地划分为基本部门、第二部门、外国贸易部门和非资本主义劳动活动部门，其中直接涉及国民总产品生产和实现的部门（生产部门和交易部门）称为基本部门，起源于基本部门的价值和货币的再流通部门（如金融部门、土地或矿产等的租赁①、税收、公共管理和社会组织部门等）属于第二部门。

首先，我们进行基本部门的核算。生产不仅包括物质生产，还包括一部分生产性服务生产；交易活动包括批发和零售，生产部门产品的广告促销活动、租赁活动，以及实现这些交易活动的运输。

交易活动是非生产性的，它同生产活动一起实现了总价值和总产品。在只包含基本部门的经济中，交易部门的活动是对生产部门所生产

① 中国的投入产出表不包含这类活动，我们暂不考虑它们。

产品的一种消耗，交易部门的中间投入、付给劳动者的工资不能计入经济体的不变资本、可变资本中，它们都应并入我们所核算的剩余价值里。我们假设一个简单的生产－交易两部门经济的投入产出表（如图1所示），用数字来说明在政治经济学分析框架内如何对生产和交易部门进行经济核算。

| | | 中间使用 | | 最终使用 | | |
|---|---|---|---|---|---|---|
| | | 生产 | 交易 | 消费 | 投资 | 总产出 |
| 中间投入 | 生产 | A1 | C1 | * | * | * |
| | 交易 | A2 | C2 | * | * | * |
| 增加值 | 工资 | B | C3 | | | |
| | 利润 | C4 | C5 | | | |
| | 总投入 | * | * | | | |

**图1　生产－交易两部门投入产出表示意**

这个两部门经济中，一个部门是生产性的，另一个部门是非生产性的，即交易部门有助于实现生产部门创造的价值而其本身是不创造价值的，它的活动结果是耗掉了经济体剩余价值的一部分。所以，在上述投入产出表中，经济体的不变资本是生产部门的中间使用 A1 + A2，而不是投入产出表核算的中间投入总和 A1 + A2 + C1 + C2；可变资本是 B，而不是投入产出表核算的工资总额 B + C3；剩余价值是 C1 + C2 + C3 + C4 + C5，而不是投入产出表核算的利润 C4 + C5。

其次，我们来分析第二部门的核算。生产和交易活动完成了总产品和价值的实现，生产和交易部门直接从产品的售卖中取得收入，而基本部门实现的价值会通过在基本部门向第二部门的一系列转移使这部分价值再流通，它包括货币、信用、专利等使用权（如土地、矿山、权利①、债权）的再流通。第二部门记录的流量是基本部门向第二部门的转移，这些转移以利息、地租、金融费用、政府罚款和收费、税收等形

① 其中社会权利的使用费为税收。

式表现出来。由于第二部门收入的实质是这些转移，它的原始来源在第一部门的账户中已经被计算过了，不能作为“产出”而再次成为总产出的一部分。既然总产品在基本部门生产和实现，我们不能把第二部门记录的流量作为发源于第一部门的额外的产品，第二部门是总交易的一部分，而不是总价值或总产品的一部分，在总产品和总价值的核算中必须把这一部分除去。

由于中国的土地和矿山等资源属于国家所有，并没有土地、矿山等使用权的租赁，所以在中国2007年的投入产出表中，属于第二部门的只有I级部门分类中的“金融业”和“公共管理和社会组织”两个部门。“金融业”包括银行业、证券业、保险业和其他金融活动；“公共管理和社会组织”包括“中国共产党机关”“宪法规定的国家机构和国家武装力量”“群众社团、社会团体和宗教组织”“基层群众自治组织”① 等。这些部门的活动都是非生产活动，它们消耗掉一部分基本部门生产出的社会产品而不创造新的使用价值，其“产出”并不是社会总产品的一部分，而是“社会消费”的一部分，不计入总价值和总产品②。

再次，我们来分析非市场经济形式的劳动部门的核算。非市场经济形式的劳动部门不在我们所建立账户的核算范围内，在生产性劳动中，以直接使用或获取收入为目的而不是以获取利润为目的的劳动都是非市场经济形式生产劳动，例如我国的农业生产劳动、家庭劳动和小商品生产劳动，总价值和总产品的核算中不应包括此类劳动部门。

在中国2007年的投入产出表中，属于非市场经济形式的劳动部门

① 国家统计局国民经济核算司编《中国投入产出表（2007年）》，中国统计出版社，2009，第486页。

② 虽然交易也是“社会消费”，但是它和生产部门一起实现了总产品，如前文所述，在有了交易部门之后，生产部门以低于价值的生产者价格将产品转卖给交易部门，同时将一部分价值转移给交易部门，交易部门再以购买者价格（设其等于产品价值）卖给消费者，所以总价值和总产品是生产部门与交易部门所实现的价值和产品的总和。

有I级部门分类中的“农林牧渔业”，以及II级部门分类中的“居民服务业”，后者包括“为居民家庭提供的保姆、家庭护理、厨师、洗衣工、园丁、门卫、司机、教师、私人秘书等服务的活动”①、托儿所的幼儿看护服务、洗染服务等，它们大部分是非市场经济形式性质的，不计入总价值和总产品核算中。

总之，一国生产的总价值在基本部门（即生产和交易部门）的生产和销售中实现，二者结合的收入代表了生产部门所创造的产品的总价值。不变资本与可变资本只存在于生产部门中，交易部门是非生产性的，其中间投入和劳动者工资都属于剩余价值的一部分。

基本部门实现的价值可以通过在基本部门与第二部门之间的一系列转移使这部分价值再流通，第二部门的收入只是这些转移的记录，不能将这部分已经在基本部门计算过的价值作为第二部门的“产出”再计入总价值中。另外，我国的农业生产部门、居民服务业部门的经济活动大多为非市场经济形式的，也不在我们所建立的国民账户所涵盖的范围内。

以中国2007年的投入产出表为例，在进行社会总产品和总价值的核算时需要把表中“金融业”“公共管理和社会组织”“农林牧渔业”和“居民服务业”去掉，这样我们核算的总产品和总价值将小于投入产出表的总产品和总投入。核算不变资本、可变资本时只包括生产部门的投入、工人的工资，它们分别小于投入产出表中生产部门、交易部门、金融业、居民服务业、公共管理和社会组织这些部门合计的“中间使用合计”“劳动者报酬”。这样，剩余价值将大于投入产出表核算的利润即“营业盈余”，剩余价值率也将大于利润率。另外，由于一部分资本通过折旧的方式转移进产品价值中，所以我们将投入产出表“增加值”中的“固定资产折旧”计入不变资本中。为了得到政治经济学国民收入核算的方法，我们对投入产出表做整理和划分，结果如图2所示。

---

① 国家统计局国民经济核算司编《中国投入产出表（2007年）》，中国统计出版社，2009，第482页。

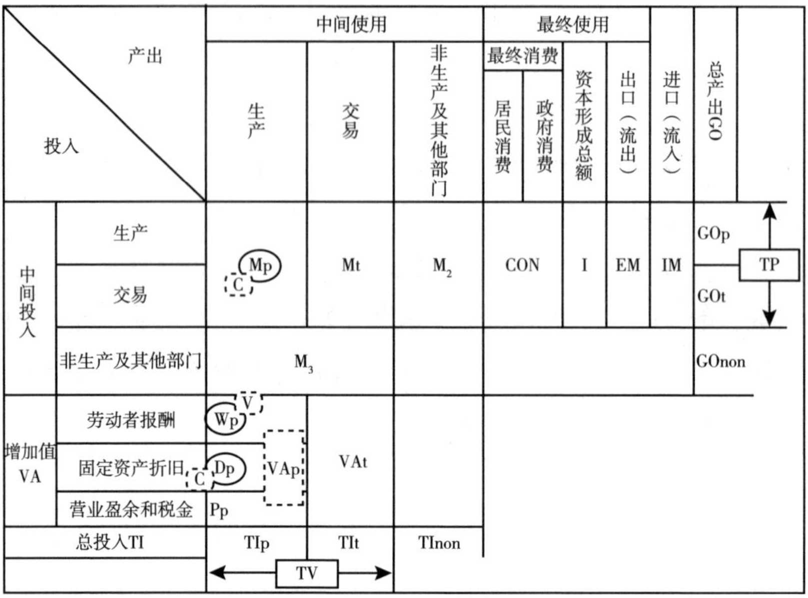

| 投入＼产出 | | 中间使用：生产 | 中间使用：交易 | 中间使用：非生产及其他部门 | 最终使用：最终消费：居民消费 | 最终使用：最终消费：政府消费 | 最终使用：资本形成总额 | 最终使用：出口（流出） | 进口（流入） | 总产出GO | |
|---|---|---|---|---|---|---|---|---|---|---|---|
| 中间投入 | 生产 | Mp（C） | Mt | $M_2$ | CON | | I | EM | IM | GOp | TP |
| | 交易 | | | | | | | | | GOt | |
| | 非生产及其他部门 | $M_3$ | | | | | | | | GOnon | |
| 增加值VA | 劳动者报酬 | Wp（V） | VAt | | | | | | | | |
| | 固定资产折旧 | Dp（C） VAp | | | | | | | | | |
| | 营业盈余和税金 | Pp | | | | | | | | | |
| 总投入TI | | TIp | TIt | TInon | | | | | | | |
| | | TV | | | | | | | | | |

**图 2 投入产出表整理与划分**

我们对图 2 中投入产出表的划分进行代数总结，就可以得出政治经济学国民收入账户的主要经济变量如总价值、不变资本、可变资本、剩余价值、总产品、最终产品、必要产品、剩余产品等的计算方法，如表 3 所示。

**表 3 政治经济学国民收入核算的代数方法**

| A 收入方 | B 使用方 |
|---|---|
| TV = TIp + TIt | TP = GOp + GOt = Mp + Mt + $M_2$ + CON + I + (EM − IM) |
| C = Mp + Dp | U = Mp |
| VA = TV − C = Mt + $M_3$ + VAp + VAt − Dp | FP = TP − U = Mt + $M_2$ + CON + I + (EM − IM) |
| V = Wp | NP = CONWp = Wp |
| S = VA − V = Mt + $M_3$ + Tp + Dp + Pp + VAt − Dp | SP = FP − NP = Mt + $M_2$ + (CONWnp + CONC + G)* + I + (EM − IM) |

* 总消费等于生产性工人的消费 CONp、非生产性工人的消费 CONnp、资本家的消费 CONC 以及政府消费 G 之和，减掉生产性工人的消费后即为（CONWnp + CONC + G）。

通过对比我们可以发现，政治经济学国民收入核算的经济变量与投入产出表核算的相应变量之间存在很大的差异。例如我们核算的总价值TV小于投入产出表的总产出，差额为图4中的$GO_{non}$；不变资本C也小于“中间投入”总和；可变资本由于只包含生产部门的劳动者工资，也小于投入产出表的“劳动者报酬”总和；而剩余价值与“营业盈余”由于各自涵盖的范围不同，无法单纯从上述图表中得出二者的大小关系，不过从本文第三部分计算出的数据来看，中国历年来剩余价值量都远远大于投入产出表的“营业盈余”。

## 三　政治经济学国民收入账户：中国的计算结果与分析

根据第二部分所讨论的方法，我们对中国1987年、1990年、1992年、1995年、1997年、2002年、2007年①的投入产出表进行整理和计算，分别取得了这些年份的政治经济学国民收入账户主要的经济变量，如表4所示②。

**表4　中国政治经济学国民收入账户计算结果**

| 变量 | 1987年 | 1990年 | 1992年 | 1995年 | 1997年 | 2002年 | 2007年 |
|---|---|---|---|---|---|---|---|
| 不变资本(万亿元) | 1.10 | 1.90 | 3.08 | 7.66 | 10.09 | 16.10 | 49.87 |
| 可变资本(万亿元) | 0.20 | 0.33 | 0.51 | 1.35 | 2.31 | 3.53 | 6.69 |
| 剩余价值(万亿元) | 0.65 | 1.00 | 1.78 | 3.59 | 4.18 | 6.73 | 16.47 |

① 其中，国家统计局国民经济核算司编著的2002年和1997年的投入产出表同2007年的类似，分别有详细的II级分类的122个经济部门和124个经济部门，此两年的政治经济学国民账户计算方法与2007年基本相同；国家统计局编制的1995年、1992年、1990年、1987年投入产出表则只有33类大部门，没有更详细的II级分类，所以这4年无法得到类似2007年的“居民服务业”这一非资本主义劳动部门的具体核算数据，本文采用33类大部门中的“公用事业及居民服务业”代替非资本主义劳动部门来进行政治经济学国民账户的整理与计算；此外，1997年、1995年、1992年、1990年、1987年投入产出表“商业”部门的核算内容包含2007年、2002年的“批发零售业”“租赁业”，我们处理这二者时用“商业”部门代替。

② 如需更详细的具体数据请联系笔者。

续表

| 变量 | 1987 年 | 1990 年 | 1992 年 | 1995 年 | 1997 年 | 2002 年 | 2007 年 |
|---|---|---|---|---|---|---|---|
| 总价值(万亿元) | 1.96 | 3.23 | 5.37 | 12.60 | 16.59 | 26.35 | 73.02 |
| 资本有机构成 | 5.44 | 5.75 | 6.01 | 5.67 | 4.36 | 4.56 | 7.46 |
| 剩余价值率 | 3.20 | 3.02 | 3.48 | 2.66 | 1.81 | 1.91 | 2.46 |
| 利润率* | 0.27 | 0.25 | 0.21 | 0.20 | 0.13 | 0.14 | 0.14 |
| 非生产部门就业人数与总就业人数之比 | 0.22 | 0.16 | 0.26 | 0.2 | 0.18 | 0.21 | 0.19 |

*由于金融业的活动实际上消耗掉了生产部门的剩余价值，核算利润时，我们将生产和交易部门的营业盈余和税金减去投入产出表中列向金融业的“中间投入”和“劳动者报酬”，用它除以生产部门的不变资本、可变资本以及交易部门的投入、工资之和，由此得到利润率。

资料来源：根据 1987～2007 年《中国投入产生表》自行计算而得。

为了便于进行各个变量不同年份之间的比较，我们以 1987 年为基年，通过除以各年同 1987 年 GDP 平减指数的比值，把余下六个年份的不变资本、可变资本、剩余价值、总价值从当年的现价化为剔除了价格因素之后的可比的量，处理之后的这些变量的变化情况如图 3 所示。

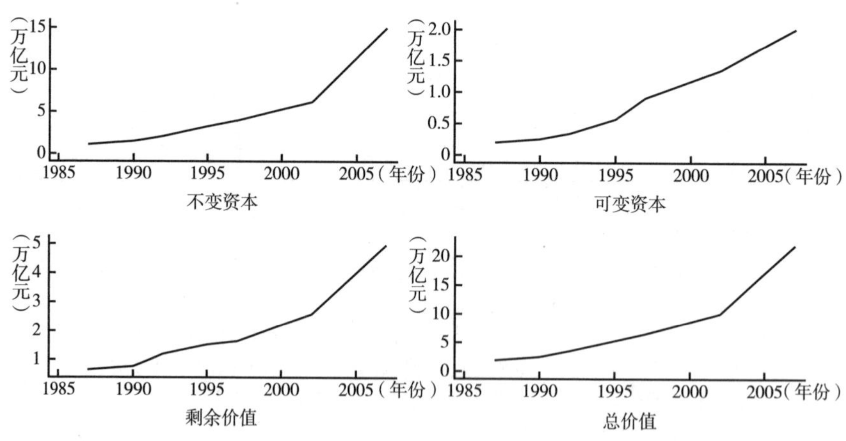


**图 3　剔除价格因素后的 *C*、*V*、*S*、*TV***

资料来源：根据 1987～2007 年《中国投入产出表》自行计算而得。

我们发现，以我们所核算的七年为代表年份来看，从 1987 年到 2007 年的这 20 年间，不变资本、可变资本、剩余价值和总价值都不断增加，分别增加了 13.62 倍、9.92 倍、7.64 倍和 11.25 倍。从 1987 年到 1992 年不变资本的增速大于可变资本，资本有机构成不断提高，而后在 90 年代里资本有机构成基本呈下降趋势，直到 2002 年又超过 1997 年，并在 2007 年急剧增加到 6.98，远高于以往年份。而剩余价值率除了从 1987 年到 1990 年是下降的之外，其余的变化趋势同资本有机构成一样，都是在 1992 年达到最高后逐渐下降，到 2002 年开始回升，并在 2007 年进一步提高。资本有机构成、剩余价值、非生产部门就业人数与总就业人数之比、利润率的变化情况如图 4 所示。

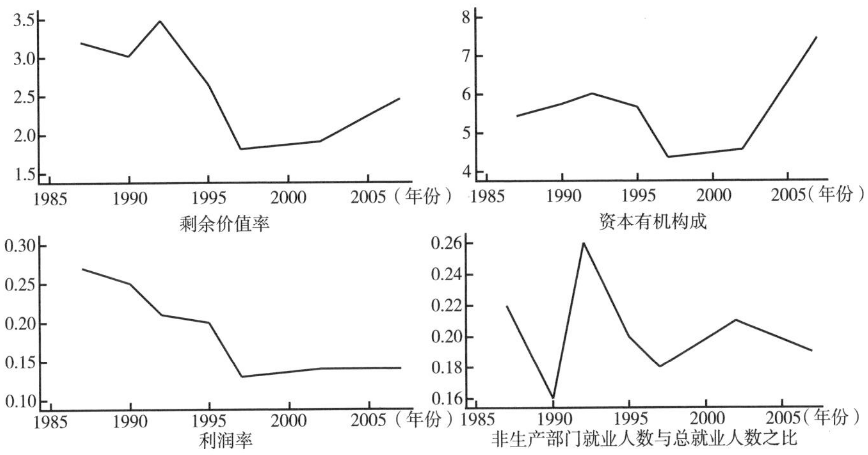


**图 4　资本有机构成、剩余价值、非生产部门就业人数与总就业人数之比、利润率的变化情况**

资料来源：根据 1987～2007 年《中国投入产出表》自行计算而得。

通过一个简单的假设——非生产部门和生产部门的劳动者工资率相同，我们就由非生产部门的劳动者工资[①]同两部门劳动者的总工资之比

① 根据投入产出表中批发零售业、金融业、公共管理和社会组织等部门的劳动者报酬加总得到。

得出了非生产部门就业人数占总就业人数比值的估计值，从图 4 中可看出从 1987 年到 2007 年这二十年间它基本都围绕 20% 上下波动。

通过对计算出的政治经济学国民收入账户的分析可以看出，一方面，我国这二十年来经济建设确实取得了很大成就，创造了大量新增价值，社会资本存量也有了极大的提升；另一方面，我国收入分配差距逐步扩大，虽然剩余价值率在这二十年间有升有降且基本保持在 2 ~ 3，但是剩余价值和可变资本之间的差额却从 0. 45 万亿元扩大到了 9. 78 万亿元，特别是从 1997 年到 2007 年剩余价值率逐步攀升，说明我国在不断推进市场化的过程中存在收入分配倾向资本、收入分配差距逐渐拉大的现象。

本文的一个比较重要的研究结果是从经验数据验证了马克思认为的政治经济学“最重要的”规律，即利润率趋于下降的规律。尽管“利润率趋于下降的规律”在马克思主义政治经济学的理论体系中占据着重要的地位，但是由于受当时的国民经济统计数据的可获得性的限制，在《资本论》第 3 卷出版后的很长一段时间内马克思主义经济学家对这个问题的分析和讨论主要集中在理论分析的层面。直到第二次世界大战以后，一些马克思主义经济学家开始利用官方发布的系统的国民经济宏观和行业数据对这个理论进行经验检验。[①] 由于中国政治经济学国民收入核算数据的限制，鲜有学者对中国经济关于这个理论进行经验检验。根据我们的计算，从图 4 可以很明显看出，利润率在二十年中整体呈下降趋势，从 1987 年的 0. 27 下降至 2007 年的 0. 14。其中个别年份出现了利润率提高的情况，实际上，一般利润率的动态是一个非连续的

① 美国经济学家 Joseph M. Gillman 在 1957 年发表的 *The Falling Rate of Profit: Marx's Law and Its Significance to Twentieth-Century Capitalism*（London: Dennis Dobson）应该是马克思主义经济学家第一次系统地运用发达资本主义国家的宏观数据对马克思的这个理论进行检验。随后，特别是在 20 世纪 70 年代后当主要发达资本主义国家陷入严重的滞胀问题时这类研究文献大量地涌现。这方面的更详细的最新综述请参见 Zhang Yu and Zhao Feng, “The Rate of Surplus Value, the Composition of Capital, and the Rate of Profit in Chinese Manufacturing Industry: 1978 - 2004,” *The Bulletin of Political Economy*, 1（2007）: 17 - 42。

持续波动过程，马克思本人也从来没有将利润率趋于下降的规律解释为一般利润率的“连续下降”过程，因为“引起一般利润率下降的同一些原因，又会产生反作用，阻碍、延缓并且部分地抵销这种下降……所以，这个规律只是作为一种趋势发生作用”①。利润率趋于下降的规律发挥作用的时间期界是“长期”，在某段时期内利润率有可能受到那些起反作用的因素影响而短暂地表现为上升。利润率趋于下降规律发挥作用并不与在一段时期内一般利润率上升的动态相矛盾，这种上升是生产关系调整以适应生产力发展的结果，是起反作用的那些因素发挥作用的结果。促使利润率趋于下降的因素在资本积累过程中是根本的矛盾，而那些起反作用的因素是稍微次要的矛盾；而利润率趋于下降的规律本身是这种矛盾之间相互影响和作用的结果，因此实际利润率也必然最终表现出下降的趋势。

根据马克思主义经典理论，利润率最主要的影响因素是资本有机构成，利润率同资本有机构成呈反向变动关系，从图 4 中我们发现在 1987 ~ 1992 年资本有机构成的提高确实伴随着利润率的下降。但是在 1992 年之后，利润率和资本有机构成并没表现出相反的变化趋势。对于这个与马克思主义经典理论不相符的情况，我们试图从其他学者的研究中寻找答案。置盐信雄（1961 年）认为资本家引进的技术创新并不一定能降低一般利润率，而实际工资率是影响利润率的决定性因素。因此我们转而考察剩余价值率的情况，剩余价值率越低，新增价值的分配就越倾向于劳动，从而劳动者报酬份额越高。图 4 中 1992 ~ 2002 年这段时期利润率的下降和提高正是伴随着剩余价值率相同时期的下降和上升：1992 ~ 1997 年剩余价值率大幅度下降，从 3.48 下降到了 1.81，下降了 47.9%，剩余价值率的下降和对工人阶级剥削率的降低的结果是“对利润率的一种侵害”②，利润率从 21% 下降到了 13%，下降幅度为

① 马克思：《资本论》第 3 卷，人民出版社，1974，第 266 页。

② 曼德尔：《晚期资本主义》，马清文译，黑龙江人民出版社，1981，第 198 页。

38%；而 1997 ~ 2002 年剩余价值率和利润率分别上升 5.5% 和 7.7%，这与 1997 年之后我国开始大规模启动国有企业改革有很大关系。根据谢富胜、李安、朱安东的研究，除了资本有机构成外，利润率还与产能利用率有关，我们通过非生产部门就业人数与生产部门就业人数之间的关系来近似地估计产出和潜在产出之间的关系，则利润率应该与非生产部门就业人数与总就业人数的比例呈反比。[①] 所以，2002 ~ 2007 年非生产部门就业人数与总就业人数的比例的下降使得利润率有上升的趋势，但是这一时期资本有机构成的大幅提高又有降低利润率的趋势，2002 ~ 2007 年表现出来的基本保持稳定不变的利润率水平有可能是这两种相反力量的抵消结果。

## 四　结论与展望

本文讨论了利用投入产出表对其行列进行增删调整获得中国相关政治经济学的国民经济核算变量的方法，并利用这一方法对 1987 ~ 2007 年中国政治经济学主要国民经济核算变量进行了计算，获得了其趋势。我们认为，总体而言这 20 年中国的国民经济基本上符合马克思主义经济学的基本论断，但是在具体年份上存在一些波动。进一步的研究可以根据本文的工作，对一些马克思主义经济学原理进行实证分析，在政治经济学的视角下讨论国民经济的发展趋势和波动情况，并进行一些国际横向的比较。

政治经济学的国民经济核算方法在国外已经有一定的讨论，本文对这一方法在中国的应用做了一个初步的尝试，还有很多后续的工作需要完成，例如我们所讨论的方法由于投入产出表每隔数年编制一次的局限，没有得到逐年连续的数据，而实证研究更多地依赖在时间上具有连续性的数据，所以有必要对如何估算出逐年连续数据做进一步的探讨。

---

① 谢富胜、李安、朱安东：《马克思主义危机理论和 1975 ~ 2008 年美国经济的利润率》，《中国社会科学》2010 年第 5 期。

## 参考文献


[1] 阿姆斯特朗、格林、哈里逊：《战后资本主义大繁荣的形成和破产》，史敏、张迪恳译，中国社会科学出版社，1991。

[2] 成保良、杨志、邱海平：《资本论的范畴和原理——问题解答》，经济科学出版社，2000。

[3] 高敏雪、李静萍、许健：《国民经济核算原理与中国实践》第二版，中国人民大学出版社，2007。

[4] 国家统计局国民经济核算司编著《中国 2007 年投入产出表编制方法》，中国统计出版社，2009。

[5] 赵峰：《资本主义经济增长的逻辑——马克思经济增长理论的现代阐释》，经济科学出版社，2009。

[6] 置盐信雄：《技术变革与利润率》，骆桢、李怡乐译，孟捷校，《教学与研究》2010 年第 7 期。

[7] 钟契夫主编《投入产出分析》，中国财政经济出版社，1993。

[8] Bowles, S., D. Gordon, and T. Weisskopf, "Power and Profits: The Social Structure of Accumulation and the Profitability of the Postwar US Economy," *Review of Radical Political Economics*, 18 (1986).

[9] Mohun, Simon, "The Labour Theory of Value as Foundation for Empirical Investigations," *Metroeconomica*, 55 (2004).

[10] Shaikh, A. M. and E. A. Tonak, *Measuring the Wealth of Nations: The political Economy of National Accounts* (Cambridge: Cambridge University Press, 1994).

[11] Zhang Yu and Zhao Feng, "The Rate of Surplus Value, the Composition of Capital, and the Rate of Profit in Chinese Manufacturing Industry: 1978 - 2004," *The Bulletin of Political Economy*, 1 (2007).

# 剩余价值率动态与中国经济新常态：基于区分生产劳动与非生产劳动的方法

齐　昊*

## 一　引言

本文运用马克思主义政治经济学的方法，构建了中国经济剩余价值率在较长时期内具有可比性的数据序列。该方法强调生产性劳动和非生产性劳动的差异，认为非生产性劳动获得的报酬是全部剩余价值的一部分。亚当·斯密、大卫·李嘉图和卡尔·马克思等古典经济学家的理论中都存在生产性劳动和非生产性劳动的划分。在近些年，Moseley（1985）及 Shaikh 和 Tonak（1994）进一步改进了该方法并使其能够运用到基于统计数据的实证分析当中。一些针对特定国家的研究通过运用该方法得到了有意义的结论（Cronin，2001；Maniatis，2005；Mohun，2005，2013；Paitaridis & Tsoulfidis，2011）。不过，目前的文献还没有研究运用该方法分析长时期内的中国经济问题，其主要障碍可能是数据缺失。并且，由于中国经历了经济转型，该方法在理论上或许有不适用之处。

本文有两个研究目标。第一，根据近年来发布的我国官方统计数

* 齐昊，中国人民大学经济学院，讲师。

据，衡量剩余价值率以及其他马克思主义政治经济学的变量（包括资本价值构成、非生产性部门抽取的剩余价值比例、总利润率和净利润率）。由于部分数据缺失，本文在估算过程中不得不施加若干假设，但本文尽力使这些假设和计算步骤清晰明了，以供其他研究者提出批评意见和改进建议。本文给出的数据序列涵盖自1956年至2014年的较长时期，即我国社会主义改造完成至金融危机爆发后第七年的整个时期。本文可能是为中国构建较长时期内的马克思主义政治经济学变量的数据序列的初次尝试。①

第二，从剩余价值率的动态及其在改革开放时期对利润率产生的影响出发，解读中国经济新常态产生的原因。② 经过分析发现，1978～2008年中国的剩余价值率曲线呈现U形，于1997年达到低谷，2008年以后不再上升并稍有下降。虽然中国的剩余价值率整体上低于美国③，但在全球金融危机爆发前达到了历史峰值。本文将变量进行增长率分解，以说明利润率的上升依赖于剩余价值率的提高。然而，剩余价值率的提高建立在一系列经济和制度条件的基础之上。当全球金融危机爆发以及国内经济形势发生变化时，支撑剩余价值率提高的条件不复存在了。因此，本文提出，我国经济新常态背后的原因是由于剩余价值率无法持续上升而出现的利润率下降。当剩余价值率的增长无法抵消资本价值构成的提高时，利润率就会出现下降，并对中国经济造成困难。

本文以下共分为四节。第二节将讨论衡量转型经济中马克思主义政治经济学变量的理论基础；第三节将说明剩余价值率的衡量方法，讨论数据采集和处理、前提假设和计算步骤，并描述剩余价值率的变化趋势，探究剩余价值率和利润率之间的内在联系；第四节将讨论剩余价值

① Zhang和Zhao（2007）提供了中国1978～2004年的剩余价值率数据，但其中只包括制造业，并且没有考虑剩余价值率的转移。

② 在西方，新常态指全球危机爆发后的金融市场与经济状况，Summers（2015）把它称为“长期停滞”。

③ 2008年，美国剩余价值率约为3.5（Paitaridis & Tsoulfidis，2011），中国为2.6。

率增长的支撑条件，并解释为何2008年金融危机以后剩余价值率停滞不前；第五节对本文进行总结。

## 二 理论基础：转型经济中的马克思主义政治经济学变量

生产性劳动和非生产性劳动的划分是观察一个经济体中新创造的价值如何循环和分配的一个视角，从中我们可以追踪新价值的流向并衡量重要的马克思主义政治经济学变量（例如新价值、可变资本和剩余价值）。这种方法和GDP核算有很大不同。一些政治经济学研究用GDP当中工资或利润的份额衡量劳动相对于资本的谈判力。然而，在GDP核算体系中并未考虑剩余价值的转移，因此这一指标并不能很好地反映价值在劳动和资本之间的分配或剩余价值率水平。GDP核算的另一个问题是没有区分共同存在的多种生产方式，多种生产方式的共存同样会影响工资份额或利润份额。①

在目前的文献中，如果考虑剩余价值在生产性劳动与非生产性劳动之间转移，那么一般首先将经济活动分为生产性和非生产性劳动（或部门），然后运用投入产出表和GDP数据衡量马克思主义政治经济学的变量，从而把剩余价值的转移考虑进去。Moseley（1985）、Shaikh和Tonak（1994）以及Paitaridis和Tsoulfidis（2011）的研究发现，第二次世界大战后美国非生产性劳动的增加攫取了越来越多的剩余价值，于是压低了整个经济的净利润率。Mohun（2005，2013）综合运用了阶级分析方法和生产/非生产劳动的划分，认为工人阶级的收入分配比重（包括生产性工人和非生产性工人）近年来不断下降。然而，所有这些研究都是针对美国经济的。

---

① GDP核算的这一缺陷对于发展中国家而言尤其致命，因为在这些经济体中，农业就业人数占总就业人数的比重很高（中低收入国家在2010年平均为38%），而农业中大部分不是资本主义生产方式。数据来源：WDI数据库。

中国在 1956 年完成社会主义改造，建立了社会主义制度，并于 1978 开始进行经济转型，1992 年以后转型速度加快。在 1956 ~ 1978 年中国经济没有任何私有经济成分，即使在 1992 年以后，私有经济成分也没有占据主导地位。那么对于经历了转型的中国经济而言，我们能否将上述研究资本主义经济的方法应用于中国经济，尤其是 1992 年以前的中国经济呢？

我们分两个步骤来阐释这一问题。第一步，关于可变资本和剩余价值的划分。在资本主义经济中，劳动场所是一个劳资双方力量对抗的地方，资本剥削劳动，产生了可变资本和剩余价值的划分。然而，中国社会主义经济的微观基础与之大相径庭：绝大多数生产资料都是公有的，工人享受工作保障和各种福利；在 1978 年之前，工人和干部之间的经济差距很小。虽然在社会主义经济中不存在资本家与工人之间的对抗，但工人和国家之间有一定的矛盾，这体现在社会总产品在工人和国家之间进行的分配上，即消费和积累之间的分配上。提高工资可以提升工人的生活水平，但是从国家角度来看，提高工人生活水平并不是唯一目标，更重要的是完成工业化。如此看来，剩余产品的积累无疑是一个先决条件。在这一矛盾背景下，在工人与国家之间的分配情况可以反映工人生活水平与国家工业化目标之间的现实对立。为简便起见，虽然我们明确承认工资与可变资本、剩余产品与剩余价值之间存在本质上的差异，但本文对 1956 ~ 2014 年的分析和讨论仍统一使用可变资本与剩余价值的概念。

第二步，关于社会主义经济中生产性和非生产性劳动的划分。对于中国的经济学家而言，这已不是一个新的话题。从 20 世纪 70 年代末至 20 世纪 90 年代初，中国经济学界针对社会主义经济中何为生产性和非生产性劳动产生过激烈讨论。这一讨论可以追溯到 20 世纪 60 年代。同一时期，中国统计体系经历了从物质产品平衡体系（MPS）到联合国的国民经济核算体系（SNA）的转变。统计体系的转变首先需要明确什么是生产性劳动和非生产性劳动，因此，相关的理论讨论实际上促进了统计体系的转变。MPS 的主要缺陷在于它仅仅将“物质生产”作为生产性劳动，而将一切服务业排除在外；SNA 则实际上把所有部门的经济活动都归为“生产性劳动”。在中国经济学界关于生产性劳动和非生产性劳动的讨论中，于光远（1981）主张商业和服务业也是生产性的，但是孙冶方（1981）认为只有“物质生产”才是生产性的。骆耕漠（1990）详细比较了 MPS 和 SNA 两种体系的不同，认为“物质生产”和某些特定的服务行业属于生产性劳动，但商业、金融业和国家是非生产性的，这一点与之后 Shaikh 和 Tonak（1994）的看法很相似。骆耕漠（1990）以及 Shaikh 和 Tonak（1994）都指出，生产性和非生产性劳动具有一般意义上的差别和特定意义上的差别（即特定生产关系下的差别）。Shaikh 和 Tonak（1994）认为资本主义经济中的家庭手工业生产使用价值，在一般意义上是生产性的，但在资本主义的特定意义上，家庭手工业不创造剩余价值，从而是非生产性的。类似地，骆耕漠（1990）认为在社会主义经济中，农业从社会主义的特定意义上讲是非生产性的。

表 1 根据骆耕漠（1990）以及 Shaikh 和 Tonak（1994）所采取的方法把中国经济分为生产性部门和非生产性部门。其中，生产性部门意味着在这些部门中存在生产性劳动，而非生产性部门意味着在这些部门当中不存在生产性活动。本文重点关注企业部门，因为首先，在我们所考虑的整个时期当中，企业部门是整个经济的主要部分；其次，在中国经济的转型过程中，企业部门是一个在时间上具有可比性的部门。需要说明的是，这里的企业包括国有企业、国有控股企业、集体所有制企业和非公有企业。

**表 1　马克思主义政治经济学视角中的中国经济结构划分方法**

| 整个经济 | | |
|---|---|---|
| 企业部门 | | 其他部门 |
| 生产性部门 | 非生产性部门 | 农业<br>个体户<br>科教文卫等事业单位<br>国家机关 |
| 工业、建筑业、交通运输业、邮电通信业、住宿餐饮业、社会服务业 | 商业、金融业、房地产业 | |

企业部门不包括农业、个体工商户、事业单位（科研院所、教育部门、文化部门和医疗服务机构）和国家机关。在1978年之前，人民公社是农业生产的主要组织形式，而在20世纪80年代初经过去集体化改革，农村家庭成为主要的生产单位。在1956~2014年的整个时间范围内，农业部门在分配和就业方面都与企业存在较大差异。骆耕漠（1990）认为农业生产不应被划为社会主义经济中的主要部门。个体工商户在1992年以后才发展起来，主要依靠家庭劳动力和少量的雇佣劳动进行生产。[①] 事业单位基本上都是由政府提供资金，虽然Shaikh和Tonak（1994）将美国的教育和医疗等部门归为政府企业，但中国的事业单位并不应该算作企业，因为它们建立的目的是满足特定需求，而不是产出或利润等任何经济目标。[②] 国家机关显然不属于企业，不过它通过税收从企业部门获得了一部分剩余价值。

在企业部门内部，商业、金融业和房地产业被划分为非生产性部门。在社会主义经济中，一部分剩余价值从生产性部门转移到非生产性部门，这一点与资本主义经济中剩余价值的让渡类似；在企业内部，监督劳动在一定程度上是生产性的，因为这种劳动在组织生产方面具有必要性，同时也有一部分监督劳动的目的在于榨取剩余劳动，从这个意义上说它是非生产性的。在监督劳动的二重性上，社会主义经济也与资本主义经济有类似之处。

## 三　剩余价值率动态与相关马克思主义政治经济学变量

本节介绍剩余价值率和相关马克思主义政治经济学变量的估算过

① 一些个体工商户可能与小型私营企业的劳动力数量一样多，但它们并未登记为企业，并且我们也没有数据来区分这些小型企业和真正的个体工商户。

② Shaikh和Tonak（1994）认为美国的政府企业是实质上的资本主义企业，但其他国家的情况可能不同。

程，对一些前提假设及其可能导致的偏误做出说明，并讨论剩余价值率和相关马克思主义政治经济学变量的变动趋势，最后解释剩余价值率和净利润率之间的关系。

## （一）方法和数据

剩余价值率（*RSV*）是剩余价值（*SV*）与可变资本（*VC*）的比值。*RSV*、*SV*、*VC* 三者之间的关系满足下列三个等式：

$$RSV = SV/VC \tag{1}$$

$$VC = (1 - \alpha) EC_p \tag{2}$$

$$SV = (NV_p - VC) + TO_t + RY_p + RY_t \tag{3}$$

在式（2）中，$EC_p$是生产性部门的劳动者报酬，包括所有工人及管理人员的工资、薪金和福利；$\alpha$ 是非生产性监督劳动的报酬占$EC_p$的比重。在式（3）中，$NV_p$是生产性部门的净增加值，在数量上等于$EC_p$、生产性部门的营业盈余和生产税净额之和；$TO_t$是商业部门的总产出，它等于商业部门的中间投入、固定资本折旧、劳动者报酬、营业盈余和生产税净额之和；$RY_p$和$RY_t$分别为生产性部门和商业部门作为中间投入向金融部门支付的利息。①

关于数据来源，马克思主义政治经济学变量的严格估计需要用到详细的投入产出表。虽然中国早在 1973 年就开始编制投入产出表，但在 1992 年完成第一个覆盖所有部门的投入产出表的编制以前，投入产出表仅包括 MPS 体系中的物质生产部门，而且投入产出表的基本表每五年更新一次，并不连续，在数据上也与国民经济核算数据出现偏差。②

① 生产性部门和商业部门向金融部门支付的利息由两部分组成：作为剩余产品的利息和作为中间投入的利息。前者可根据生产性部门的净增加值和商业部门的总产出来计算。这里的利息相当于 Shaikh 和 Tonak（2014）所定义的提成（royalty payment）。

② 国家统计局每五年进行一次全国经济投入产出的调查，并编制投入产出表；全国性调查三年后还会进行一次小规模的投入产出调查，并编制简化版的投入产出表。

所以，本文采用基于收入法计算的国民经济核算数据进行估算，这样从1978年至2014年每一年都有数据。并且，作为反映国民经济运行的重要数据，国民经济核算数据应该更受国家统计局的重视，从而数据质量和一致性应该更高。对于1956～1977年相关数据，本文根据国民经济核算与劳动统计数据进行估算。

数据来源、前提假设和计算过程在附录中都会进行详细说明，这里我们只讨论两个假设。由于数据缺失，监督劳动的报酬无法测算，故而第一个假设为 $\alpha=0$。这一假设显然不切实际，它将低估尤其是近年来的剩余价值率，因为20世纪90年代末，中国上市公司内部管理人员与工人之间的不平等程度在提高（Qi，2014）。此外，有数据显示，管理人员占总就业的比重几乎没有变化，例如1980～1997年，在工业和建筑业中这一比重的波动仅局限在9.8%～11%[①]；微观层面的数据也表明，1990年以前管理人员只占就业总数的10%左右[②]。

第二个假设为剩余价值的再分配仅发生在国家内部。事实上，中国生产性部门创造的剩余价值可分配到国外的商业部门，反之亦然。例如，沃尔玛从中国进口的产品销售到美国，就会获得中国的出口制造业创造的剩余价值。如果没有详尽的进出口投入产出表，要估算这部分剩余价值的转移是不可能的。由于2001年中国加入WTO之后经常账户盈余大幅增加，这一假设也将低估近些年的剩余价值率。

## （二）剩余价值率的长期趋势与相关变量

图1描绘了剩余价值率的长期趋势。在改革开放之前（1956～1978年），剩余价值率于50～60年代剧烈波动，70年代以后相对平稳。剧烈波动是由大跃进运动（1958～1960年）期间的大规模积累、60年代初

① 数据来源：《中国统计年鉴》，1981～1988年相关数据；《中国劳动统计年鉴》，1991～1988年相关数据。

② 数据来源：作者搜集的历史资料包括河南省采矿业、郑州第五棉纺织厂、广西第一机械制造厂、常州机械制造厂和洛玻集团。

期的经济衰退和文化大革命（1966～1976 年）早期的动荡引起的。改革开放以来（1978 年至今），2009 年之前剩余价值率曲线呈现 U 形，从 1978 年至 1997 年逐渐下降，1997 年至 2008 年不断上升，如果我们用剩余价值率代表收入分配不平等的程度，那么这条剩余价值率 U 形曲线并未遵循库兹涅茨曲线所描述的不平等程度与经济增长的关系（Kuznets, 1955）。Piketty（2014）采用研究高收入群体的收入占国民收入的比重指标，发现发达资本主义国家的经验也不支持库兹涅茨曲线。本文用剩余价值率这一古典概念反映不平等程度也不支持库兹涅茨曲线。

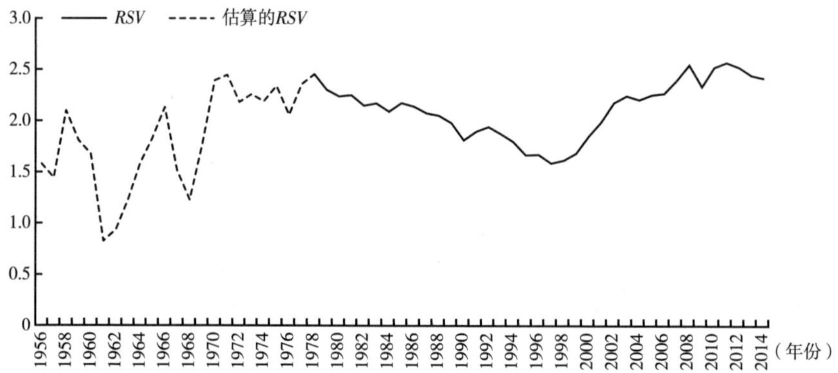


**图 1　1956～2014 年中国剩余价值率**

注：由于 1956～1977 年估算的成分更高，因此用虚线表示以示区分。

那么为何剩余价值率的变化遵从这样的 U 形曲线呢？不同于改革开放之前，改革开放初期鼓励诸如奖金和计件工资等的物质激励，导致物质激励被普遍采用。与此同时，工人仍旧享受工作保障和各种福利，工厂内部工人和干部在经济上的不平等程度很低，干部也在为自己和工人追求工资和福利的提高。在这种没有失业作用的情况下，物质激励对于约束工人和榨取剩余劳动而言越发失去效果，这是剩余价值率在 1978 年至 20 世纪 90 年代呈下降趋势的一个重要原因。

1997 年以后，虽然中国的剩余价值率比美国低，但中国剩余价值率的增长速度更快，从 1997 年的 1.59 上升到 2008 年的 2.55。一些研究对美国经济应用类似方法计算剩余价值率，发现其在二战后除1964～1974年以外都呈上升趋势（Paitaridis & Tsoulfidis，2011；Shaikh & Tonak，1994），从1978年的2.2上升到1997年的3.1，进而上升到2008年的3.5（Paitaridis & Tsoulfidis，2011）。在我国，由于私有经济和产业后备军的扩大，剩余价值率得以快速提升。为追求利润最大化，私有企业采用严苛的管理措施，甚至违反劳动法规延长工作时间。私有部门的剩余价值率高于国有部门，因此剩余价值率的上升反映了经济中国有部门比重的下降。

随着越来越多的农民工进入城市找工作和大批国有企业职工下岗，产业后备军队伍逐渐扩大。尽管存在大量的农村失业人口，产业后备军的形成也需要农村和城市制度上的变革。农村经济的去集体化、农民家庭收入的停滞、城市日益扩张的私有经济、国有部门用农民工替代城市职工的倾向都为农村人口流入城市准备了条件。国有和国有控股工业企业的就业量在1997年、1998年分别下降了6%、7%，1999～2003年平均每年则下降约10%。[①] 随着产业后备军的扩大，20世纪80年代工资与劳动生产率之间的关系脱钩，工资开始落后于劳动生产率的增长。

通过对比不同时期剩余价值率所呈现的周期性，可以看到工资的降低和工作保障的减少所起的作用。在整个1956～2014年的时间范围内，剩余价值率具有顺周期性，但相比于改革开放以来，在改革开放之前剩余价值率的顺周期性更明显，实际GDP与剩余价值率、实际GDP增长率与剩余价值率增长率之间的相关性更强。改革开放之前出现的经济衰退使新价值的创造减少，但工资与工作保障的相对稳定也造成剩余价值率的下降。在转型过程中，因为私有制经济的扩张、农民工进城打工和国有部门大规模改革导致工人工资减少和工作保障缺失的现象愈发严峻。结果，宏观经济波动与工资和就业的相关性加强。

需要注意的一点是，中国经济剩余价值率在2008年达到峰值，比

① 数据来源：2015年《中国统计年鉴》。

1978 年还要高。然而在 2008 年，当剩余价值率超过了 1978 年水平的时候却没有再继续上升。

图 2 展示了非生产性部门榨取的剩余价值（*UP*）的比重 $u$：

$$u = UP/SV \tag{4}$$

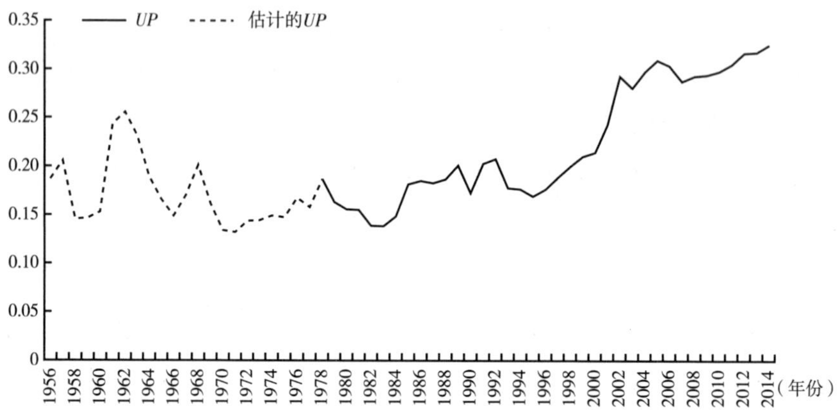


**图 2　1956～2014 年非生产部门抽取的剩余价值比例**

注：由于 1956～1977 年估算的成分更高，因此用虚线表示以示区分。

由于在计划经济体制下商业和金融业的比重很低，因此在改革开放之前它们的影响并不大。在改革开放初期，这些非生产性部门抽取的剩余价值的比例小幅度上升，但在 2000 年之前总体上还是维持在较低水平。然而在 2000 年以后，这一比例取得了实质性的增长，从约 20% 上升到 30%。这或许与同期剩余价值率的增长有一定关联。快速提升的剩余价值率意味着经济面临消费不足的潜在困难，不仅需要在更大程度上依赖投资和出口进行价值实现，而且促进价值实现和促进投资的销售努力和金融活动也增加了。

图 3 展示了资本的价值构成 $\sigma$：

$$\sigma = K/VC \tag{5}$$

需要指出的是，此式与马克思对资本价值构成的定义（不变资本

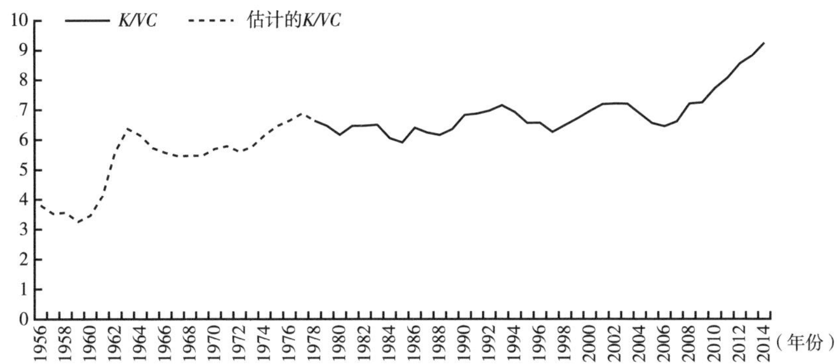


**图 3　1956～2014 年资本价值构成**

注：由于 1956～1977 年估算的成分更高，因此用虚线表示以示区分。

与可变资本的比值）不同，但它在一定条件下能反映与马克思定义的指标相同的趋势。值得注意，改革开放至 2008 年，资本的价值构成呈现小幅下降的趋势，原因之一可能是国家从优先发展重工业转向发展轻工业，另一点原因是私有经济的发展，因为私有企业大体上更集中在劳动密集型产业。2008 年以后国际市场萎靡，中国经济依靠大力投资维持增长，使得资本的价值构成显著上升，进而可能压制利润率。

图 4 显示了总利润率 *GRP* 和净利润率 *NRP* 的变化趋势：

$$GRP = SV/K \tag{6}$$

$$NRP = (SV - UP)/K \tag{7}$$

如图 4 所示，在 20 世纪 50 年代总利润率和净利润率水平都很高，这可能是实际情况，也有可能是因为 1952 年是采用永续盘存法计算资本存量的首年。从 1960 年至 1978 年，总利润率和净利润率平均值分别为 33% 和 27%。改革开放以来，从 1978 年至 1985 年，两个利润率指标都比较稳定，而从 1985 年至 1990 年都大幅下降，1990 年至 1999 年缓慢下降，1999 年至 2007 年大幅上升，2007 年之后又趋于下降。在 2014 年，总利润率下降到与 2000 年同样低的水平，而净利润率达到改革开放以来的最低值。

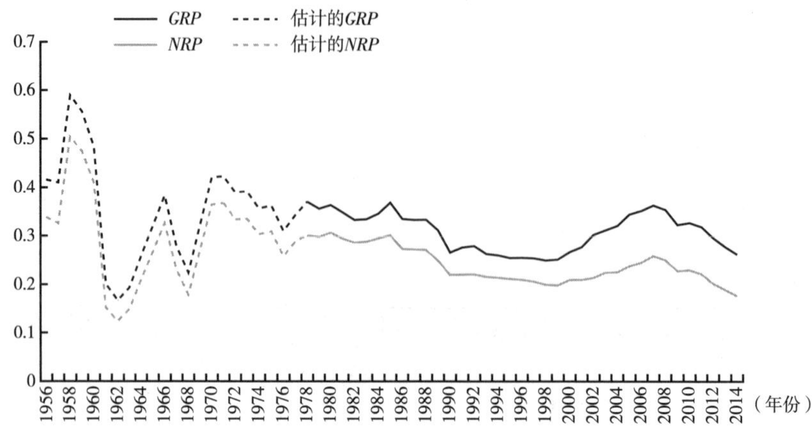


**图4　1956～2014年中国的总利润率和净利润率**

注：由于1956～1977年估算的成分更高，因此用虚线表示以示区分。

## （三）净利润率增长率的分解

净利润率的增长在何种程度上依赖剩余价值率的提升？对净利润率增长率的分解在一定程度上有助于回答这一问题。但是，需要注意的是，分解并不能直接反映变量之间的因果关系和复杂的相互作用形式，分解更多反映短期情况，而并不反映长期规律，因此在解读分解的结果时需要更加审慎。令 $\tau=1-u$，我们重新表达净利润率公式：

$$NRP = RSV\,\sigma^{-1}\tau \tag{8}$$

从式（8）中我们可以得到各变量增长率之间的关系。记$\widehat{X}$为 $X$ 的年增长率，则：

$$\widehat{NRP} \doteq \widehat{RSV} + \widehat{\sigma^{-1}} + \widehat{\tau} \tag{9}$$

运用（9）式，我们可以比较净利润率和剩余价值率的增长率，以此来衡量剩余价值率对净利润率的“贡献程度”。我们对四个阶段的净利润率进行分解：1978～1990年、1990～1999年、1999～2007年和2007～2014年。表2给出了分解结果。

表 2　净利润率增长率的分解

| 阶段 | $\widehat{NRP}$ | $\widehat{RSV}$ | $\widehat{\sigma^{-1}}$ | $\widehat{\tau}$ |
|---|---|---|---|---|
| 1978 ~ 1990 年 | -2.58 | -2.49<br>(96.35) | -0.24<br>(9.46) | 0.15<br>(-5.73) |
| 1990 ~ 1999 年 | -1.13 | -0.82<br>(71.91) | 0.19<br>(-17.04) | -0.51<br>(45.28) |
| 1999 ~ 2007 年 | 3.36 | 4.50<br>(133.98) | 0.20<br>(5.83) | -1.29<br>(-38.27) |
| 2007 ~ 2014 年 | -5.30 | 0.13<br>(-2.44) | -4.69<br>(88.43) | -0.77<br>(14.56) |

注：括号中的数字为每个因素对净利润率增长率的贡献（%）。

在第一阶段（1978 ~ 1990 年），剩余价值率下降而资本价值构成提升，此阶段剩余价值率是净利润率变化的主要因素。第二阶段（1990 ~ 1999 年）延续了第一阶段的模式，剩余价值率仍旧是净利率变化的主要驱动力。虽然资本的价值构成稍有下降，但它对净利润率增长的积极作用被非生产性部门抽取剩余价值的消极作用所抵消。在第三阶段（1999 ~ 2007 年），剩余价值率的大幅提升逆转了净利润率下降的趋势，使经济得以在改革开放后实现净利润率最快速度的增长。在这一阶段中资本的价值构成和非生产性部门的影响占据次要地位。在第四阶段（2007 ~ 2014 年），由于资本的价值构成迅速提升，净利润率急剧下降，停滞的剩余价值率无法抵消资本价值构成的影响，非生产性部门比重的不断上升也压低了净利润率。

## 四　剩余价值率增长条件的缺失与经济新常态

中国经济新常态时期出现了改革开放以来最低的净利润率水平。变量的分解显示，剩余价值率的停滞和资本价值构成的提高是 2008 年以来利润率下降的主要驱动力。值得注意的一点是，剩余价值率和资本的价值构成彼此之间并非独立关系，而是相互影响的，并且一些共同因素可同时对二者造成影响，所以我们很难明确区分哪些是只影响剩余价值率的因素，哪些是只影响资本价值构成的因素。但是，由于净利润率的分解表明在1978年至2007年间剩余价值率是主要因素，尤其是它在金融危机爆发前极大地推动了利润率的上涨，因此我们从对剩余价值率停滞原因的开始分析。

首先，产业后备军的萎缩造成剩余价值率的停滞。前文已经讨论，20世纪90年代末至21世纪初剩余价值率上升的重要原因之一是产业后备军的形成和扩大，导致工资落后于劳动生产率增长。产业后备军中两个基本组成部分为农村剩余劳动力和国有部门下岗职工。从2004年起，国有部门的就业量大致保持稳定，这意味着下岗职工数量的增加十分有限；与此同时，20世纪90年代的下岗职工在今日已达退休年龄从而退出了劳动力市场。产业后备军的另一主要组成部分在2008年以后增长趋于缓慢，从2008年至2014年农民工的增长率持续下降。[①] 20世纪90年代至21世纪初，农民工占城市就业人数的比重逐年增加，然而2008年以后这一比重趋于稳定，甚至在2010年之后有所下降。再来看工资，虽然中国经济实际工资经历了快速增长，但这并不表明工资能够维持正常的劳动力再生产（Li and Qi，2014），现行工资实际上还不能满足工人正常生活需要。随着产业后备军减少，工人开始要求提高工资以满足正常生活需要。从目前工资的水平来看，实际工资的上升趋势在短时间内还会持续。

其次，2008年之前剩余价值率的快速提升一方面推动着利润率的增长，而另一方面压制了国内消费需求导致价值实现困难，从而有可能不利于利润率的增长。因此2008年之前，经济增长模式要求通过扩大其他需求来解决价值的实现问题，于是出口和投资对于维持总需求扮演了重要角色。Zhu和Kotz（2010）的观察表明，中国经济增长越发依赖出口和投资需求。2008年之后，当全球资本主义国家陷入经济衰退和

① 数据来源：国家统计局，2008～2014年《农民工监测调查报告》。

长期停滞时，中国的出口需求急剧减少。这样，投资成为最重要的一环，我国针对全球金融危机爆发后出现的经济回落现象，出台四万亿元刺激计划，这也是2008年以后资本价值构成大幅提高的原因之一。国家实际掌控下的银行体系支撑了这项巨额投资，但至少在短期内很难获取较高的利润，于是资本的价值构成急剧提高，进一步压低了利润率。

与此同时，虽然国家控制的银行体系和国有企业有利于实行大规模投资（Lo & Li，2011），但与之相伴的负债－收入比的提高不利于经济增长的可持续性，并会增加债务危机发生的可能性。非金融部门的负债－收入比从2007年的195%迅速增加到2014年的317%；非金融企业的负债占GDP的比重从1996年至2008年大体稳定，但之后从2008年的98%上升到2014年的149%。中国非金融部门的负债－收入比在世界主要经济体中已经达到第一位（李扬等，2015）。

## 五　结论

本文运用马克思主义政治经济学的方法构建了较长时期内具有可比性的剩余价值率数据序列，并分析了剩余价值率停滞与中国经济新常态下利润率下降之间的关联。剩余价值率的运动规律可能由经济中不同主体之间力量对比情况的变化决定，这些权力关系又受到一系列经济和制度因素影响，例如经济所有制结构、产业后备军形成、管理者－工人关系等。本文的主要结论如下：改革开放以来，剩余价值率从1978年至1997年呈下降趋势，从1997年至2008年呈上升趋势，2008年以后停滞不前；变量分解分析表明，从1985年至2007年剩余价值率是净利润率变化的主导力量。

2008年以后剩余价值率不再上升并稍有下降，一些重要事件随之发生。第一，发源于美国的金融和经济危机导致发达资本主义国家的经济衰退和停滞，进而缩减了中国出口需求并影响中国经济，当中国经济增长率低于工资增长率时，剩余价值率下降。第二，增长持续十余年的剩余价值率限制了工人维持正常生活水平的能力，在此背景下，工人对工资提高的要求增加，产业后备军的缩减也提高了工人的谈判能力。此外，巨额投资提高了资本的价值构成从而压低了利润率，攀升的负债－收入比侵蚀了经济持续增长的潜力，中国经济也许正面临着新常态下使利润率得以维持的一系列严峻考验。

2008 年全球性金融危机之后，世界主要经济体出现了两条不同的宏观经济轨迹，尤其反映在剩余价值率的变化上。中国、德国等经济体出现剩余价值率下降的现象，而美国、英国等经济体的剩余价值率则继续保持了危机之前的上升趋势。剩余价值率并非越高越好，我国在 2008 年之后出现剩余价值率下降的现象，从宏观经济来看是一件好事。随着世界经济低迷，美国等经济体经济停滞，我国外需减少，维持经济增长必然要求在更大程度上依靠内需。在一定条件下，剩余价值率的下降不仅有利于提高消费需求，还会通过促进价值实现而提高投资需求，最终在总体上扩大内需。所以，我国应对新常态不应着力维持剩余价值率，而应该因势利导，有步骤地实行偏向劳动者的收入分配制度，促进经济向工资拉动型增长模式转变，促进经济的可持续增长。

## 附　录

### 1. 资本存量 *K*

*K* 是企业部门非住宅的资本存量，通过重置成本计算。采用永续盘存法计算 *K*，起始年设为 1952 年，固定资产投资价格指数来源于国家统计局（2007）和国家统计局网站。从 1952 年至 1978 年，折旧率设为 7%；从 1979 年至 2014 年，企业部门折旧设定为与收入法 GDP 中固定资产折旧的增长速度相同。固定资产折旧数据来自 Hsueh 和 Li（1999）、国家统计局国民经济核算司（2007）以及 2006～2015 年《中国统计年鉴》。

为估算 *K*，我们需要用到企业部门的固定资产投资数据。我们采用不同的方法计算不同时期的投资。

（1）1952～1977年

企业部门固定资产投资＝非农业部门固定资本形成总额－事业单位固定资产投资－城镇住宅投资

其中，非农业部门固定资本形成总额假设为全部固定资本形成总额的65%（国家统计局国民经济核算司，2009）。假设事业单位固定资产投资增长率等于全部固定资本形成总额的增长率，从而事业单位固定资产投资可通过这些增长率数据和1978年数据（1981年《中国统计年鉴》）估算出来。城镇住房投资数据来自1981年《中国统计年鉴》。

（2）1978～1991年

企业部门固定资产投资＝（非农业部门固定资本形成总额－事业单位固定资产投资－城镇住宅投资）×收入法GDP/支出法GDP

此式与1952～1977年的等式不同，因为1952～1977年收入法GDP数据无法获得。非农业部门固定资本形成总额数据来自国家统计局国民经济核算司（1997），事业单位固定资产投资数据来自1981～1992年《中国统计年鉴》，城镇住宅投资数据来自1981年《中国统计年鉴》和国家统计局网站，收入法GDP数据来自Hsueh和Li（1999），支出法GDP数据来自国家统计局网站。

（3）1992～2013年

企业部门固定资产投资＝（资金流量表中非金融企业部门固定资本形成总额＋资金流量表中金融部门固定资本形成总额）×收入法GDP/资金流量表中的GDP

资金流量表数据来自国家统计局国民经济核算司和中国人民银行调查统计司（2007）及2005～2015年《中国统计年鉴》。

（4）2014年

设2014年企业部门固定资产投资增长率等于固定资本形成总额增长率（国家统计局网站），用该增长率和2013年企业部门固定资产投资数据估算2014年企业部门固定资产投资。

**2. 农业**

$NV_1$：农业净增加值。1956～1977 年$NV_1$数据来自 1994 年《中国统计年鉴》，1978～2003 年$NV_1$通过农业增加值减去农业固定资产折旧计算得出（Hsueh & Li，1999；国家统计局国民经济核算司，2007）。由于 1994 年《中国统计年鉴》中净值概念与 Hsueh 和 Li（1999）及国家统计局国民经济核算司（2007）稍有不同，因此把 1956～1997 年的所有数据乘以 Hsueh 和 Li（1999）中 1978 年净值与 1994 年《中国统计年鉴》中 1978 年净值之比来进行调整。2004～2012 年$NV_1$通过农业增加值减去估算的折旧值计算得出，其中估算的折旧占比等于 1990～2003 年平均折旧与增加值之比。

**3. 工业、建筑业、交通运输业、邮电通信业等**

$NV_2$：工业净增加值。$NV_2$数据来自历年《中国统计年鉴》及 Hsueh 和 Li（1999），并与$NV_1$的调整方法类似。

$W_2$：工业部门的劳动者报酬。我们假定，1956～1977 年工业部门劳动者报酬与工业部门工资、薪金与福利的总和之比与 1978 年相同。在该假设条件下，我们估算 1956～1977 年$W_2$的值，其中工资、薪金和福利数据来自国家统计局社会统计司（1985）。我们用同样的方法来估算 1956～1977 年建筑业、交通运输业、邮电通信业、住宿餐饮业和社会服务业部门的劳动者报酬。对 1978～2003 年而言，$W_2$数据来自 Hsueh 和 Li（1999）及国家统计局国民经济核算司（2007）。2004～2012 年，$W_2$通过下面基于 1990～2003 年数据的回归方程得出。

$$W_{2,t} = \alpha_0 + \alpha_1 \, emp_{2,t} + \alpha_2 \, mean_{2,t} + \varepsilon_2$$

式中，$W_{2,t}$是 $t$ 年时工业部门的劳动力报酬，$emp_{2,t}$是 $t$ 年时城镇工业部门就业人员，$mean_{2,t}$是 $t$ 年时城镇工业部门的平均工资，此外，$\alpha_0$是常数，$\alpha_1$和$\alpha_2$是系数，$\varepsilon_2$是误差项。就业量和平均工资数据来自《中国统计年鉴》的相关项目。我们采用同样方法估算 2004～2014 年建筑业、交通运输业、邮电通信业、住宿餐饮业和社会服务业部门的劳动者报酬。

接下来，我们使用同样的方法和数据来源获得并估算以下变量。

$NV_3$：建筑业净增加值。

$W_3$：建筑业部门劳动者报酬。

$NV_4$：交通运输业与邮电通信业净增加值。

$W_4$：交通运输业与邮电通信业部门劳动者报酬。

**4. 住宿餐饮业**

$NV_5$：住宿餐饮业净增加值。由于商业和住宿餐饮业在统计数据中被归为同一类别，因此我们需要将其拆分为两个独立的部分。这里使用商业和住宿餐饮业的零售额将二者区分开来（1956～1977 年）。零售额数据来自《中国统计年鉴》中的相关项目，增加值数据来自 2015 年《中国统计年鉴》。我们用 1994 年《中国统计年鉴》中的净增加值数据和国家统计局国民经济核算司（2007）中的增加值、折旧和劳动力报酬数据，将商业分离出来，进而得到住宿餐饮业数据。然后我们用与计算$NV_1$相同的方法计算$NV_5$。

$W_5$：住宿餐饮业部门劳动者报酬。用住宿餐饮业数据，采用$W_2$的计算方法获得$W_5$。

**5. 社会服务业**

$NV_6$：社会服务业净增加值。国家统计局国民经济核算司（1997）提供了 1956～1978 年社会服务业增加值数据，Hsueh 和 Li（1999）提供了 1978～1995 年增加值、劳动者报酬和固定资产折旧数据。1978～1995 年$NV_6$根据 Hsueh 和 Li（1999）的数据通过增加值减去固定资产折旧计算得出。我们假定社会服务业净增加值与增加值之比是一个常数，与 1978 年相等，据此估计 1956～1977 年$NV_6$的值。国家统计局国民经济核算司（2007）和 2015 年《中国统计年鉴》中没有社会服务业数据，而是提供了“其他服务业”的数据，它包含社会服务业。这样，我们假定社会服务业占“其他服务业”的比重是一个常数，那么社会服务业部门折旧与增加值之比就等于“其他服务业”部门折旧与增加值之比，据此估算 1996 ~ 2012 年$NV_6$的值。

$W_6$：社会服务业部门劳动者报酬。我们根据国家统计局社会统计司（1985）的工资、薪金和补贴数据，采用与估算 1956 ~ 1977 年$W_2$相同的方法估算 1956 ~ 1977 年$W_6$的值；1978 ~ 1995 年$W_6$数据来自 Hsueh 和 Li（1999）；我们假定社会服务业部门劳动者报酬占增加值的比重等于“其他服务业”部门劳动者报酬占增加值的比重，据此估算 1996 ~ 2003 年$W_6$的值；我们使用与估算$W_2$相同的回归分析方法估算 2004 ~ 2012 年$W_6$的值。

**6. 商业**

$TO'_c$：商业总产出，等于劳动者报酬、营业盈余、生产税净额与商业投入成本的总和，与商业“社会总产值”相一致。《中国统计年鉴》仅提供了 1952 ~ 1992 年的商业和住宿餐饮业的社会总产值，为估算 1993 ~ 2014 年的数据，我们使用下面的回归方程。

$$STV = \gamma_0 + \gamma_1 RS_c + \gamma_2 RS_{fh} + \varepsilon_c$$

式中，$STV$是商业和住宿餐饮业社会总产值，$RS_c$是商业零售额，$RS_{fh}$是住宿餐饮业零售额，此外，$\gamma_0$是常数，$\gamma_1$和$\gamma_2$是系数，$\varepsilon_c$是误差项。我们用回归系数和零售额数据估算 1993 ~ 2014 年的社会总产值，进一步利用零售额数据将社会总产值分为商业和住宿餐饮业两个部分，从而获得$TO_c$的值。

$NV_c$：商业净增加值。我们用商业和住宿餐饮业零售额来划分商业和住宿餐饮业净增加值。1952 ~ 1977 年商业和住宿餐饮业净增加值数据来自 1993 年《中国统计年鉴》，1978 ~ 2003 年数据来自 Hsueh 和 Li（1999）及国家统计局国民经济核算司（2007）。对于 2004 ~ 2014 年，我们假定其间的折旧与净增加值之比等于 1990 ~ 2003 年折旧与净增加值之比的平均值，进而根据国家统计局网站的折旧与净增加值之比估算 2004 ~ 2014 年的净增加值。

$W_c$：商业部门劳动者报酬。1978 ~ 2003 年商业和住宿餐饮业部门劳动者报酬数据来自 Hsueh 和 Li（1999）及国家统计局国民经济核算司（2007），我们用商业和住宿餐饮业零售额将它拆分为两个部分；对于 1952～1977 年，我们利用 1978 年数据和国家统计局社会统计司（1985）中商业和住宿餐饮业部门的工资、薪金和福利数据来估算劳动者报酬，并将其分离为两部分；我们运用与估算 $W_2$ 相同的方法来估算 2004～2014 年的劳动者报酬。

**7. 个体工商户**

$W_s$：个体工商户劳动者报酬。鉴于个体工商户工资和利润的界限并不明确，统计数据把二者统称为劳动力报酬。我们用下面的公式进行计算。

$$W_s = \frac{T_s}{T_{sv}}(W_{sv} + \Pi_{sv})$$

$T_s$是《中国税务年鉴》相关项目中个体工商户税收，$T_{sv}$、$W_{sv}$和$\Pi_{sv}$分别为农村个体工商户的税收、工资和利润，数据分别来自农业部（2009）和《中国乡镇企业年鉴》。

$NV_s$：个体工商户净增加值，等于劳动力报酬与《中国税务年鉴》中相关项目中个体工商户税收之和。

$\delta$：个体工商户中生产性部门占比，我们假定这一比重等于私营企业和个体工商户当中的生产性部门就业量占私营企业和个体工商户总就业量的比重。数据来自国家工商行政管理局信息中心（1992）和《中国统计年鉴》中相关内容。

**8. 金融业与房地产业**

$\Pi_{fr}$：金融业和房地产业部门营业盈余。1978～2003 年的数据来自 Hsueh 和 Li（1999）及国家统计局国民经济核算司（2007）；对于 1952～1977 年和 2004～2014 年，我们假定金融业和房地产业营业盈余增长率等于增加值增长率，利用国家统计局网站和国家统计局国民经济核算司（1997）中的增加值数据估算营业盈余。

$T_{fr}$：金融业和房地产业生产税净额。数据来源和估算方法与$\Pi_{fr}$相同。

$TO_{fr}$：金融业和房地产业总产出。我们从投入产出表中获得金融业和房地产业总产出与增加值之比，推算缺失值，进而根据该比值和国家统计局网站与国家统计局（1997）中增加值数据估算金融业和房地产业总产出。

$\beta$：作为生产性部门和商业部门的中间成本的利息支出与生产性部门和商业部门的净增加值之比。我们利用投入产出数据估算该比值。

**9. 可变资本**

可变资本 $VC$ 由下式计算，各项的定义参见前文：

$$VC = \sum_{i=2}^{6} W_i - \delta W_s$$

**10. 新价值**

新价值 $MVA$ 由下式计算，各项的定义参见前文：

$$MVA = NV_p + TO_c + (RY_p + RY_t)$$

上式中各项分别由以下三式计算，各项的定义参见前文：

$$NV_p = \sum_{i=2}^{6} NV_i - \delta NV_s$$

$$TO_c = TO_c' \frac{\sum_{i=2}^{6} NV_i - \delta NV_s}{\sum_{i=1}^{6} NV_i}$$

$$RY_p + RY_t = \beta\left(\sum_{i=2}^{6} NV_i + NV_c\right)$$

**11. 净利润**

净利润 $NP$ 由下式计算，各项的定义参见前文：

$$NP = \sum_{i=2}^{6} (NV_i - W_i) - \delta(NV_s - W_s) + (NV_c - W_c) \frac{\sum_{i=2}^{6} NV_i - \delta NV_s}{\sum_{i=1}^{6} NV_i} + (\Pi_{fr} + T_{fr}) \frac{RY_p + RY_t}{TO_{fr}}$$

## 参考文献


[1] 国家工商行政管理局信息中心编《中国工商行政管理统计40年》，中国统计出版社，1992。

[2] 国家统计局国民经济核算司、中国人民银行调查统计司编《中国资金流量表历史资料（1992～2004)》，中国统计出版社，2007。

[3] 国家统计局国民经济核算司编《新中国六十年统计资料汇编》，中国统计出版社，2009。

[4] 国家统计局国民经济核算司编《中国国内生产总值核算历史资料（1952～1995)》，东北财经大学出版社，1997。

[5] 国家统计局国民经济核算司编《中国国内生产总值核算历史资料(1952～2004)》，中国统计出版社，2007。

[6] 国家统计局社会统计司编《中国劳动工资统计资料（1949～1985)》，中国统计出版社，1985。

[7] 李扬、张晓晶、常欣：《中国国家资产负债表2015——杠杆调整与风险管理》，中国社会科学出版社，2015。

[8] 骆耕漠：《马克思的生产劳动理论——当代两种国民经济核算体系（MPS和SNA）和我国统计制度改革问题》，经济科学出版社，1990。

[9] 农业部编《新中国农业60年统计资料》，中国农业出版社，2009。

[10] 孙冶方：《关于生产劳动和非生产劳动、国民收入和国民生产总值的讨论——兼论第三次产业这个资产阶级经济学范畴以及社会经济统计学的性质问题》，《经济研究》1981年第8期。

[11] 于光远：《社会主义制度下的生产劳动与非生产劳动》，《中国经济问题》1981年第1期。

[12] Cronin, B., "Productive and Unproductive Capital: A Mapping of the New Zealand System of National Accounts to Classical Economic Categories, 1972-95," *Review of Political Economy*, 13 (2001): 309-327.

[13] Hsueh, T. & Li Q., *China's National Income* (Boulder: Westview Press, 1999).

[14] Kuznets, S., "Economic Growth and Income Inequality," *American Economic Review*, 45 (1955): 1-28.

[15] Li, Z. & Qi H., "Labor Process and the Social Structure of Accumulation in China," *Review of Radical Political Economics*, 46 (2014): 481-488.

[16] Lo, D. & Li G., "China's Economic Growth, 1978-2007: Structural-

institutional Changes and Efficiency Attributes," *Journal of Post Keynesian Economics*, 34 (2011): 59 - 84.

[17] Maniatis, T., "Marxian Macroeconomic Categories in the Greek Economy," *Review of Radical Political Economics*, 37 (2005): 494 - 516.

[18] Mohun, S., "Distributive Shares in the U. S. Economy, 1964 - 2001," *Cambridge Journal of Economics*, 30 (2005): 347 - 370.

[19] Mohun, S., "On Measuring the Wealth of Nations: The US Economy, 1964 - 2001," *Cambridge Journal of Economics*, 29 (2005): 799 - 815.

[20] Mohun, S., "Unproductive Labor in the U. S. Economy 1964 - 2010," *Review of Radical Political Economics*, 46 (2013): 355 - 379.

[21] Moseley, F., "The Rate of Surplus Value in the Postwar U. S. Economy: A Critique of Weisskopf's Estimates," *Cambridge Journal of Economics*, 9 (1985): 57 - 79.

[22] Paitaridis, D. & L. Tsoulfidis, "The Growth of Unproductive Activities, the Rate of Profit, and the Phase-Change of the U. S. Economy," *Review of Radical Political Economics*, 44 (2011): 213 - 233.

[23] Piketty, T., *Capital in the 21st Century* (Cambridge, Massachusetts: Harvard University Press, 2014).

[24] Qi, H., "The Labor Share Question in China," *Monthly Review*, 65 (2014): 23 - 34.

[25] Qi, H., The Labor Share Question in China (Dissertation, Department of Economics, University of Massachusetts Amherst, 2015).

[26] Shaikh, A. M. & E. A. Tonak, *Measuring the Wealth of Nations: The political Economy of National Accounts* (New York: Cambridge University Press, 1994).

[27] Summers, L. H., "Demand Side Secular Stagnation," *American Economic Review*, 105 (2015): 60 - 65.

[28] Zhang, Y. & Zhao, F., "The Rate of Surplus Value, the Composition of Capital, and the Rate of Profit in the Chinese Manufacturing Industry: 1978 - 2004," *Bulletin of Political Economy*, 1 (2007): 17 - 42.

[29] Zhu, A., & D. M. Kotz, "The Dependence of China's Economic Growth on Exports and Investment," *Review of Radical Political Economics*, 43 (2010): 9 - 32.

# 中国投入产出表和线性经济理论*

李帮喜**

## 一 绪

本文将利用中国的投入产出表对线性经济理论中重要的三个量化范畴进行估算。

首先，本文将利用中国的1981年、2007年投入产出表估算中国经济的冯·诺伊曼增长率等理论指标；进而，我们将明确中国经济的消费投资曲线的具体描绘方法。投入产出表使用了中国国家统计局1981年（24部门），1987年、1990年、1992年、1995年（33部门）、1997年、2000年（40部门），2002年、2005年和2007年（42部门）的数据。劳动数据的来源是ILO《国际劳动经济统计年鉴》。①

* 本文在李（2008）的基础上经过增删而成。

** 李帮喜，清华大学社会科学学院经济学研究所，副教授、博士生导师。

① 1981年的IO（投入产出）表是国家计划委员会经济预测中心（1986年）和Centre of Economic Forecasting State Planning Commission of China and Department of Statistics on Balances of National Economy State Statistical Bureau（1987年），1987年的IO表是国家统计局国民经济平衡司（1991年），1990～2002年的IO表是国家统计局国民经济核算司（1993年，1996年，1997年，1999年，2002年，2006年），2005年、2007年的IO表为国家统计局（http：//www. stats. gov. cn/tjsj/ndsj/）的公开数据。平均劳动时间使用了国际劳动事务局（2005）以及LABORSTA（http：//laborsta. ilo. org/）的公开数据。

其次，本文还将使用中国1981年、2007年多部门投入产出表来建构马克思型两大部类（生产资料 - 消费资料）表。分析的框架采用Fujimori（1992）给出的方法。因为中国的投入产出表随制作年份不同而存在结构差异，我们将分别采用两种不同理论框架下的建构方法。以把中国投入产出表的数据变换成两大部类表，来估算中国经济的利润率、积累率、资本增长率等理论指标。

最后，我们以两大部类表为基础，将之前计算的投入系数当作时间序列数据，以差分不等式的形式，考虑“下期生产投入不超过当期供给”的基本条件，及“计划期间中的产出量不低于前期产出量”等追加约束条件，在计划期间的最终年度，构建使消费资料产出量最大化的目标函数，并计算最优增长路径。令计划期间为1987 ~ 2007年。令1987年为已知的初期条件，2007年为最终年度。将此当作线性规划问题求解，考虑物价变动，估算中国经济中的大道（Turnpike）路径。

## 二　消费投资曲线

本节将依据马克思的生产价格理论，遵循工资预付、经济是盈利的等前提条件。

### （一）定义

满足以下各式的$g^c$和$q^c$分别称作冯·诺伊曼增长率、冯·诺伊曼数量比。

$$M = A + \vartheta \cdot c^* fL \tag{1}$$

$$q^c = (1 + g^c) M q^c \tag{2}$$

称$g^c$和$q^c$的组合为冯·诺伊曼数量均衡。其中，$A$和$L$分别是中间投入和劳动投入，$\vartheta$表示实际工资率。

消费投资曲线由（$\vartheta$，$g^c$）表示。且工资品束$f>0$，$c^*$是$\vartheta=1$、最大特征值$\lambda_M=1$时的实际工资率值。

## （二）中国的投入产出表

中国在20世纪50~60年代开始引进投入产出表的技术。投入产出表的研究目的在于分析和应用投入产出技术。1974年，国家统计局、国家计划委员会和中国科学院等政府机关制作了最初的1973年实物型投入产出表。该表包含61种实物产品。1982年，国家统计局和国家计划委员会制作了物资平衡（实物型）体系的1981年全国投入产出表（试作表）。其后，1983年MPS（Material Product System）的全国投入产出表也被制作出来。1987年，国务院正式确定了投入产出调查基准及投入产出表制作制度。此后，1987年、1990年、1992年、1995年、1997年、2000年、2002年投入产出表均是在SNA（System of National Account，国民账户体系）下制作而成的（齐舒畅，2003）。中国投入产出表的基本结构可由表1表示。①

**表1　中国投入产出表雏形**

| | | 中间需求 | | | | 最终需求 | | | | | | 净出口 | 总产品 |
|---|---|---|---|---|---|---|---|---|---|---|---|---|---|
| | | 部门1 | 部门2 | … | 部门n | 更新修理 | 农村居民消费 | 城市居民消费 | 政府消费 | 固定资产形成 | 存货增加 | | |
| 中间投入 | 部门1 | | | | | | | | | | | | |
| | 部门2 | | | | | | | | | | | | |
| | … | | | | | | | | | | | | |
| | 部门n | | | | | | | | | | | | |
| 增加值 | 折旧 | | | | | | | | | | | | |
| | 劳动者报酬 | | | | | | | | | | | | |
| | 生产税 | | | | | | | | | | | | |
| | 营业盈余 | | | | | | | | | | | | |
| 总投入 | | | | | | | | | | | | | |

注：1987年以来，“更新大修理”项目不再出现。

① 详细的有关中国投入产出表的制作方法，可以参考《中国投入产出表（2005年）》。

本文中使用的24部门（1981年）、33部门（1987年、1990年、1992年、1995年）以及40部门（1997年、2000年）、42部门（2002年、2005年、2007年）的名称，可参照各年度具体的投入产出表。增加值项目中，劳动者报酬将被作为工资处理，生产税加营业剩余将被视为利润。

## （三）计算过程

首先，为明确数据的一般表示方式，本文使用以下记号。

$Y$——GDP；

$g^*$——GDP增长率；

$K^*$——资本形成；

$h$——人均年劳动时间；

$N$——总劳动人口；

$W^*$——总工资；

$X_j$——总产出向量；

$X_{ij}$——中间投入矩阵；

$C_j^1$——农村人口的消费向量；

$C_j^2$——城市人口的消费向量；

$C_j^3$——政府的消费向量；

$W_i$——工资向量；

$U_i$——利润向量；

$T_i$——税收向量。

接下来，我们按照以下过程进行计算。

（1）由公开的统计数据分别求出$A^*$、$f^*$、$L^*$和积累率$\alpha^*$。

首先，投入系数$A^*$为：

$$A^* = \frac{X_{ij}}{X_j}$$

总劳动时间 $H$ 和总附加价值 $V$ 分别为：

$$H = Nh \tag{3}$$

$$V = \sum_{i=1}^{n} (W_i + U_i + T_i) \tag{4}$$

各部类的劳动投入系数由下式决定：

$$L^* = \left[ \frac{(W_j + U_j + T_j)H}{V} \right] / X_j \tag{5}$$

因为人均工资品束等价于消费项目 ÷ 总劳动人口，单位劳动对应的工资向量为：

$$f^* = (\frac{C_i^1 + C_i^2 + C_i^3}{N})/h \tag{6}$$

这里，利润总额$S^*$表示为$S^* = Y - W^*$，所以积累率$\alpha^*$由

$$\alpha^* = \frac{K^*}{S^*} \tag{7}$$

决定。

（2）令 $\vartheta = 1$，求解使$\lambda_M = 1$ 成立的$c^*$。$L^*$、$f^*$分别由式（5）、式（6）给出。因为系数矩阵 $M$ 为：

$$M = A^* + c^* f^* L^* \tag{8}$$

可求得令$\lambda_M = 1$ 成立的$c^*$。另外，因为此时有$g^c = 0$，工资率为最大工资率。

（3）一旦$c^*$确定了，即可固定$F^* = c^* f^*$。$F^*$为利润率为零时的工资品篮子。

令

$$M^* = A + \vartheta F^* L^* \tag{9}$$

使 $\vartheta$ 保持在（0，1）的区间内，求出$\lambda_{M^*}$。并且，可以由

$$g^{c}=\frac{1}{\lambda_{M*}}-1$$

求出对应于 $\vartheta$ 的冯·诺伊曼增长率$g^{c}$，$\vartheta$ 反映了实际工资，（$\vartheta$，$g^{c}$）显示了消费投资曲线。$\vartheta=0$ 时，有$g^{c}=\frac{1}{\lambda_{A}}-1$ 对应最大利润率 $R$。使 $\vartheta$ 在区间（0，1）内变动，求出使$g^{*}=\alpha^{*}r=\alpha^{*}g^{c}$成立的$g^{c*}$。$g^{c*}$是对应于现实经济的冯·诺伊曼增长率，且（$\vartheta^{*}$，$g^{c*}$）在消费投资曲线上。（$\vartheta^{*}$，$g^{*}$）是现行经济的坐标（$E$ 点）。

因为现实的经济存在非生产性消费，积累率不可能为1。均衡点位于消费投资曲线的内侧。令这一点为 $E$ 点，其坐标可由（$\vartheta^{*}$，$g^{*}$）表示。$\vartheta^{*}$是现实的实际工资，$g^{*}$是一致增长率。

中国的基础统计数据可参见表2，各指标的计算结果见表3。

**表2　中国主要指标**

| 年份 | $Y$(亿元) | $W^{*}$(亿元) | $N$(万人) | $K^{*}$(亿元) | $h$(小时) | $g^{*}$(%) |
|---|---|---|---|---|---|---|
| 1981 | 4901.4 | 820.0 | 43725 | 1581.0 | 1937 | 5.2 |
| 1987 | 11784.7 | 1881.1 | 52783 | 4322.0 | 1908 | 9.4 |
| 1990 | 18319.5 | 2951.1 | 64749 | 6444.0 | 1895 | 5.0 |
| 1992 | 25863.7 | 3939.2 | 66152 | 9636.0 | 2225 | 12.8 |
| 1995 | 58510.5 | 8100.0 | 68065 | 23877.0 | 2057 | 10.2 |
| 1997 | 74894.2 | 9405.3 | 69820 | 28457.6 | 1895 | 8.8 |
| 2000 | 89340.9 | 10656.2 | 72085 | 32499.8 | 1800 | 8.0 |
| 2002 | 107897.6 | 13161.1 | 73740 | 42304.9 | 1900 | 8.0 |
| 2005 | 184937.4 | 20627.1 | 75825 | 88773.6 | 2390 | 10.4 |
| 2007 | 265810.3 | 29471.5 | 76990 | 137323.9 | 2275 | 11.4 |

注：1981年、1985年、1987年和2002年的 $h$ 数值为估算值。

**表3　基于统计指标的计算结果**

| 年份 | $V$(亿元) | $S^{*}$(亿元) | $\alpha^{*}$(%) | $g^{c}$(%) | $c^{*}$ | $\vartheta^{*}$ | $R$(%) |
|---|---|---|---|---|---|---|---|
| 1981 | 3940.206 | 4081.4 | 38.7 | 13.4 | 1.537 | 0.770 | 97.6 |
| 1987 | 9043.175 | 9903.6 | 43.6 | 21.5 | 1.554 | 0.632 | 82.0 |
| 1990 | 13258.518 | 15368.4 | 41.9 | 11.9 | 1.610 | 0.766 | 66.8 |

续表

| 年份 | $V$(亿元) | $S^*$(亿元) | $\alpha^*$(%) | $g^c$(%) | $c^*$ | $\vartheta^*$ | $R$(%) |
|---|---|---|---|---|---|---|---|
| 1992 | 23106.907 | 21924.5 | 44.0 | 29.1 | 1.605 | 0.446 | 60.2 |
| 1995 | 51852.328 | 50410.5 | 47.4 | 21.5 | 1.697 | 0.559 | 58.2 |
| 1997 | 65391.852 | 65488.9 | 43.5 | 20.3 | 1.702 | 0.583 | 58.3 |
| 2000 | 77741.367 | 78684.7 | 41.3 | 19.4 | 1.639 | 0.580 | 53.9 |
| 2002 | 103118.337 | 94736.5 | 44.7 | 17.9 | 1.702 | 0.639 | 60.6 |
| 2005 | 157084.977 | 164310.3 | 54.0 | 19.2 | 1.900 | 0.556 | 47.4 |
| 2007 | 228788.278 | 236338.8 | 58.1 | 19.6 | 2.026 | 0.543 | 46.2 |

另外，计算出的各年度消费投资曲线分别为图1至图10。

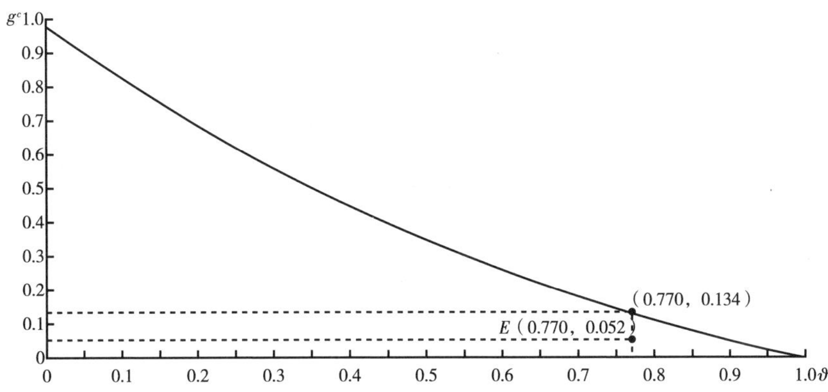


**图1 中国经济消费投资曲线（1981年）**

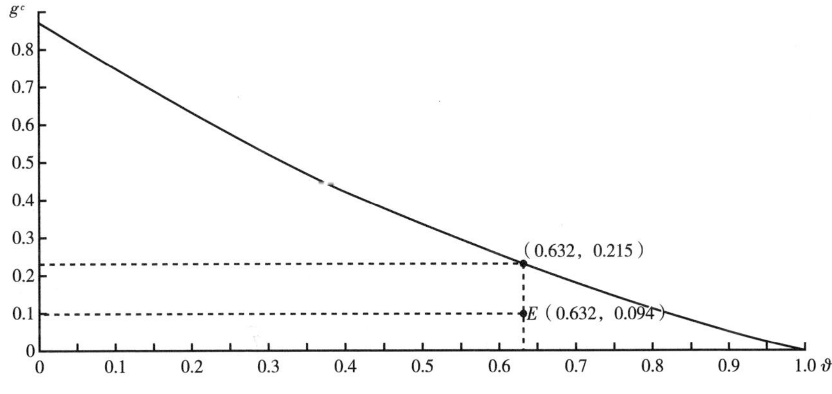


**图2 中国经济消费投资曲线（1987年）**

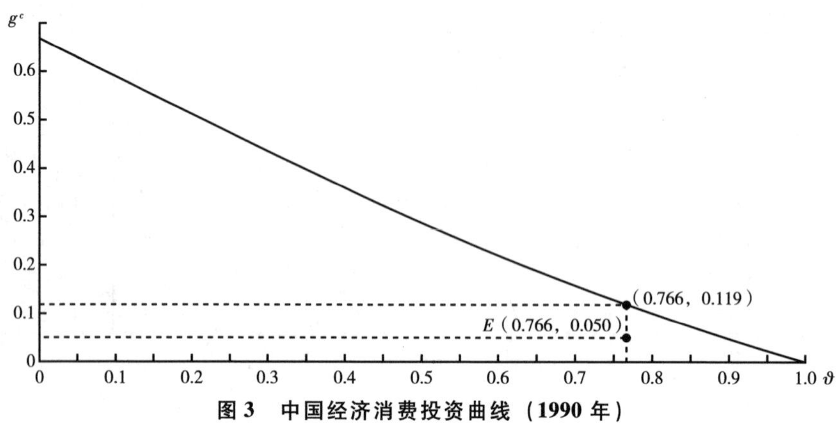


**图 3 中国经济消费投资曲线（1990 年）**

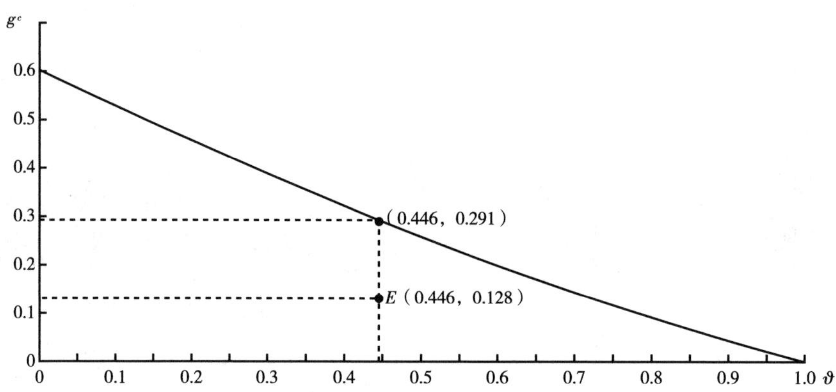


**图 4 中国经济消费投资曲线（1992 年）**

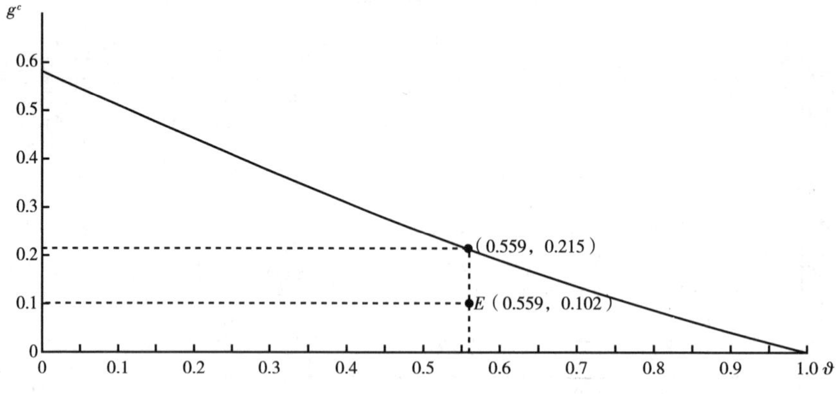


**图 5 中国经济消费投资曲线（1995 年）**

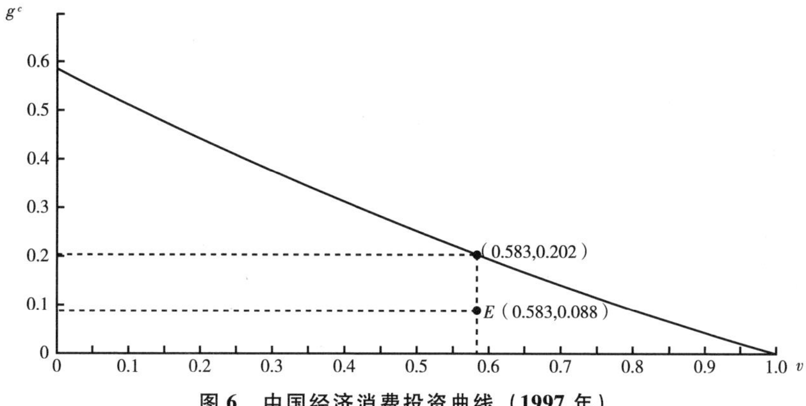


**图 6　中国经济消费投资曲线（1997 年）**

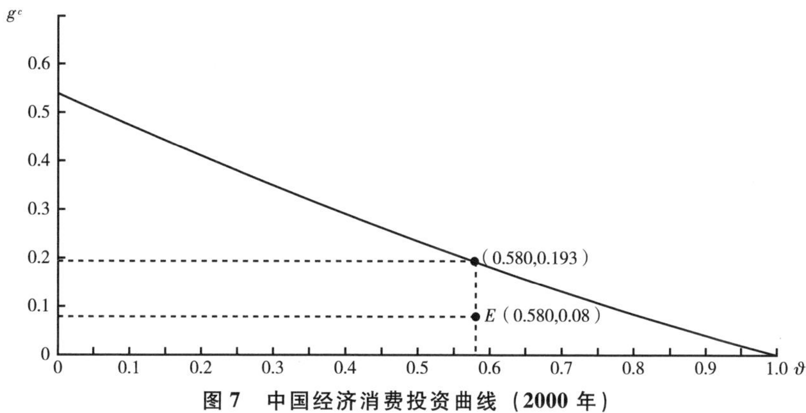


**图 7　中国经济消费投资曲线（2000 年）**

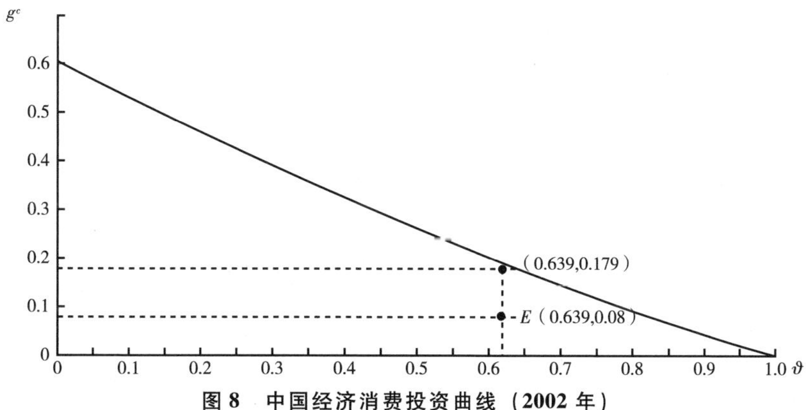


**图 8　中国经济消费投资曲线（2002 年）**

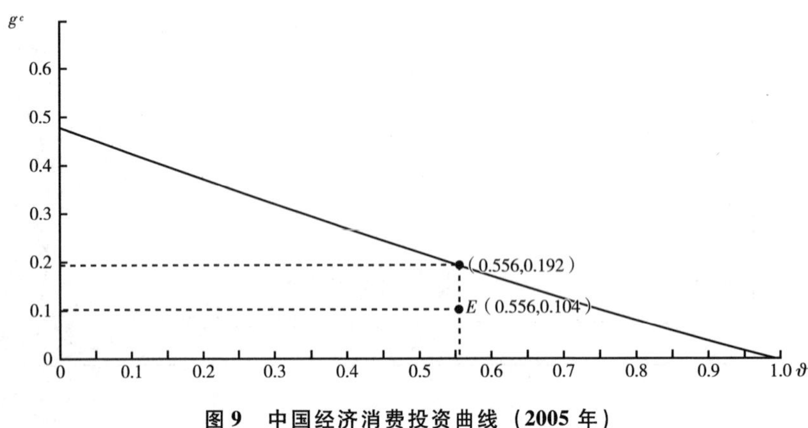


**图 9　中国经济消费投资曲线（2005 年）**

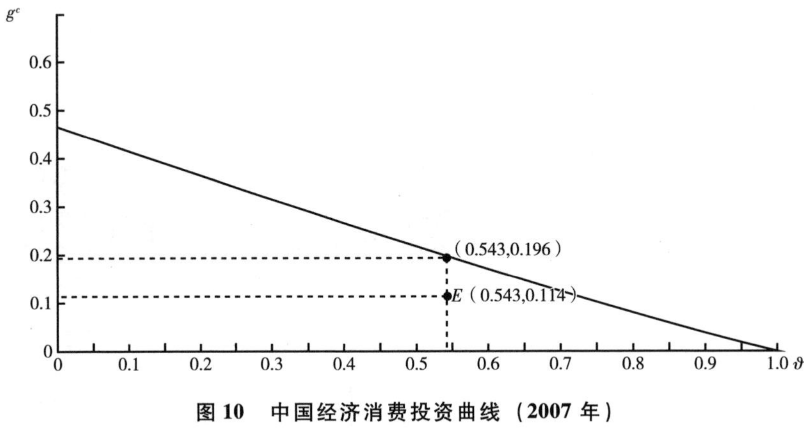


**图 10　中国经济消费投资曲线（2007 年）**

根据上述计算结果，我们发现 $E$ 点一定程度上偏离了（$\vartheta$，$g^c$）表示的消费投资曲线。在 $E$ 点，现实经济中各年度的增长率比消费投资曲线上的理论预测值（冯·诺伊曼增长率）要小。

## 三　马克思型两大部类模型

我们在很多经济理论著作中见到，由生产资本品的部类 I 和生产消费品的部类 II 构成的马克思两大部类模型。该两大部类模型可以反映如资本－劳动比率、工资－利润比率等最基础的经济结构。在这里，我们以投入产出表为基础，来分析两大部类经济模型。以下的分析以 Fujimori（1992）的方法为基础，并将其运用到中国的投入产出表。

## （一）封闭经济中资本品需求比率$\boldsymbol{\lambda}_i$的定义

首先，若令$x^K$和$x^C$分别为投资推动的产出和消费推动的产出的话，我们可以定义封闭经济的资本品需求比率如下：

$$\lambda_i = \frac{x_i^K}{x_i} \tag{10}$$

该定义意味着，产业 $i$ 的 1 单位产出量中，$\lambda_i$是资本品部门的产出，$1-\lambda_i$是消费品部门的产出。

用$\lambda_i$可将两大部类模型中的资本品$k_i$、$W_i$、利润$\Pi_i$、总产出$Y_i$表示为：

$$k_{\mathrm{I}} = \sum_{i=1}^{n} \sum_{j=1}^{n} \lambda_j a_{ij} x_j \tag{11}$$

$$k_{\mathrm{II}} = \sum_{i=1}^{n} \sum_{j=1}^{n} (1-\lambda_j) a_{ij} x_j \tag{12}$$

$$W_{\mathrm{I}} = \sum_{i=1}^{n} \lambda_i w_i \tag{13}$$

$$W_{\mathrm{II}} = \sum_{i=1}^{n} (1-\lambda_i) w_i \tag{14}$$

$$\Pi_{\mathrm{I}} = \sum_{i=1}^{n} \lambda_i s_i \tag{15}$$

$$\Pi_{\mathrm{II}} = \sum_{i=1}^{n} (1-\lambda_i) s_i \tag{16}$$

$$Y_{\mathrm{I}} = \sum_{i=1}^{n} \lambda_i x_i \tag{17}$$

$$Y_{\mathrm{II}} = \sum_{i=1}^{n} (1-\lambda_i) x_i \tag{18}$$

此外，从投资 $\Delta k_i$和消费$C_i$出发，可得总投资 $K$ 和总消费 $C$：

$$K = \sum_{i=1}^{n} \Delta k_i \tag{19}$$

$$C = \sum_{i=1}^{n} C_i \tag{20}$$

## （二）数据中的差异点——更新改造和大修理

本小节将就中国投入产出表数据的差异，对折旧项目的计算采用两种处理方法。

首先，1981 年中国投入产出表的特征之一就是“最终使用”项目栏里有一项“固定资产大修理和更新改造”，所以我们需要在“中间使用”栏目里增加一个虚拟部门，即令第 $n+1$ 个部门为与固定资本有关的虚拟部门。

包含虚拟部门的投入产出关系变成：

$$\begin{pmatrix} x_1 \\ x_2 \\ \vdots \\ x_n \\ x_{n+1}^{d} \end{pmatrix} = \begin{pmatrix} x_{11} & x_{21} & \cdots & x_{1n} & \sum_{j=1}^{n} r_{1,j} \\ x_{21} & x_{22} & \cdots & x_{2n} & \sum_{j=1}^{n} r_{2,j} \\ \vdots & \vdots & \ddots & \vdots & \vdots \\ x_{n1} & x_{n2} & \cdots & x_{nn} & \sum_{j=1}^{n} r_{n,j} \\ \sum_{i=1}^{n} d_{i,1} & \sum_{i=1}^{n} d_{i,2} & \cdots & \sum_{i=1}^{n} d_{i,n} & 0 \end{pmatrix} + \begin{pmatrix} C_1 \\ C_2 \\ \vdots \\ C_n \\ 0 \end{pmatrix} + \begin{pmatrix} \Delta K_1 \\ \Delta K_2 \\ \vdots \\ \Delta K_n \\ 0 \end{pmatrix}$$

其次，1987 年以后的数据中没有更新改造和大修理项目，本文采取以下处理。

我们可以把固定资本的投入，作为一种对生产的物质投入。方便起见，我们将包含固定资本更新的投入称作扩大投入。在现实的经济体系中，实物更新$r_{ij}$和折旧$d_{ij}$不一定一致。不过，如果经济处于均衡状态的话，近似地有：

$$r_{ij} = d_{ij}$$

因此，部门 $i$ 的折旧$D_i$为：

$$D_{\mathrm{I}} = \sum_{i=1}^{n} \sum_{j=1}^{n} \lambda_j r_{ij} = \sum_{j=1}^{n} \lambda_j (\sum_{i=1}^{n} d_{ij}) \tag{21}$$

$$D_{\mathrm{II}} = \sum_{i=1}^{n} \sum_{j=1}^{n} (1 - \lambda_j) r_{ij} = \sum_{j=1}^{n} (1 - \lambda_j)(\sum_{i=1}^{n} d_{ij}) \tag{22}$$

这里，对 $i = \mathrm{I}, \mathrm{II}$，部门 $i$ 消耗资本的总计$k_i^{\dagger}$为：

$$k_i^{\dagger} = k_i + D_i \tag{23}$$

从投入的角度（投入产出表的纵列和）来看，我们有：

$$Y_{\mathrm{I}} = k_{\mathrm{I}}^{\dagger} + W_{\mathrm{I}} + \Pi_{\mathrm{I}} \tag{24}$$

$$Y_{\mathrm{II}} = k_{\mathrm{II}}^{\dagger} + W_{\mathrm{II}} + \Pi_{\mathrm{II}} \tag{25}$$

令固定资本的纯投资向量为 $\Delta F$，从该投入产出体系的总投资结构来看，总纯投资向量 $\Delta K$ 满足：

$$\Delta K = \Delta F + \Delta k \tag{26}$$

其中，固定资本的纯投资$K^{\dagger}$为：

$$K^{\dagger} = \sum_{i=1}^{n} \Delta F_i \tag{27}$$

### （三）开放经济的大部类模型

当存在国际贸易时，一般而言，总产出不等于国内总需求，需要对比率$\lambda_i$做修正。

开放经济中存在如下均衡：

$$x = A^{\dagger} x + C + \Delta K + E - \mathscr{M} \tag{28}$$

这里，因为总需求$H_i$为：

$$H_i = \sum_{j=1}^{n} a_{ij} x_j + \Delta K_i + C_i \tag{29}$$

可以在包含国际贸易的开放经济模型中，将比率$\lambda_i$重新定义为：

$$\lambda_i = 1 - \frac{C_i}{H_i} \tag{30}$$

另外，开放经济中的$\varepsilon_{\mathrm{I}}$和$\varepsilon_{\mathrm{II}}$满足：

$$\sum_{j=1}^{n} \lambda_j x_j = \sum_{i=1}^{n} \left( \sum_{j=1}^{n} x_{ij} + \Delta K_i \right) + \varepsilon_{\mathrm{I}} \tag{31}$$

$$\sum_{j=1}^{n} (1 - \lambda_j) x_j = \sum_{j=1}^{n} C_j + \varepsilon_{\mathrm{II}} \tag{32}$$

此处“出口－进口”等于净出口。

可以得到开放经济的两大部类中的横向均衡平衡式为

$$Y_{\mathrm{I}} = k_{\mathrm{I}}^{\dagger} + k_{\mathrm{II}}^{\dagger} + K + K^{\dagger} + \varepsilon_{\mathrm{I}} \tag{33}$$

$$Y_{\mathrm{II}} = C + \varepsilon_{\mathrm{II}} \tag{34}$$

通过以上的分析，我们可以按如表 4 所示方式构建开放经济的两大部类表。

**表 4　两大部类开放经济表**

| | I | II | 最终需求 | 净出口 | 合计 |
|---|---|---|---|---|---|
| I | $k_{\mathrm{I}}^{\dagger}$ | $k_{\mathrm{II}}^{\dagger}$ | $K+K^{\dagger}$ | $\varepsilon_{\mathrm{I}}$ | $Y_{\mathrm{I}}$ |
| II | | | $C$ | $\varepsilon_{\mathrm{II}}$ | $Y_{\mathrm{II}}$ |
| 工资 | $W_{\mathrm{I}}$ | $W_{\mathrm{II}}$ | | | |
| 利润 | $\Pi_{\mathrm{I}}$ | $\Pi_{\mathrm{II}}$ | | | |
| 合计 | $Y_{\mathrm{I}}$ | $Y_{\mathrm{II}}$ | | | |

## （四）两大部类的中国投入产出表

按上述方法，从多部门中国投入产出表计算出的两大部类表为表 5。

**表 5　两大部类的中国投入产出表**

单位：亿元

| 1981 年 | | | | | |
|---|---|---|---|---|---|
| | I | II | 最终需求 | 净出口 | 合计 |
| I | 3821 | 1288 | 891 | 455 | 6454 |
| II | (322) | (89) | 2584 | 10 | 2594 |
| 工资 | 1279 | 738 | | | |
| 利润 | 1355 | 568 | | | |
| 合计 | 6454 | 2594 | | | 9048 |

| 1987 年 | | | | | |
|---|---|---|---|---|---|
| | I | II | 最终需求 | 净出口 | 合计 |
| I | 12277 | 3163 | 3979 | -55 | 19364 |
| II | (896) | (306) | 6466 | -167 | 6299 |
| 工资 | 3536 | 2145 | | | |
| 利润 | 3551 | 990 | | | |
| 合计 | 19364 | 6299 | | | 25663 |

| 1990 年 | | | | | |
|---|---|---|---|---|---|
| | I | II | 最终需求 | 净出口 | 合计 |
| I | 21658 | 4983 | 5579 | 622 | 32843 |
| II | (1463) | (499) | 9509 | -139 | 9371 |
| 工资 | 5717 | 2949 | | | |
| 利润 | 5468 | 1438 | | | |
| 合计 | 32843 | 9371 | | | 42213 |

| 1992 年 | | | | | |
|---|---|---|---|---|---|
| | I | II | 最终需求 | 净出口 | 合计 |
| I | 37802 | 7555 | 8503 | 535 | 54396 |
| II | (2728) | (810) | 14187 | -118 | 14068 |
| 工资 | 7757 | 4296 | | | |
| 利润 | 8837 | 2217 | | | |
| 合计 | 54396 | 14068 | | | 68464 |

| 1995 年 | | | | | |
|---|---|---|---|---|---|
| | I | II | 最终需求 | 净出口 | 合计 |
| I | 87643 | 17050 | 20485 | 1123 | 126301 |
| II | (5936) | (1660) | 30824 | -580 | 30244 |
| 工资 | 19770 | 8124 | | | |
| 利润 | 18888 | 5070 | | | |
| 合计 | 126301 | 30244 | | | 156545 |

续表

| 1997 年 | | | | | |
|---|---|---|---|---|---|
| | I | II | 最终需求 | 净出口 | 合计 |
| I | 112785 | 21667 | 23851 | 3298 | 161601 |
| II | (7992) | (2320) | 38799 | -556 | 38243 |
| 工资 | 29333 | 12207 | | | |
| 利润 | 19483 | 4369 | | | |
| 合计 | 161601 | 38243 | | | 199844 |
| **2000 年** | | | | | |
| | I | II | 最终需求 | 净出口 | 合计 |
| I | 152050 | 27762 | 25241 | 4677 | 209730 |
| II | (11479) | (3127) | 48730 | -907 | 47823 |
| 工资 | 34806 | 15113 | | | |
| 利润 | 22874 | 4948 | | | |
| 合计 | 209730 | 47823 | | | 257553 |
| **2002 年** | | | | | |
| | I | II | 最终需求 | 净出口 | 合计 |
| I | 177625 | 32686 | 35695 | 6703 | 252711 |
| II | (13857) | (4882) | 62820 | -2101 | 60719 |
| 工资 | 39846 | 19104 | | | |
| 利润 | 35239 | 8928 | | | |
| 合计 | 252711 | 60719 | | | 313430 |
| **2005 年** | | | | | |
| | I | II | 最终需求 | 净出口 | 合计 |
| I | 317851 | 41886 | 70374 | 8645 | 438758 |
| II | (1966) | (28) | 80160 | -2095 | 78064 |
| 工资 | 55426 | 22805 | | | |
| 利润 | 65479 | 13372 | | | |
| 合计 | 438758 | 78064 | | | 516822 |
| **2007 年** | | | | | |
| | I | II | 最终需求 | 净出口 | 合计 |
| I | 505437 | 52978 | 103924 | 22903 | 685243 |
| II | (1806) | (3794) | 101483 | 477 | 101960 |
| 工资 | 80492 | 29555 | | | |
| 利润 | 99314 | 19426 | | | |
| 合计 | 685243 | 101960 | | | 787204 |

这里，我们分别将$\mathscr{K}$、$\mu$、$\pi$、$\zeta$、$\delta$和$\sigma$定义如下：

资本有机构成$\mathscr{K}_i = \dfrac{k_i^\dagger}{W_i}$；

剩余价值率$\mu_i = \dfrac{\Pi_i}{W_i}$；

利润率$\pi_i = \dfrac{\Pi_i}{k_i^\dagger + W_i}$；

部类比率$\zeta = \dfrac{Y_{\mathrm{I}}}{Y_{\mathrm{II}}}$；

资本增长率$\delta = \dfrac{K + K^\dagger}{k_{\mathrm{I}}^\dagger + k_{\mathrm{II}}^\dagger}$；

积累和利润的比率$\sigma = \dfrac{K + K^\dagger}{\Pi_{\mathrm{I}} + \Pi_{\mathrm{II}}}$；

通过表5计算得出的结构与分配指标的结果参见表6。

**表6　结构与分配指标**

| 年份 | $\mathscr{K}_{\mathrm{I}}$ | $\mathscr{K}_{\mathrm{II}}$ | $\mu_{\mathrm{I}}$ | $\mu_{\mathrm{II}}$ | $\pi_{\mathrm{I}}$ | $\pi_{\mathrm{II}}$ | $\zeta$ | $\delta$ | $\sigma$ |
|---|---|---|---|---|---|---|---|---|---|
| 1981 | 2.988 | 1.744 | 1.060 | 0.770 | 0.266 | 0.281 | 2.488 | 0.174 | 0.463 |
| 1987 | 3.472 | 1.474 | 1.004 | 0.462 | 0.225 | 0.187 | 3.074 | 0.258 | 0.876 |
| 1990 | 3.789 | 1.690 | 0.956 | 0.488 | 0.200 | 0.181 | 3.505 | 0.209 | 0.808 |
| 1992 | 4.873 | 1.759 | 1.139 | 0.516 | 0.194 | 0.187 | 3.867 | 0.187 | 0.769 |
| 1995 | 4.433 | 2.099 | 0.955 | 0.624 | 0.176 | 0.201 | 4.176 | 0.196 | 0.855 |
| 1997 | 3.845 | 1.775 | 0.664 | 0.358 | 0.137 | 0.129 | 4.226 | 0.177 | 0.999 |
| 2000 | 4.368 | 1.837 | 0.657 | 0.327 | 0.122 | 0.115 | 4.386 | 0.140 | 0.907 |
| 2002 | 4.458 | 1.711 | 0.884 | 0.467 | 0.162 | 0.172 | 4.162 | 0.170 | 0.808 |
| 2005 | 5.735 | 1.837 | 1.181 | 0.586 | 0.175 | 0.207 | 5.620 | 0.196 | 0.892 |
| 2007 | 6.279 | 1.793 | 1.234 | 0.657 | 0.169 | 0.235 | 6.721 | 0.186 | 0.875 |

从这些结构与分配指标中，我们可以看出以下内容。

（1）部类比率$\zeta > 1$。即，生产资料的比重大于消费资料。

（2）$\mathscr{K}_{\mathrm{I}} > \mathscr{K}_{\mathrm{II}}$；$\mu_{\mathrm{I}} > \mu_{\mathrm{II}}$；1987年、1990年、1992年、1997年和2000年是$\pi_{\mathrm{I}} > \pi_{\mathrm{II}}$；1981年、1995年、2002年、2005年和2007年有$\pi_{\mathrm{I}} < \pi_{\mathrm{II}}$。

（3）两部类的利润率都有减小的倾向。这是因为固定资本的投入在逐渐增加。

（4）两部类的剩余价值率直到2000年都呈现为下降状态，2000年以后有递增的倾向。

（5）1987年以后的积累-利润比率 $\sigma$ 相当高。这是因为政府消费的利润比重很低。

## 四 中国经济的大道（Turnpike）路径

本节将以前一节计算的两大部类表为基础，计算中国经济的大道路径。[①] 首先，第一小节将说明中国经济的线性规划问题的结构。其次，第二小节明确指出了解决这一线性规划问题的计算方法和数据处理方法。对系数的计算采用了 Leontief（1970）给出的方法。

实际计算过程中的时间序列数据使用了中国投入产出表制作年份（1987年、1990年、1992年、1995年、1997年、2000年、2002年、2005年、2007年）的数据。在下期的生产投入需求不超过当期供给的差分不等式限制条件下，考察最终年度中使消费资料产出量最大化的目标函数。

### （一）线性规划问题

首先，令 $t$ 期的产出量向量为 $x(t)$。因为下期的生产投入需求不会超过当期的供给，下期需求与当期供给的关系必须满足：

$$x(t) \geqslant Mx(t+1) \tag{35}$$

期初状态 $x(0)$ 已知，$n$ 期为止的供求关系可以表示为：

$$x(0) \geqslant M_1 x(1)$$

① 有关大道（Turnpike）理论，请参照 Morishima（1961）、Nikaido（1964）、Inada（1964）、Tsukui（1967）、McKenzie（2002，Chap. 7）等。

$$x(1) \geqslant M_2 x(2)$$
$$\cdots$$
$$x(n-1) \geqslant M_n x(n) \tag{36}$$

将它们左对左、右对右相加，整理可得到：

$$\begin{pmatrix} M_1 & & & \\ -I & M_2 & & \\ & \ddots & \ddots & \\ & & -I & M_n \end{pmatrix} \begin{pmatrix} x(1) \\ x(2) \\ \vdots \\ x(n) \end{pmatrix} \leqslant \begin{pmatrix} x(0) \\ 0 \\ \vdots \\ 0 \end{pmatrix} \tag{37}$$

这里，取在计划期间的最终年度，使消费资料的产出量$x_2$（$n$）最大化的目的函数。然后，在限制条件中加入：

$$x(t+1) \geqslant x(t), t = 0,1,2,\cdots,n-1 \tag{38}$$

即规定计划期间中的产出量不低于上一期产出量，计划问题就变为：

$$\max\{x_2(n) \mid Gx \leqslant d, x \geqslant 0\} \tag{39}$$

$$G = \begin{pmatrix} M_1 & & & \\ -I & M_2 & & \\ & \ddots & \ddots & \\ & & -I & M_n \\ & & & \\ -I & & & \\ I & -I & & \\ & \ddots & \ddots & \\ & & I & -I \end{pmatrix}, d = \begin{pmatrix} x(0) \\ 0 \\ \vdots \\ 0 \\ -x(0) \\ 0 \\ \vdots \\ 0 \end{pmatrix}$$

## （二）计算方法与计算结果

首先，我们需要按以下方法计算该线性规划问题。

（1）从表 5 和表 2 中求出$A^{\dagger\dagger}$、$f^{\dagger\dagger}$、$L^{\dagger\dagger}$。

（2）令 $\vartheta=1$。已知 $\lambda_M=1$，求解 $c^{\dagger\dagger}$。固定 $F^{\dagger\dagger}=c^{\dagger\dagger}f^{\dagger\dagger}$。有 $M^{\dagger\dagger}=A^{\dagger\dagger}+\vartheta F^{\dagger\dagger}L^{\dagger\dagger}$。

（3）令 $\vartheta$ 在（0，1）区间内变动，求满足 $g^{\dagger}=\alpha^{\dagger}r=\alpha^{\dagger}g^{c}=\alpha^{\dagger}\left(\frac{1}{\lambda_{M^{\dagger\dagger}}}-1\right)$ 的 $\lambda_{M^{\dagger\dagger}}$，得到与 $\lambda_{M^{\dagger\dagger}}$ 相对应的 $\vartheta^{\dagger\dagger}$、$M^{\dagger\dagger}$ 及冯诺伊曼数量比。

通过上述过程（1）、（2）、（3）试算各年度的两部门扩大投入系数 $M$ 以及冯·诺依曼数量比 $q^c$，其结果如下。

$$M_{1981}=\begin{pmatrix}0.592 & 0.497\\ 0.300 & 0.371\end{pmatrix},M_{1987}=\begin{pmatrix}0.634 & 0.502\\ 0.205 & 0.279\end{pmatrix}$$

$$M_{1990}=\begin{pmatrix}0.659 & 0.532\\ 0.245 & 0.337\end{pmatrix},M_{1992}=\begin{pmatrix}0.695 & 0.537\\ 0.094 & 0.142\end{pmatrix}$$

$$M_{1995}=\begin{pmatrix}0.694 & 0.564\\ 0.142 & 0.203\end{pmatrix},M_{1997}=\begin{pmatrix}0.698 & 0.567\\ 0.147 & 0.211\end{pmatrix}$$

$$M_{2000}=\begin{pmatrix}0.725 & 0.581\\ 0.126 & 0.192\end{pmatrix},M_{2002}=\begin{pmatrix}0.703 & 0.538\\ 0.162 & 0.251\end{pmatrix}$$

$$M_{2005}=\begin{pmatrix}0.724 & 0.537\\ 0.132 & 0.222\end{pmatrix},M_{2007}=\begin{pmatrix}0.738 & 0.520\\ 0.118 & 0.215\end{pmatrix}$$

**表 7　中国两大部类表计算得出的 von Neumann 数量比**

| 年份 | 1981 | 1987 | 1990 | 1992 | 1995 | 1997 | 2000 | 2002 | 2005 | 2007 |
|---|---|---|---|---|---|---|---|---|---|---|
| Ⅰ | 0.863 | 0.936 | 0.915 | 0.975 | 0.989 | 0.973 | 0.981 | 0.965 | 0.978 | 0.982 |
| Ⅱ | 0.506 | 0.352 | 0.403 | 0.147 | 0.223 | 0.230 | 0.192 | 0.261 | 0.209 | 0.186 |

（4）设定每年系数 $M^{\dagger\dagger}$ 的数据，以确定 $G$。

首先，若令 1987 年为第一期，位于式（39）中 $G$ 的对角线上的 $M_1$、$M_2$、…、$M_n$ 分别是 1988 年、1989 年、…、2007 年的 $M$。$x(0)$ 是 1987 年两大部类投入产出表的资本品和消费品的产出。此处，假定 1987 ~ 1989 年、1990 ~ 1991 年、1992 ~ 1994 年、1995 ~ 1996 年、1997 ~ 1999 年、2000 ~ 2001 年、2002 ~ 2004 年和 2005 ~ 2006 年没有技术变革。即，令

$$M_{1987} = M_{1988} = M_{1989}, M_{1990} = M_{1991}, M_{1992} = M_{1993} = M_{1994}, M_{1995} = M_{1996}$$
$$M_{1997} = M_{1998} = M_{1999}, M_{2000} = M_{2001}, M_{2002} = M_{2003} = M_{2004}, M_{2005} = M_{2006}$$

若 2007 年为最终年度，则我们已经取得了所有年份的数据。$G$ 是 $80 \times 40$ 阶的矩阵，$d$ 是 $80 \times 1$ 阶纵向量。将它们的系数代入式（39），就可以计算各年度的最优值。考虑物价变动的因素（国家统计局《中国统计年鉴》），就可以比较现实经济的数值。

中国经济的最优值和现实经济的数值参见表 8，增长路径参见图 11。

**表 8　规划问题的理论值（$x_1$，$x_2$）及实际值（$x_1^*$，$x_2^*$）**

单位：亿元

| 年份 | 1987 | 1990 | 1992 | 1995 | 1997 | 2000 | 2002 | 2005 | 2007 |
|---|---|---|---|---|---|---|---|---|---|
| $x_1$ | 19364 | 31902 | 72023 | 129915 | 202524 | 367132 | 489370 | 561123 | 796354 |
| $x_2$ | 6299 | 13778 | 23077 | 29836 | 47854 | 67331 | 88126 | 96754 | 334367 |
| $x_1^*$ | 19364 | 32843 | 54396 | 126301 | 161601 | 209730 | 252711 | 438758 | 685243 |
| $x_2^*$ | 6299 | 9371 | 14068 | 30244 | 38243 | 47823 | 60719 | 78064 | 101960 |

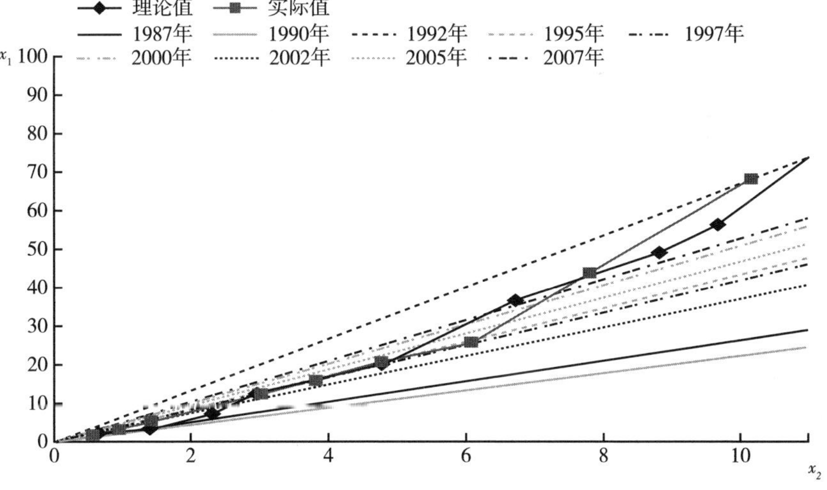


**图 11　中国经济的 von Neumann 数量比与大道路径（1987～2007 年）**

注：理论值，—◆—；实际值，—■—；von Neumann 数量比，其他线段。

## 五　经济计划

在数量体系稳定化的各种讨论中，马克思的再生产分析下的扩大再生产范式提供了一个很好的思路。

马克思的扩大再生产范式的隐含假定为：生产资料部类在两期连续维持同一增长率的情况下，第二期消费资料部类的增长率将会追上生产资料部类（Morishima，1973，p. 121；Okishio，1987，p. 17）。0 期、1 期、2 期的数量$x_1(0)$、$x_1(1)$、$x_1(2)$、$x_2(0)$、$x_2(1)$、$x_2(2)$和增长率$g_1(0)$、$g_1(1)$、$g_2(0)$、$g_2(1)$的关系可以表示如下：

$$x_1(1) = [1 + g_1(0)]\, x_1(0) \tag{40}$$

$$x_2(1) = [1 + g_2(0)]\, x_2(0) \tag{41}$$

$$x_1(2) = [1 + g_1(1)]\, x_1(1) \tag{42}$$

$$x_2(2) = [1 + g_2(1)]\, x_2(1) \tag{43}$$

数量的供求关系为：

$$x_1(0) = a_1\, x_1(1) + a_2\, x_2(1) \tag{44}$$

$$x_2(0) = fl_1\, x_1(1) + fl_2\, x_2(1) + c(0) \tag{45}$$

$$x_1(1) = a_1\, x_1(2) + a_2\, x_2(2) \tag{46}$$

$$x_2(1) = fl_1\, x_1(2) + fl_2\, x_2(2) + c(1) \tag{47}$$

假定存在令部类Ⅰ（生产资料部类）的增长率连续两期一致的政策，即：

$$g_1(0) = g_1(1)$$

则根据式（40）、式（41）、式（42）、式（43）、式（44）、式（45）有[①]：

① 只有生产资料的供求影响上述结论。

$$g_2(1) = g_1(1)$$

此处如果令生产资料部类的增长率连续两期一致的话，2 期以后消费资料部类的增长率也会一致。这被视为社会主义工业化政策的一环。

现在，让我们考虑

$$x(t) = Mx(t+1) + c(t) \tag{48}$$

的数量体系。这里，采取了维持 2 期增长率一致的政策，把式（48）改写成两大部类的话，就有：

$$x_1(t) = \varsigma^2 a_1 x_1(t-1) + \varsigma^2 a_2 x_2(t-1) \tag{49}$$

$$x_2(t) = \varsigma^2 fl_1 x_1(t-1) + \varsigma^2 fl_2 x_2(t-1) + c_0(t) \tag{50}$$

这里，$\varsigma$是控制变量。式（49）、式（50）是正规型形式，一般解 $x$（$t$）为

$$x(t) = b_1(\varsigma^2\lambda_1)^t z^1 + b_2(\varsigma^2\lambda_2)^t z^2 + (I - \varsigma^2 M)^{-1}c(t) \tag{51}$$

其中，$b_1$，$b_2$是初期条件下的常数。由于 $x$（$t$）的一般解项里，Perron-Frobenius 根是具有支配性的，因而这一经济体系是稳定的。

## 结　语

我们对冯·诺伊曼数量比、消费投资曲线、马克思两大部类模型和大道路径进行了相关的讨论。

首先，从理论指标的计算结果，我们明确了：（1）在这数十年间，中国经济的积累率达到了 40% 左右；（2）从 20 世纪 80 年代初期到 90 年代末，最大利润率有下降的趋势。

其次从结构指标的计算结果中，我们可知：（1）生产资料的比重远大于消费资料的比重，这其实体现了中国是发展中国家的事实；（2）两部类的利润率都有减小的倾向。

最后，从计算出的中国经济的大道（最优）路径中可知，现实的

经济路径按照追溯最优路径的方式在变动。如果确定了约束条件，则可以验证无论是在怎样的目标函数下，大道（最优）路径也不变（强大道定理①）。

另外，在不存在固定资本的数量体系中，导入政策控制变量可以使经济体系趋于稳定。但在固定资本普遍存在的体系中，如何使动态体系稳定？我们将另撰文以目前可以利用的中国固定资本数据为基础，详细讨论固定资本系数的推测方法等问题。

## 参考文献


[1] 齐舒畅：《我国投入产出表的编制和应用情况》，《中国统计》2003 年第 5 期。

[2] Fujimori, Y. (1992), "Building 2-Sector Schemes from the Input-Output Table: Computation of Japan's Economy 1960 - 1985," *Josai University Bulletion*, 11 (1): 1 - 12.

[3] Inada, K. (1964), "Some Structural Characteristics of Turnpike Theorems," *Review of Economic Studies*, 31 (1): 43 - 58.

[4] International Labour Office (2005), *Yearbook of Labour Statistics* 2003 (62th Issue), The ILO Association of Japan.

[5] Leontief, W. (1970), "The Dynamic Inverse," in Carter, A. P. and A. Brody (eds.), *Contributions to Input-Output Analysis*, Amsterdam: North-Holland Publishing, pp. 17 - 46.

[6] Li, B. (2008), "China Input-Output Table and Linear Economic Theory," *Political Economy Quarterly*, 45 (2): 66 - 71 (in Japanese).

[7] McKenzie, L. W. (2002), *Classical General Equilibrium Theory*, The MIT Press.

[8] Morishima, M. (1961), "Proof of a Turnpike Theorem: The No Joint Production Case," *Review of Economic Studies*, 28 (2), pp. 89 - 97.

[9] Morishima, M. (1973), *Marx's Economics: A Dual Theory of Value and Growth*, Cambridge University Press.


① 详细请参照 Nikaido (1964)。

[10] Nikaido, H. (1964), "Persistence of Continual Growth near the von Neumann Ray: A Strong Version of Radner Turnpike Theorem," *Econometrica*, 32(1-2): 151-162.

[11] Okishio, N. (1987), *Marx Keizaigaku II* (*Marxian Economics II*), Tokyo: Chikuma Shobo.

[12] Qi, S. (2003), "A Brief Introduction to the Formation and Application of Input-Output Table in China," *China Statistics* 5: 21-22 (in Chinese).

[13] Tsukui, J. (1967), "The Consumption and the Output Turnpike Theorems in a von Neumann Type Model: A Finite Term Problem," *Review of Economic Studies*, 34 (1), pp. 85-93.

# 中国通货紧缩的马克思经济学解释*

张　衔**

1996 年以来，我国宏观经济的一个突出特征就是价格总水平的持续下跌。如果将价格总水平的持续下跌看作通货紧缩的典型现象，那么，我国经济确实发生了明显的通货紧缩。在讨论紧缩成因的许多近期文献中，最具代表性的见解是将通货紧缩视为一种纯粹的货币现象，认为导致通货紧缩的根本原因是货币供给不足。在对货币供给不足的成因进行探讨方面，形成了两种主要观点。一种观点认为，货币供给不足是由信贷紧缩造成的，信贷紧缩又是由不良资产和债务的增加引起的。这实际上是用费雪的“债务—通货紧缩”模型来解释我国的通货紧缩。另一观点则将货币供给不足归因于中央银行的货币紧缩政策，其理由是货币供给（广义货币供给 $M_2$）增长率的持续下降。这是一种货币数量论的观点。由于将价格紧缩视为一种货币现象，流行的政策主张是用扩张性的货币政策甚至适度通货膨胀来反紧缩、刺激经济增长。这种政策主张的基本理论逻辑是，通货膨胀或通货紧缩都是货币现象，是货币供给过多或供给不足的结果。由于我国的货币需求函数是稳定的，价格总水平的状况就取决于货币供给。货币供给如果不足，就会造成价格紧缩即通货紧缩。在这种情况下，只有扩张货币供给才能消除持续的紧缩以

---

* 本文是在拙作《中国通货状况分析》（《金融研究》1999 年第 10 期）一文的基础上做了较大补充修改后形成的，但实证部分基本未做修改。

** 张衔，四川大学经济学院，教授。

刺激经济增长。

但是，上述观点和主张没有注意到我国产品市场出现的持续性超额供给。持续性超额供给导致市场出清困难，为出清市场，价格必然下降，这同样会形成紧缩。这种紧缩与银行紧缩信贷、中央银行采取货币紧缩政策无关。在产品市场存在持续性超额供给的情况下，信贷紧缩是市场不能出清的正常合理反应。这表明，用价格持续下跌定义的通货紧缩不一定是纯粹的货币现象。据此，本文提出，通货紧缩作为通货膨胀的逆现象，与通货膨胀一样，应当有类型差别。但在已有的经济学文献中，与通货膨胀不同，并不存在关于通货紧缩类型的研究和相关界定。本文认为，根据导致价格总水平持续下跌的直接原因，可以将通货紧缩分为两种类型：一种是由于货币供给不足而使实际总支出小于充分就业总支出，从而导致价格总水平的持续下跌，形成紧缩；另一种是由于货币存量不能如期转化为有效需求，即总储蓄大于总投资或总收入大于总支出而造成价格总水平的持续下跌，形成紧缩。本文将前一种紧缩定义为货币供给不足型通货紧缩，将后一种紧缩定义为有效需求不足型通货紧缩。本文的任务是根据我国的实际情况，对后一种通货紧缩给出马克思经济学的解释，并进行实证检验。

本文的结构如下。第一部分是对马克思相关理论的概述，包括商品价值量与劳动生产力反向变动规律（这一规律被概括为物价水平的“生产力准则”），以及商品形态变化理论。从马克思的相关理论可以推导出第二种类型的紧缩，它们是理解总储蓄大于总支出导致的有效需求不足型紧缩现象的理论基础。第二部分是对第二种类型的紧缩的实证检验。检验证实了我国发生的紧缩是第二种类型的紧缩。第三部分是结论与政策思考。

## 一　生产力准则、商品形态变化与紧缩

在《资本论》中，马克思深入分析了商品价值实体、价值量、商

品使用价值量与劳动生产力之间的关系。马克思从商品交换价值入手，运用科学抽象法，揭示出不同商品按一定比例相交换的隐蔽的基础，是由一般人类劳动的凝结所形成的价值。①

既然构成商品价值实体的是一般人类劳动即抽象劳动，商品价值量就只能用形成价值的实体即劳动的量来计量。根据形成价值的抽象劳动的性质，决定商品价值量的只能是社会必要劳动时间。在不考虑部门竞争的情况下，“社会必要劳动时间是在现有的社会正常的生产条件下，在社会平均的劳动熟练程度和劳动强度下制造某种使用价值所需要的劳动时间。”② 在考虑部门竞争的情况下，不同的生产条件都可能成为社会必要劳动时间的决定条件。同时，社会规模的需求成为确定何种生产条件能够成为社会必要劳动时间的决定条件的一个基本因素。③

无论社会必要劳动时间取决于何种条件，如果生产商品所需要的劳动时间不变，商品价值量就不变。但是，生产商品所需要的劳动时间随着劳动生产力的变化而变化。因此，社会必要劳动时间从而商品价值量与劳动生产力密切相关。在给出一个关于劳动生产力的内生性生产函数④以后，马克思将这种关系概括为：“劳动生产力越高，生产一种物品所需要的劳动时间就越少，凝结在该物品中的劳动量就越小，该物品的价值就越小。相反地，劳动生产力越低，生产一种物品的必要劳动时间就越多，该物品的价值就越大。可见，商品的价值量与体现在商品中的劳

① 马克思：《资本论》第 1 卷，人民出版社，1975，第 51 页。

② 马克思：《资本论》第 1 卷，人民出版社，1975，第 52 页。

③ 马克思：《资本论》第 3 卷，人民出版社，1975，第 198 ~ 208 页。

④ “劳动生产力是由多种情况决定的，其中包括：工人的平均熟练程度，科学的发展水平和它在工艺上应用的程度，生产过程的社会结合，生产资料的规模和效能，以及自然条件。”（马克思：《资本论》第 1 卷，人民出版社，1975，第 53 页）令 $L$ 为劳动生产力，则 $L=F\ (A,\ S_p,\ P_s,\ P_m,\ N)$，令 $Q$ 为产出，则劳动生产力可等价地表示为 $Q=F\ (A,\ S_p,\ P_s,\ P_m,\ N)$，且 $\mathrm{d}Q/\mathrm{d}F>0$。其中 $A$，$S_p$，$P_s$，$P_m$ 分别是工人的平均熟练程度，科学的发展水平和它在工艺上应用的程度，生产过程的社会结合，生产资料的规模和效能。显然，这是一个标准的内生性生产函数。

动的量成正比，与这一劳动的生产力成反比。”① 即 $W=f(H, L)$ 且：

$$dW/dH > 0, dW/dL < 0 \tag{1}$$

其中 $W$ 是商品价值，$H$ 是劳动量，$L$ 是劳动生产力。由于劳动生产力始终是有用的具体劳动的生产力，因此，与商品的价值量不同，商品使用价值量与劳动生产力成正比。即 $Q=f(L)$ 且：

$$dQ/dL > 0 \tag{2}$$

这样，“那种能提高劳动成效从而增加劳动所提供的使用价值量的生产力变化，如果会缩减生产这个使用价值量所必需的劳动时间的总和，就会减少这个增大的总量的价值量。反之亦然。”②

根据马克思的分析，在开放条件下，上述商品价值量、商品使用价值量与劳动生产力之间的关系同样是成立的，即式（1）和式（2）同样是成立的。只不过在开放条件下，可贸易品的价值由国际社会必要劳动时间决定，它的计量单位是世界劳动的平均单位。③

根据式（1）和式（2）所表达的关系，可以得出一个一般的结论：如果商品价格与价值相一致，那么，随着劳动生产力的提高和科学技术进步，产出会增大，但商品的价格水平会下降。这一结论被称为物价水平的“生产力准则”（Productivity Norm）。可以认为，马克思关于商品价值实体、价值量、商品使用价值量与劳动生产力之间关系的理论，是“生产力准则”的重要依据。由“生产力准则”可知，即使货币供给量不变，商品价格水平仍然可以在这一准则作用下发生持续下降。商品价值量与劳动生产力反向变动的规律，会促使生产者之间为获取超额收益而展开竞争。个别生产者可以通过提高劳动生产力使商品的个别价值低于社会价值，并在个别价值与社会价值之间选择一个有利的出清价格，由此就可以获得超额收益。但是，当所有生产者都采取

① 马克思：《资本论》第1卷，人民出版社，1975，第53～54页。
② 马克思：《资本论》第1卷，人民出版社，1975，第60页。
③ 马克思：《资本论》第1卷，人民出版社，1975，第613～617页。

同样的策略时，劳动生产力将普遍提高，社会必要劳动时间的决定条件将发生变化，超额收益消失，按新的社会必要劳动时间决定的单位商品价值量将小于劳动生产力提高以前，商品价格因此下降。同时，生产者通过提高劳动生产力展开获取超额收益竞争的结果，会导致生产能力的迅速扩张，形成过剩产能，使产品市场供大于求，形成超额供给，市场出清困难。这会使生产者为出清而展开价格竞争，商品价格会普遍下降。

商品形态变化理论是马克思经济学的重要组成部分。根据这一理论，以货币为媒介的商品流通，本质上是商品的形态变化过程。这是因为，货币产生以后，商品内在矛盾便转化为商品与货币的外部对立。在这种情况下，商品内部矛盾就只能通过卖与买这样两个独立和对立的过程才能解决。就是说，商品必须首先卖掉，即实现价值，换成货币，完成社会过程，然后再用取得的货币购买所需要的商品，完成个人过程。于是，“商品交换过程是在两个互相对立、互为补充的形态变化中完成的：从商品转化为货币，又从货币转化为商品。”① 即：$W-G-W$。马克思把 $W-G$ 或卖定义为商品的第一形态变化，把 $G-W$ 或买定义为商品的第二形态变化。

马克思指出，商品第一形态变化“是商品的惊险的跳跃。这个跳跃如果不成功，摔坏的不是商品，但一定是商品所有者”。② 也就是说，商品第一形态变化存在巨大的风险与不确定性。这种风险与不确定性既表现在商品使用价值的实现上，又表现在商品价值的实现上。马克思首先分析了商品使用价值实现上的风险与不确定性。

马克思指出，商品使用价值实现上的风险与不确定性在于商品的使用价值是否在质和量两方面都为社会所需要。由于市场经济中的分工是自然形成的生产机体，它支配着生产者，使生产者难以在质和量上对社

① 马克思：《资本论》第 1 卷，人民出版社，1975，第 124 页。

② 马克思：《资本论》第 1 卷，人民出版社，1975，第 124 页。

会需要做出准确估计。在这方面，马克思集中分析了四种情况。第一，商品可能是一种新的劳动方式的产品，目的是满足某种新的需求。但是，如果人们不了解它，就不会产生足够的社会需求，商品就不能实现。第二，特殊的劳动操作可能独立出来，使局部产品成为直接为市场而生产的独立的商品。但是，这种分离和独立的条件可能成熟，也可能不成熟，商品能否为社会接受是不确定的。第三，老产品可能被功能类似的新产品所替代，从而被全部或部分地排挤掉。第四，即使某种产品为社会所需要，生产它的劳动是社会分工的一部分，但是，如果该产品的供给超过了社会对它的需求，就必然会有一部分成为多余的而不能实现。

从商品价值实现方面看，商品第一形态变化的风险与不确定性，主要在于商品能否按价值实现。在这方面，马克思着重分析了两种情况。第一，生产商品的社会必要劳动时间会在生产者的背后自发地发生变化，如果生产条件的变化缩短了生产某种商品的社会必要劳动时间，则按以往条件生产的该种商品就不能按原有价值实现。第二，即使某种商品的每一个的生产中都只耗费了社会必要劳动时间，但是，如果该种商品的总量超过了社会需要量，这就证明，在全部社会劳动时间中，该种商品的生产上耗费了过多的时间，这就等于每个商品生产所耗费的劳动时间都超过了社会必要劳动时间。超过的部分同样得不到社会承认，该种商品也不能按价值实现，从而不能补偿生产中的劳动耗费。[①]

商品第一形态变化的各种困难，反映了市场经济中分工的自发变迁、技术进步、需求变化所具有的不可控性。一旦商品不能按价值完成其第一形态变化，就表明商品并不被社会所需要，商品就只能按低于其价值的价格进行第一形态变化。由此可以断定，如果市场上的多数商品不能按价值实现第一形态变化，价格就会普遍下降。

与商品第一形态变化不同，商品第二形态变化，或最终形态变化即

① 马克思：《资本论》第1卷，人民出版社，1975，第124～126页。

买是容易实现的。这是因为，第一形态变化的结果是货币，货币是一般等价物，一般等价物是绝对可以让渡的，能够实现在任何商品上。只是它的限度要取决于所要购买的商品的价格，商品价格指示出货币可以转化为商品的数量。

但是，马克思同时指出，由于商品形态变化必须通过买和卖这样两个独立的和对立的过程才能完成，商品形态变化在时间和空间上是分离的。这样，商品在完成其第一形态变化以后，并不一定继续其第二形态变化。如果发生这种只卖不买的情况，货币就会退出流通，由流通手段转化为贮藏货币。由于一个商品的第二形态变化常常是其他许多商品第一形态变化的总和，即：

$$W_a - G - W_i (i = 1, 2, \cdots, n) \tag{3}$$

因此，如果一个商品的第二形态变化发生中断，其他许多商品的第一形态变化就不能如期进行。这进一步强化了商品第一形态变化的风险和不确定性。

组成一个商品循环的两个形态变化，同时是其他两个商品的相反的局部形态变化。各种商品形态变化的循环互相交错，形成商品流通。“商品流通直接赋予货币的运动形式，就是货币不断地离开起点，就是货币从一个商品所有者手里转到另一个商品所有者手里，或者说，就是货币流通。”① 但是，由于商品的第二形态变化是用其价值形态即货币通过流通的后半段，这样，运动的连续性就完全落在了货币方面。于是，商品流通的结果，即一种商品被另一种商品所替代，好像不是由商品本身的形态变化引起的，而是由货币作为流通手的职能引起的。其实，货币作为流通手段的职能，在于实现商品价格。因此，货币流通是商品流通的表现。如果货币流通缓慢，则表明商品形态变化出现了停滞。显然，货币流通缓慢不能用流通手段量不足来解释。马克思强调，

① 马克思：《资本论》第1卷，人民出版社，1975，第134页。

由商品性质引起并在商品流通中表现出来的矛盾，并不能通过增加流通手段量来消除。认为流通手段量不足造成生产过程和流通过程的停滞，是一种流行的错觉。[①]

由此可见，在马克思看来，就商品形态变化或商品流通而言，货币是内生的。但马克思同时指出，政府不恰当的货币管理政策所造成的流通手段量的真正不足，同样会引起生产过程和流通过程的停滞。[②]

商品形态变化的另一种形式是先完成第二形态变化，再完成第一形态变化。这种形态变化的颠倒形成了生产者之间的债务关系。债务关系是否正常，依赖于商品第一形态变化是否正常。但是，商品第一形态变化通常面临如马克思所分析的各种不确定性，一旦商品第一形态变化发生困难，价值不能实现，债务就不能清偿。这种情况会由于普遍的债务关系而导致紧缩。这表明，债务紧缩是由商品第一形态变化中断或不正常引起的。

由上述马克思的理论可以认为，如果生产者为超额收益而展开的竞争导致产能过剩，或者商品的第一形态变化普遍困难，价格的普遍、持续下跌就不可避免。由此形成的紧缩与货币信贷紧缩没有关系。这就是本文定义的第二种类型的通货紧缩。本文认为，我国目前发生的通货紧缩就属于第二种类型。

## 二　对我国通货紧缩类型的实证检验

为检验我国的通货紧缩是否属于第二种类型，本文提出如下检验方法。由于通货紧缩只有两种类型，只要给出其中一种类型的实证检验方法，就可以通过排除法来确定实际发生的通货紧缩的类型。在两种通货紧缩类型中，货币供给不足型通货紧缩在检验上较为方便，因此，我们

---

① 马克思：《资本论》第1卷，人民出版社，1975，第141页。

② 马克思：《资本论》第1卷，人民出版社，1975，第141页。

给出检验该种类型通货紧缩的方法。由定义可知，经济中是否发生了货币供给不足型通货紧缩，不能根据广义货币供给量的增长率是否持续下降来判断，而应当根据货币供给 $M^s$ 是否持续小于经济中的意愿货币需求 $M^d$。如果 $M^s$ 持续小于 $M^d$，则紧缩属于货币供给不足型，否则，就属于总储蓄大于总支出导致的有效需求不足型紧缩。

判断是否货币供给不足型通货紧缩的关键是确定经济中的意愿货币需求。由于意愿货币需求是一个事前变量，通常难以直接计量，需要寻找一个可计量的替代变量。一个可计量的替代变量是必要货币需求 $M_n^d$，即由经济自然增长率决定的货币需求。这样，货币供给不足型通货紧缩就是指 $M^s$ 持续小于 $M_n^d$。这里 $M^s$ 和 $M_n^d$ 均选择与价格总水平相关性最高的广义货币 $M_2$。下面给出必要货币需求量 $M_n^d$ 的计量方法。$M_n^d$ 的计量方程可以由剑桥方程式 $M = KPY$ 推出，即

$$M_n^d = \hat{K}_t \cdot P_t^n \cdot Y_t^n \tag{4}$$

其中 $\hat{K}_t = \exp(\ln\hat{K}_t)$ 为持币系数 $K_t$ 的时间趋势拟合值，$P_t^n$ 和 $Y_t^n$ 分别是实际价格上涨指数和按自然增长率增长的实际总产出。$P_t^n$ 由实际通货膨胀率($\pi_t^n$)决定，实际通货膨胀率（自发通货膨胀率）定义为没有预期到的通货膨胀率，即

$$\pi_t^n = \pi_t - \pi_t^e$$

其中 $\pi_t$、$\pi_t^e$ 分别为现实通货膨胀率和预期通货膨胀率。于是有

$$P_t^n = P_{t-1}(1 + \pi_t^n)$$

$P_{t-1}$为实际总产出平减指数，$Y_t^n$ 由自然增长率 $\hat{R}_t$ 决定，即

$$Y_t^n = \hat{R}_t \cdot Y_0$$

其中 $Y_0$ 为总产出基期值，$\hat{R}_t$ 是按不变价计算的总产出指数的时间趋势拟合值，即

$$\hat{R}_t = \exp(\ln R_t)$$

这样，用于实际计算的必要货币需求量计量公式可以表示为：

$$M_n^d = \hat{K}_t \cdot P_{t-1}(1 + \pi_t^n) \cdot \hat{R}_t \cdot Y_0 \tag{5}$$

作为对比，我们再给出以现实增长率和现实通货膨胀率为参数的必要货币需求量计量公式：

$$M_i^d = \beta M_{t-1}^s \tag{6}$$

$$\beta = 1 + k + p + y + kp + ky + py + kpy$$

其中 $\beta$ 通过对 $M = KPY$ 做一阶差分得到，$k$、$p$、$y$ 分别为 $K$、$P$（采用零售物价总指数）和 $Y$ 的增长率，$M_{t-1}^s$ 为上期 $M_i^d$。

根据货币供给不足型通货紧缩的定义，令 $M^s/M_n^d = a_n$、$M^s/M_i^d = a_i$ 为判别系数，若 $a_n < 1$、$a_i < 1$ 则紧缩是由货币供给不足造成的，若 $a_n > 1$、$a_i > 1$ 则紧缩就是由有效需求不足造成的，属于有效需求不足型通货紧缩。

为检验和确定我国 1996 年以来发生的通货紧缩的类型，本文选择 1990～1998 年为样本期，分别运用前述计量公式（5）和公式（6）对样本期的必要货币需求量进行计算，以确定 1996 年以来我国价格总水平持续下跌的性质。为了便于比较，我们计算了各层次的必要货币需求量。计量使用的原始数据来自《中国统计年鉴》和《中国经济年鉴》以及国家统计局公布的年度统计公报。

计量公式（5）中的总产出 $Y$ 采用国内生产总值 GDP，自然增长率 $\hat{R}_t$ 为不变价 GDP 指数的时间趋势拟合值，$P_t$ 为 GDP 平减指数。预期通货膨胀率由卢卡斯型总供给函数推出，即

$$\pi_t = \pi_t^e + \eta(R_t - \hat{R}_t)/\hat{R}_t, \hat{R}_t = \exp(\ln\hat{R}_t)$$

经多次选择试算，引入参数 $\Delta\pi_t = \pi_t - \pi_{t-1}$ 的卢卡斯型总供给函数：

$$\pi_t = a_0 + b_1\Delta\pi_t + b_2(R_t - \hat{R}_t)/\hat{R}_t$$

它对现实通货膨胀率有较理想的拟合度。由此断定 1990～1998 年我国

的通货膨胀预期服从 $\pi_t^e = a_0 + b_1\Delta\pi_t$ 形式。现实通货膨胀率 $\pi_t = (P_t/P_{t-1}) - 1$。公式（5）中的各主要参数 $\hat{R}_t$、$\hat{K}_t$（各层次）和 $\hat{\pi}_t$ 的估计方程及检验值如下：

$$\ln\hat{R}_t = 5.653250788 + 0.105481575t$$

(347.5504)　(30.8738)

SER = 0.0265　F = 953.1914

$R^2$ = 0.9927　D.W = 0.6566

$$\ln\hat{K}_{2t} = -0.178056358 + 0.052310067t$$

(−9.6445)　(13.4897)

SER = 0.0300　F = 181.9718

$R^2$ = 0.9630　D.W = 1.1330

$$\ln\hat{K}_{1t} = -0.923761621 + 0.021673468t$$

(−22.6692)　(2.5322)

SER = 0.0663　F = 6.41206242

$R^2$ = 0.4781　D.W = 1.1333

$$\ln\hat{K}_{0t} = -1.859331622 - 0.016334312t$$

(−35.7323)　(−1.495)

SER = 0.0847　F = 2.2336

$R^2$ = 0.2419　D.W = 0.9358

$$\hat{\pi}_t = 0.087855913 + 0.582778067\Delta\pi_t + 2.058550377(R_t - \hat{R}_t)/\hat{R}_t$$

(10.0070)　(3.1706)　(5.5423)

SER = 0.0256　F = 24.0119

$R^2$ = 0.8889　D.W = 1.5921

$$\pi_t^e = 0.08755913 + 0.582778067\Delta\pi_t$$

$\ln\hat{K}_{0t}$的拟合度很差，但考虑到 $r$（系数）、t 值和 F 值在 0.14 的水平上显著，且没有更好的方法来拟合 $K_{0t}$，因此，在做了误差校正后被采用。根据公式，各参数 $\hat{R}_t$、$(R_t - \hat{R}_t)/\hat{R}_t$、$P_t$、$\pi_t$、$\pi_t^n$、$\hat{K}_{2t}$、$\hat{K}_{1t}$ 和 $\hat{K}_{0t}$的计算结果见表 1，各层次货币供给量（$M^s$）、按公式（5）计算的各层次必要货币需求量（$M_n^d$）以及判别系数（$a_n$）的计算结果见表 2。公式（6）中的系数（$\beta$）和按公式（6）计算的各层次必要货币需求量（$M_i^d$）以及判别系数（$a_i$）见表 3。

**表 1　必要货币需求量计算参数**

| 年份 | $\hat{R}_t$ | $(R_t-\hat{R}_t)/\hat{R}_t$ | $P_t$ | $\pi_t$ | $\pi_t^n$ | $\hat{K}_{2t}$ | $\hat{K}_{1t}$ | $\hat{K}_{0t}$ |
|---|---|---|---|---|---|---|---|---|
| 1990 | 285. 2171 | -0. 0213 | 100. 0000 | 0. 0564 | -0. 0128 | 0. 8369 | 0. 3970 | 0. 1558 |
| 1991 | 316. 9463 | -0. 0295 | 106. 7376 | 0. 0674 | -0. 0269 | 0. 8818 | 0. 4057 | 0. 1532 |
| 1992 | 352. 2052 | -0. 0023 | 115. 1313 | 0. 0786 | -0. 0158 | 0. 9292 | 0. 4146 | 0. 1507 |
| 1993 | 391. 3865 | 0. 0189 | 131. 8999 | 0. 1456 | 0. 0187 | 0. 9791 | 0. 4237 | 0. 1483 |
| 1994 | 434. 9265 | 0. 0330 | 158. 0610 | 0. 1983 | 0. 0798 | 1. 0317 | 0. 4330 | 0. 1459 |
| 1995 | 483. 3102 | 0. 0273 | 178. 8818 | 0. 1317 | 0. 0827 | 1. 0871 | 0. 4425 | 0. 1436 |
| 1996 | 537. 0763 | 0. 0131 | 189. 4843 | 0. 0593 | 0. 0136 | 1. 1455 | 0. 4522 | 0. 1412 |
| 1997 | 596. 8237 | -0. 0081 | 191. 8279 | 0. 0123 | -0. 0482 | 1. 2070 | 0. 4621 | 0. 1389 |
| 1998 | 663. 2178 | -0. 0377 | 189. 3180 | -0. 0131 | -0. 0861 | 1. 2718 | 0. 4722 | 0. 1367 |
| 1999 | 736. 9978 | -0. 0718 | 182. 1980 | -0. 0376 | -0. 1112 | 1. 3401 | 0. 4825 | 0. 1345 |
| 2000 | 818. 9856 | -0. 0979 | 183. 7893 | 0. 0087 | -0. 1061 | 1. 4121 | 0. 4931 | 0. 1323 |

**表 2　货币供给量、必要货币需求量和判别系数**

| 年份 | $M_2^s$ | $M_1^s$ | $M_0^s$ | $M_{n2}^d$ | $M_{n1}^d$ | $M_{n0}^d$ | $a_{n2}$ | $a_{n1}$ | $a_{n0}$ |
|---|---|---|---|---|---|---|---|---|---|
| 1990 | 15293. 4 | 6950. 7 | 2644. 4 | 14686. 8 | 6867. 4 | 2733. 7 | 1. 0413 | 0. 9976 | 0. 9673 |
| 1991 | 19349. 9 | 8633. 3 | 3177. 8 | 17137. 3 | 7884. 7 | 2978. 3 | 1. 1291 | 1. 0950 | 1. 0670 |
| 1992 | 25402. 2 | 11731. 5 | 4336. 0 | 22636. 9 | 10100. 7 | 3673. 0 | 1. 1222 | 1. 1615 | 1. 1805 |
| 1993 | 34879. 8 | 16280. 4 | 5864. 7 | 29593. 6 | 12806. 4 | 4483. 3 | 1. 1786 | 1. 2712 | 1. 3081 |
| 1994 | 46923. 5 | 20540. 7 | 7288. 6 | 42077. 1 | 17659. 1 | 5855. 1 | 1. 1152 | 1. 1632 | 1. 2448 |
| 1995 | 60759. 5 | 23987. 1 | 7885. 3 | 59199. 0 | 24095. 2 | 7817. 8 | 1. 0262 | 0. 9955 | 1. 0086 |
| 1996 | 76094. 9 | 28514. 8 | 8802. 0 | 73445. 6 | 32483. 1 | 9055. 8 | 1. 0361 | 0. 9835 | 0. 9720 |
| 1997 | 90995. 3 | 34826. 3 | 10117. 6 | 85545. 0 | 32749. 3 | 9847. 9 | 1. 0637 | 1. 0634 | 1. 0274 |
| 1998 | 104498. 5 | 38953. 7 | 11204. 2 | 97357. 8 | 36147. 0 | 10464. 2 | 1. 0733 | 1. 0733 | 1. 0707 |
| 1999 | 119897. 9 | 45837. 2 | 13455. 5 | 108073. 6 | 38914. 9 | 10845. 4 | 1. 1094 | 1. 1779 | 1. 2407 |
| 2000 | 134610. 3 | 53147. 2 | 14652. 7 | 122479. 9 | 42771. 6 | 11475. 7 | 1. 0990 | 1. 2426 | 1. 2769 |

注：$a_{n2}=M_2^s/M_{n2}^d$；$a_{n1}=M_1^s/M_{n1}^d$；$a_{n0}=M_0^s/M_{n0}^d$；$M^s$，$M_n^d$ 单位为亿元。

**表 3　公式（6）中 $\boldsymbol{\beta}$、$\boldsymbol{M_i^d}$ 及 $\boldsymbol{a_i}$**

| 年份 | $\beta_2$ | $\beta_1$ | $\beta_0$ | $M_{i2}^d$ | $M_{i1}^d$ | $M_{i0}^d$ | $a_{i2}$ | $a_{i1}$ | $a_{i0}$ |
|---|---|---|---|---|---|---|---|---|---|
| 1990 | 1. 2368 | 1. 0522 | 1. 1908 | 14779. 1 | 6715. 6 | 2791. 9 | 1. 0348 | 1. 0350 | 0. 9474 |
| 1991 | 1. 2203 | 1. 2632 | 1. 1604 | 18035. 0 | 8482. 9 | 3238. 9 | 1. 0729 | 1. 0177 | 0. 9811 |
| 1992 | 1. 2819 | 1. 3274 | 1. 3328 | 23119. 2 | 11259. 9 | 4317. 0 | 1. 0987 | 1. 0419 | 1. 0044 |
| 1993 | 1. 3568 | 1. 3714 | 1. 3366 | 31367. 4 | 15441. 3 | 5770. 0 | 1. 1120 | 1. 0543 | 1. 0164 |
| 1994 | 1. 3646 | 1. 2806 | 1. 2614 | 42805. 3 | 19774. 4 | 7278. 5 | 1. 0962 | 1. 0388 | 1. 0014 |

续表

| 年份 | $\beta_2$ | $\beta_1$ | $\beta_0$ | $M_{i2}^d$ | $M_{i1}^d$ | $M_{i0}^d$ | $a_{i2}$ | $a_{i1}$ | $a_{i0}$ |
|---|---|---|---|---|---|---|---|---|---|
| 1995 | 1.3139 | 1.1845 | 1.0974 | 56211.7 | 23432.2 | 7987.2 | 1.0807 | 1.0241 | 0.9872 |
| 1996 | 1.2547 | 1.1625 | 1.1182 | 70528.9 | 27228.4 | 8931.2 | 1.0789 | 1.0472 | 0.9855 |
| 1997 | 1.1906 | 1.2161 | 1.1445 | 83970.1 | 33111.5 | 10221.7 | 1.0836 | 1.0518 | 0.9898 |
| 1998 | 1.1333 | 1.1038 | 1.0983 | 95166.9 | 36549.6 | 11170.9 | 1.0981 | 1.0658 | 1.0030 |
| 1999 | 1.1552 | 1.1850 | 1.2093 | 109939.0 | 43312.7 | 13509.5 | 1.0906 | 1.0583 | 0.9960 |
| 2000 | 1.0958 | 1.1322 | 1.0634 | 120465.9 | 49038.7 | 14364.6 | 1.1174 | 1.0838 | 1.0201 |

注：$M_i^d$ 单位为亿元。

由 $\ln\hat{R}_t = 5.653250788 + 0.105481575t$ 可知，1990～1998 年，我国经济的自然增长率为 11.12%。由表 2 判别系数 $a_n$ 的时间动态可知，1990～1998 年我国的广义货币 $M_2$ 的供给量 $M_2^s$ 一直超过必要货币需求量 $M_{n2}^d$，即判别系数 $a_{n2}>1$。分阶段看，1990～1993 年 $M_2^s$ 超过 $M_{n2}^d$的程度迅速上升，$a_{n2}$由 1990 年的 1.0413 上升到 1993 年的 1.1786；1994～1995 年超出程度转为下，特别是 1995 年的超出程度下降幅度非常大，已低于 1990 年的水平。但是，从 1996 年起，$M_2^s$ 超过 $M_{n2}^d$的程度又转为上升。比较而言，1995～1998 年 $M_2^s$ 超过 $M_{n2}^d$的程度明显小于 1990～1994 年的超过程度。

判别系数 $a_{n1}$的时间动态显示，$M_1$ 的供给量 $M_1^s$ 在 1990 年、1995～1996 年低于必要需求量 $M_{n1}^d$，即 $a_{n1}<1$，但在其余年份均超过必要需求量（$a_{n1}>1$）。超过程度持续上升的年份主要集中在 1991～1993 年和 1997～2000 年。

判别系数 $a_{n0}$的时间动态显示，在 1990 年和 1996 年小于 1，即 $M_0^s$ 小于 $M_0$ 的必要需求量 $M_{n0}^d$，但在其余年份 $a_{n0}$ 均大于 1，即 $M_0^s$ 超过 $M_{n0}^d$。从超出程度看，1991～1994 年要明显大于 1995 年、1997～1998 年。从各层次货币供给量与必要需求量的关系看，前者大于后者的最大程度集中在 1993 年。

根据表 3 中 $a_{i2}$和 $a_{i1}$的时间动态，在给定的样本期 $M_2$ 和 $M_1$ 的供给量均超过按公式（6）计算的必要需求量，即 $a_{i2}>1$ 且 $a_{i1}>1$。从趋势上看，$M_2^s$、$M_1^s$ 超过 $M_{n2}^d$、$M_{n1}^d$ 的程度是上升的。分段看，1990～1993 年 $M_2^s$ 超过 $M_{n2}^d$ 的程度是迅速上升的，但 1994～1996 年超过程度持续下降，到 1997～1998 年超过程度又转为上升。平均看，1995～1998 年 $M_2^s$ 超过 $M_{n2}^d$ 的程度与 1990～1994 年大体相当。$M_1^s$ 超过 $M_{n1}^d$ 的程度在 1990～1991 年是下降的，1992～1993 年转为上升，1994～1995 年又转为下降，1996～1998 年再度持续上升。并且 1995～1998 年 $M_1^s$ 超过 $M_{n1}^d$ 的程度明显大于 1990～1994 年。$a_{i0}$ 的时间动态显示，$M_0^s$ 在 1990～1991 年、1995～1997 年均小于 $M_{n0}^d$。但是，$M_0^s$ 小于 $M_{n0}^d$ 的程度在 1995～1997 年要低于 1990～1991 年。$M_0^s$ 超过 $M_{n0}^d$ 的年份是 1992～1994 年和 1998 年。

## 三　结论与政策思考

本文对我国通货紧缩类型的实证检验表明，在给定的样本期，广义货币供给 $M_2^s$ 一直大于按经济自然增长率增长所需要的必要货币需求量 $M_{n2}^d$，即 $M_2^s>M_{n2}^d$。除个别年份，货币供给 $M_1^s$ 和 $M_0^s$ 同样大于相应的必要货币需求量 $M_{n1}^d$ 和 $M_{n0}^d$，即 $M_1^s>M_{n1}^d$，$M_0^s>M_{n0}^d$。这意味着，在理论上货币供给能够保证经济按 11.12% 的自然增长率增长，不会发生紧缩。按同样增长率将样本期扩大至 2000 年，仍未发现货币供给不足。一般认为 1997～2000 年我国发生了严重的紧缩，特别是商品零售价格从 1996 年起持续下跌，从 1998 年起出现连续 6 年的负增长，同期生产者价格指数除 2000 年，也出现连续负增长。但是，从货币供给看，各层次货币供给量除个别年份均大于经济按自然增长率增长所必需的货币需求量。

根据以上分析，可以断定 1996 年以来我国经济发生的用价格总水平持续下跌定义的通货紧缩，不是由货币供给不足造成的，而是由总储蓄大于总支出即有效需求不足造成的，属于有效需求不足型紧缩，即本文定义的第二种类型的通货紧缩。

在货币供给充足的条件下发生有效需求不足型通货紧缩，应当是“生产力准则”和商品形态变化中断共同作用的结果。自体制转型以来，我国采取了技术引进和自主创新相结合的技术路线。这使得我国的制造业，特别是那些遵循“摩尔定律”和享有“规模经济”的电子信息、家用电器、汽车等产业的技术水平和劳动生产力有了实质性进步和提高，从而导致这些部门在产出持续增长的同时，产出成本和单位产品价格持续下降。随着企业制度改革的不断深入和竞争性市场边界的拓展，国有部门的 X 效率状况得到改进。这种改进表现为国有部门内部的效率分化，国有部门被分化为高效率部分和低效率部分。属于高效率部分的国有企业表现出明显的成本优势和市场竞争力，其产品通常具有更低的市场价格。在高效率国有企业的压力下，低效率国有企业或者不得不改进效率以提高劳动生产力，或者不得不强制出清，这些都会导致价格水平的下降。

同时，我国经济曾长期处于过热状态，重复建设重复投资严重，由此导致潜在生产能力过剩。一旦需求饱和，或需求结构发生调整，潜在的过剩生产能力就会转化为现实。这会导致商品第一形态变化的困难，企业因此被迫强制出清，商品价格下跌，企业收入减少。在供给过剩的情况下，企业为尽快出清会形成持续的价格竞争，由此导致价格总水平下降，形成紧缩。企业收入下降又会使企业信用劣化，资产质量下降，债务负担上升。银行出于安全考虑会紧缩信贷，从而加重紧缩。显然，信贷紧缩不是原因而是结果，真正的原因是企业的不良资产和债务，因而是商品市场不能出清，即商品第一形态变化的中断。企业出清困难，会导致部分职工收入下降甚至失业。这会导致居民调整其支出水平和结构，并进一步加剧总需求的收缩，部分商品的第二形态变化因此中断，形成紧缩循环。

为进一步证实本文对我国通货紧缩类型的判断，我们计算了我国国民经济储蓄率和边际储蓄率，结果发现在样本期（1996 ~ 1998 年）我国经济中的储蓄倾向是普遍提高的。①

既然造成紧缩缺口的直接原因不是货币供给不足，而是总储蓄大于总支出即有效需求不足，那么，扩张性的总量政策就不是最有效的反紧缩政策选择。因为在结构性总量过剩的情况下，不可能形成足够的、原意吸纳结构性过剩供给的意愿总投资或意愿总支出。合理的政策选择应当是在适度增加公共性投资支出的基础上，强化市场机制和竞争的作用，通过改革推动进展缓慢的结构性调整，形成新的经济增长点，并用新的经济增长点来启动最终消费需求。

## 参考文献


[1] 马克思：《资本论》第1~3卷，人民出版社，1975。

[2] 范剑平：《扩大内需政策效果评价与下一步对策》，《经济学动态》1999年第2期。

[3] 周殿昆：《治理通货紧缩，促进经济健康发展》，《经济学动态》1999年第2期。

[4] 王洛林、刘树成、刘溶沧：《论如何进一步启动经济》，《财贸经济》1999年第4期。

[5] 中国人民银行研究局课题组：《中国货币政策分析》，《经济研究》1999年第3期。

[6] 郑超愚：《论中国附加预期和需求的总供给函数》，《经济研究》1999年第4期。

[7] 郑超愚：《中国宏观经济分析的理论框架》，中国人民大学出版社，1998。

[8] 张衔：《生产力准则、商品形态变化与宏观经济政策》，工作论文，2003。


① 张衔：《中国通货状况分析》，《金融研究》1999年第10期。

图书在版编目（CIP）数据

马克思主义经济学的定量分析．第一卷，中国经验和数据／孟捷，荣兆梓，张衔主编．--北京：社会科学文献出版社，2018.9

（政治经济学新连线．学术研究系列）

ISBN 978-7-5201-3383-8

Ⅰ．①马… Ⅱ．①孟… ②荣… ③张… Ⅲ．①马克思主义政治经济学-定量分析-研究 Ⅳ．①F0-0

中国版本图书馆 CIP 数据核字（2018）第 205159 号

政治经济学新连线·学术研究系列

马克思主义经济学的定量分析（第一卷）

——中国经验和数据

主　　编／孟　捷　荣兆梓　张　衔

出 版 人／谢寿光
项目统筹／恽　薇　田　康
责任编辑／田　康

出　　版／社会科学文献出版社·经济与管理分社（010）59367226
　　　　　地址：北京市北三环中路甲 29 号院华龙大厦　邮编：100029
　　　　　网址：www.ssap.com.cn
发　　行／市场营销中心（010）59367081　59367018
印　　装／三河市尚艺印装有限公司

规　　格／开 本：787mm×1092mm　1/16
　　　　　印 张：21.5　字 数：303 千字
版　　次／2018 年 9 月第 1 版　2018 年 9 月第 1 次印刷
书　　号／ISBN 978-7-5201-3383-8
定　　价／98.00 元